영어 읽기 학습부진 직접교수법

D. W. Carnine · J. Silbert · E. J. Kame'enui
S. G. Tarver · K. Jungjohann 공저
이대식 역

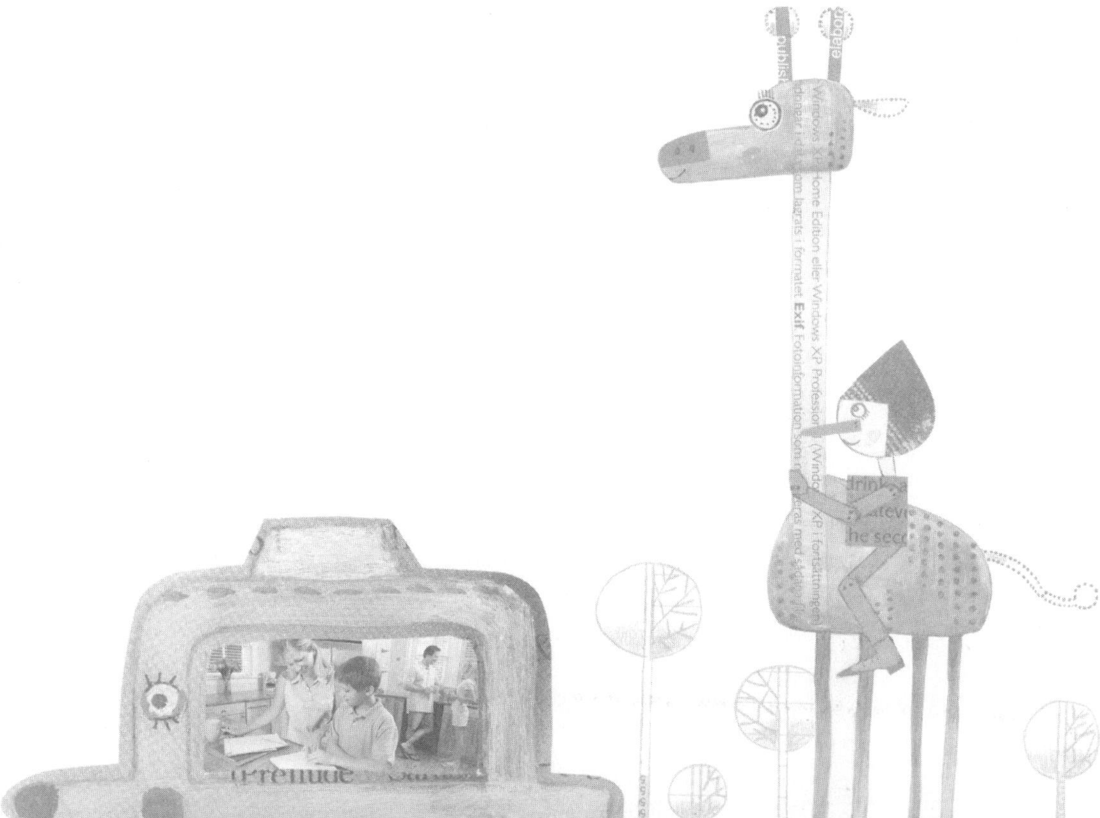

학지사

Teaching Struggling and At-Risk Readers:
A Direct Instruction Approach

by Carnine, Douglas W.; Silbert, Jerry; Kame'enui, Edward J.; Tarver, Sara G.; Jungjohann, Kathleen

Authorized translation from the English language edition, entitled
Teaching Struggling and At-Risk Readers: A Direct Instruction Approach, 1st Edition,
ISBN: 0131707329 by Carnine, Douglas W.; Silbert, Jerry; Kame'enui, Edward J.;
Tarver, Sara G.; Jungjohann, Kathleen, published
by Pearson Education, Inc., publishing as Prentice Hall

역/자/서/문

요즘처럼 영어 교육에 세인들의 관심이 높았던 적도 없었을 것이다. 가히 열풍이라고 할 만한 최근의 영어 교육에 대한 관심의 핵심은 유창하게 영어를 말하게 만드는 것이라고 흔히들 생각할 것이다. 그러나 진정한 영어 능력이란 영어로 듣고 말하는 것뿐만 아니라 읽고 쓰는 능력까지를 포함한다. 그리고 그 핵심은 영어로 표기된 단어나 문장을 읽고 그 의미를 이해하는 것이다. 영어 읽기가 뒷받침되지 않으면 애초에 만족스러운 수준으로 영어를 구사하는 것을 기대하기 어려울 것이다. 그만큼 영어 읽기를 제대로 가르치는 일은 중요하다.

이 책은 D. W. Carnine, J. Silbert, E. J. Kame'enui, S. G. Tarver 그리고 K. Jungjohann(2006)이 저술한 *Teaching Struggling and At-Risk Readers: A Direct Instruction Approach*를 완역한 것이다. 이 책에서는 다양한 이유로 현재 영어 읽기에 어려움을 겪고 있거나 앞으로 그럴 위험이 있는 학생들을 효과적으로 지도하는 방법을 구체적으로 제시하였다. 이 책에서 다루고 있는 영어 읽기 범위는 발음 기초에서부터 낱글자 읽기, 단어 읽기, 문장 읽기, 문단 읽기, 어휘 그리고 독해 등이다.

이 책은 수업방법 관련 여타 도서와 비교해 볼 때 다음과 같은 장점을 갖고 있다. 첫째, 이 책에서 제시하고 있는 영어 읽기 교수법은 주로 비영어권 출신 배경, 학습결손의 누적, 인지능력의 미흡, 사회 · 경제적 여건의 불리 등의 특성 때문에 교사들이 어떻게 영어 읽기를 가르쳐야 할지 어려워하는 학생들을 대상으로 구안된 것들이다. 둘째, 이 책에서 제시하고 있는 다양한 수업지도 방법은 매우 구체적이기 때문에 대부분 교실에서 그대로 활용할 수 있다. 특히, 여타의 수업방법 관련 도서들이 대체로 원리나 이론 소개에 치중하고 있는 데 반해 이 책에서는 세부적인 수업진행 절차와 내용을 일선 교사들이 사용하기 쉽게 일종의 수업 형식으로 제시하고 있다. 셋째, 이 책에서 제시하고 있는 다양한 수업지도 방법은 매우 강력한 경험적 근거를 갖고 있다. 즉, 제시된 수업방법들은 선행 연구에서 어느 정도 효과가 있다고 보고된 것들에 근거하고 있다.

이 책은 일차적으로 대학이나 대학원에서 학습부진 및 학습장애 그리고 특수교육 대상 학생을 위한 효과적인 영어 읽기 교수법에 대해 배우고 가르치는 교육자와 학생들이 활용하면 유용할 것이다. 또한 이 책에 제시된 각 수업방법이 매우 구체적이기 때문에 학부모나 개인지도 역할을 담당하는 사람들에게도 유용할 것이다. 그리고 이 책의 주요 내용은 영어 읽기에 관한 것이지만, 기본적인 수업 원리나 평가방법, 어휘나 독해 지도법 등은 한글 읽기에도 그대로 적용할 수 있는 부분이 많다. 특히, 어휘와 독해 지도와 관련하여 제시된 수업방법은 영어와 한글 교육 모두에 적용할 수 있으며, 부진 학생뿐 아니라 일반 학생에게도 활용할 수 있을 것으로 기대한다.

이 책에 제시된 읽기 수업 원리와 구체적인 지도방법들이 영어는 물론 한글 영역에서도 향후 읽기 관련 연구와 실제에 미약하나마 도움을 줄 수 있기를 희망한다.

2009. 6.

이대식

저/자/서/문

요즘 들어 교사들은 영어 읽기에 실패할 위험에 처한 학생들이 부쩍 많아졌음을 느낄 것이다.

읽기에 실패할 위험에 처한 학생을 포함하여 모든 학생들이 어떻게 하면 영어를 잘 읽을 수 있도록 할 것인가에 관해 우리는 점점 더 많이 알게 되었다. 미국 의회로부터 읽기 교육 분야의 연구들을 검토하여 지속적으로 읽기에 성공할 수 있는 교육방법을 규명할 책임을 부여받은 일단의 학자들로 구성된 읽기위원회(National Reading Panel: NRP)는 2000년 4월에 마침내 오랫동안 모두가 기다려 왔던 보고서를 발표하였다.

읽기위원회는 읽기 유창성 향상을 위해서는 음소 인식, 발음, 안내를 곁들인 반복 읽기를 체계적이고 명시적으로 가르치는 것이, 그리고 어휘와 독해에는 명시적이지 않거나 꼭 가르쳐야 할 읽기 기술에 상대적으로 초점을 덜 맞춘 수업(예: 기본적인 읽기 기술의 우연한 습득을 강조한 접근)보다 직접교수가 더 효과적이었다는 것을 발견하였다.

읽기위원회의 보고서가 발표된 이후 읽기 교재 출판업자들은 읽기 관련 연구결과들을 개정판에 반영하기 시작하였다. 그래서 1980년대와 1990년대에 출판 · 보급된 대부분의 읽기 프로그램들은 연구결과를 반영하지 않았던 반면, 2000년 이후에 출판된 대부분의 프로그램들은 이 연구결과들을 반영하고 있다.

하지만 연구결과에 나타난 요소들을 수업 프로그램에 반영하는 것만으로는 그 프로그램이 읽기 부진 및 부진 위험 학생들을 가르치는 교사에게 효과적인 수업 도구가 될 것이라는 것을 보장할 수 없다. 비록 점점 더 많은 출판업자들이 이러한 연구결과를 그들의 읽기 프로그램에 포함시키기 시작했지만, 교사들은 각 출판업자들이 수업 설계 원리들을 적용한 방법 측면에서 프로그램 간에 매우 큰 차이가 있다는 것을 발견하게 될 것이다. 교사들은 모든 학생들, 특히 읽기 부진 학생과 그럴 위험이 있는 학생들 모두에게 성공적인 학습 경험을 제공해 줄 수 있도록 읽기 프로그램들을 필요에 따라 수정하고 조정할 준비가 되어 있어야 한다.

이 책에서 제시하고 있는 접근법은 교사들에게 모든 학생들에게 효과적인 교사가 될 수 있도록 도움을 줄 수 있는 구체적인 정보를 제공하도록 고안되었다. 이 책은 매일매일의 수업에 아래와 같은 수업 설계와 내용 전달 원리를 반영하는 방법에 관한 정보를 제공해 준다.

- 교사의 설명이 분명하도록 초기 수업절차 구조화하기
- 모든 학생들이 이해할 수 있는 언어와 시범 사용하기
- 모든 중요한 기술과 지식을 조화롭고 일관되게 가르칠 수 있도록 하는 방식으로 수업 내용 계열화하기
- 교사와 학생 간 상호작용을 촉진하는 내용 전달 기법 사용하기
- 높은 수준의 유창성과 정확성을 개발하도록 충분한 연습과 복습 제공하기

이 책은 세 부분으로 나뉘어 있다. 제1부에서는 현재 읽기 부진 학생 및 부진 위험 학생들을 위한 효과적인 읽기 프로그램 요소들을 개관한다. 각 장에서는 수업 설계 원리와 수업 전달 특징들을 다룬다. 제2부에서는 구체

적인 읽기 기술 교수법을 다루는데, 음소 인식, 발음, 유창성, 어휘, 독해 등 5개 부분으로 나뉘어 있다. 각 부분에서는 초기 수업단계(유치원에서 초등 1학년 초반까지)와 초등학교 저학년 단계(1학년 중반부터 3학년까지)를 구체적으로 다룬다. 제3부에서는 유치원, 초등 1학년, 초등 2~3학년별로 각 장에서 학교와 학급을 읽기 수업에 맞게 조직하는 제안사항을 제시한다. 각 장에서는 해당 학년 단계에서의 평가 활용과 해당 학년 평균 수준과 그 이하 수준을 보이는 학생들을 위한 프로그램 개발방법에 관해 논한다.

이 책에서 제시하는 방법들이 모두 절대적인 것은 아니다. 학생들을 가르치면서 우리도 지속적으로 배우고 있으며, 이를 통해 전략과 절차들을 향상시킬 수 있다. 이 책의 주요 목적은 교사들에게 그들이 교실에서 당면하는 여러 가지 문제들에 대해 구체적인 제안을 제공함으로써 그들이 더 잘 가르칠 수 있도록 하는 데 있다. 그렇기는 하지만, 이 책에서 권고된 체계적인 절차들이 더 나은 기법을 개발하는 자극제가 되기를 희망한다. 더 나아가, 우리는 교사들이 읽기 학습을, 바꿀 수 없는 학습자 특성에 의해 좌우된다기보다는 수업의 결과라고 인식하길 권장한다. 또한 상업용 교재 출판업자들이 학생들을 위해 좀 더 나은 프로그램을 고안하기를 권장한다. 전반적으로, 우리는 이 책이 모든 학생들, 특히 그중에서도 부진 위험이 있는 학생들에게 좀 더 나은 교수방법을 제공하는 데 기여할 수 있기를 희망한다.

차/례

제2부 수업

제3부 읽기 수업을 위한 교실과 학교 조직하기

제1부 기본원리

제1장 읽기 부진 학생의 이해

제2장 수업 자료: 효과적인 읽기 프로그램의 핵심적인 특징

제3장 명시적이고 체계적인 수업 설계

제4장 명시적이고 체계적인 수업 전달 기법

제1장

읽기 부진 학생의 이해

이 책은 교사들에게 교실에서 일어나고 있는 일과 직접 관련된 정보를 제공해 주려 한다. 이 책의 목표는 교사들에게 학생들의 자아개념을 향상시키면서 읽기 수행 능력을 최대화하도록 수업할 수 있게 해 줄 정보를 제공하는 데 있다. 이 책에서 초점을 두고 있는 교수기법은 모든 학생들에게 효과적이지만, 특히 읽기 부진 학생(struggling readers) 및 읽기 부진 위험 학생들(at-risk students)에게 더욱 효과적이다.

누가 읽기 부진 및 부진 위험 학생들인가

최근 연구자들은 식자(識字)[1)](literacy)와 관련하여 아이들이 학교에 들

1) 역자 주: literacy란 원래 글을 읽고, 쓰며, 이해하는 능력을 포괄적으로 지칭하는 말이다. 문식(文識), 문해(文解) 등으로 번역되지만, 이 책에서는 글자를 알고 쓸 줄 아는 능력에 초점을 맞추어 식자(識字)로 번역하였다.

어올 때 갖추고 있고 읽기 학습에 지대한 영향을 미치는 두 종류의 두드러진 기술이 있다는 것을 알아냈다. 그중 하나는 식자 관련 기술(literacy-related skills)이라고 불리기도 하는 영어의 소리와 관련된 경험과 문자 지식이다. 또 하나는 언어 관련 기술(language skills)로 불리는 어휘와 개념적 지식이다. 식자 관련 기술을 아는 정도는 특히 단어 읽기 정확성과 유창성을 얼마나 쉽게 획득할 수 있는가를 예언해 주는 중요한 변인이다. 반면, 일단 단어를 효과적으로 읽게 된 이후 단계에서는 전반적인 구어 능력(특히 어휘)이 독해 능력 성장에 매우 중요하다.

읽기 부진 학생 학교에 들어가서 읽기에 어려움을 겪을 가능성이 많은 대다수의 아이들은 둘 중의 하나에 속한다. 첫 번째 부류인 읽기 부진 학생들은 '**충분한 일반 언어 능력**(general language ability)'을 갖고 학교에 들어가지만 식자 관련 영역에는 인지적인 약점을 갖고 있다. 읽기 학습에 있어서 그들의 일차적인 문제는 문어와 구어 사이의 전환을 학습하는 데 있다. 그들은 인쇄된 단어를 정확하고 유창하게 읽는 것을 학습하는 데 어려움을 겪는다.

읽기 부진 위험 학생 한편, 읽기 부진 위험 학생들은 주로 사회경제적 지위가 낮은 가정환경 배경을 갖고 있는데, 일반적인 구어 지식과 식자 관련 지식의 발달 정도가 낮은 상태로 학교에 들어온다. 이 아이들은 수업과 관련된 언어들을 잘 알지 못한 채 학교에 입학하여 곧바로 학교 성적이 다른 또래에 비해 뒤처지기 시작한다. 왜냐하면 수업에서는 이들이 갖고 있지 않은 많은 개념과 기술들을 가정하기 때문이다. 이 책 전체에 걸쳐서 '수업을 따라오기 어려워하는 학생(instructionally naive student)'은 바로 이들 어린 읽기 부진 위험 학생들을 가리키는 말로 종종 사용될 것이다.

얼마나 시급하게 읽기를 향상시켜야 하는가

미국 아동건강과 인간발달기관(the National Institute of Child Health and Human Development: NICHD)의 아동발달과 행동 분과위(Child Development and Behavioral Branch) 위원장인 Reid Lyon 박사는 2001년 미 하원의 교육개혁 분과위에서 많은 수의 아이들이 읽기에 성공하지 못하고 있음과 그로 인한 영향을 다음과 같이 증언했다.

> 미국 교육통계국(National Center for Educational Statistics, 1998)에 따르면 전국적으로 4학년 학생의 38퍼센트가 기본적인 수준의 읽기조차 할 수 없다. 이는 쉬운 아동용 도서에 나오는 짧은 문단을 읽거나 이해할 수 없음을 의미한다. 불행히도 읽기 실패 학생들 중에는 가난한 집안의 아이들이 더 많다. 실제로 도시 주변의 많은 빈민 지역 학교에서는 기본적인 수준의 읽기를 할 수 없는 학생들의 비율이 70%에 이른다. 이러한 높은 비율의 읽기 실패로 인한 교육 및 공중보건 측면에서의 결과는 비참할 정도다. 이들 학생 중 10~15%는 결국 중도에 학업을 포기한다. 75% 이상의 학생들은 읽기 학습에 어려움을 호소한다. 마찬가지로 읽기 학습의 어려움을 해소하기 위해 특별교육이나 보충교육을 받는 학생 중 오직 2%만이 4년제 대학과정을 마친다. 범죄기록을 갖고 있는 청소년들을 대상으로 한 조사 연구결과에 따르면 이들 중 적어도 절반 정도는 읽기 문제를 갖고 있고, 어떤 주에서는 향후 10년 후 감옥에 갈 가능성을 초등 4학년 때의 읽기 실패 여부로 예언한다. 약물 복용 기록을 갖고 있는 학생들의 절반 정도는 읽기 문제를 갖고 있다. 읽기 학습 실패가 곧 아이들의 미래와 삶에 매우 좋지 않은 결과로 이어질 위험이 아주 높다는 것은 말할 필요도 없다. 이것이 바로 NICHD에서 읽기 실패가 곧 미국의 공중 보건 문제를 반영한다고 생각하는 이유다…. NICHD 연구결과에 따르면, 읽기 실패는 분명히 사람들이 생각하는 것보다 훨씬 일찍부터 아이에게 부정적

인 영향을 미친다. 1학년 말쯤 되면, 읽기 학습에 어려움을 느끼는 학생들은 학교생활을 시작할 때 자신들에 대해서 덜 긍정적으로 느낀다. 이들 학생들을 초등학교와 중학교까지 추적해 보면 자존감과 읽기 학습에 대한 동기가 더욱더 낮아진다. 대부분의 경우, 이 학생들은 자기 학년 수준의 교과서를 읽을 수 없기 때문에 문학, 과학, 수학, 역사, 사회 과목을 학습할 능력이 부족하다. 잘 읽는 중학생 정도면 1년에 최소 1,000만 단어 정도를 읽게 된다는 것을 감안해 보라. 반면, 읽기에 어려움을 갖고 있는 아이들은 동일한 기간 동안 10만 단어도 채 읽지 못한다. 읽기를 잘 못하는 아이는 어휘 발달과 읽은 것을 이해하기 위한 전략 획득 측면에서 훨씬 뒤처진다. 또한 이들은 읽기 자체나 읽기가 필요한 과제를 자주 회피한다. 고등학교 때가 되면 이들이 대학에 들어갈 가능성은 매우 적어진다. 고등학교 때까지 학교에 남아 있는 학생들은 읽는 것이 어렵기 때문에 읽기를 싫어했고 어려운 읽기가 자신들을 '바보' 같은 느낌이 들게 했다는 이야기를 한다. 우리 연구에 참여했던 어떤 고등학교 2학년 학생은 이를 이렇게 표현했다. "책을 읽는 것보다 차라리 아주 아픈 충치를 갖고 있는 게 더 낫다."

읽기 부진 및 부진 위험 학생들이 읽기에 성공하도록 만들 수 있는가

하원에서의 계속된 증언에서 Reid Lyon 박사는 다음과 같이 증언했다.

읽기 부진 위험을 갖고 유치원이나 초등학교에 입학하는 아이들의 대다수는 보통 혹은 그 이상의 수준으로 읽는 법을 학습하기도 한다. 하지만 음소 인식, 발음, 읽기 유창성, 어휘 그리고 독해 전략 등의 영역에서 조기에 진단받아 체계적이고, 명료하며, 집중적인 수업을 받을 때만 이것이 가능하다. 읽기 부진 위험 학생을 조기에 진단하여 종합적인 조기 읽기 중재를 투입하면 초등 4학년에서 기본 수준 이하의 읽기를 보이는 학생들의 비율을 (예컨대, 38%에서) 6% 이하로 줄이는 것이 가능하다.

읽기 수업에 대한 연구

아이들이 읽기를 어떻게 학습하는가에 대해 실질적인 증거에 초점을 둔 가장 큰 규모의 종합적인 문헌 검토가 1997년에 시작되었다. 미 의회는 NICHD 위원장에게 자문을 구했고, 미국 교육부 장관 Richard W. Riley는 증거에 근거하여 과학적인 연구들을 검토하고 그 결과 가장 효과적으로 아이들에게 읽기를 가르칠 수 있는 교육방법이 무엇인지 밝힐 읽기위원회를 소집하였다. 위원회는 읽기 연구 분야의 선도적인 과학자, 교육 및 사범대학교 대표, 읽기 교사, 교육행정가 그리고 학부모 등 14명의 위원들로 구성되었다. 문헌 검토를 위해 위원회는 1966년부터 발간된 약 10만 개의 읽기 관련 문헌과 그 이전에 발간된 1만 5천 개의 문헌을 선정하였다. 연구 논문의 수가 방대했기 때문에 위원회는 최종 결론에 도달하기 위해 실험연구와 준 실험연구만을 선정하였고, 그 중에서도 엄정하게 과학적인 기준을 충족시킨 연구만을 선정하였다.

보고서는 읽기 지도의 다섯 가지 영역—음소 인식(phonemic awareness), 발음(phonics), 읽기 유창성(fluency), 독해(text comprehension) 그리고 어휘(vocabulary)—에 초점을 맞추었다.

읽기위원회 보고서 내의 주요 발견사항은 다음과 같다.

- **음소 인식:** 아이들에게 음소(소리의 가장 작은 단위)를 소리 내어 조작하는 법을 명료하고 체계적으로 가르치면 읽기와 철자법 능력을 의미 있게 향상시킬 수 있다.

- **발음**: 발음 지도는 아이들에게 매우 유익한 도움을 준다. 발음 수업은 글자–소리 대응과 읽기와 철자법에서 그것의 사용을 강조하는 읽기 수업방식의 하나다. 체계적인 발음 지도 결과 가장 큰 향상이 있었다. 글자를 소리로 전환시키고 다시 소리를 인식 가능한 단어를 형성하도록 혼합시키는 것을 체계적으로 가르쳤을 때 학습장애 학생과 학습장애는 없지만 저성취를 보이는 학생들에게 모두 효과적이었다. 더욱이 체계적인 발음 혼합 수업은 초기 읽기 기술에 초점을 덜 맞춘 수업보다 특히 사회경제적 지위가 낮은 학생들의 자모음 지식과 단어 읽기 기술 향상에 효과적이었다.
- **읽기 유창성**: 읽기 유창성 수업은 단어 재인, 읽기 유창성 그리고 독해에 긍정적인 효과를 준다. 읽기 유창성은 독해에 필수적인 몇 가지 변인 중 하나다. 유창하게 읽는 사람은 빠르고, 정확하게 그리고 적절한 억양으로 글을 소리 내어 읽을 수 있다.
- **독해**: 특정 독해 전략을 가르쳤을 때 독해 능력은 향상된다. 이들 독해 전략들은 학생들로 하여금 자신들이 읽은 것을 이해하고 기억하며 이를 다른 사람과 의사소통하는 데 도움을 준다. 효과적인 독해 수업은 명료하고 직접적이다.
- **어휘**: 대부분의 어휘들이 간접적으로 습득되지만 명료한 어휘 수업도 어휘 이해 능력에 도움을 준다. 하지만 그 수업방법은 학생의 연령과 능력에 적합해야 한다. 자주 반복적으로 어휘를 접하도록 하는 것이 중요하다. 어휘는 독해에 매우 중요하다. 왜냐하면, 단어들의 의미를 모를 경우 읽은 것을 이해할 수 없기 때문이다.

읽기위원회 보고서는 위원회 웹사이트(www.nationalreadingpanel.org)에 제시되어 있다. 주요 연구결과는 교사와 기타 전문가들을 위해 『읽기 우선시하기: 아이들에게 읽기를 가르치기 위한 연구 성과』(2001)라 불리는 국립식자연구소(National Institute for Literacy)가 발행한 문서에 요약되어 있다. 이 문서와 최근에 발간된 연구 보고서들은 국립식자연구소의 읽기 동반자 웹사이트(http://www.nifl.gov/partnershipforreading/publications/k-3.html)에서 찾을 수 있다.

읽기 부진 혹은 부진 위험 학생을 대상으로 한 읽기 수업은 다른 수업과 차이가 있는가

읽기 학습에 요구되는 언어와 식자 관련 능력에 관한 중요한 사항 중 하나는 이 두 영역에서의 발달 지체는 유전 혹은 그 영향으로 발생한 신경생물학적 요인이나 유아원이나 가정에서의 불충분한 지도나 언어 경험이 원인일 가능성이 있다는 점이다. 아직까지는 특정 원인에 따라 특정 유형의 수업을 제공해야 한다는 결정적인 증거는 없다. 유아원에서 충분한 학습 기회를 제공받지 못한 아동들과 마찬가지로 유전적인 요인으로 인해 읽기 학습에 필요한 준비가 부족한 아동들도 현재 많은 교실에서 아동들이 받고 있는 수업보다 훨씬 명료하고 종합적이며 집중적이고 지원적인 읽기 수업을 필요로 할 것이다(Torgesen, 2004).

식자 관련 발달 지체와 더불어 전반적인 구어 발달 지체를 보이는 아동들은 단지 식자 관련 발달 지체만을 보이는 아동들보다 더욱 광범위한 지식과 기술 영역에서 특별한 수업을 필요로 할 것이다. 하지만 이 두 집단은 모두 식자 관련 영역에 약점을 갖고 있기 때문에 읽기 학습에서 충분한 진전을 보이려면 모두 초기 단어 읽기 기술 향상을 위한 특별한 지원을 필요로 한다.

읽기 부진 및 부진 위험 학생들에게 성공적인 학교 프로그램의 특징은 무엇인가

- **조기 중재**: 처음 1년 동안의 수업(유아원에서 1학년까지)이 식자 혹은 언어 관련 발달 지체를 보이는 아이들에게 특히 중요하다. 이 기간 동안의 집중적인 프로그램은 읽기 부진 및 부진 위험 학생들과 상대적으로 학업 준비가 잘된 아이들 간의 차이를 좁혀 주는 데 매우 중요한 영향을 미친다.

  읽기 부진 및 부진 위험 학생들을 잘 가르치는 학교들은 대개 식자나 언어 관련 선행 기술이 뒤처진 아이들을 확인하기 위한 선별 평가를 실시할 것이다. 이들 학교들은 학업 격차를 줄이기 위해 필요한 강도 높은 수업을 곧바로 제공하기 위한 체계적인 계획을 수립한다.
- **체계적인 읽기 프로그램**: 읽기를 잘 가르치는 학교에서는 읽기 수업의 필수적인 요소들(음소 인식, 발음, 읽기 유창성, 어휘 그리고 독해)을 서로 잘 조화시켜 개발한 종합적인 읽기 프로그램을 사용한다. 읽기 수업 내용을 각 학년 수준 내에서 그리고 학년 간을 넘나들며 세심하게 계열화한다. 읽기 프로그램은 매년 학생이 다음 학년으로 올라갈 때 읽기 수업도 그에 맞추어 진도를 나갈 수 있도록 계열화한다.

  해당 학년 수준과 동등한 수준, 하위 수준 혹은 상위 수준의 수행을 보이는 각 아이들의 요구를 충족시켜 주기 위한 수업계획을 수립한다. 수업 재료들은 해당 학생 모집단에게 효과가 있는 것으로 증명이 된 것을 위주로 선정한다. 프로그램 전체는 매우 체계적이어서, 새로운 정보는 현실적인 속도로 소개하고 충분한 연습 기회를 제공하여 아이들이 자신들이 배운 것을 정확하고 유창하게 적용할 수 있게 한다.
- **명료한 수업 전달**: 수업은 매우 명료하다. 읽기 수업은 매우 상호작용

적이고 아이들은 매우 수업에 집중하고 성공적이다. 교사들은 학생들이 완전숙달에 이르게끔 과제를 제시한다. 아이들은 자주 반응하고 교사들은 학생들의 그러한 반응에 즉각적인 피드백을 제공한다. 학생들의 수행 정도를 신중하게 검토하고, 아이들이 심각한 오류 패턴이나 오개념을 발달시키지 않도록 교정한다.

- **데이터 기반 수업**: 평가자료를 이용하여 학생들을 적절한 수업 수준에 배치하고 수행 정도를 점검한다. 학생들이 수업한 내용을 제대로 학습하고 있는지를 확인하기 위해 진전도 점검을 위한 평가를 자주 한다. 아이가 기대되는 속도로 학습을 하고 있지 않을 경우 즉각 수업을 조정한다.
- **읽기 성취를 지원하기 위해 이용 가능한 시간과 자원의 우선 배분**: 시간을 어떻게 활용할 것인지 결정할 때 일차적인 고려사항은 아이가 해당 학년의 수행 표준에 도달하기 위해 어느 정도의 읽기 수업을 필요로 하는가다. 교사 인력을 어떻게 활용할 것인가를 결정할 때 일차적인 고려사항은 학생의 읽기 성적 향상을 최대한 가속화시킬 수 있도록 수업집단을 구성하는 것이다.

초기 및 초등 저학년 읽기 단계

첫 한 달 동안의 읽기 수업이 아주 중요하기 때문에 이 책에서는 초기(beginning) 읽기 단계에 대해 많은 지면을 할애하고자 한다. 초기 읽기 단계란, 학생들이 학교 읽기 수업시간에 제시되는 수백 개의 단어를 배우는 시기를 말한다. 어떤 학생들은 이들 단어 중 많은 것을 이미 읽을 수 있는 상태에서 학교에 올 것이다. 이들 학생들이 초기 단계를 끝내기까지는 약간의 읽기 수업만이 필요할 것이다. 그런가 하면, 어떤 학생들은 단어를 읽는 능력이 거의 없이 학교에 올 것이다. 이들은 초기 읽기 단계를 끝내기까지 6개월에서 1년간의 수업을 필요로 한다.

초등 저학년(primary) 읽기 단계란, 초기 읽기 단계(대략 초등 1학년 중반까지) 이후부터 초등 3학년까지를 말한다. 해부호화(decoding)와 독해 수업 간의 관계는 학생들의 학년이 높아짐에 따라 바뀐다. 초기 읽기 단계에서는 많은 시간을 해부호화 기술을 가르치는 데 투입하여, 많은 단어를 읽을 수 있게 해 주는 일반화 가능한 기술과 전략을 학습하도록 한다. 초등 저학년 읽기 단계 말기가 되면 거의 모든 해부호화 기술과 전략이 다루어진다. 해부호화에 투입된 시간이 감소하면 독해 전략을 가르치기 위한 수업의 비중이 높아진다.

이 책을 활용하는 방법

이 책은 크게 세 부분으로 구성되어 있다. 제1부에서는 읽기 부진 학생과 읽기 부진 위험 학생들을 위한 읽기 프로그램을 개발할 때 고려해야 할 주요 요소들을 개관한다. 제2부에서는 읽기의 다섯 가지 영역별로 연구에서 효과가 있다고 밝혀진 명료하고 체계적인 수업에 대한 구체적인 정보를 제공한다. 제3부에서는 모든 학습자들의 다양한 요구를 충족시켜 주기 위한 각 학년별 읽기 수업방법에 대한 구체적인 제안과 함께, 수업에 필요한 평가, 배치, 집단 조직 등을 위한 도구를 소개한다.

제1부는 4개의 장으로 이루어져 있는데, 각 장에서는 명료하고 체계적인 읽기 수업의 각 측면을 다룬다. 2장에서는 수업 재료에 초점을 맞추었다. 더 심사숙고하여 수업 재료를 만들수록 교사는 학생들과 상호작용하는 데 에너지를 더 집중할 수 있을 것이다. 3장에서는 명료하고 체계적인 수업의 밑바탕을 이루는 수업 설계 원리와, 이 원리들을 프로그램 분석과 수

정보완에 어떻게 활용할 것인가를 다룬다. 4장에서는 전달 기법(교사가 수업 내용을 어떻게 전달할 것인가)을 논한다.

제2부는 읽기 수업의 다섯 영역—음소 인식, 발음, 읽기 유창성, 어휘 그리고 독해—을 중심으로 조직되어 있다. 제2부에서는 이들 다섯 가지 영역 내에서 명료하고 체계적인 수업에 관한 구체적인 정보를 제시한다. 각 장에서는 초기 읽기 단계와 초등 읽기 단계에서 가르칠 기술들을 언급하게 될 것이다. 예외는 음소 인식에 관한 장인데, 이는 음소 인식 관련 기술은 오직 초기 읽기 단계에서만 가르치기 때문이다.

제2부의 각 장에서는 다음과 같은 내용들을 제시하였다.

- **수업 형식**: 수업 형식은 교사와 학생들이 말하고 행해야 할 것을 포함하여, 중요한 기술과 전략을 제시하기 위해 제공하였다. 우리는 이러한 구체적인 수업 형식이 교사들에게 도움이 된다는 것을 알았다. 왜냐하면, 수업은 매우 구체적인 행동들의 집합체이기 때문이다. 교사는 추상적인 방식으로 학생들에게 단어를 읽도록 가르치는 것이 아니다. 특정한 단어를 지칭하고, 정보를 제공하고, 질문을 던지고 하는 등의 구체적인 활동을 한다. 이 책에서 제시한 구체적인 수업 형식이 특정 읽기 영역을 가르칠 때 도움을 줄 수 있기를 바란다. 더불어, 교사들이 이 책에서 깊이 있게 다루지 않은 내용을 가르치기 위해 수업설계를 할 때 사용 가능한 일종의 모델 역할을 할 수도 있다. 수업 전에 계획된 상세한 수업 형식은 교사로 하여금 학생의 학업 수행에 전념할 수 있게 해 준다.
- **교정 절차**: 수업 형식마다 학생들이 범할 가능성이 있는 오류들에 대한 교정 절차를 제시하였다.
- **중요한 수업 행동**: 수업 형식마다 수업을 아주 상호작용적으로 유지할 수 있도록 하는 방법과 아이들의 수행 정도를 점검하는 방법에 대한

저자들의 제언을 포함하였다.

- **계열화 제언**: 언제 특정 기술을 소개해야 하고, 그러한 소개가 다른 기술의 소개와 어떻게 조화를 이루어야 하는지에 대한 지침을 제시하였다.
- **용례 선정**: 각 차시 수업 형식에서 제시될 일단의 예들을 구축하기 위한 구체적인 기준들을 제시하였다. 예컨대, 접미사 -ed가 붙은 단어 읽기를 가르칠 때 용례 선정과 구축의 기준은 학생들에게 그러한 접미사가 붙었을 때 내야 하는 가능한 다양한 소리를 소개할 수 있도록 다양한 단어들을 혼합하여 제시하는 것이다. 그러한 단어들에는 /t/소리로 끝나는 단어(hopped), /d/소리로 끝나는 단어(hummed), /id/소리로 끝나는 단어(handed) 등이 있다.

제3부는 읽기 수업을 위한 학급과 학교 조직화 지침을 제공하는 장으로 시작된다. 자신의 학년 수준보다 읽기 수준이 낮은 아이들의 요구를 충족시킬 수 있는 지침과 함께, 읽기 수업을 위한 평가방법, 수업 시간표, 집단 조직, 학생 배치 그리고 읽기 수업을 위한 적절한 수업 자료 선정에 관한 정보들을 제시하였다. 다른 장에서는 유치원, 초등 1학년에서 3학년까지의 읽기 수업을 위한 구체적인 정보와 지침들을 제시하였다.

제 2 장

수업 자료: 효과적인 읽기 프로그램의 핵심적인 특징

잘 개발된 읽기 프로그램을 사용하는 것이 읽기 부진 및 부진 위험 학생을 가르치는 교사들에게는 매우 중요하다. 신중하게 고안되고 잘 구성된 자료는 교사로 하여금 학생들에게 집중할 수 있게 해 준다. 미흡하게 구성된 수업 자료를 갖고 있는 교사는 지속적으로 그 자료를 수정해야 하기 때문에 더욱 어려움을 겪게 될 것이다.

학급과 학교 수준의 읽기 프로그램들은 대개 아래에 제시되는 유형 중 하나 혹은 그 이상에 해당한다.

종합적인 핵심 읽기 프로그램

종합적인 핵심 읽기 프로그램(comprehensive core reading programs)[1]

1) 역자 주: 핵심 읽기 프로그램이란 '보조'나 '임시' 프로그램이 아닌 정규적이고 중심적인 읽기 프로그램을 의미한다.

은 유치원에서 6학년까지의 학생들을 대상으로 읽기와 언어 활용 관련 내용을 체계적으로 가르칠 목적으로 일정한 순서에 따라 고안된 교사 및 학생을 위한 수업 자료다. 주요 출판사들이 발행하는 이들 프로그램들은 각 주에서 제시하는 내용 표준을 실질적으로 모두 다루도록 설계되어 있다. 이 책을 저술할 즈음에는 다섯 개의 주요 출판사들이 이 읽기 프로그램들의 주요 판매업자였다.

종합적인 핵심 읽기 프로그램들의 장점은 많은 내용을 포함하고 있다는 점이다. 하지만 이러한 장점은 다른 한편으로는 단점이기도 하다. 이들 프로그램들은 대부분 너무 많은 내용을 담고 있어서 모든 학생들이 학습에 성공할 수 있을 정도로 수업의 깊이와 넓이를 맞출 수 없다. 교육자들은 이러한 종합적인 핵심 읽기 프로그램들을 '기초 읽기 프로그램(basal reading program)'이라고 부른다.

1990년대 후반부터 캘리포니아, 텍사스, 플로리다 주에서는 기초 읽기 프로그램이 그들의 주에서 채택되려면 읽기에 관한 과학적인 연구결과를 반영해야 한다고 요구하고 있다. 이러한 요구는 읽기위원회(National Reading Panel)의 보고서 및 낙오생방지법(No Child Left Behind)과 더불어 종합적인 핵심 읽기 프로그램의 설계에 큰 영향을 미쳤다. 2002년부터 핵심 읽기 프로그램의 주요한 발행자들은 모두 읽기 연구결과를 좀 더 반영한 새로운 프로그램들을 출간해 오고 있다. 그렇기는 하지만, 수업 도구로서의 잠재적인 효과 측면에서 이들 프로그램 간에는 큰 차이가 있고, 특히 읽기 부진 및 부진 위험 학생을 가르쳐야 하는 교사의 입장에서는 더욱 그러하다.

이들 프로그램들의 효과를 떨어뜨리고 있는 한 가지 심각한 문제가 있다. 프로그램 발행자들은 비교적 짧은 기간 안에 새로운 버전의 프로그램을 내놓아야 하기 때문에, 프로그램을 현장에서 검증하고, 학생들이 프로그램을 사용하는 데 어떤 어려움을 겪는지 파악하며, 이러한 어려움을 상쇄하기 위해 수업을 다시 작성하는 데 충분한 시간을 투입하지 못하고 있다. 현장 검증과 그 결과에 기초하여 프로그램을 개정하는 것은 읽기 부진 및 부진 위험 학생을 대상으로 하는 읽기 프로그램의 수업 설계에 중요하다. 현장 검증과 중요한 내용을 깊이 있게 다룬 수업의 부족 때문에 대부분의 기초 읽기 프로그램은 읽기 부진 및 부진 위험 학생들의 요구를 충족시켜 주지 못한다.

특화된 핵심 읽기 프로그램

특화된 핵심 읽기 프로그램들은 학생들이 능숙하게 읽을 수 있게 되는 데 필수적인 기술들을 다룬다. 하지만 이들 프로그램들은 종합적인 핵심 읽기 프로그램들처럼 언어 구사의 모든 면을 다루도록 설계되어 있지 않다. 이들 프로그램들은 특화되어 있기 때문에 읽기 부진 학생과 위험 학생들에게 특히 효과적이다. 왜냐하면, 핵심 내용에 대해 보다 심층적인 수업을 제공하기 때문이다. 많은 학교에서 이러한 프로그램들을 채택하여 사용해 왔고, 일부는 주 단위의 내용 표준을 충족시킬 읽기 프로그램을 개발할 목적으로 교사들이 자료를 스스로 제작하여 이 프로그램을 보완하기도 하였다. 이 읽기 프로그램은 또한 초등 2, 3학년 중 읽기를 전혀 못하거나 잘 못하는 아이들을 대상으로 한 속성 보충 프로그램으로 성공적으로 사용되어 왔다.

보조 자료

보조 자료는 읽기 수업의 한두 개 영역에 관해서만 수업이나 연습을 제공한다. 점점 더 많은 출판사들이 글자-소리 대응과 단어 읽기 연습을 포함하여 음소 인식 및 발음에 초점을 맞춘 프로그램들을 내놓고 있다. 어떤 출판사들은 유창성 발달에 초점을 맞춘 프로그램을 발행하고 있고, 많은 출판사들이 별도의 읽기 연습용 텍스트 자료를 발행하고 있다. 이들 프로그램들의 질에는 서로 간에 많은 차이가 있다. 보조 자료의 수업 순서와 전략이 정규 수업시간에 사용되고 있는 핵심 읽기 프로그램과 다를 경우 문제가 될 수 있다.

중재 자료

중재(intervention) 자료는 자신의 학년 수준보다 낮은 수행을 보이는 아이들을 위해 고안된 것이다. 종합적인 핵심 읽기 프로그램에도 중재 자료 성격의 요소들이 포함되어 있을 것이다. 하지만 불행하게도 이 책을 저술할 즈음에는 이들 중재 자료들 중 그 어느 것도 학년 수준에 비해 심각하게 낮은 읽기 수행을 보이는 아이들을 위한 체계적인 수업을 제공하고 있지 않았다. 주요 출판사들의 중재 프로그램은 보통의 수업보다 약간 단순한 방식으로 추가 연습을 제공하고 있다. 심각하게 뒤처진 아이들에게 이러한 자료들은 충분하지 않다. 많은 학교들이 읽기 부진 학생과 위험 학생들을 위한 중재 프로그램의 일환으로 특화된 읽기 프로그램을 사용하고 있다.

컴퓨터 기반 수업

다양한 컴퓨터 기반 프로그램들이 있다. 대부분은 보조 혹은 중재 프로그램으로 판매되고 있다.

많은 컴퓨터 기반 프로그램들이 어린 아동들에게 발음과 음소 인식을 가르치거나 연습시킨다. 교사들이 아이들로 하여금 책을 좀 더 많이 읽도록 동기화시키는 것을 도와줄 목적으로 설계된 프로그램들도 있다. 이런 프로그램은 아이들의 읽기 수준을 결정하고, 그 아이의 읽기 수준에 맞는 책을 지정하고, 그 책의 내용 이해를 묻는 질문을 제공한다. 여기에 동기를 유발하기 위해 읽은 것 기록하기 활동을 포함하고 있다. 일부 프로그램들은 더욱 종합적이어서 읽기 수업의 각 주요 요소들이 조화를 잘 이룬 수업을 제공한다.

컴퓨터에는 한계가 있는데, 특히 읽기 수업 초기 단계 동안에는 컴퓨터가 아이들의 구두 반응을 믿을 만하게 해석하지 못하기 때문에 이들의 음성적 반응에 믿음직스러운 피드백을 제공해 주지 못한다. 그렇기는 해도 컴퓨터 프로그램은 어떤 기술을 연습하고 다른 기술을 가르치는 데 유용한 보조 도구로 사용될 수 있다. 예를 들어, 어떤 컴퓨터 프로그램은 독해 전략을 제시해 준 다음 틀린 반응을 교정하기 위해 즉시 피드백을 제공하는 일련의 적용 문항을 제공해 주기도 한다. 어떤 컴퓨터 프로그램은 연습의 양과 연습의 내용이 학생의 수행 정도에 따라 달라지는 '지능형'화되어 가고 있다.

학교 단위의 읽기 프로그램 구성하기

학교에서 사용할 핵심 읽기 프로그램은 대다수 학생들의 필요를 충족시켜 줄 목적으로 선정해야 한다. 만약 대다수의 학생들이 읽기 부진 위험을 갖고 있다면 핵심 읽기 프로그램이 매우 체계적이며 명료해야 하고, 충분한 연습을 포함해야 하며, 새로운 기술을 소개하는 속도를 잘 조정해야 하고, 교사의 시범이 분명해야 한다. 반대로, 대다수 학생들의 수준이 조금 높다면 핵심 읽기 프로그램은 읽기에 관한 과학적인 연구 결과에 근거하면서도 덜 직접적일 수 있다. 하지만 읽기 부진 위험 학생들에게는 보다 명료하고 체계적인 프로그램을 사용해야 한다. 읽기 부진 및 부진 위험 학생들을 위해서는 모든 수업을 매우 명료하고 체계적인 프로그램으로 구성하여 이들이 해당 학년 수준에 이르는 데 필요한 만큼 빨리 읽기 능력을 향상시킬 수 있게 해 주어야 한다.

초등 2학년 이후부터는 해당 학년 수준보다 많이 뒤처지는 학생들에게 종합적인 읽기 자료를 제공할 수 있어야 한다. 이들 프로그램에는 체계적이고 명료한 수업 요소들을 포함시켜야 하고, 읽기의 모든 영역에서 학생의 읽기 향상을 가속화할 수 있도록 프로그램들을 설계해야 한다.

학년별 수업 자료에 대한 보다 구체적인 정보는 제3부에 제시된다.

실제로 효과가 있는 것에 초점 맞추기

학교 책임자는 읽기 프로그램을 고를 때 매우 부지런한 소비자처럼 행동해야 한다. 프로그램 홍보 전단지에 쓰여 있는 '연구에 근거한(research-based)'이란 용어는 사실 그대로 받아들여서는 안 된다. 과학적인 읽기 연구 결과에 근거해서 개발된 프로그램 중에서도 읽기 부진 위험 학생들의 요구를 얼마나 잘 충족시켜 주느냐 하는 정도에는 큰 차이가 있다. 연구결과에 근거하여 연습문제를 제시했다는 것 자체가 읽기 부진 및 위험 학생들에 대한 효과를 담보하는 것은 아니다. 전체 프로그램의 구성이 그 효과를 결정한다.

읽기 프로그램이 효과가 있을 것인가 여부를 알려 주는 가장 강력한 증거는 동일한 프로그램을 사용하는 비슷한 학생들과 교사들로 구성된 학교들로부터 얻은 읽기 성취 자료다. 특히 많은 수의 읽기 부진 학생을 가르치는 교사들은 비교 가능한 학교들에서 사용하고 있는 것 중에서 높은 수준의 성취를 나타내는 프로그램을 선택해야 한다. 또다시 강조하거니와, 교사들은 출판사들의 주장을 검토할 때 매우 신중해야 한다.

핵심 읽기 프로그램을 고를 때에는 포괄성보다는 효과성이 주요 요소가 되어야 한다. 과거에는 학교들이 읽기 프로그램을 평가하기 위해 다양한 요소들을 포함한 체크리스트를 종종 사용하곤 했다. 이러한 체크리스트들의 문제점은 프로그램이 해당 주에서 표방하는 표준을 모두 포함했는가 여부가 프로그램 선정의 주요 기준이라는 점이다. 결과적으로, 중요한 내용들을 피상적으로만 많이 다룬 프로그램들이 단지 내용들을 많이 다루었다는 이유만으로 중요한 내용을 깊이 있게 다룬 프로그램들보다 높은 점수를 받게 된다.

일부 학교들은 비슷한 학생들로 구성된 다른 학교들에서 높은 성적을 낸 읽기 프로그램들을 찾아내기는 하지만 그 프로그램들은 주에서 요구하는 기준을 모두 포함하지 않았을 수도 있다. 이럴 경우, 우선 좋은 성적을 내는 프로그램을 선택한 다음, 빠진 내용을 가르칠 수 있는 보조 자료를 구입하거나 개발할 것을 제안한다.

읽기 자료의 수정

읽기 부진 및 부진 위험 학생들의 필요를 충족시켜 주기 위해서는 대부분의 종합적인 핵심 읽기 프로그램을 수정할 필요가 있다. 이러한 학생들을 위해 수정이 필요한 다섯 가지 공통적인 문제들을 지적해 보면 다음과 같다.

1. **너무 많은 수업활동:** 많은 읽기 프로그램들은 각 차시에 너무 많은 활동들을 포함하고 있다. 가르칠 수 있는 시간보다 더 많은 활동들이 포함되어 있다. 불행하게도 교사는 어떤 과제가 가장 중요한지 잘 모를 수 있다. 교사는 가장 중요한 과제를 찾아낼 수 있어야 하고, 그 과제

를 매일 수업에서 다룰 수 있도록 수업 일정을 조정해야 한다.

2. **교사에게 너무 모호한 지침**: 대부분의 핵심 읽기 프로그램들은 교사들에게 어떻게 구체적인 기술을 명료하게 가르쳐야 할지에 대해 분명한 지침을 제시하지 않는다. 교사는 자신의 시범이 명료하고 수업이 상호작용적이 되도록 수업을 구조화할 준비를 해야 한다.
3. **배치와 지속적인 점검을 위한 평가의 부족**: 대부분의 프로그램들은 교사가 입학 초기에 학생들을 적절한 반에 배치하고 해당 학년 동안 학생이 내용을 학습하는 정도를 지속적으로 점검할 수 있도록 해 주는 체계적인 평가 시스템을 충분히 갖고 있지 못하다. 학생이 중요한 읽기 기술을 학습하고 있다는 것을 확실히 하기 위해서는 그 학년 내내 읽기 유창성과 같은 중요한 기술을 빈번하고 지속적으로 평가해야 한다.
4. **너무 빠른 진도**: 대부분의 종합적인 핵심 읽기 프로그램은 새로운 정보와 기술을 읽기 부진 및 부진 위험 학생들에게 너무 빨리 소개한다. 학생들이 다음 내용으로 나아가기 전에 완전히 소화하기에는 한 번에 너무 많은 내용들이 충분히 연습할 기회도 없이 너무 빨리 제공된다. 교사들은 교수 전략을 분석하고, 요소 기술을 확인하며, 이들 각 요소를 시범적으로 보여 주고, 그런 후에 가르쳤던 모든 전략을 학생들이 숙달하도록 충분한 연습을 제공해 주어야 한다.
5. **학생의 필요와 일치하지 않는 수업 용어**: 대부분의 핵심 읽기 프로그램들은 아이들에게 정보를 제공할 때 교사가 사용하는 어휘나 구문을 신중하게 통제하지 않는다. 아이들이 잘 이해하지 못하는 단어와 문장 구조가 교사의 시범 때 나타나곤 한다. 예를 들어, 어떤 유치원 프로그램에는 '같다(same)'와 '다르다(different)'라는 말을 초기 수업에서 사용하는데, 문제는 많은 읽기 부진 위험 학생들이 이 용어를 잘 모른다는 데 있다. 결국, 학생과 교사 모두 좌절할 가능성이 크다. 교

사는 아이들이 수업시간에 사용되는 모든 용어를 이해할 수 있도록 수업 시범 때 사용하는 단어를 수정할 필요가 있다.

이 책의 제2부에서는 바로 위에서 지적했던 문제와 다른 문제들을 교사가 어떻게 다루어 나갈 수 있을지를 제시한다. 이 책의 목표는 독자들에게 어떻게 모든 아이들이 성공할 수 있게 만들 것인가 하는 구체적인 예를 제공하는 것이다.

제 3 장
명시적이고 체계적인 수업 설계

교사는 읽기 프로그램을 평가하여 체계적이고 명시적인 수업을 제공하는 프로그램을 선택할 수 있어야 한다. 필요할 경우에는 읽기 부진 및 부진 위험 학생들의 필요를 충족시켜 줄 수 있도록 충분히 명시적이고 체계적이게끔 읽기 프로그램을 수정할 수 있어야 한다. 이 장에서는 교사가 이 두 가지 일을 할 때 사용 가능한 수업 설계 원리들을 제시한다. 구체적으로, 프로그램 설계에 관하여 교수 전략 고안, 명시적 교수 절차 개발, 예(examples)의 선정, 기술의 계열화, 적절한 속도의 새로운 정보 소개 그리고 충분한 연습과 복습 기회 제공 등의 측면들을 논의한다.

교수 전략 고안

교수 프로그램은 가능하면 언제든지 학생들에게 정보를 기억하기를 요구하기보다는 전략에 의존하도록 가르쳐야 한다. 학생들에게 전략을 가르치면 수업이 더욱 효과적이다. 예를 들어, 글자-소리 대응이나 한 글자씩 소리 내어 읽기 전략(sounding-out strategy)을 가르치면 학생들은 이러한 글자-소리 관계를 갖고 있는 단어는 어느 것이나 읽을 수 있게 된다. 일단 학생이 낱글자 읽기를 숙달하면 새로운 글자-소리 대응관계를 배울 때마다 많은 수의 새로운 단어를 읽는 것이 가능할 것이다. 학생들이 m, s, t, f, d, r, n, h, a 등의 소리를 이미 알고 있다고 해보자. 이들에게 i 소리를 가르치면 sit, it, fit, hit, mid, hid, tin, fin, miss, rim, dim, him, if, in 등의 새로운 단어를 읽을 수 있게 될 것이다.

명시적 교수 절차 개발

수업은 교사가 무엇을 어떻게 할 것인가에 대해 분명하게, 명확하게 그리고 완전하게 학생들과 의사소통할 때 명시적이 된다.

명시적 교수 시범 사용

아직 공식적인 수업 경험이 별로 없는 어린아이와 이미 상당한 정도의 공식적인 수업 경험이 있는 아이 사이에는 명시적으로 가르치기 위한 절차가 다르다. 아이들이 배워야 할 많은 수의 초기 정보, 기술, 전략들은 시범, 안내, 검사와 같은 비교적 단순한 수업 절차를 따라 가르칠 수 있다. **시범(model)**은 교사가 직접 학생들 앞에서 해 보이는 것이다. 몇 가지 교사 시범 예를 들어보자. 단어를 천천히 분리하여 소리 낸 다음(예: mmmaaannn), 빨리 이를 혼합한다(man); s 글자를 가리키면서 그 소리(ssss)를 낸다; 단어를 가리키면서 중간에 쉬지 않고 각 철자의 소리를 이어서 낸 다음(sssuuunnn), 보통의 속도로 그 단어를 소리낸다(sun).

안내(lead) 단계에서 교사는 학생들이 바람직한 반응을 하도록 돕는다. 초기 읽기 수업 단계에서 가장 흔한 안내 방법은 학생들이 교사가 방금 전 가르친 것을 적용하려 할 때 학생들과 같이 반응하는 것이다. 예를 들어, 학생들이 어떤 단어를 처음으로 소리 내는 방법을 학습할 때 교사는 시범을 보인 다음, 학생들과 같이 반응하면서("나와 같이 이 단어를 읽어 봅시다, sssuuunnn.") 안내를 한다. 어린아이들은 정확한 반응을 하기까지는 여러 번의 안내를 필요로 할지도 모른다. 교사는 학생들이 정확한 반응을 연속해서 여러 번 낼 때까지 같이 반응하면서 안내를 계속한다. 주목할 것은 모든 반응에 대해서 안내가 필요한 것이 아니라, 시범 직후 아이들이 따라하지 못하는 것에 대해서만 안내를 사용한다는 점이다.

검사(test) 단계에서는 학생들이 별도의 보조를 받지 않고 반응을 보이도록 한다. 예를 들어, 글자 소리 내는 것을 시범 보이고 안내한 후, 아이들에게 "여러분 스스로 소리를 내어 보세요."라고 지시한다.

시범–안내–검사 절차를 사용하면 유아원부터 초등학교 1학년까지의 읽기 부진 위험 학생들의 읽기 속도를 눈에 띄게 향상시킬 수 있다. 주로 언어를 사용하는 수업 시범에서 혜택을 받기 위해 알아야 할 다양한 개념을 학생이 학습할 때까지 기다리기보다는 첫날부터 중요한 단어 읽기 기술을 가르칠 수 있다. Siegfried Engelmann이 지은 『읽기 숙달(*Reading Mastery*)』 교재는 읽기 부진 위험 학생들을 위한 초기 읽기 수업을 향상시키기 위해 어떻게 시범, 안내, 검사 절차를 사용할 것인가에 관한 뛰어난 예를 제시하고 있다.

학생들이 초등학교 수준으로 향상을 보이면 시범–안내–검사 절차는 그 전처럼 자주 사용하지는 않는다. 왜냐하면, 이제는 설명을 이해할 정도로 충분히 언어가 발달했기 때문이다.

기술과 전략을 가르칠 때 사용하는 언어 조절

초기 읽기 단계 동안 읽기 부진 위험 학생을 가르치는 교사는 이들이 언어 관련 지체를 갖고 있기 때문에 시범을 보일 때 너무 언어 위주가 되지 않도록 구조화해야 한다. 너무 언어 위주로 설명했을 때의 문제점은 아이가 교사의 설명을 잘 이해하지 못할 가능성이 있다는 점이다.

교사의 설명은 학생들이 쉽게 이해하도록 세심하게 구성한다. 이렇게 언어를 통제하는 것은 모든 단계의 학습에 중요하지만, 특히 유아원부터 초등학교 1학년까지 형식적인 수업을 처음 받는 아이들에게 중요하다. 많은 읽기 부진 위험 학생들은 수업에서 사용되는 언어에 대해 아주 조금밖에 모른 채 학교에 입학한다. 이들 학생들은 색, 모양, 전치사 혹은 같다, 다르다와 같은 비교 개념, 첫째, 다음, 마지막 등과 같은 절차적인 개념들을 모른다.

학생들이 이해하지 못하는 어휘나 문장구조는 피해야 한다. 이 점은 단순하지만 종종 간과된다. 핵심 읽기 프로그램에 제시된 유치원 교사용 지침 내의 제안된 설명들은 종종 중간 수준 이상의 학생들만이 이해할 수 있는 단어들을 포함하고 있다. 일부 학생들이 매일매일의 수업에서 학습에 성공하지 못하는 것은 교사가 중요한 어휘를 미리 가르치지 않기 때문이다. 만약 위에, 밑에, 처음 혹은 다음 등과 같은 단어를 사용할 계획이라면 먼저 학생들이 이러한 단어들을 이해하고 있는지를 확인해야 한다. 이해하고 있지 않다면 이들 단어를 사용해서 설명을 하기 전에 이들 단어들을 가르쳐야 한다. 제2부의 초기 어휘(15장)에 관한 장에는 어휘를 가르치는 구체적인 지침들이 포함되어 있다.

새로운 기술은 한 번에 하나씩만 소개

읽기 부진 및 부진 위험 학생들을 가르칠 때에는 새로운 학습의 양을 조절하는 것이 특히 중요하다. 매 차시 오직 하나의 새로운 기술만 제시하도록 수업을 구성한다. 하나 이상의 새로운 기술을 가르치려 하면 두 가지 문제가 발생한다. 첫째, 학생들이 동시에 두 개의 새로운 기술을 학습하려면 하나의 새로운 기술만 제시했을 때보다 학습부담이 최고 2배가 되기 때문에 학습에 실패할 가능성이 커진다. 둘째, 학생이 학습에 실패했을 때 교사는 어느 기술 때문에 학습에 실패했는지 얼른 알 수 없다. 이럴 경우, 진단과 교정이 어렵게 된다. 예를 들어, like, made 등과 같은 자음-모음-자음 끝소리 단어(CVCe) 읽는 법을 가르치는 수업에서 다음과 같은 규칙을 제시할 수 있다. 단어가 e로 끝나면 첫 번째 모음 소리는 그 이름으로 발음한다. 모음이 무엇인지 모르는 학생이나 이러한 규칙 이전에 모음의 이름을 배우지 않은 학생은 한 번에 모음의 의미, 모음의 이름 그리고 앞에서 이야기한 규칙 등 여러 가지 새로운 기술을 학습해야 할 것이다. like라는 단어를 "리크(lick)"이라고 읽는 학생은 모음 i의 이름을 모르거나 앞의 규칙을 적용하지 못하는 학생이다. 결과적으로, 교사는 이 학생에게 모음 이름과 관련해서 도움을 주어야 할지 아니면 규칙 적용과 관련해서 도움을 주어야 할지 모를 것이다.

전략 적용 시 안내된 연습 제공

이 책 전반에 걸쳐 교사가 어떻게 특정 전략을 구체적으로 제시할 것인가를 구체적으로 보여 주는 다수의 수업 형식이 제시될 것이다. 그 형식에는 교사와 학생이 각각 무엇을 해야 하는지가 포함되어 있다. 각 수업 형식은 점진적으로 덜 구조화하여 제시할 것이다. 이 형식의 도입부에서는 교사가 특정 전략의 각 단계를 시연해 보이고 이 전략을 적용하는 구조화된 연습을 제공한다. 예를 들어, 발음 수업 첫 1년 동안의 글자 지도 기간 동안에는 ar, ee, ai 등과 같은 글자 조합을 가르칠 것이다. 학생들이 이들 글자 조합이 들어 있는 단어를 읽게 되기를 희망하면서 단순하게 이들 글자 조합의 소리를 따로 떼어 내어 가르칠 수는 없다. 읽기 프로그램에는 이러한 글자 조합이 들어 있는 단어들을 읽는 구체적인 방법이 들어 있어야 한다. 수업의 도입부에서 교사는 밑줄 친 새로운 글자 조합을 담은 단어 예(예: farm)를 제공하고 학생들로 하여금 밑줄 친 새로운 소리를 먼저 읽고 단어를 읽도록 한다. 그런 다음, 점진적으로 도움과 촉진을 줄여 나간다. 궁극적으로 학생은 전략의 각 단계들을 독자적으로 적용하여 밑줄이 없는 단어들을 읽어 나가게 된다. 시범 보이기에서 단서하의 적용하기, 독립적인 전략 적용까지의 교사 안내를 **점진적 지원 감소 수업**(scaffolding instruction)[1] 이라고 한다.

예들의 선정

적절한 도입 단어 예의 제시

새로운 기술이나 전략을 소개할 때 교사는 일단의 예(examples)들을 제시할 것이다. 이때 사용하는 예들은 학생이 정답을 말하기 위해 이전에 배운 새로운 전략과 정보를 사용할 수 있을 때만 적절하다. 예를 들어서, 발음 면에서 규칙적인 비교적 단순한 단어를 소리 내어 읽도록 가르칠 때 사용할 단어들은 학생들이 이미 배운 글자-소리 대응 관계를 포함한 것들로

1) 역자 주: Scaffolding은 발판, 형성, 비계로 흔히 번역되며, 원래는 공사장 등에서 인부들이 직업을 하기 위해 임시로 설치하는 구조물을 의미한다. 이 개념의 핵심 아이디어는 학습과정 초기에 많은 지원을 제공했다가 점진적으로 이를 줄여나가서 나중에는 학습자 스스로 학습하게 해 주는 것이다. 따라서, 단순히 처음에 '발판'을 마련하는 것에 그치는 것이 아니라 독립적인 학습자가 되도록 하는 데 더 큰 목적이 있기 때문에 이를 드러내기 위해 이 책에서는 Scaffolding을 '점진적 지원 감소'로 번역하였다.

만 한정해야 한다. 만약 학생들이 m, s, a, d, f, r, t, i 등의 글자에 대해서만 글자–소리 대응관계를 알고 있다면 met이라는 단어를 예의 하나로 제시하면 안 된다. 왜냐하면, 이 단어는 학생들이 아직 배우지 않은 글자(e)를 포함하고 있기 때문이다.

예들을 구축하는 일은 특히 어휘를 가르칠 때 중요하다. 예들은 오직 교사가 의도한 의미를 보여 줄 때만 적절하다. 만약 학생이 교사가 의도하지 않았던 것을 학습했다면 그 예들은 부적절하다. 예를 들어, '두꺼운(thick)'이라는 단어를 가르칠 때 그 예로 두꺼운 펜과 두꺼운 연필을 사용할 수는 있지만, 이 두 물건은 모두 글 쓰는 도구이기 때문에 어떤 학생은 '두꺼운'이라는 단어를 크기보다는 글 쓰는 일과 관련이 있을 것이라고 해석할 가능성이 있다. 어휘를 다루는 장에서 용례 선정에 관해 좀 더 다루게 될 것이다.

변별 연습 제공

교사가 새로운 전략을 소개한 후에 학생들은 이 새로운 전략을 언제 적용하고 언제 적용하지 말아야 하는지를 연습할 필요가 있다. 변별 연습을 위한 적절한 예를 선정할 때에는 그 예들이 잘 섞이도록 해야 한다. 새로운 전략을 적용할 수 있는 예들 이외에 다른 예들도 포함해야 한다. 이들 다른 예들은 이전에 가르쳤던 비슷한 전략을 복습하는 데 사용할 수 있다. 다양한 예를 포함하는 것이 필수적인 이유는 학생들이 새로운 전략과 이전에 배운 전략을 각각 언제 적용하는지를 구별해야 하기 때문이다. 예를 들어, 학생들이 CVCe 단어 읽는 법을 학습할 때 변별 수업 형식에 이 규칙을 따르지 않는 단어 유형(can과 rob 등)과 새로운 단어 유형(cane과 robe)을 포함시킨다. 이러한 유사한 단어를 포함시킴으로써 중요한 변별 연습을 시키는 것이 가능하다.

기술의 계열화

계열화란 새로운 정보와 전략들을 소개하기 위한 최적의 순서를 결정하는 것이다. 계열화는 학생들이 새로운 기술을 학습할 때 그것이 어렵거나 쉬운 정도에 아주 큰 영향을 미친다. 다음의 네 가지 계열화 원리는 대개 학생들의 오류 비율을 줄여 준다.

전략을 제시하기 전 그 선수기술을 가르친다

가장 중요한 계열화 지침은 그 전략을 소개하기 전에 전략의 요소들을 가르치는 것이다. 이들 요소들을 전략 그 자체보다 먼저 가르쳐야 하기 때문에 이를 선수기술(preskills)이라 한다. CVCe 단어를 읽는 전략의 경우에는 모음의 이름을 아는 것이 선수기술이다. 따라서 이를 전략이 제시되기 전에 소개한다. 상급 학년 학생들이 사전에서 단어를 찾도록 하기 위해서는 (a) 알파벳 말하기, (b) 첫 번째, 두 번째, 세 번째 철자를 보면서 목표로 하는 단어와 비교 단어를 비교하기, (c) 특정 페이지를 열었을 때 앞 페이지로 가야 할지 뒷 페이지로 가야 할지 알기 등과 같은 선수기술을 가르쳐야 한다. 한 글자씩 소리 내기 전략의 선수기술로는 (a) 각 철자의 소리 알기, (b) 단어는 왼쪽에서 오른쪽으로 읽는다는 것을 알기, (c) 소리 혼합하기, (d) 혼합된 소리를 단어로 발음하기 등이 있다. 새로운 전략을 소개하기 전에 선수기술을 가르치고 아동으로 하여금 이 선수기술에 유창하게 만들면 학습에서의 성공 가능성이 훨씬 높아진다.

덜 유용한 기술보다 더 유용한 기술을 먼저 소개한다

더 유용한 기술을 먼저 소개하는 예는 불규칙 단어로 설명할 수 있다. 학생들이 자주 접하고 많이 쓰이는 불규칙 단어(예: was, said, have)를, 보다 덜 쓰이고 그래서 덜 유용한 단어(예: tomb, heir, neon)보다 먼저 소개한다. 또다른 예로는 글자-소리 대응에서 찾아볼 수 있다. a, m, s, i 글자를 v, x, j 보다 먼저 소개한다. 왜냐하면, 이 글자들이 초등 저학년에서 더 자주 나오기 때문이다. 더 자주 쓰이는 글자를 먼저 소개함으로써 학생들이 더 많은 단어를 읽을 수 있게 할 수 있다.

쉬운 기술을 어려운 기술보다 먼저 소개한다

이 원리는 글자-소리 대응과 단어유형 예로 설명할 수 있다. 소리 내기 쉬운 것(a와 m)을 어려운 것(l과 e)보다 먼저 소개해야 한다. 이와 유사하게, 단음 단어(sun, cat)가 장음 단어(stand, plant)보다 소리 내기 더 쉽기 때문에 이를 먼저 소개해야 한다.

혼동을 줄 가능성이 있는 전략과 정보를 분리시킨다

이 원리는 모양과 소리가 비슷한 철자 b와 d를 가르치는 예로 설명할 수 있다. b와 d를 짧은 간격을 두고 같이 소개하면 긴 시간 간격을 두고 따로 소개했을 때보다 학생들이 혼동할 가능성이 더 크다. b를 3주차 소개했으면 d 글자는 8차시나 9차시 후쯤인 8주차에 소개하는 것이 좋다. 또 다른 예로는 비슷한 불규칙 단어인 were와 where를 들 수 있다. 이 두 단어는 소리와 모양이 비슷하기 때문에 몇 주 간격을 두고 소개하는 것이 좋다.

계열화 원리는 때때로 서로 상충되는 경우도 있다. 예컨대, 유용하기 때문에 전략에 예외적인 것을 먼저 소개해야 하는 경우도 있다. 예를 들어, ai가 들어 있는 거의 모든 단어에서 ai는 긴 소리로 발음된다. 학생들에게 ai가 들어 있는 단어는 긴 소리로 발음하도록 가르친다. said는 이 규칙에서 예외다. 하지만 각 읽기 프로그램에서 said는 초기에 일찍 소개된다. 왜냐하면, 이 단어는 매우 유용하고 자주 등장하기 때문이다. 이와 유사한 상충의 예로는 어렵지만 매우 유용하기 때문에 초기에 소개하는 것이 더 적절한 경우다. 물론, 이러한 상충문제를 해결하기 위해서는 절충이 필요하다. 절충을 어떻게 할 것인가는 상충되는 원리들의 상대적인 중요성에 달려있다. 또한 읽기 프로그램이 어떻게 설계되어 있느냐에 따라 달라진다.

새로운 정보를 적절한 속도로 소개하기

새로운 정보를 소개하는 속도는 신중하게 계획해야 한다. 아주 준비가 잘된 학생들에게는 적절할 수도 있는 속도가 읽기 부진 및 부진 위험 학생들에게는 적절하지 않을 수 있다. 예를 들어, 한 아동이 글자 이름을 잘 알고, 그 글자들의 절반 정도는 소리를 낼 수 있는 상태에서 학교에 들어갈 경우, 매 시간 새로운 글자-소리 대응관계를 소개하는 것이 적절할지도 모른다. 하지만 어떤 아동이 글자 이름이나 그 소리에 대해 거의 혹은 전혀 모른 상태에서 학교에 들어간다면 한 시간에 하나의 새로운 글자-소리 대응관계를 가르치는 속도는 적절하지 않을 것이다. 수업 중 새로운 내용을 소개하는 속도는 많은 현장 검증에 근거하여 결정되어야 한다. 새로운 정보를 너무 빨리 소개하면 학생으로 하여금 좌절하고 실패를 맛보게 할 가능성이 있다.

충분한 연습과 복습 제공

정확성과 유창성을 발달시키기 위해서는 충분한 연습 기회를 제공해야 한다. 충분한 연습은 단위 수업 차시에서뿐만 아니라 여러 차시에 걸쳐서도 제공해야 한다. 새로운 전략을 소개할 때, 단위 수업 내 연습 활동에는 학생이 그 전략을 숙달하는 데 필수적인 연습을 제공하기 위해 사용할 집중적인 혹은 광범위한 예들을 포함시킨다. 광범위한 연습은 몇 차시에 걸쳐 연속적으로 제공한다. 복습은 연습을 몇 차시에 걸쳐서 실시하는 것으로, 학생이 학습한 전략과 정보를 유지하고 이 전략을 능숙하게 적용하도록 하는 데 필요하다. 처음 몇 차시 동안 집중적으로 연습하고 그 이후에 체계적으로 복습하는 것이 학습한 것을 유지시키는 데 매우 중요하다. 교사들은 종종 충분한 연습을 제공하지 않는 읽기 프로그램들을 보완해야 한다.

제 4 장

명시적이고 체계적인 수업 전달 기법

교사가 수업을 전달하는 방식은 전달되는 내용을 설계하는 것 못지않게 중요하다. 이 장에서는 학생들의 수업에의 집중도를 높이고, 수업의 효율성을 높이며, 학생에게 성공적인 학습 환경을 제공하는 데 도움을 주는 수업 전달 기법을 논한다.

읽기 수업 단계별로 적절한 수업 진행 기법이 따로 있다. 예를 들어, 아이들이 처음 읽기를 학습할 때에는 소집단 수업 형식으로, 매우 상호작용적이며, 아이들은 주로 구두 반응을 보이고 교사는 이에 대해 즉각적인 피드백을 제공하는 수업 진행 방식이 적절할 것이다. 일단 아이들이 정확하고 유창하게 읽는 법을 학습한 후에는 읽기 수업 기법을 좀 더 다양화할 수 있다. 고학년 수업에서 아이들이 해당 학년 수준의 수행을 보일 경우에는 다양한 수업 활동을 포함시킨다. 어떤 경우에는 교사가 전체 학급 학생을 대상으로 수업을 전개해 나간다. 또 다른 경우에는 서로에게 피드백을 제공하면서 협동적으로 학습하도록 한다. 만약 학생이 특정 개념이나 전략 학습에 어려움을 겪고 있으면, 소집단 수업을 적용한다.

구체적인 수업 기법이 시기별로 각기 다르게 적용되어야 함을 보여 주는 또 다른 예로는 학생의 수행 정도 점검을 들 수 있다. 초기 읽기 수업 기간 중에는 학생들이 단어를 어떻게 발음하는지 보기 위해 학생들의 구두 반응을 경청하고 입 모양을 자세히 살펴본다. 이후 학년 단계에서는 학생들의 수행 정도를 점검할 때 이들이 작성한 학습 결과물을 점검하고 구두와 문서 피드백을 제공하는 것에 더 초점을 둔다. 일반적으로 초기 읽기 기술을 가르치는 교사들은 교사와 학생 간 높은 정도의 구어적 상호작용을 통해 학생들의 참여도를 높게 유지시키기 위해 필요한 수업 진행 기법에 능숙해야 한다. 중간 단계의 학년을 담당하는 교사들은 다양한 수업 상황에서 학생들을 다루는 데 더욱 능숙해야 한다.

이 장의 나머지 부분에서는 집단 단위 수업에 효과적인 기법을 소집단 수업과 전체 학급 수업으로 설명한다. 특히 소집단 수업은 합창식 구두 반응(unison oral responding), 신호 주기, 수업 진행 속도 조절하기, 점검하기(개인별로 돌아가며 시켜 보기 포함), 오류 교정하기, 숙달시키기, 진단하기, 학생의 동기 개발하기 등을 포함한다. 이 책에서 사용되는 대부분의 예들은 어린 학생들을 가르치는 경우를 포함하고 있지만, 저학년 내용을 아직 완전히 숙달하지 못한 고학년을 가르치는 교사들도 이 예들을 활용할 수 있다.

소집단 수업

이 절에서 기술되는 수업 기법은 동일한 수업 수준을 갖고 있는 학생들로 구성된 소집단을 대상으로 고안된 것이다. 소집단을 대상으로 한 초기 읽기 수업에서는 교사와 가까이에 앉을수록 학생들이 더욱 주의를 집중하게 될 가능성이 크다. 초기 읽기 수업에서는 아이들을 책상 없이 두 줄로

의자에 앉히되, 교사를 중심으로 반달형으로 앉힐 것을 권고한다. 교사는 아이들을 마주하고 앉아서 학급 전체를 보면서 모든 학생들의 학습상태를 점검한다. 학생들은 교사를 향하고 앉으면서 다른 학생들로부터는 떨어져 앉게 함으로써 주의가 분산되지 않도록 한다.

쉽게 주의가 산만해지는 학생들은 교사가 쉽게 학습 정도를 점검하고 필요한 경우에 격려하는 토닥거림과 악수를 쉽게 건넬 수 있도록 교사와 가장 가까운 곳에 앉히도록 한다. 흥미 있는 것은 종종 이와는 정반대로 능숙하지 못한 학생들이 오히려 교사로부터 가장 멀리 떨어져 앉는다는 점이다. 쉽게 주의가 산만해지고 가르치기 힘든 학생들이 집단의 양쪽 끝보다 가운데 앉아 있을 때 교사는 더 쉽게 점검할 수 있다([그림 4-1] 참조). 쓰는 활동이 필요할 경우에는 무릎 위에 놓고 쓸 수 있는 작은 칠판이나 클립보드를 제공해 주면 된다.

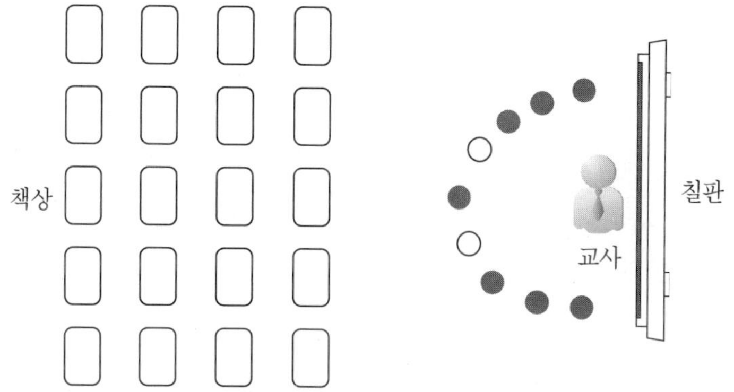

[그림 4-1] 자리 배치 예

하얀 점들이 수준이 낮거나 쉽게 주의가 산만해지는 학생 자리다. 이들 학생들끼리는 바로 옆자리에 앉히지 않고 떨어져 앉게 했음을 주목하라.

합창식 구두 반응

초기 읽기 단계나 저학년 기간 동안에는 합창식 반응을 유도할 수 있도록 과제를 구조화함으로써 학생들이 최대한 적극적으로 반응하도록 한다. 합창식 반응이란 학생들이 동시에 반응을 보이는 것으로, 수업에 적극적으로 몰입하도록 해 준다. 초기 읽기 단계나 초등 저학년 동안의 많은 수업은 과제들이 대개 하나의 정답만을 갖고 있기 때문에(예: m을 보여 주고 "이것은 무슨 소리죠?"라고 물었을 때 학생들의 대답은 "음(mmm)"이다.) 합창식 반응을 이끌어 내기에 적합하다. 합창식 반응을 자주 유도하는 것의 장점은 모든 학생들이 수업시간 내내 교사가 가르친 각 기술을 적극적으로 연습할 수 있다는 것이다. 합창식 반응은 또한 교사로 하여금 각 학생들의 수행 정도를 자주 파악할 수 있게 해 준다.

교사는 설명을 짧게 하고 학생들에게 반응할 기회를 자주 주는 방식으로 과제를 구조화하여 수업이 매우 상호작용적이게 할 수 있다. 합창식 구두 반응(unison oral responding)은 특히 지적으로 수준이 낮은 학생들의 학습 진전도를 획기적으로 향상시킬 수 있다. 만약 전체 집단보다 개별 학생에게만 과제를 제시한다면 어떤 학생들은 수업시간 동안 단지 몇 번만 대답을 하게 될 것이다. 학생들이 반응할 기회를 충분히 갖지 못하면, 이는 종종 주의 산만과 중요한 읽기 기술에 대한 연습 부족으로 이어질 수 있고, 교사들은 학생의 수행 정도에 대한 정보를 잘 얻지 못할 가능성이 있다.

신호 주기

합창식 구두 반응의 장점을 충분히 활용하기 위해서는 몇 가지 기법을 사용해야 한다. 첫 번째 기법은 언제 학생들이 반응해야 하는지를 분명하게 하는 것이다. 합창식 구두 반응은 모든 아이들이 다른 사람을 따라하지 않고 스스로 대답할 때 가장 효과적이다. 어떤 학생들은 처음에는 다른 학생보다 자신감이 상대적으로 적어 대답할 때 다른 학생들에게 의존하는 경향이 있다. 적극적으로 스스로 대답하도록 유도하는 데 사용되는 기법을 신호 주기라 한다.

신호란 교사가 학생들에게 언제 합창식 구두 반응을 보여야 할지를 알려주는 일종의 단서다. 신호를 효과적으로 사용하면 비단 상위권 학생들뿐만 아니라 모든 학생들의 참여를 촉진할 수 있다. 상위권 학생들의 경우, 특별히 통제하지 않으면 하위권 학생들을 압도하는 경향이 있다. 예를 들어, 교사가 어려운 독해 문제를 내면서 신호 사용을 태만하게 하면 하위권 학생들이 대답하기 훨씬 전에 상위권 학생들이 대답해 버릴 것이다. 그 결과, 하위권 학생들은 다른 학생들의 발표를 모방하거나 그냥 포기해 버릴 것이다. 어느 쪽이든 하위권 학생들이 받게 되는 연습량을 줄이는 결과를 초래한다. 신호주기를 통해 이러한 문제를 해결할 수 있다.

합창식 반응을 유도하기 위해 신호를 줄 때에는 (a) 지시를 내리고, (b) 생각할 시간을 잠시 준 다음, (c) 반응할 신호를 준다. 지시를 내릴 때에는 학생들에게 요구되는 반응의 유형을 말한 다음 질문을 던진다. 예를 들어, 칠판에 읽어야 할 일단의 단어 목록을 제시할 때 학생들에게 다음과 같이 지시를 내린다. "내가 각 단어를 짚을 때 그 단어를 읽으세요."

지시를 준 다음에는 잠시 생각할 시간을 준다. 이 시간의 간격은 가장 낮은 수준의 학생이 대답을 생각해 내는 데 필요한 시간의 길이를 기준으로 결정한다(만약 어떤 학생이 너무 긴 시간을 필요로 할 경우에도 전체 학급의 진도가 이 학생 때문에 늦어져서는 안 된다. 이럴 경우에는 그 학생에게 별도의 추가 연습 기회를 제공하든지 아니면 별도의 하위 집단에 그 학생을 배치하도록 한다). 쉬운 문제(이전에 배웠던 기술을 기억해 내는 단순한 과제)일 경우, 생각할 시간은 1~2초면 된다. 어려운 문제일 경우에는 몇 초 정도의 생각할 시간을 준다. 생각할 시간의 길이를 세심하게 조절하는 것이 학생들의 주의력을 유지하고 이들에게 성공적인 학습 경험을 제공하는 데 매우 중요한 요소다.

신호 주기 절차의 첫 번째 단계는 반응 단서다. 반응 단서들로는 손뼉치기, 손가락 소리 내기, 손 내리기, 칠판 치기 혹은 이와 유사한 행동 등을 사용할 수 있다. 어떤 과제의 경우에는 교사가 단서를 주기 1~2초 전에 '준비'라는 말을 해 준다. 단서를 주기 전에 일관성 있게 '준비'라는 말을 해 주면 학생들이 신호를 분명하게 인식하는 데 도움을 준다. '준비'라는 단서는 특히 학생들이 문단을 보고 있거나 교사가 지시한 필기 과제를 수행 중일 경우 유용한데, 그 이유는 학생들이 밑을 보면서 교사의 손 신호를 볼 수는 없기 때문이다.

모든 좋은 신호의 필수적인 특징은 명료성이다. 신호는 학생들이 언제 반응을 해야 할지를 정확히 알 수 있도록 제시해야 한다. 만약 신호가 분명하지 않으면, 학생들은 동시에 함께 반응할 수 없다. 교사는 자신의 신호가 명료한지 아닌지를 학생들의 행동을 보고 판단할 수 있다. 반복적으로 학생들이 동시에 반응을 보이지 못한다면 이는 대개 신호가 불분명하거나 혹은 교사가 생각할 시간을 충분히 주지 않았기 때문이다. 신호주기 절차의 시범 모습은 직접교수법연합회 웹사이트(www.ADIhome.org)에서 볼 수 있다. 신호 주기 비디오는 'movie clips-countdown to lesson one'이라는 섹션에 있다.

수업 진행 속도 조절하기

어린아이가 'Sesame Street'와 같은 TV 쇼를 보는 것을 관찰해 본 사람이라면 누구나 학생들의 주의를 유지시키기 위해 진행 속도를 생동감 있게 하는 것이 중요하다는 것을 알 것이다. 학생들의 주의를 유지시키기 위해 교사가 정교한 쇼를 해야 할 필요는 없지만 생생하게 활력이 넘치는 방식으로 막힘없이 수업 자료를 제시할 정도로 충분하게 그 자료에 익숙해질 필요는 있다. 수업 자료에 아주 익숙한 교사는 더 생동감 있는 속도로 가르칠 수 있을 뿐만 아니라 학생들의 성취에 더욱 주의를 기울일 수 있다.

그렇다고 해서 긴장감 있을 정도의 빠르기로 수업을 진행하라는 것이 학생들이 미처 대답을 생각하기도 전에 서둘러 대답할 것을 요구하라는 것을 의미하지는 않는다. 효과적인 빠르기로 수업을 진행하는 것의 핵심은 학생들이 대답을 한 후에 시간을 끌지 않는 것이다. 일단 학생들이 반응을 하면 교사는 지체 없이 다음 과제로 나아가든지 아니면 그 반응을 교정한다. 어린아이들을 데리고 글자의 대표음 말하기 수업을 할 때 적절한 수업 진행 속도는 1분에 10~15번 정도 반응하도록 하는 것이다. 일정 시간 동안 방해받지 않고 일단의 문제들을 다루었을 경우, 새로운 과제로 넘어갈 때에는 과제와 과제 사이에 약간의 전환기를 갖는다. 예를 들어, 초기 읽기 수업시간 동안에 글자-소리 관계에 대해 3~5분 동안 집중적으로 강도 높게 수업을 한 다음, 말로 칭찬해 주거나 악수, 하이파이브, 다독거림 등과 같은 신체적 접촉을 통해 학생들의 노력을 인정해 주는 시간을 15초 동안 갖는다. 그런 다음, 음소 인식 과제로 진행한다. 학생들이 더욱 성장하면 전환 시간 없이 학습할 수 있는 시간이 늘어날 것이다.

집단 반응 점검

학생 집단이 동시에 구두로 반응할 때 교사가 그 중 한두 학생이 범하는 실수를 듣기란 일반적으로 매우 어려울 것이다. 특히 부정확한 반응이 정반응과 유사할 때에는 더욱 그러하다. 예를 들어, 8명의 학생 중 한 명이 sick 대신에 sit이라고 하거나 /n/ 소리 대신 /m/ 소리를 냈다면 그러한 실수를 듣기란 매우 어려울 것이다. 학생들의 반응을 듣는 것 이외에, 교사는 학생들의 눈과 입을 관찰함으로써 그들의 수행 정도를 점검할 수 있다. 입을 관찰함으로써 학생의 입술과 혀가 요구되는 소리를 내기에 꼭 필요한 위치에 있었는가를 확인할 수 있다. 예를 들어, 교사가 m 글자를 짚었는데 아이가 입술을 닫지 않고 반응을 보였다고 하자. 하지만 m 소리를 내기 위해서는 입술을 닫아야 하기 때문에 학생의 발음은 부정확할 수밖에 없을 것이다. 또한 아이의 눈을 바라봄으로써 그 아이가 수업에 집중하는지 여부를 알 수 있다. 만약 학생이 적절한 수업 자료를 바라보고 있지 않다면 그 학생은 필시 자신의 답을 말하기보다는 다른 학생의 답을 흉내 내고 있다고 봐야 한다.

그렇기는 해도 교사 혼자서 학생 집단이 반응할 때마다 매번 모든 학생들의 얼굴을 볼 수는 없다. 따라서 교사는 수업 도중 특히 저성취 학생에 주목하면서 체계적으로 이 학생에서 저 학생으로 시선을 옮겨가야 한다. 예를 들어, 8명의 학생 집단에서 5명은 거의 오류를 보이지 않지만 3명은 종종 오류를 범한다고 하자. 이 경우, 자리 배치를 할 때 오류를 더 자주 보일 가능성이 있는 3명을 집단의 중앙이나 그 근처에 앉도록 한다. 교사는 이들 학생들의 반응을 2~3차례 주의 깊게 본 다음, 이들 학생들의 왼쪽에 앉아 있는 학생들의 반응을 1~2차례 주의 깊게 본다. 그런 다음, 학생 집단의 오른쪽에 앉은 학생들을 보기 전에 다시 중앙의 저성취 학생들의 반응을 몇 번 주의 깊게 관찰한다. 항상 가운데 앉은 학생들의 반응을 봄으로써 양쪽 가장자리에 앉은 상위권 학생들의 반응보다 중앙의 저성취 학생들의 반응을 2배 정도 더 자주 관찰할 수 있다.

개인별 점검하기

개인별로 시켜 보는 것은 매우 중요한 점검 수단이다. 수업 도중 아이가 정확하게 반응하고 자발적으로 반응하는 것처럼 보일 수 있지만 사실은 다른 학생들의 반응을 모방했을 가능성이 있다. 합창식 반응 때 집단이 모두 제대로 반응했다는 느낌이 들면 개인별로 시켜 본다. 개인별로 호명하기 전에 집단 단위로 충분한 연습을 제공함으로써 불필요하게 학생들이 당황하는 일이 없도록 한다. 집단이 클 경우, 개인별로 시키기에는 시간이 많이 소요되기 때문에 모든 학생들을 시켜 볼 필요는 없다. 일부 문제에 대해서 일부 학생들에게만 검사를 실시해 본다. 개인별 시키기는 수준이 낮은 학생들에게 더 많이 제공하고 상위 수준 학생들에게는 일부에게만 사용한다. 합창식 구두 반응 도중이나 과거 수업 시 학생들이 어려워했던 단계를 제시한다. 개인별 시키기 도중 많은 수의 학생들이 오류를 범한다면, 이는 합창식 구두 반응 때 충분한 연습을 학생들에게 제공하지 않았다는 것을 의미한다. 마찬가지로, 특정 학생이 개인별 시키기 동안에 오류를 범하면 향후 수업에서 합창식 반응 시 그 학생의 반응을 좀 더 주의 깊게 점검해야 한다.

세심하게 점검하는 것은 매우 중요하다. 오류는 빨리 발견할수록 교정하기가 쉬워진다. 매일 학생의 오류가 발견되지 않은 채 지나간다면 이는 본질적으로 무엇인가 잘못된 방법으로 연습한다는 것을 의미한다. 그날그날 학생이 정확하게 반응하지 않으면 그 기술을 다시 가르치는 데 여러 날이 걸려야 한다. 그렇기 때문에 세심하게 점검하는 것은 효율적인 수업의 선수조건이다.

오류 교정하기

학생의 오류를 발견하고 즉시 교정하는 것은 학습을 가속시키는 데 필수적이다. 소집단 수업 시 부정확한 반응의 교정은 전체 집단을 대상으로 하며, 시범, 안내, 검사, 굳히기, 지연 검사 등 최대 다섯 단계로 한다. 예를 들어, 글자-소리 대응 과제를 제시할 때 o 글자를 제시하면서 "무슨 소리죠?"라고 묻는다. 학생이 "우(u)"라고 대답하면, 첫 번째 단계에서 교사는 "오(ooo)"라고 말하면서 정답을 시범 보인다. 두 번째 단계에서는 안내를 한다〔학생과 같이 반응하면서 "나와 같이 '오(ooo)'라고 해보자. 준비! 오(ooo)."〕. 학생과 같이 반응을 할 때에는 학생이 정확하게 그 발음을 내는지를 확인한다. 안내는 학생이 해당 발음을 제대로 내지 못했을 때에만 필요하다. 세 번째 단계에서는 학생에게 스스로 답을 말해 보도록 하면서 검사한다.

네 번째 단계는 굳히기다. 다음 과제로 진행하거나 새로운 과제를 제시하기보다는 오류를 범한 문항 바로 전 문항과 오류를 범한 문항 자체를 반복하여 가르친다. 예를 들어, 2학년 읽기 수업에 사용되는 단어 읽기 연습에서는 한 목록당 5개의 단어를 포함하고 있는 단어 목록을 여러 개 사용하는데, 만약 학생이 어느 한 목록에서 한 개의 단어를 잘 읽지 못했을 경우, 먼저 그 단어를 교정한다. 그런 다음, 다음 단어 목록으로 넘어가기 전에 그 목록의 맨 첫 번째 단어에서부터 마지막 단어까지 반복하여 연습을 시킨다. 굳히기 단계의 목적은 학생에게 오류를 범한 문항에 대해 별도의 연습 기회를 반복적으로 제공하는 것이다.

마지막 단계는 수업의 후반부에 가서 학생 집단 전체나 개별 학생을 대상으로 오류를 범한 문항을 검사하는 지연 검사 단계다. 수업을 따라오기 어려워하는 학생들의 경우, 한 차시 수업 동안 여러 번의 지연 검사를 실시하여 그 수업시간 안에 여러 번의 반복적인 연습이 가능하도록 한다. 만약 학생이 지연 검사에서 오류를 범하면 이 오류를 교정한 다음, 그 반응을 확고하게 한다. 학생들의 오류를 잘 추적하여 다음 날 수업시간에 오류를 범한 문항이나 기술을 다시 가르쳐야 한다.

이 다섯 단계 모두를 개별 학생이 아닌 학생 집단 전체 단위로만 적용해야 한다는 점에 주목하기 바란다. 개별 학생이 오류를 범할 때 교사는 그 아이를 불러내지 말고 전체 집단을 대상으로 교정을 실시하고 전체 집단이 반응하도록 한다.

이러한 교정 절차의 목적은 모든 아이들이 과제에서 과제로, 이 수업 차시에서 다음 수업 차시로 넘어갈 때 학습한 내용을 숙달하도록 하는 데 있다.

보다 복잡한 상위 수준의 과제의 오류 교정 절차는 정답을 시범 보임으로써 교정을 할 수 있는 하위 수준의 과제와는 다르다. 상위 수준의 과제의 경우, 교사는 정답에 이르기까지의 일련의 사고 단계를 거치며 학생들을 안내해야 할 것이다. 예를 들어, 한 학생이 다음의 내용을 포함하고 있는 설명문을 읽었다고 하자. "물체를 가열하면 그 물체는 팽창한다." 그런 다음, 금속 구슬을 아침에 40도의 온도에 놓았는데, 오후에 온도가 95도로 상승했다는 글을 제시한다. 학생에게 "오후에 그 금속 구슬이 어떻게 되었을까?"라고 물었더니 "더 작아졌어요."라고 틀리게 대답했다고 하자. 이럴 경우, 다음과 같은 질문들을 차례로 제시하면서 오류를 교정할 수 있다. "가열된 물체에 관해서 우리가 무엇을 알고 있지? 아침에 구슬 주변의 온도는 몇 도였지? 오후의 온도는 몇 도였지? 온도가 높아졌니 아니면 낮아졌니? 구슬은 팽창되었니? 팽창이 무슨 뜻이지?" 이러한 절차는 학생으로 하여금 전략을 적용하여 정답을 도출하는 데 도움을 줄 뿐만 아니라 교사에게도 학생의 틀린 답이 정확히 어디에서 연유하는지에 대한 정보를 제공해 준다.

숙달시키기

숙달시키기 위한 수업을 위해서는 교사의 기술과 인식이 많이 필요하다. 분명히, 수업을 따라오기 어려워하는 학생들을 가르치는 교사는 그렇지 않은 학생들을 가르칠 때보다 더 많은 연습과 교정을 제공해 주어야 한다. 이 과정에서 교사는 학생들이 동기를 유지할 수 있도록 해 줄 수 있어야 한다. 수업 내내 교사는 긍정적이고 격려해 주어야 한다. 아이가 제대로 반응을 보였을 때에는 아주 열정적으로 반응해 주어야 한다.

숙달되도록 가르치지 않을 경우, 나중에 학생들은 문제에 봉착할 수 있다. 예를 들어, 초기 읽기 수업 기간 중 학생이 글자-소리 대응 관계를 충분히 연습하지 않는다면 단어를 소리 내는 과제가 들어 있는 프로그램에서 어려움을 겪을 가능성이 있다. 장기적으로 봤을 때 숙달되도록 가르치는 것이 더 효율적이다. 매 수업시간에 각 과제를 숙달하도록 가르치면 점점 숙달에 이르는 데 필요한 시간은 짧아질 것이다. 하지만 아이를 숙달시킬 수 있는가 여부는 읽기 프로그램의 교수 설계에 달려 있다. 만약 중요한 기술을 매일 연습하지 않거나 혹은 새로운 기술이 너무 빨리 소개되면 아이를 숙달시키는 일이 더 어려워진다.

진단하기

아이가 학습을 해 나가면서 현재의 과제에서 범하는 오류는 어쩌면 이전에 배웠던 선수기술이 확고하지 않기 때문일 수 있다. 예를 들어, 단어를 한 글자씩 소리 내어 읽을 때 선수기술은 (a) 단어 속의 각 글자에 대해 글자-소리 대응 관계 알기, (b) 소리를 혼합하여 단어로 발음할 수 있기, (c) 혼합된 소리를 보통의 속도에서 단어로 소리 내기 등이다. 때때로 오류를 알기 쉽게 진단할 수 있는 경우가 있다. 예를 들어, 학생이 sat이라는 단어를 sit이라고 말하고 mat을 mit이라고 말하면 두 경우 모두 a 소리를 잘못 발음했기 때문에 교사는 이 학생의 문제가 a를 i로 글자-소리 대응관계를 혼동한 데 있다고 진단 내릴 수 있다. 수업시간 도중 교사는 시범, 안내, 검사, 굳히기, 지연 검사 절차를 적용하여 학급전체를 대상으로 즉각적인 교정을 제공한다. 그럼에도 그 오류가 지속되면 향후 수업을 설계할 때 이전에 가르쳤던 것 중 오류를 보인 글자-소리 대응관계를 더욱 연습하고 복습하도록 설계한다. 3부에는 단어 읽기 문제를 진단하는 데 도움을 줄 몇 개의 평가가 제시되어 있다.

아이들이 보다 복잡한 활동에 관여할 때에는 진단하기가 더욱 어려워진다. 예를 들어, 아이가 특정 주제에 관한 충분한 배경지식이 없거나 대답을 추정하기 위한 일련의 사고 단계를 적용하지 못해서가 아니라 특정 단어(예컨대, 확장하다)를 몰라서 어려운 독해 문제를 놓치는 경우가 있다. 이때에는 오류의 구체적인 원인을 파악하기 위해 어려움을 겪고 있는 학생과 개별적으로 수업을 할 필요가 있다. 그런 다음, 필요한 부분에 대해 더 많은 수업을 제공할 수 있도록 수업을 구조화한다.

동기화

어떤 학생들은 열심히 배우고 교사를 기쁘게 하기 위해 학교에 온다. 이 학생들은 내적으로 동기화가 되어 있고, 열심히 공부하며, 자신들의 노력에 자부심을 갖는다. 이 학생들에게는 동기가 큰 문제가 되지 않고 칭찬이나 인정만 해 줘도 충분할 것이다. 그런가 하면 다른 학생들은 학습에 별로 관심이 없고, 쉽게 포기하며, 교사를 기쁘게 하려는 마음도 별로 없다. 이렇게 동기가 낮은 학생들을 가르칠 때에는 이들의 성공을 촉진하고 학습에 긍정적인 흥미를 갖도록 해 주는 기법을 사용하는 데 특별히 신경을 써야 한다. 학생들을 동기화시키는 첫 번째 단계는 이들도 읽기에서 성공할 수 있다는 것을 보여 주는 것이다. 이것은 수업을 세심하게 설계하고 효과적으로 전달할 때 가능하다. 두 번째 단계는 수업에 집중하고 참여한 것에 대해서 아주 강도 높은 강화를 제공하는 것이다. 어린 학생들에게는 처음에는 신체적 접촉, 어깨 두드림, 악수 혹은 나중에 다른 보상물과 교환할 수 있는 점수나 항아리 속의 공깃돌 등과 같은 외적 보상물을 사용한다. 또한 과제에서 벗어난 행동을 바람직한 행동으로 유도하기 위해서는 과제에서 벗어난 학생에게 주목할 것을 지시하거나 잔소리를 하는 대신 다른 학생을 칭찬하는 등의 효과적인 행동 관리 기법을 활용해야 한다. 높은 수준의 긍정적 강화를 받고 매일 수업에서의 성공 경험을 쌓으면서 수업에 참여하면 읽기 학습에 긍정적인 태도를 갖게 될 것이다. 일단 학생들이 자신의 성공을 인식하기 시작하면 자연적으로 내적 동기를 형성하게 될 것이다.

전체 학급 수업

아이들이 읽기를 배우는 단계에서 '내용 학습을 위한 읽기' 단계로 나아감에 따라 대규모 학급 수업 혹은 전체 학급 수업을 더욱 많이 사용하게 될 것이다. 특히 단어 목록 속의 단어 읽기나 글자 조합들의 대표음 내기 등과 같이 오직 하나의 정답만이 존재하는 반응을 요구하는 과제를 대상으로 할 때에는 전체 학급 수업에서도 소집단 수업에서 사용되었던 동일한 기법을 활용하는 것이 가능하다. 전체 학급 수업과 소집단 수업은 가장 어려움을 많이 겪을 것으로 예상되는 학생의 수행을 교사가 가장 잘 점검할 수 있도록 그 학생 자리를 배치한다는 점에서는 동일하다. 만약 교실 내에서 학생들이 가로로 줄을 맞추어 앉았을 경우 그런 학생을 앞줄의 가운데에 앉힘으로써 좀 더 쉽게 그 학생의 수행 정도를 점검할 수 있다. 신호 주기와 수업 진행 속도 조절하기도 소집단 수업에서와 동일할 것이다. 교정 절차는 소집단에서와 마찬가지로 개인을 지적하며 적용하기보다는 집단 전체를 대상으로 한다.

전체 학급 수업과 소집단 수업의 한 가지 차이점은 숙달시키는 수업에 있다. 전체 학급 수업 과정에서는 만약 어떤 아이가 다른 다수의 아이들보다 심각하게 낮은 수행을 보일 경우 그 아이가 완전하게 학습을 할 때까지 해당 과제를 지속적으로 반복하면서까지 너무 많은 시간을 투입하지는 않을 것이다. 그렇게 반복하면 다른 학생들이 지루해하고 해당 학생은 당황하게 될 것이다. 대신, 교사는 그 어려움을 겪는 학생과 소집단 형태로 별도의 시간에 수업을 해야 한다. 이상적인 것은 소집단에서의 수업을 통해 이 학생이 전체 학급 수업에 성공적으로 참여할 수 있도록 준비하는 것이다.

제2부 수업

제 5 장

음소와 음성 인식

음소와 음성 인식이란 무엇인가

음소 인식(phonemic awareness)과 음성 인식(phonological awareness)은 모두 구어의 일부분을 인식하고 조작하는 것을 말한다. 음성 인식은 좀 더 큰 범주로서, 구어의 작은 부분뿐만 아니라 큰 부분을 인식하는 것까지를 포함한다. 구어의 큰 부분의 예로는 단어(words), 음절(syllables), 어두(語頭) 자음군(onsets) 그리고 운(韻, rimes) 등을 들 수 있다. 따라서 음성 인식은 음운 맞추기 등과 같은 구어 활동을 말한다. 이와 대비하여 음소 인식은 구어의 가장 작은 단위인 음소 인식에만 한정된다. 대부분의 읽기 프로그램에서 음소는 '소리(sounds)' 혹은 '낱소리(isolated sounds)'(예컨대, /s/, /m/, /a/ 등) 등으로 지칭되고 있다. 언어학에서는 영어에서의 서로 구별되는 소리의 종류에 관해서 이견을 보이고 있다. 하지만 대부분은 독립된 영어의 소리 수를 42개에서 44개로 보고하고 있다.

음소 인식은 음성 인식의 하위 범주로서, 단어 내의 개별 소리의 인지와 조작에 주로 초점을 맞춘다. 음소 인식에는 발성된 단어는 개별 소리들로 구성된다는 인식과, 그 소리들을 다양한 방식으로 조작하는 능력이 모두 포함된다.

읽기 프로그램들을 보면 음소 인식 능력을 발달시키는 많은 활동들을 찾아볼 수 있다. 이들 활동들의 예는 다음과 같다.

- 음소 구분(phoneme isolation): 단어 속의 개별 소리를 인식한다(예컨대, fit의 첫 번째 소리는 /f/이다).
- 음소 확인(phoneme identify): 서로 다른 단어에서의 동일한 소리를 확인한다(예: rat, rim, rice의 첫소리는 /r/로 모두 동일하다).
- 음소 범주화(phoneme categorization): 일단의 단어들 속에서 유사하지 않은 단어를 인식한다(예: top, tin, hen의 단어 중에서 hen은 /t/소리로 시작하지 않기 때문에 다른 단어들과 같은 범주에 속하지 않는다).
- 음소 혼합(phoneme blending): 일련의 음소를 듣고 이를 혼합하여 단어를 만든다(예: /s/ /u/ /n/ 소리를 혼합하여 sun 단어 소리를 낸다).
- 음소 분리(phoneme segmentation): 단어를 각각의 구분되는 소리로 분리하여 개별 음소를 소리 낸다(예: grap은 /g/ /r/ /a/ /b/ 소리로 구성된다).
- 음소 삭제(phoneme deletion): 단어에서 특정 음소를 제거하고 난 다음의 단어를 인식한다(예: spark에서 /s/ 음소가 삭제된 단어는 park라고 읽는다).
- 음소 추가(phoneme addition): 기존의 단어에 새로운 음소를 혼합하여 새로운 단어를 만든다(예: pot에 /s/ 음소를 추가하여 spot이란 단어를 만든다).
- 음소 대체(phoneme substitution): 기존의 음소를 다른 음소로 대체하여 새로운 단어를 만든다(예: rug란 단어에서 /g/ 음소를 /n/ 음소로 바꾸

어 run이란 단어를 만든다).

이들 음소 인식 활동 중 음소 분리와 혼합이 가장 중요한 것으로 알려져 있다. 그 이유는 아마도 단어를 소리 내는 데 이 두 활동이 가장 직접적으로 관련되어 있기 때문일 것이다. 음소 혼합을 위해서는 일련의 소리를 보통의 속도로 발음되는 단어로 전환시켜야 한다(예: rrrraaammm이 ram이 된다). 음소 혼합은 단어들이 일련의 언어의 작은 단위, 즉 음소로 이루어져 있다는 것을 명확히 보여 준다. 음소 혼합 과제에서 학생들은 말의 가장 작은 단위(즉, 음소)를 듣고 이를 친숙한 단어로 전환시키는 연습을 많이 하게 된다.

음소 분리를 통해 학생들은 단어를 구성하고 있는 소리를 확인한다. 음소 분리는 일련의 소리를 멈추지 않고 단순하게 소리를 낼 때(예컨대, 단어를 아주 천천히 mmmmaaaannnn이라고 말하는 것처럼) 가장 쉽다. 반면, 단어를 듣고 각 음소를 분리하여 차례로 말해야 할 때(예컨대, m-a-n처럼) 더 어렵다. 초기 읽기 수업에서는 교사가 소리와 소리 사이에 멈추지 않고 음소 분리를 시범 보이고 가르치는 것이 좋다. 약간의 초기 연습 이후, 학생들은 소리 사이에 멈추지 않고 소리를 분리하는 법을 학습할 수 있다. 그런 후에, 이 중요한 기술을 이후 한 글자씩 소리 내어 단어 읽기 활동에 적용하는 것이 가능하다.

단어를 혼합하고 분리하는 과제를 통해서 다음과 같은 것들을 가르친다.

1. 학생들에게 해당 단어들이 서로 구분되는 소리로 구성되어 있음을 보여 준다(즉, 음소 인식 기술을 가르친다).
2. 글자-소리 대응을 소개하기 전에 각 소리를 발성하는 연습을 한다. 이러한 연습은 특히 'th'와 같이 발음하기 어려운 소리의 경우에 중요하다.
3. 학생들이 이후 음소 혼합을 필요로 하는 단어를 발음할 수 있도록 준비시킨다(멈춤 없이 소리들을 발성하기).

읽기위원회(NRP)는 음운 맞추기, 음성 인식 기술이 학생들로 하여금 음절보다는 작지만 음소보다는 큰 단위의 구어 부분에 초점을 맞추는 데 도움을 주는 중요한 기술이라고 주장했다. 운(rime)은 동일한 소리를 내는 음절의 한 부분이다(예: man의 운은 −an이고 shop의 운은 −op이다). 음운 맞추기를 가르침으로써 학생들은 단어의 각 부분을 혼합할 준비를 할 수 있다.

음소 인식과 음성 인식이 왜 중요한가: 연구결과

1980년대 후반과 1990년대 초기에 행해졌던 연구들은 음성 인식과 음소 인식을 아주 잘하고 초등학교 1학년에 들어가는 학생들은 그렇지 않은 학생들보다 읽기에서 성공할 가능성이 더 크다는 것을 분명하게 보여 주었다(Kame'enui, 1996; Smith, Simmons, & Kame'enui, 1995).

[그림 5−1]은 음소 인식과 관련하여 읽기위원회의 결론을 요약한 것이다. 연구결과에 따르면, 음소 인식 기술이 별로 없이 유치원이나 초등학교 1학년에 들어오는 학생들에게도 음소 인식 기술을 명시적으로 가르칠 수 있다. 읽기위원회는 다음의 경우에 음소 인식 수업이 가장 효과적이라는 결론을 내렸다.

- 학생들이 음소 조작을 배울 때 알파벳 글자를 사용한다.
- 한번에 여러 가지 유형의 음소 조작을 하기보다는 한두 개에 초점을 맞춘다.
- 단어를 이용한 음소 혼합과 음소 분리를 모두 포함시킨다.
- 읽고 쓰는 과제에 음소 인식 기술이 어떻게 적용되는지를 명시적으로 보여 준다.

- 음소 인식 기술을 명시적으로 가르치는 것이 가능하다.
- 음소 인식 수업은 아이들로 하여금 읽고 철자 쓰는 것에 도움을 준다.
- 음소 인식 수업은 학생들이 음소 조작을 배울 때 알파벳 글자를 사용하면 가장 효과적이다.
- 음소 인식 수업은 한번에 여러 개의 음소를 조작하기보다는 한두 개의 음소 조작에 초점을 맞출 때 가장 효과적이다.
- 음소 인식 수업은 단어 속의 음소 혼합과 분리를 모두 다룰 때 읽기에 가장 큰 효과를 미친다.
- 음소 인식 수업은 아이들에게 읽고 쓰는 과제에 이 기술을 어떻게 적용할 것인지를 명시적으로 보여 줄 때 가장 효과적이다.
- 음소 인식 수업은 보통의 아이들뿐만 아니라 향후 읽기 문제를 겪을 위험성이 있는 아이들, 장애아들, 유아원생, 유치원생, 초등학교 1학년생, 읽기 장애가 있는 2학년에서 6학년까지의 학생 그리고 다양한 사회경제적 수준을 가진 아이들 등 모든 유형의 아이들의 읽기를 발달시키는 데 도움을 준다.
- 음소 인식 수업은 1년에 20시간 이상을 넘지 않도록 해야 한다.
- 음소 인식 수업은 개별적으로나 전체 학급을 대상으로 하기보다는 소집단을 대상으로 진행할 때 더욱 효과적이다.

[그림 5-1] 음소 인식 수업에 관한 과학적인 연구 결과에 근거한 읽기위원회의 결론

Adapted from the NRP Report of the Subgroups, Chapter 2, Part 1, Phonemic Awareness Instruction, pp. 5-7.

읽기 프로그램에 연구결과를 어떻게 반영시킬 것인가

연구에서 다루지 않은 중요한 질문 한 가지는 모든 음소 인식 기술과 음성 인식 기술을 직접 가르쳐야 하는가다. 이 질문에 대해 확실하게 연구에 근거한 대답은 없다. 『읽기 숙달(*Reading Mastery*)』 같은 일부 아주 효과적인 읽기 프로그램들은 음소 혼합하기, 음소 분리하기, 음운 맞추기 같이 단지 단어 읽기와 직접 관련된 필수적인 음소 인식 기술만을 포함하고 있

다. 다른 성공적인 읽기 프로그램들은 좀 더 많은 종류의 과제를 포함하고 있다.

교사들 입장에서 보면 자신들이 사용하고 있는 핵심 읽기 프로그램들을 따라서 가르치는 것이 가장 좋을 것이다. 교사들은 음소 대체나 음소 삭제와 같은 보다 복잡한 음소 인식 기술을 가르치는 데 너무 많은 시간을 투입하느라 초기 읽기 수업을 너무 지연시키지 않도록 조심할 필요가 있다. 단어 읽기는 아이들이 몇 개의 글자–소리 대응관계를 알고 구두로 음소 혼합과 분리 과제를 할 수 있을 때 시작할 수 있다.

구두로 음소를 혼합하고 분리하는 것은 학생들이 단어를 발음하기 2~3주 전쯤 가르치기 시작한다. 구두로 음소를 혼합하고 분리하는 데 글자–소리 대응관계를 알아야 하거나 글자나 단어를 쓰고 볼 수 있어야 하는 것은 아니기 때문에, 음소 인식 기술에 대한 수업은 글자–소리 대응관계가 소개되기 전에도 시작할 수 있다. 이상적으로는 음소 혼합과 분리를 유치원 초기에 가르치는 것이다.

단어를 형성하기 위해 연속적으로 말해진 일련의 소리들(mmmaaannn)을 혼합하는 것은 좀 더 쉬운 기술이기에 먼저 가르쳐야 한다. 단어의 각 소리를 분리하는 것은 학생들이 일단의 단어들을 실수 없이 혼합할 수 있을 때 소개하는데, 그렇게 되기까지는 보통 여러 날이 소요된다. 이러한 청각 과제는 초기 읽기 수업 단계에서 처음 몇 달 동안은 지속되어야 한다.

글자를 이용한 음운 맞추기는 학생이 음소 혼합과 분리 연습을 3글자 단어로 할 수 있고 최소한 10개의 글자–소리 대응관계를 학습한 이후에 소개할 수 있다.

명시적 수업을 통해 음소 인식과 음성 인식을 어떻게 가르칠 것인가

음소 혼합

음소 혼합을 위해서는 일련의 혼합된 소리를 보통의 속도로 소리나는 단어로 소리 낼 수 있어야 한다. 단어를 소리 낼 때에는 각 소리를 0.5초 동안 지속하면서 연속해서 일련의 소리를 내야 한다(예: mmmaaannn). 그러고 나서, 이 일련의 소리를 보통의 속도로 소리 내야 한다(예: man). 구두로 음소를 혼합하는 활동을 통해 학생들은 단어를 말할 때 혼합된 소리를 보통의 속도로 소리나는 단어로 전환시킬 수 있게 된다.

〈표 5-1〉 음소 혼합 수업 형식

교사	학생
1. (수업을 진행한다.) "잘 들으세요. 지금부터 단어 말하기 게임을 할 거예요. 내가 먼저 단어를 천천히 말하면 여러분들은 그 단어를 빨리 말하세요."	
2. (단어를 천천히 말하고 학생들은 이를 빨리 말한다.) "잘 들으세요. (잠시 멈춘 후) Iiiiffff. 무슨 단어죠? (신호)"	"If."
3. 2단계를 'sad', 'fun', 'am' 등 세 개의 단어를 사용하여 반복한다.	
4. 학생들이 이들 단어를 오류 없이 반응할 때까지 연습을 계속한다.	
5. 몇 명의 학생들을 개별적으로 돌아가며 시켜 본다.	
오류 교정	
1. 교사가 먼저 정확하게 단어를 말한다. "Sad."	
2. 과제 전체를 시범 보인다. "내 차례예요. (잠시 멈춘 후). Ssssaaad. 무슨 단어죠? Sad."	
3. 학생들을 안내한다. "나와 같이 해봐요. Ssssaaad. 무슨 단어죠? (신호)." 교사와 학생이 함께 반응한다. "Sad."	"Sad."
4. 검사한다. (학생들은 스스로 대답한다.) "여러분 차례에요. (잠시 멈춘 후) Ssssaaad. 무슨 단어죠?" 신호를 준다.	"Sad."
5. 맨 처음에 연습한 단어로 다시 돌아간다.	

〈표 5-1〉은 음소 혼합 수업 형식을 나타낸 것이다. 교사가 4~5개의 단어를 제시한다. 단어별로 교사는 단어 내 각 글자의 소리를 1~2초 동안 멈추지 않고 소리 내면서 천천히 소리 낸다. 그런 다음, 잠시 멈춘 후 "무슨 단어죠?"라고 말한다. 학생들은 보통의 속도로 그 단어를 말한다. 모든 학생들이 단어 목록 속의 모든 단어를 확고히 알고 나면(확고히 알게 한다는 것은 해당 단어 중 어느 하나에 대해서도 아이들이 오류를 범하지 않고 합창하여 반응을 보이도록 한다는 것을 의미한다.) 몇 명의 아이들을 개별적으로 시켜 본다.

오류 교정　　음소를 혼합하여 단어로 발음할 때 아이들은 대개 세 가지 유형의 오류를 범할 가능성이 있다. (a) 소리의 일부 빼먹기(교사는 "sssaaad"라고 말했지만 아이가 마지막 소리를 빼먹고 "sa"라고 말하는 경우), (b) 소리를 잘못 발성하는 경우(교사는 "ssseeelll"이라고 했지만 아이가 "sil"이라고 하는 경우), (c) 단어를 천천히 말하는 경우(교사를 흉내 내어 천천히 말하는 경우). 이들 오류 유형 모두에 공통적인 교정 절차는 다음과 같다. (a) 정확한 반응을 시범 보인다. (b) 학생과 같이 반응하면서 이들을 안내한다. (c) 오류를 범한 단어에 대해 스스로 대답하도록 하면서 검사한다. (d) 맨 처음에 가르쳤던 단어로 다시 돌아간다.

전형적인 오류 교정 순서는 이렇다. 교사가 'if', 'rat', 'sad', 'am', 'fit'과 같은 단어들을 제시한다.

- 교사는 "Ssssaaaad"라고 말하지만, 학생들은 "Sid"라고 말하는 오류를 범한다.
- 교사가 정확하게 "Sad"라고 말한다.
- 교사가 전체 과제를 시범 보인다. "내 차례에요. (잠시 멈춘 후) Ssssaaaad. 무슨 단어죠?" "Sad."
- 교사와 학생이 같이 반응하면서 학생들을 안내한다. "나와 같이 해 봐

요. Ssssaaaad. 무슨 단어죠?" (잠시 멈춘다.) "Sad." (학생들과 같이 교사도 "Sad"라고 말한다.)

- 학생만 반응하면서 교사는 검사한다. "여러분 차례예요. (잠시 멈춘 후) Ssssaaaad. 무슨 단어죠?" (신호) "Sad."
- 해당 수업 형식의 맨 첫 부분에서 다루었던 단어로 돌아간다. "지금까지 공부했던 모든 단어들을 오류 없이 말할 수 있는지 봅시다."

보통 대부분의 학생들은 정확하게 반응하지만 반에서 한두 명의 학생들은 오류를 범할 것이다. 정확하게 반응하는 학생들을 자주 칭찬하면서 교정 절차를 시작한다(예: "잘 말했다. 철수야."). 이 칭찬은 학생들에게 교사가 정확한 반응을 중시한다는 것을 보여 줄 것이다. 오류를 범한 학생들에게 부정적으로 대하면 안 된다. 정답을 말한 학생을 칭찬해 주면 이 칭찬은 수업을 긍정적이게 하고 다른 학생들에게 동기를 심어 준다. 오류를 범한 특정 학생을 지적하지 않고 모든 학생들이 반응하도록 하면서 전체 집단을 대상으로 교정 절차를 적용한다. 수업 막판에 개별적으로 시켜 볼 때에는 연습 때 그 학생이 오류를 범했던 단어를 가지고 물어본다.

단어 소리 분리

단어 소리 분리 수업 형식(〈표 5-2〉 참조)에서는 학생들에게 연속되는 각 소리를 1.5초 정도 지속적으로 발성하면서 단어를 천천히 말하고, 멈추지 않고 연이어서 다음 소리를 내도록 가르친다. 4개의 단어 목록을 제시한다. 각 단어에 대해 교사는 먼저 각 소리를 멈추지 않고 하나씩 천천히 소리 내는 시범을 보인다. 그런 다음 교사의 신호에 따라 이번에는 학생이 소리를 바꾸어 가되 멈추지 않고 연속적으로 소리를 낸다. 학생들이 단어를 연속해서 두 번 이상 멈추지 않고 천천히 발음할 수 있을 때까지 반복해서 연습시킨다.

〈표 5-2〉 단어 소리 분리 수업 형식

교사	학생
1. "단어를 천천히 말해 봅시다. 내가 신호를 줄 때마다 새로운 소리를 말해 봅시다."	
2. 첫째 단어: sad	
"천천히 말해 볼 테니 들어 보세요. (잠시 멈춘 후) Ssssaaaddd. 여러분이 천천히 말해 보세요. 준비." (학생이 다음 소리로 바꾸어 갈 때 매번 신호를 준다.)	"Ssssaaaddd."
"다시 해봅시다. 준비." (신호)	"Ssssaaaddd."
3. 3개의 단어를 가지고 2단계를 반복한다.	
다음 단어: me	
"이 단어를 천천히 말해 볼게요. 들어 보세요. (잠시 멈춘 후) Mmmmeee. 이제 여러분이 이 단어를 천천히 말해 보세요." (신호)	"Mmmmeee."
"다시 한 번. 준비." (신호)	"Mmmmeee."
다음 단어: mom	
"이 단어를 천천히 말해 볼게요. 들어 보세요." (잠시 멈춘 후) Mmmmooommm.	
이제 여러분이 이 단어를 천천히 말해 보세요. (신호)	"Mmmmooommm."
"다시 한 번. 준비." (신호)	
다음 단어: fit	"Mmmmooommm."
"이 단어를 천천히 말해 볼게요. 들어 보세요. (잠시 멈춘 후) Ffiit. 이제 여러분이 이 단어를 천천히 말해 보세요." (신호)	
"다시 한 번. 준비." (신호)	
4. 학생들이 각 단어를 오류 없이 천천히 말할 수 있을 때까지 반복한다.	"Ffiit" "Ffiit"
5. 몇 명의 학생들을 개별적으로 시켜 본다.	
오류 교정	
1. 오류를 듣는 순간 학생을 중단시킨다.	
2. 정확한 반응을 시범 보인다. "잘 들으세요. 내가 천천히 말해 볼게요. Mmmeee."	
3. 학생들을 안내한다. "나와 같이 천천히 말해 봅시다. 준비. mmmeee. 다시. 준비." (신호) "Mmmmeee."	"Mmmmeee." "Mmmmeee."
4. 검사한다. "여러분 차례예요. 잘 들으세요. (잠시 멈춘 후) Mmmmeee."	
"천천히 말해 보세요. 준비."	"Mmmmeee."

교정 절차 단어 소리 분리 시 학생들은 (a) 소리를 정확하게 발음하지 않는 경우, (b) 소리 사이에서 멈추는 경우, (c) 교사가 다음 소리를 내도록 신호를 주었음에도 소리를 바꾸지 않는 경우 등 세 가지 유형의 오류를 범할 가능성이 있다. 이들 오류에 대한 교정 절차는 다음과 같다.

1. 잘못된 반응을 보일 때는 즉시 중단시키고 정확한 소리를 말해 준다(혹은 학생이 소리 사이에서 멈추거나 신호를 따르지 않는 경우에는 문제를 지적해 준다).
2. 정확한 반응을 시범 보인다.
3. 정확한 반응을 하도록 안내한다.
4. 검사한다.
5. 연습의 처음으로 돌아간다.

전형적인 오류 교정 순서는 다음과 같다:
지금 교사는 'am', 'not', 'rug', 'sad' 등의 단어들을 제시하고 있다.

- 단어를 분리할 때 "Nnnooot"라고 하지 않고 학생이 "Nnnuuu"라고 말하는 오류를 범한다.
- "uuu"소리를 들으면 즉시 학생을 중단시킨다.
- 정확한 소리를 말해 준다. "Ooooo."
- 시범을 보인다. (학생이 잘못 말한 소리를 강조하면서) "내 차례예요. Nnnooot."
- 학생들을 안내한다. "잘 들으세요. Nnnnooot. 나와 같이 말해 봅시다. 준비(신호) Nnnooot." 학생들과 같이 "Nnnooot"이라고 말한다. "다시. 준비(신호)." Nnoot.
- 검사한다. "여러분 차례예요. 잘 들으세요. Nnnnooot. 천천히 말해 보세요. 준비." (신호). Nnnooot.

■ 단어 목록의 첫 번째 단어(am)를 다시 다룬다.

소리 사이에서 멈추는 오류를 교정하는 절차는 교사가 학생이 잘못 발음한 소리를 시범 보일 필요가 없다는 점만 제외하고는 단어를 잘못 발음한 것을 교정하는 절차와 동일하다. 학생에게 소리 사이에서 멈추지 말라고 말한다. 그런 다음, 시범, 안내, 검사, 연습의 첫 번째 단어부터의 반복 등의 순서를 밟는다. 학생이 정확한 반응을 두 번 이상 연속해서 보일 때까지 안내를 한 다음 이후 단계로 나아간다.

교사의 신호에 따라 다른 소리로 바꾸어 소리 내는 데 오류를 범했을 경우에는 먼저 교사의 신호를 성공적으로 따른 학생을 칭찬한 다음, 시범, 안내, 검사 등의 단계를 밟는다.

음소의 분리와 혼합 동시 수업

음소를 혼합하고 분리하는 두 가지 청각 기술을 가르치는 수업 형식이 〈표 5-3〉에 제시되어 있다. 이 수업 형식은 학생이 혼합 수업 형식과 분리

〈표 5-3〉 음소 분리하기와 혼합하기-복합 형식

교사	학생
1. 처음에는 단어를 천천히 말하고, 다음에 빨리 말한다.	
2. “잘 들으세요. (잠시 멈춘 후) Rrrraaannn. 천천히 말해 보세요. 준비.” (학생이 각 소리를 낼 때마다 신호를 준다.)	“Rrraannn.”
“무슨 단어죠?” (신호)	“Ran.”
3. “잘 들으세요. (잠시 멈춘 후) Sssiiiccck. 천천히 말해 보세요. 준비.” “무슨 단어죠?” (신호)	“Ssssiiiick.” “Sick.”
4. “잘 들으세요. (잠시 멈춘 후) Mmmmaaad. 천천히 말해 보세요. 준비.” “무슨 단어죠?” (신호)	“Mmmaaaad.” “Mad.”
5. “잘 들으세요. (잠시 멈춘 후) iiiffff. 천천히 말해 보세요. 준비.” “무슨 단어죠?” (신호)	“iiiifff.” “if.”
6. 단계 2부터 5까지를 학생이 모든 단어를 제대로 말할 수 있을 때까지 반복한다.	
7. 몇몇 학생들을 상대로 돌아가며 개별적으로 시켜 본다.	

수업 형식에 나왔던 모든 단어들을 정확하게 발음했을 때 소개할 수 있다. 이 새로운 수업 형식에서는 교사가 단어를 천천히 말한 다음, 학생이 이 단어를 천천히 발음하고(rrrammm), 그 다음 보통의 속도로 단어를 발음한다(ram).

중요한 수업 행동들

단어 천천히 말하기 시범 보이기 소리의 분리 혹은 혼합 수업 형식에서 단어를 천천히 말할 때에는 (a) 연속되는 각 소리를 약 1.5초 동안 발성한 다음, (b) 소리 사이에서 멈추지 않고, (c) 어떤 소리도 잘못 발성하지 않도록 조심한다. 예를 들어, 단어의 마지막 자음을 말할 때 sad를 "sssaaad" 라고 말하는 대신 "uh" 소리를 덧붙여 "sssaaduh" 라고 말하지 않도록 조심해야 한다. 이와 유사하게, 단절음(b, c, d, g, h, j, k, p, q, t)으로 시작되거나 끝나는 단어를 발음할 때 'uh' 소리를 첨가하지 않도록 조심해야 한다. pin과 같이 단절음으로 시작되는 단어를 시범 보일 때에는 "puhiiiiinnn" 이라고 하지 않고 /p/와 /i/ 소리를 합한 다음 /i/ 소리를 길게 소리 내어 "piiiiiinnnnn" 이라고 말한다.

신호 주기 소리 혼합과 분리는 학년 초기에 학생들에게 제시되는 첫 번째 과제 중 하나다. 학생들에게 처음으로 혼합하기와 분리하기 연습을 제시할 때 교사는 이들 기술 뿐만 아니라 어떻게 집단 속의 한 개인으로서 합창식으로 반응하는지도 가르쳐야 한다. 교사는 학생들이 정확히 언제 반응하고 언제 경청해야 하는지를 분명하게 알려 주는 방식으로 신호를 제시해야 한다.

혼합하기 연습 시에 교사는 자신의 손을 앞쪽으로 들면서 시작한다(마치 다른 사람에게 멈추라고 하는 것처럼). 이 손을 위아래로 재빠르게 드럼 치듯이 올리고 내리는 방식으로 학생들에게 단어를 보통의 속도로 말하도록 신호를 준다. 이 올리고 내리는 동작을 또렷하게 망설임 없이 행해야 한다. 학생들은 교사의 손이 상상 속의 드럼을 치듯 내려갔을 때 반응을 한다. 올리고 내리는 동작은 매번 동일해야 한다. 조금이라도 주저하거나 일관성이 없으면 언제 반응해야 할지를 잘 모르기 때문에 합창식 반응이 어려워진다.

단어를 분리하는 신호는 교사가 손바닥을 자기 쪽으로 향하도록 손을 들면서 시작한다. "준비"라고 말한 후 잠시 멈추었다가 두 번째 손가락을 1.5초 동안 들면서 학생들에게 반응하도록 신호를 준다. 그리고 나서 두 번째 소리를 위해 세 번째 손가락을 펴고, 1.5초 후에 다시 세 번째 소리를 위해서 네 번째 손가락을 편다. 학생들은 교사가 손가락을 펼 때마다 다른 소리로 전환하여 소리를 내야 한다. 손가락을 펴고 들고 있을 때 교사의 동작은 학생들이 새로운 소리를 언제 발음해야 하는지를 명확히 알 수 있을 정도로 빨라야 한다. 이러한 시범의 예가 직접교수법연합회 홈페이지(www.Adihome.org)에 나와 있다. 비디오는 동영상 모음 섹션에 제시되어 있다.

ssssssssssaaaaaaaaaammmmm

손가락 들기	손가락 들기	손가락 들기

단절음(b, c, d, g, h, j, k, p, q, t)으로 시작되는 단어의 경우에는 신호 주기 절차를 약간 수정해야 한다. 이 단어들을 시범 보일 때에는 단어의 첫 두 소리를 하나의 단위로 소리를 낸다. 예를 들어, hat 단어를 분리할 때 "haaa"라고 말하면서 시작한다. 첫 번째 자음을 짧게 낸 다음, 멈추지 않고 곧바로 다음 소리를 낸다.

단절음으로 시작되는 단어를 소리 낼 때 교사의 신호는 첫 두 소리를 연속해서 소리 내면서 재빠르게 연속하여 손가락 두 개를 거의 동시에 펴는 것이다. 모음 소리를 보통보다 약간 길게 낸 다음(약 2초 동안), 학생들이 세 번째 소리를 말하도록 네 번째 손가락을 편다.

학생 반응 점검 학생들이 합창식으로 반응할 때 부정확한 반응을 듣기란 쉽지 않다. 따라서 학생들이 반응할 때 그들의 입을 보아야 한다. 입술과 혀의 위치를 통해 학생들이 제대로 소리를 내고 있는지 파악하는 데 도움을 받을 수 있다. 예를 들어, 한 학생이 /m/소리를 낼 때 그 입술이 닫혀 있지 않았다면 교사는 그 학생이 정확한 반응을 하지 않고 있다는 것을 알 수 있다.

또한 학생의 눈도 관찰해야 한다. 학생의 눈은 교사의 얼굴을 보고 있어야 한다. 어린아이들은 무의식중에 소리와 단어를 어떻게 발성하는지 배우기 위해 어른들의 입 움직임을 본다. 학생들은 교사가 시범 보일 때 교사의 입을 주의 깊게 봐야 한다. 학생들의 눈을 봄으로써 교사의 신호를 주목하고 있는지 여부를 알 수 있다.

앞에서 제시한 세 가지 수업 형식 모두에서 교사가 단어를 천천히 말하기 전에 잠깐 멈추었다는 것에 주목하기 바란다. 이러한 멈춤의 목적은 학생들로 하여금 그 단어를 다른 것과 구분되는 하나의 단위로 확실히 듣도록 하기 위함이다. 멈추는 시간은 그저 잠깐이어야 한다.

진도 나가기 학생이 반응하고 다음 단어를 가르치는 사이사이에 대개 한두 마디의 칭찬(예: good, great)을 위해 몇 초 동안만 멈추고 몇 개의 단어를 연속적으로 제시한다. 일단의 단어를 가르친 후에는 5~15초 동안 학생들을 칭찬해 준다.

일단의 단어들을 각 단어 사이사이에 불필요한 언어를 최소화하면서 제시하는 것이 중요하다. 일련의 과제를 중간에 멈추지 않고 연속해서 제시하는 것은 학생들의 주의를 유지하기 위한 매우 강력한 방법 중 하나다.

한번에 다룰 단어의 수와 칭찬의 상대적인 강도는 그 수업에서 학생들이 해결해야 할 과제의 난이도에 달려 있다. 과제가 쉬울수록 더 많은 단어를 포함시키고 대신 칭찬의 강도는 약하게 한다.

개별적으로 시켜 보기 일반적으로는 소리의 혼합과 분리 수업에서 모든 학생들이 모든 단어를 정확하게 말한다는 확신이 들 때까지 합창식으로 반응하도록 한다. 개별적으로 시켜 보기 그 다음에 한다.

개별적으로 시켜 보는 주요 목적은 학생들이 정확하게 반응하는지를 최종적으로 확인하기 위해서다. 수업 첫 주 동안에는 거의 모든 학생들을 개별적으로 시켜 본다. 이후에는 점점 그 수를 줄여 간다. 잘 못하는 학생들은 모두 개별적으로 시켜 보되, 잘하는 학생은 한두 명만 시켜 본다. 잘하는 학생도 개별적으로 시켜 보는 목적은 이들의 수행 정도를 점검하는 것 이외에, 못하는 학생들만 매번 개별적으로 시킴으로써 의도하지 않게 이들 학생들을 성적이 낮은 학생이라고 낙인찍지 않도록 하기 위해서다.

개별적으로 시켜 보기 과정에서 학생이 오류를 범하면, 전체 집단을 대상으로 오류를 교정하고, 해당 오류를 범한 학생을 다시 개별적으로 시켜 보며, 개별적으로 시켜 보기가 끝날 무렵에 가서 다시 그 과제를 지연 검사 형태로 그 학생에게 제시한다. 만약 지연 검사에서도 오류를 범하면 다음 수업으로 넘어가기 전에 수업시간에 다루었던 모든 단어를 그 학생이 다시 학습할 필요가 있다고 가정해야 한다. 만약 집단 내 여러 명이 개별적으로 시키기 과정에서 오류를 범하면, 집단 전체에게 수업시간에 다루었던 단어들을 모두 다시 가르쳐야 한다고 생각해야 한다. 수업 후반부에 가서 모든 연습을 다시 제시해야 한다.

단어 예 선정 소리의 혼합과 분리 연습은 보통 4~5개의 단어로 실시한다. 혼합과 분리 연습 초기에는 2~3개의 소리와 연속음으로 구성된 단어만 포함시켜야 한다. 1주일쯤 후에는 좀 더 어려운 단어를 읽기 연습을 하기 전에 청각 과제로서 먼저 제시한다.

일단의 단어들은 너무 예측 가능하지 않도록 해야 한다. 왜냐하면, 예측 가능한 단어들은 학생들로 하여금 교사가 말하는 것에는 주의를 잘 기울이지 않고 단어를 예측하게 만들 수 있기 때문이다. 예를 들어, 모든 단어에 동일한 모음이 들어 있다면, 단어들은 예측 가능하다. 학생들은 교사가 말하는 것보다는 패턴에 따라 반응할 가능성이 있다. 만약 Sam, lap, rat, man 등과 같은 단어들만 제시하면 학생들은 모든 단어가 /a/소리를 갖고 있다는 예측을 하게 될 것이다.

예측 가능한 단어 목록을 만들지 않기 위해서 교사는 연속해서 두 단어에서 동일한 글자가 동일한 위치에 나타나지 않도록 해야 한다.

음운 맞추기

음운 맞추기는 중요한 음성 인식 기술 중 하나인데, 그 이유는 다음 두 가지 때문이다. 첫째, 음운 맞추기는 학생들로 하여금 서로 다른 단어에서의 동일한 소리를 나타내는 글자 묶음들(예: fan, pan, tan, man) 사이의 관계를 파악하게 준비시켜 준다. 둘째, 학생들로 하여금 단절음 소리로 시작되는 단어를 소리 낼 수 있게 준비시켜 준다. 음운 맞추기는 학생들이 연속음으로 시작되며 두세 개의 소리로 구성된 단어를 가지고 소리의 분리와 혼합을 같이 다루는 수업을 소화했을 때, 그리고 10개 정도의 글자-소리 대응관계를 알게 되었을 때 소개할 수 있다.

음운 맞추기 수업 형식(〈표 5-4〉 참조)에서 보면, 학생들은 첫 소리(어두 자음-an onset)부터 시작하여 모음(운-the rime)으로 시작하는 음절을 혼합한다. 예를 들어, 어두 자음 m소리는 운 at와 합쳐져 mat이라는 단어를 형성한다. 수업을 하면서 교사는 몇 개의 글자(m, r, s 등)를 칠판에 적는다. 첫날 수업에서 교사는 이들 글자로 시작되는 운이 같은 일련의 단어들(mat, rat, sat 등)을 말하면서 음운 맞추기 시범을 보인다. 시범을 보인 후에

〈표 5-4〉 음운 맞추기 수업 형식

교사	학생
(칠판에 다음과 같이 적는다.)	
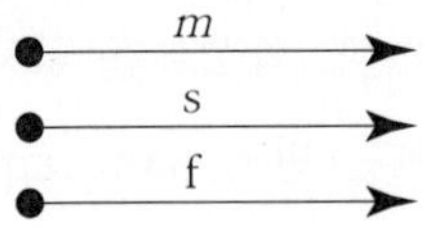	
1. "잘 들으세요. 무슨 소리로 음운 맞추기를 하려고 하냐면 (잠시 멈춘 후) at으로 할 거예요. 내가 무슨 소리로 음운 맞추기를 하려고 한다고요?" (신호)	"At."
2. (시범을 보인다.) (첫 번째 화살표의 동그라미 부분에 손가락을 짚으며 말한다.) "내 차례예요. at으로 음운 맞추기를 해 보세요. (1초 후 손가락을 화살표를 따라 신속하게 움직이면서 말한다.) Mat."	
3. (단계 2를 나머지 화살표들을 가지고 반복한다.)	
4. (검사한다.) (첫 번째 화살표의 동그라미 부분에 손가락을 짚으며 말한다.) "여러분들이 at을 가지고 음운 맞추기를 해보세요. 무엇을 가지고 음운 맞추기를 한다고요? (신호) at을 가지고 음운 맞추기를 해보세요." (1초 동안 멈춘 후 손가락을 화살표를 따라 신속하게 움직인다.)	 "At." "Mat."
5. (나머지 화살표를 가지고 단계 4를 반복한다.)	
6. (몇 명의 학생들을 개별적으로 시켜 본다.)	
오류 교정	
1. 정답을 말해 준다. "Mat."	
2. 시범을 보인다. "내 차례예요. at으로 운을 맞춰 보세요." (신호).	
3. 학생들을 안내한다. "나와 같이 해봅시다. at으로 운을 맞춰 봅시다." (신호). (학생들과 같이 반응한다.)	"Mat."
4. 검사한다. "여러분 차례예요. at으로 운을 맞춰 보세요." (신호).	"Mat."
5. 해당 단어 목록의 맨 처음 단어로 다시 돌아간다.	

는 학생들로 하여금 합창식 반응을 하며 음운 맞추기를 해보도록 시킨다. 이 음운 맞추기 수업 첫 몇 주 동안에 걸쳐 칠판에 제시하는 단어들은 연속음을 갖고 있어야 한다. 일단 학생들이 연속음을 갖고 있는 음운 맞추기 과제를 정확하게 수행하면 단절음을 포함하고 있는 단어를 소개한다. 예를 들어, 이러한 단어들에는 fill, hill, pill, mill 등이 있다.

오류 교정 절차는 다음과 같다.

r, m, s 글자로 시작하는 음운 맞추기 과제를 칠판에 제시한다. 'm'으로 시작하고 'at'으로 운을 맞추어야 하는 과제에서 학생이 'mit'으로 말했다면,

- 정답을 말해 준다. "Mat."
- 시범을 보인다. "내 차례예요. at으로 운을 맞춰 보세요. (신호) Mat."
- 학생들을 안내한다. "나와 같이 해 봅시다. at으로 운을 맞춰 봅시다. (신호). Mat." (학생들과 같이 교사도 반응한다.)
- 검사한다. "여러분 차례예요. at으로 운을 맞춰 보세요. (신호). Mat."
- 해당 단어 목록의 맨 처음 단어로 다시 돌아간다.

상업용 프로그램

많은 상업용 읽기 프로그램들이 식자 관련 지식이 거의 없이 유치원이나 초등학교에 입학하는 읽기 부진 혹은 부진 위험 학생들에게는 문제가 될 수 있는 방식으로 음소 인식 기술을 가르친다. 이들 프로그램들의 대표적인 문제들은 다음과 같다.

1. 소리의 혼합과 분리에 대해 충분히 강조하지 않는다. 소리의 혼합과 분리를 연속해서 가르치지 않는다. 따라서 학생들이 이 기술을 숙달

하는 데 연습이 충분치 않다.

2. 하나의 짧은 수업 차시 안에서 다루어지는 음소 인식 기술이 너무 많고 다양하다. 짧은 기간에 너무 많은 서로 다른 과제를 제시할 경우 학생들은 이에 위압당할 수 있다.
3. 음소 인식 과제를 가르치기 위한 시범수업이 수준이 낮은 학생들에게는 너무 말이 많고 혼동을 줄 가능성이 있다. 예를 들어, 인기 있는 읽기 프로그램에서 제시하고 있는 전형적인 과제 중 하나는 교사로 하여금 학생들에게 칠면조(turkey)를 묘사하도록 하는 것이다. 그런 다음, 교사는 자신이 묘사한 것의 단어가 turkey란 단어와 동일한 소리로 시작하면 글자 t를 들고 공중에 손가락으로 t를 써 보게 한다. 교사 매뉴얼에는 tall과 turkey를 강조하면서 "키가 큰 칠면조인가요?(Is it a tall turkey?)"라고 말하도록 지시하고 있다. 그런 다음, 동일한 문장 형식을 이용하여 교사는 tall 대신에 tired, muddy, terrible, tough, little, tiny 등의 단어들을 사용하도록 한다. 이 활동은 교사가 칠판에 t로 시작하는 모든 단어를 적는 것으로 종결된다. 교사는 각 단어를 읽은 다음, 학생들에게 각 단어 첫머리의 t 글자에 동그라미를 치도록 한다. 이러한 활동은 별로 상관없는 단어들 때문에 수준이 낮은 학생들에게 혼란을 줄 가능성이 있다. 이 과제는 단지 2개의 단어만을 사용하여 이들 단어를 발음하고, 이들 단어들이 동일한 소리로 시작되는지를 물어보는 방식으로 단순하게 만들 수 있다.
4. 제시된 과제들이 학생들의 반응과 별로 상호작용적이 아니다. 어떤 과제들은 교사로 하여금 개별 학생들만 시켜 보도록 지시하고 있다. 모든 학생들이 과제를 숙달했다는 것을 교사가 어떻게 확신할 수 있는지에 대해 분명한 지침이 없다.

해결 방안

소리의 혼합과 분리에 대한 강조가 불충분하고 이들 기술에 대한 수업 시범이 명확하지 않은 문제는 이 장에서 제시한 소리의 혼합과 분리 수업 형식을 매일 수업에서 활용하여 해결 가능하다. 소리의 혼합과 분리 기술은 학생들이 더 이상 오류를 범하지 않을 때까지 매일 가르치고 체계적으로 복습시켜야 한다. 초기 과제는 2~3개의 짧은 소리로 구성된 단어를 사용한다. 이보다 많은 소리를 포함하고 있는 단어는 점진적으로 제시한다.

어렵고 복잡한 과제의 경우에는 학생들이 잘 알지 못할 가능성이 있는 복잡한 언어를 제거하고 하위 요소 기술을 가르치는 등의 수정을 가해야 한다. 예를 들어, 활동지에 개구리(frog), 모자(hat), 바닥 깔개(rug) 그림을 제시하고 교사로 하여금 "단어 dog와 끝소리가 동일한 단어에 동그라미를 하시오."라고 가르치도록 했을 수 있다. 하지만 교사는 학생들이 '끝(last)' (혹은 처음이나 중간)이라는 말의 의미를 알 것이라고 미리 가정해서는 안 된다. 또한 학생들이 '동일한(same)'이라는 말을 이해할 것이라거나 단어에서 특정 소리를 뽑아 낼 수 있을 것이라고 가정해서도 안 된다. 교사는 항상 선수지식과 기술을 가르칠 준비를 하고 있어야 한다. 주어진 단어와 동일한 소리로 끝나는 단어에 동그라미를 칠 수 있게 되기까지는 많은 수업이 필요할 것이다. 어쩌면 교사는 보통의 속도로 발성된 단어 속의 각 소리를 구별해 내는 방법(이것이 좀 더 어려운 분리 과제다)부터 학생들에게 가르치고, 그 후에 단어의 끝소리와 동일하다는 말의 의미를 가르쳐야 할지 모른다.

소리분리를 가르치기 위한 교사의 말 예

교사	학생
■ 내 차례에요. mud 단어 속의 소리들을 말해 볼게요.	
■ mud 단어 속의 첫 소리는 /mm/입니다.	

■ 중간 소리는 /uu/입니다.	
■ 끝소리는 /d/입니다.	
■ 여러분 차례예요. mud를 말해 보세요.	
■ 준비. (신호)	"mud."
■ 첫째 소리가 무엇이죠? (신호)	"Mm."
■ 둘째 소리는 무엇이죠? (신호)	"uu."
■ 끝소리는 무엇이죠? (신호)	"d."

몇 개의 단어를 가지고 시범 보이고 검사를 한 다음, 처음에는 정답을 보여 주지 않고 몇 개의 단어를 제시한다. 학생이 교사의 시범 없이 제시된 4개의 단어를 정확하게 발성할 수 있을 때까지 연습을 매일 계속한다.

단어 속의 끝소리를 구별해 내도록 가르치기 위한 교사의 말

교사	학생
■ 내 차례예요. 다음 몇 개의 단어 속의 끝소리를 말해 볼게요.	
■ 잘 들으세요, rat. rat의 끝소리는 /t/입니다.	
■ 잘 들으세요, Sam. Sam의 끝소리는 /m/입니다.	
■ 잘 들으세요, fill. fill의 끝소리는 /l/입니다.	
■ 여러분 차례예요. rat. rat의 끝소리가 무엇이죠? (신호)	"t."
■ 여러분 차례예요. Sam. Sam의 끝소리가 무엇이죠? (신호)	"m."
■ 여러분 차례예요. fill. fill의 끝소리가 무엇이죠? (신호)	"l."

몇 개의 단어를 가지고 교사가 시범을 보이고 학생들을 검사한 다음, 정답을 시범 보이지 않고 다시 몇 개의 단어를 제시한다. 학생이 교사의 시범 없이 제시된 4개의 단어를 정확하게 발성할 수 있을 때까지 연습을 매일 계속한다.

소리가 동일한지 확인하는 것을 가르치기 위한 교사의 말 예

- 내가 소리들을 내고 그 소리들이 동일한지 아닌지를 말해 볼게요.
- 잘 들으세요. mmm mmmm. 이들 소리는 동일합니다.
- 잘 들으세요. rrrrrrr rrrrrrrr. 이들 소리는 동일합니다.
- 잘 들으세요. mmm rrrr. 이들 소리는 동일하지 않습니다.
- 잘 들으세요. ffff mmmm. 이들 소리는 동일하지 않습니다.
- 이제 소리를 내 볼테니 이들 소리가 동일한지 아닌지를 여러분이 말해 보세요.
- 잘 들으세요. ffff mmmm. 이들 소리가 동일한지 아닌지를 말해 보세요.
- 잘 들으세요. ffff ffff. 이들 소리가 동일한지 아닌지를 말해 보세요.
- 잘 들으세요. rrrr rrrr. 이들 소리가 동일한지 아닌지를 말해 보세요.
- 잘 들으세요. rrrr mmmm. 이들 소리가 동일한지 아닌지를 말해 보세요.

일단의 소리를 가지고 시범을 보이고 학생들을 검사한 다음, 정답을 시범 보이지 않고 다시 몇 개의 소리를 제시한다. 학생이 교사의 시범 없이 제시된 4개의 단어를 정확하게 발성할 수 있을 때까지 매일 연습을 계속한다.

이들 선수기술에 대한 연습들을 통해 교사는 동일한 소리로 끝나는 단어에 동그라미를 치는 활동지 연습에서 학생이 오류를 범할 경우 이를 교정할 수단을 갖게 된다.

다시 강조하지만, 어렵고 복잡한 음소 인식 연습에 너무 많은 시간을 투입하지 않도록 조심해야 한다. 일단 학생들이 구두 혼합과 분리를 숙달하면 음소 인식 과제에 불필요한 시간을 투입하기보다는 단어 읽기에 초점을 맞추어 수업을 할 것을 제안한다. 단어 읽기에 초점을 기울이는 것은 단어를 읽지 못하고 초등학교에 입학하는 학생들에게는 특히 중요하다.

기존 읽기교재에의 적용

현재 사용하고 있는 읽기교재 내에서의 음소 인식 부분 평가 항목(유치원과 1학년만 해당)

1. 다음 기술들이 언제 소개되는가? (수업 일자 혹은 수업 번호)
   소리 분리:
   소리 혼합:
   음운 맞추기:

2. 이들 기술을 소개하는 구체적인 교수 전략은 무엇인가? 이 전략들은 얼마나 명시적인가? 이들 전략들은 학생들이 무엇을 해야 하는지 보여 주는가?

3. 교사의 시범은 얼마나 명료한가? 교사의 언어는 명료성 측면에서 세심하게 통제되었는가?

4. 교사의 시범과 안내가 학생들에게 얼마나 많이 제공되고 있는가? 궁극적으로 학생들이 교사의 시범 없이도 정확하게 반응할 수 있는가?

5. 학생들의 오류에 대해 어떠한 교정이 구체적으로 언급되고 있는가?

6. 어떠한 예들이 제시되어 있는가? 이 예들에 문제는 없는가?

7. 해당 기술을 학생들이 연습하는 데 어떠한 기회들이 주어지고 있는가? 그 기술이 처음으로 소개된 이후 매일 연습이 주어지고 있는가? 연습은 쉬운 것에서 어려운 것 순서로 제시되고 있는가?

8. 이상의 질문에 대한 여러분들의 대답에 근거해 볼 때 기존 교재를 어떻게 수정할 것인가?

요약 소리의 혼합과 분리 수업

필요성

- 단어가 서로 구분되는 소리로 구성되어 있다는 것을 보여 준다(음소 인식).
- 글자-소리 대응관계를 소개하기 전에 소리를 발성하는 연습을 제공한다.
- 혼합된 소리를 단어로 소리 내는 연습을 제공한다.
- 소리 혼합을 필요로 하는 단어의 발음하기를 준비시킨다.

수업 재료
교사가 선정한 일단의 단어 목록. 학생들은 이 단어를 보지 않아야 한다. 소리의 혼합과 분리는 청각 기술이다!!

소리 혼합; 해야 할 일
1~2초 동안 지속적으로 소리와 소리 사이에서 멈추지 않고 연속음을 말하면서 단어를 천천히 말한다. 그런 다음, 학생들에게 그 단어를 말해 보도록 한다. 학생들은 이 단어를 보통의 속도로 말한다.

소리 혼합; 오류 교정
즉시 정답을 말해 준다. 학생들이 정답을 추측하지 않도록 한다. 그런 다음 해당 단어의 혼합된 소리를 다시 말해 주어 학생이 음소를 다시 들을 수 있도록 해 준다. 이후 학생에게 단어를 정확하게 말해 보도록 한다.

소리 분리; 해야 할 일
소리 사이에서 멈추지 않고 각 음소를 천천히 말하면서 단어를 말하는 시범을 보인다. 그런 다음, 학생으로 하여금 소리 사이에서 멈추지 않고 단어를 천천히 말해 보도록 한다. 시범을 보일 때와 학생이 소리를 말할 때 소리마다 손가락을 펴며 신호를 준다. 이 신호들은 학생으로 하여금 다른 학생보다 먼저 대답하지 않고 같이 동시에 대답하도록 하게 해 준다.

소리 분리; 오류 교정
- 정확한 소리 분리를 시범 보인다. 학생들이 교사 자신과 같이 단어를 분리하도록 하면서 이들을 안내한다. 학생들이 스스로 단어를 분리하도록 하면서 이들을 평가한다.

- 만약 학생이 소리와 소리 사이에서 멈추면 학생들에게 "멈추지 말아요."라고 말하고, 어떻게 멈추지 않고 단어를 천천히 말할 수 있는지를 시범 보인다. 학생들이 확실히 반응을 보일 때까지 교사와 같이 대답을 하도록 한다. 그리고 나서 시범을 다시 보인 후 학생들로 하여금 스스로 해보게 한다.

단어 예 선정 매일 4개 내지 6개의 단어로 연습한다. 첫 주 동안에는 연속음으로 시작되는 2~3개 소리로 구성된 단어를 포함시키고, 그 다음에는 단절음으로 시작되는 단어, 그 다음에는 보다 긴 단어 순서로 나아간다.

- 단어 목록을 예측 가능하지 않도록 만든다. 동일한 글자가 동일한 위치에 연속해서 두 단어에 걸쳐 나타나지 않도록 한다.

소개 시기

- 소리 혼합과 분리를 단어 읽기가 시작되기 1~2주 전에 소개한다.
- 짧은 시간 동안의 연습은 읽기 수업시간 도중 여러 차례, 그리고 같은 날 다른 시간에도 실시될 수 있다.
- 학생이 소리 혼합과 분리 수업 형식을 오류 없이 마쳤을 때 소리의 혼합과 분리를 동시에 다루는 연습을 소개한다.
- 소리의 혼합과 분리에 관한 수업은 유치원에서 시작하여 학생이 단어 읽기 연습에서 성공적으로 단어를 소리 낼 수 있을 때까지 지속한다.

전략적 통합

- 유형이 다른 단어들[자음-모음-자음 단어(CVC), 자음-자음-모음-자음 단어(CCVC) 등]을 대상으로 학생들이 소리 혼합과 분리를 숙달하게 되면, 이들 단어들을 단어 읽기 연습 시간에 사용한다.
- 소리 분리 연습을 철자 쓰기 연습과 혼합시킨다. 학생들로 하여금 보통의 속도로 말해진 단어를 각 개별 소리로 분리해 보도록 한다.

요약 음운 맞추기 수업

필요성

- 동일한 소리를 나타내는 서로 다른 단어(단어 가족)에서 공통적인 글자 조합 간의 관계를 인식하도록 준비시킨다.
- 단절음으로 시작되는 단어를 소리 내게 준비시킨다.

수업 재료	칠판에 2~3개의 글자를 적는다(처음에는 연속음을 사용한다.). 각 글자 밑에 화살표를 그린다.
해야 할 일	• 학생들에게 운을 맞추어야 할 소리(am, op, it, en, ump 등)를 말해 주고 이들 운을 말하게 한다. • 화살표 끝의 점에 손가락을 짚는다. 화살표를 따라 손가락을 움직일 때 학생들이 소리를 말하고 운을 덧붙여 단어를 말한다. • 처음에는 교사가 시범을 보인 후 학생들에게 과제를 수행하도록 해야 한다.
오류 교정	• 학생이 단어를 잘못 말하면 정확한 단어를 말해 주고, 그들에게 어떤 운을 맞출 것인지 말하면서 과제를 다시 시범 보인다. 교사와 같이 대답을 하도록 한 후, 학생들 스스로 대답해 보도록 한다.
단어 예 선정	• 학생들이 오류 없이 정확하게 대답할 때까지 매일 최대 3개의 소리와 3개의 운을 연습한다. • 연속음으로 시작되는 소리와 모음-자음(VC) 운을 가진 단어(mat 등)로 시작한다. 학생이 이들 과제를 오류 없이 수행할 수 있을 때 적어도 그중 한 단어는 단절음 글자로 시작하는 단어묶음을 소개한다.
소개 시기	• 학생이 소리 혼합과 분리를 성공적으로 수행하고 7개의 연속음을 알고 나면 첫 음이 연속음으로 시작되는 음운 맞추기를 소개한다.

	• 수업을 유치원에서부터 시작하여 학생이 성공적으로 운을 맞추고 단절음으로 시작되는 단어를 정확하게 소리 낼 때까지 지속한다.
전략적 통합	• 이후는 단어 읽기 연습에서 읽게 될 단어들을 사용한다.

제 6 장

발음중심 수업 개관

발음중심 수업이란 무엇인가

발음중심 수업에서는 문어의 글자(글자소-graphemes)와 구어의 개별 소리(음소-phonemes)와의 관계 그리고 이 관계가 단어를 읽고 쓰는 데 어떻게 사용되는가를 가르친다.

발음중심 수업의 목표는 아이들로 하여금 자모음 원리—글자는 구어의 소리와 대응하고 그 대응은 체계적이고 예측 가능하다는 것—를 배우고 사용하도록 하는 것이다. 자모음 원리에 관한 지식은 아이들로 하여금 (a) 친숙한 단어를 정확하고 자동적으로 인식하게 해 주고, (b) 새로운 단어를 스스로 해부호화할 수 있게 해 준다.

발음중심 수업에서 교사는 발음중심의 효과와 한계를 인식해야 한다. 발음중심 수업의 한계는, 영어라는 언어는 각각의 글자가 언제나 오직 하나의 소리에만 대응하는 진정한 표음 언어가 아니라는 점이다. 영어의 절반 정도의 글자는 거의 항상 동일한 소리로 발음되기 때문에 매우 규칙적이지만 나머지 절반은 대응되는 소리가 일정하지 않다. 이렇게 일정하지 않은 소리들은 맥락에 따라 다양하다. 특정 글자의 소리를 어떻게 내야 할 것인가를 결정하기 위해서는 읽는 사람이 단어 속에서 그 글자 앞이나 뒤에 오는 글자들을 고려해야 한다. 예를 들어, 글자 o에 또다시 o가 나온다면 이때 o는 moon이나 good에 나오는 o처럼 /우-oo/로 소리내야 할 것이다. 이와 비슷하게 o 다음에 u가 나온다면 shout 속의 /아우-ou/ 소리나 would 속의 /우-oo/로 소리를 내야 할 것이다. 이 밖에도 o글자는 다른 글자와 조합을 이루어 mom에서처럼 /아-o/, hope에서처럼 /오-o/, done에서처럼 /어-u/소리로 각각 소리 내야 할 것이다. 분명히, 글자 o가 내는 소리는 다음에 어떤 글자가 오느냐에 따라 달라진다. 자음 t 소리 역시 일관적이지 않다. t 다음에 h가 오면 that에서처럼 /드-th/로 나거나 think에서처럼 /쓰-th/로 소리난다. 이 경우에도 역시 t 소리는 이후에 나오는 글자가 무엇이냐에 따라 달라진다.

발음중심 접근의 효과는 각 개별 글자와 자주 볼 수 있는 글자 조합에 대응되는 소리를 알면 많은 단어를 읽을 수 있다는 데에 있다. 일부 불규칙성이 있음에도 불구하고 영어에는 글자-소리 대응이 일관적인 단어가 여전히 많이 있다. 예를 들어, ai글자 조합은 이 조합이 들어 있는 단어의 95%에서 항상 동일하게 소리가 난다. 마찬가지로 sh글자 조합 역시 매우 예측 가능하여 거의 항상 wish 속의 /쉬-sh/소리처럼 소리 난다. 배우고자 하는 학생에게 각 개별 글자 및 글자 조합에 대응하는 소리를 가르침으로써 교사는 단순히 암기하라고 하기보다는 일반화 과정을 통해서 해부호화 전략을 가르칠 수 있다.

주요 용어

이 책 전체에 걸쳐 발음중심 관련 몇 개의 핵심 용어들이 나온다. 이들 용어들에 대한 정의와 각각의 중요성에 대해 설명하자면 다음과 같다.

대표음

각 글자의 대표음(most common sounds)은 주로 man 혹은 stop처럼 짧은 1음절 단어 속의 글자에 대응되는 소리를 말한다. 〈표 6-1〉은 26개 글자의 대표음을 나타낸 것이다. 각 글자 다음에 제시된 단어는 그 해당 글자의 대표음이 무엇인지 보여 준다.

〈표 6-1〉 각 글자의 대표음

연속음		단절음	
a	(fat)	b	(big)
e	(bet)	c	(can)
f	(fill)	d	(did)
i	(sit)	g	(got)
l	(let)	h	(his)
m	(mad)	j	(jet)
n	(nut)	k	(kiss)
o	(not)	p	(pet)
r	(rat)	q	(quit)
s	(sell)	t	(top)
u	(cut)	x	(fox)
v	(vet)		
w	(wet)		
y	(yes)		
z	(zoo)		

연속음과 단절음

연속음(continuous sounds)은 몇 초 동안 흐트러짐 없이 낼 수 있는 소리다. 반면, 단절음(stop sounds)은 잠깐만 소리를 낼 수 있는 소리다. 학생들에게는 pad 등과 같이 단절음으로 시작되는 단어 발음하기가 sad처럼 연속음으로 시작되는 단어 발음하기보다 더 어렵다. 이러한 차이 때문에 단절음을 가르치는 절차와 연속음을 가르치는 절차는 약간 다르다. 〈표 6-1〉의 목록은 어떤 글자가 단절음이고 어떤 글자가 연속음인지를 나타낸 것이다.

규칙 단어

규칙 단어(regular words)는 그 단어 속의 글자가 그 글자의 가장 흔한 소리와 대응되는 단어를 말한다. 예를 들어, am, cat, mud, best, flag 등은 이들 각 단어 속의 글자가 모두 그 글자의 가장 흔한 소리와 대응되기 때문에 규칙 단어들이다.

불규칙 단어

불규칙 단어(irregular words)는 학생들이 읽기 프로그램에서 배운 글자-소리 대응관계에 관한 지식을 적용해서는 읽을 수 없는 단어를 말한다. 예를 들어, was라는 단어는 속에 있는 a나 s 모두 그 글자의 일반적인 소리로 발성되지 않기 때문에 불규칙 단어다.

읽기 프로그램을 설계할 때 교사는 프로그램의 어느 한 부분에서 불규칙했던 단어들이 다른 부분에서는 그렇지 않을 수도 있다는 점을 알고 있을 필요가 있다. 예를 들어, park라는 단어는 초기 읽기 프로그램에서는 아이들이 a글자를 짧은 a 소리하고만 대응시키도록 배우기 때문에 불규칙 단어일 수 있다. 하지만 이후 읽기 프로그램에서 학생들은 ar의 대응 소리를 배우게 될 것이다. 이 ar글자 조합은 park, hard, start 등의 단어에서처럼 r에 영향을 받는 모음 소리 측면에서 매우 일관적이다.

어떤 단어들은 그 단어에만 해당하거나 아주 적은 수의 단어에만 나오는 글자-소리 대응관계를 가지고 있기 때문에 항상 불규칙 단어로 여겨진다. 이러한 유형의 불규칙 단어로는 was, they, break 등을 들 수 있다. 이들 단어에서는 하나 혹은 그 이상의 글자들이 해당 글자의 가장 흔한 소리가 아닌 소리로 발성된다. 이러한 불규칙 단어를 지칭하기 위해 종종 **통째 읽기 단어**(sight words)라는 용어를 사용하기도 한다.

자음 합성

자음 합성(consonant blends)은 둘 혹은 세 개의 자음이 한 단어 속에 연속해 있으면서 각 자음이 그 글자의 가장 흔한 소리로 소리 날 때 발생한다. 자음 합성은 단어의 처음이나 끝에 모두 올 수 있다. 〈표 6-2〉는 흔히 발생하는 초성과 종성 자음 합성을 나타낸 것이다. 자음 합성으로 시작되는 단어는 단일 자음으로 시작되는 단어보다 읽기가 더 어렵다. 단절음을 갖고 있으면서 초성이 자음 합성으로 시작되는 단어는 연속음을 갖고 있는 자음 합성 단어보다 읽기가 더 어렵다.

규칙 단어 유형

규칙 단어 유형은 단어 속에 포함된 모음과 자음 패턴으로 분류 가능하다. 〈표 6-3〉은 상대적인 난이도별로 규칙 단어 유형을 나타낸 것이다. 첫 번째 칸의 'V'는 모음을, 'C'는 자음을 나타낸다. CVC 단어는 자음으로 시작하여 모음이 나오고 다시 자음으로 이어지는 단어다. sat는 자음 s, 모음 a, 자음 t로 구성되어 있기 때문에 CVC 단어다. 두 번째 칸은 해당 단

〈표 6-2〉 자음 합성

초성 자음 합성				
연속음이 처음에 오는 두 글자 자음 합성		단절음이 처음에 오는 두 글자 자음 합성		세 글자
fl (flag)	sc (scat)	bl (black)	pl (plug)	scr (scrap)
fr (frog)	sk (skip)	br (brat)	pr (press)	spl (split)
sl (slip)	sp (spin)	cl (clip)	tr (truck)	spr (spring)
sm (smack)	sq (square)	cr (crust)	tw (twin)	str (strap)
sn (snip)	st (stop)	dr (drip)		
sw (swell)		gl (glass)		
		gr (grass)		
종성 자음 합성				
연속음이 끝에 오는 두 글자 자음 합성		단절음이 끝에 오는 두 글자 자음 합성		세 글자
ft (letf)	nd (bend)	ct (fact)		두 글자 자음 합성에 s가 붙은 단어(예: belts, facts)
ld (held)	nk (bank)	pt (kept)		
lk (milk)	nt (bent)	xt (text)		
lp (help)	ma (mask)	bs (cabs)		
lt (belt)	st (west)	ds beds)		
mp (lamp)	ls (fills)	gs (rags)		
ms (hams)		ps (hips)		
ns (cans)		ts (bets)		

어 유형의 상대적인 난이도를 나타낸다. 세 번째 칸은 각 단어 유형의 예를 나타낸 것이다. 이 표는 일반적인 지침을 나타낸 것이지 이들 단어 유형을 가르치기 위한 절대적인 규칙은 아니다. 어떤 학생들에게는 초기 유형의 단어가 나중 유형의 단어보다 더 어렵기도 하다.

〈표 6-3〉 단순 규칙 단어: 난이도에 따른 목록

단어 유형	난이도 근거	예	비고
연속음으로 시작하는 VC와 CVC 단어	단어들이 연속음으로 시작된다.	it, fan	VC 단어 수가 많지 않기 때문에 VC와 CVC 단어를 같이 묶었다.
연속음으로 시작하는 VCC와 CVCC 단어	단어들이 길고 자음 합성으로 끝난다.	lamp, ask	VCC 단어 수가 많지 않기 때문에 VCC와 CVCC 단어를 같이 묶었다.
단절음으로 시작하는 CVC 단어	단절음으로 시작한다.	cup, tin	
단절음으로 시작하는 CVCC 단어	단절음으로 시작되어 연속음으로 끝난다.	dust, hand	
CCVC	자음 합성으로 시작한다.	crib, snap, flat	두 개의 연속 자음으로 시작되는 단어가 자음 합성 단어 중 더 쉽다. 나머지 기타 단어 수가 많지 않기 때문에 이들을 같이 묶었다.
CCVCC, CCCVC, CCCVCC	단어가 길다.	blend, clamp, spent, scrap, scrimp	

글자 조합

글자 조합(letter combinations)은 대다수의 단어에서 특정한 소리로 발음되는 연속되는 글자들의 집합을 의미한다. 글자 조합의 대표음을 알게 되면 새로운 단어를 읽는 능력이 크게 향상된다. 예를 들어, 모든 유형의

〈표 6-4〉 글자 조합

글자 조합	단어 예	비율	빈도	유형
ai[a]	maid	90%	254	2글자 1음 모음
al[b]	halt	NA	NA	l 영향 모음
ar	car	75%	518	r 영향 모음
au	haul	94%	146	2글자 1음 모음
aw	lawn	100%	75	2글자 1음 모음
ay	stay	97%	131	2글자 1음 모음
ch	chip	63%	313	2글자 1음 자음
ea[a]	beat	60%	294	2글자 1음 모음
ee[a]	need	98%	285	2글자 1음 모음
er	fern	97%	313	r 영향 모음
igh	high	100%	88	2글자 1음 모음
ir	first	100%	104	r 영향 모음
kn	know	100%	41	2글자 1음 자음
oa	load	94%	126	2글자 1음 모음
ol[b]	hold	NA	NA	l 영향 모음
oo	boot	59%	173	2글자 1음 모음
or	short	55%	312	r 영향 모음
ou	cloud	84%	285	이중모음
ow	own	50%	124	2글자 1음 모음
oy	toy	98%	48	이중모음
ph	phone	100%	242	2글자 1음 자음
qu	quick	100%	191	기타
sh	shop	100%	398	2글자 1음 자음
th[c]	thank	74%	411	2글자 1음 자음
ur	burn	100%	203	r 영향 모음
wh	whale	85%	89	2글자 1음 자음
wr	wrap	100%	48	2글자 1음 자음

[a] Hanna 등의 연구(1966) 자료를 이용해서 비율을 계산할 때 이 책의 저자들은 일부 r 영향 글자 조합과 그렇지 않은 글자 조합(ee, ai)을 합쳤다. r이 뒤에 올 때와 그렇지 않을 때 이들 글자 조합 소리 간에 차이가 있긴 하지만 가장 대표적인 소리를 냄으로써 학생들이 r이 없는 글자 조합과 r이 뒤에 오는 글자 조합을 소리 낼 수 있다는 것을 발견했다.

[b] l 영향을 받는 글자 조합의 빈도와 비율은 얻을 수 없었다.

[c] 대부분의 단어(예: think)에서 /th/는 무성음이지만 많은 빈출 단어들(this, that, them, than, then, the, those, these)에서는 유성음이다. 학생들이 빈출 단어를 읽을 때 이 유성음을 이용해야 하기 때문에 비록 흔하지 않고 소수에 해당하지만 이 유성음부터 가르치기를 제안한다.

규칙 단어를 읽을 수 있고 ee와 같은 글자 조합을 제대로 소리 내는 것을 방금 학습한 학생이라면 bee, bleed, beet, breed, peel, see, teen, wee, creek, deer, flee, fleet, green, greet, jeep, keep, weep, canteen, indeed, upkeep, fifteen 등의 새로운 단어들도 읽을 수 있을 것이다.

〈표 6-4〉는 학생들에게 제시했으면 하는 글자 조합 목록을 나타낸 것이다. 만약 해당 글자 조합이 들어 있는 단어들의 절반 이상에서 그 글자 조합에 해당하는 소리가 오직 하나이고 5개 이상의 흔히 사용되는 단어에서 그 글자 조합이 나타날 때에는 글자 조합 대신 글자-소리 대응을 가르칠 것을 제안한다. 〈표 6-4〉의 첫 칸에는 글자 조합이 알파벳 순으로 제시되어 있다. 두 번째 칸은 각 글자 조합의 가장 대표적인 소리를 나타내는 단어들이 제시되어 있다. 세 번째와 네 번째 칸에는 가장 많이 쓰이는 17,300개의 영어 단어 중의 비율과 빈도를 컴퓨터로 분석하여 나타낸 것이다(Hanna et al, 1966). 세 번째 칸은 전체 단어 중 해당 글자 조합의 가장 대표적인 소리를 내는 단어의 비율을 나타낸 것이다(이 수치는 사용되는 단어의 표집 수에 따라 연구마다 다를 수 있음에 주목하기 바란다). 네 번째 칸은 가장 흔한 소리를 내는 해당 글자 조합을 갖고 있는 단어의 수를 나타낸 것이다. 다섯 번째 칸은 글자 조합을 2글자 1음 모음(vowel digraph), 2글자 1음 자음(consonant digraph), r 영향 모음(r-controlled vowel) 그리고 이중모음(diphthong) 중 어느 것에 해당하는지를 나타낸 것이다.

글자 조합 유형에는 2글자 1음 자음(th, sh, kn), 2글자 1음 모음(ai, ea, oo), 이중모음(oi, ou) 그리고 r 혹은 l 영향 모음(ar, ir, ol) 등이 있다. 2글자 1음은 단일 소리를 내는 2개의 글자가 연속해 있는 경우다. r 혹은 l 영향 모음은 뒤에 r이나 l이 붙어 있는 모음을 말한다. 이중모음은 각기 다른 소리를 가지고 있는 두 개의 모음이 연속해 있는 경우다.

글자 조합의 유형을 구별하는 일은 읽기를 가르치는 교사보다 구어를 가르치는 교사에게 더 중요하다. 그럼에도 불구하고 이들 용어들이 교사 지침서나 전문 문헌에 자주 등장하기 때문에 읽기 교사들도 이들을 알고 있어야 한다.

VCe 패턴 단어

VCe 패턴 단어에서는 lake, stripe, smile 등에서처럼 단일 모음 뒤에 자음이 오고 다음에 e 글자가 나온다.

VCe 패턴을 갖고 있는 1음절 단어의 대략 2/3 정도는 첫 모음이 장음(글자 이름)이다. 나머지 1/3의 단어에서 모음 소리는 때로 대표음으로 나거나(give) 혹은 대표음이나 장음 어느 것도 아닌 소리로 나거나(done) 한다.

많은 VCe 단어 중에서 첫 모음 소리는 대개 길게 나기 때문에 단어가 e로 끝나면 첫 모음의 소리는 그 글자 이름으로 소리 내라는 규칙을 가르치길 권고한다. 1음절 VCe 패턴 단어이면서 첫 모음이 길게 소리 나지 않는 단어들은 불규칙 단어로 취급해야 한다.

접사-접두어와 접미어

구조 분석이란 학생들에게 기본 단어에 접두사 접미사 혹은 기타 다른 단어가 붙은 단어를 읽도록 가르치는 것이다. repainting이란 단어는 기본형 paint에 re라는 접두사와 ing이라는 접미사가 붙은 것이다(re+paint+ing=repainting). 접사는 때때로 다른 소리를 내게 될 것이다. 예를 들어, 접미사 -ed는 때로는 hopped에서처럼 /t/소리로 나는가 하면, hummed에서처럼 /d/로 소리 나거나 handed에서처럼 분리된 음절로 소리 난다. 기본형에 접미사가 붙을 때에는 종종 철자가 바뀌는 경우도 있다. 예를 들어, hope와 hop에 -ed가 붙을 때 어떻게 철자가 변하는지 주의 깊게 보기 바란다(hope+ed=hoped, hop+ed=hopped). hope에 ed가 붙으면 e가 탈락하고 hoped가 된다. 반면, hop에 ed가 붙으면 p가 첨가되어 hopped

가 된다. 이러한 철자의 변화 때문에 학생들은 hoped와 hopped처럼 비슷한 단어를 구별해야 한다. 단어의 각 부분이 어떻게 합성되었는지를 보여 주는 연습을 하면 철자가 바뀐 단어를 읽는 데 도움이 된다.

왜 발음중심 수업이 중요한가: 연구결과

초기 읽기를 어떻게 가르칠 것인가에 관한 논쟁처럼 광범위하게, 지속적으로 그리고 요란하게 이루어져 왔던 교육학과 심리학 분야는 별로 없다. 이 논쟁은 아주 해묵은 것으로—거의 100년 이상—Stanovich에 따르면

- 체계적이고 명시적인 발음중심 수업은 체계적이지 않거나 발음을 가르치지 않는 수업에 비해 더 효과적이다.
- 체계적이고 명시적인 발음중심 수업은 유치원과 초등학교 1학년 학생들의 단어 인식, 철자법, 독해 능력을 크게 향상시킨다.
- 체계적이고 명시적인 발음중심 수업은 유치원이나 초등 1학년 때 시작될 때 가장 효과적이다. 어린 학생들에게 이 수업이 효과적이려면 글자와 음소 인식 등과 같은 기본적인 지식부터 시작해야 한다.
- 체계적인 발음중심 수업은 아이들로 하여금 음성에 대한 지식을 단어를 읽고 쓰는 데 활용하도록 하는 것을 포함한다.
- 체계적이고 명시적인 발음중심 수업은 읽기 학습에 어려움을 겪고 있거나 향후 읽기 문제를 가질 소지가 있는 학생들에게 특히 도움이 된다.
- 체계적인 발음중심 수업은 그렇지 않은 수업보다 사회경제적 배경 여하에 관계없이 모든 아이들이 읽기에서 크게 향상될 수 있도록 해 준다.
- 체계적인 발음중심 수업은 개인지도, 소집단 수업 그리고 학급전체 대상 지도 등을 통해 제공되었을 때 효과적이다.

약 2년 동안의 체계적이고 명시적인 발음 중심 수업이면 대다수 학생들에게 충분하다.

[그림 6-1] 초기 단계 발음중심 수업에 관한 과학적인 근거를 가진 결론들

Adapted from the NRP Report of the Subgroups, Chapter 2, Part 2, "Phonics Instruction," pp. 93-96.

거의 '교수법의 시작'에까지 올라간다(Bower, 1992, p. 138).

마침내 읽기위원회(NRP) 보고서가 이 논쟁의 성격을 바꾸어 놓았다. NRP 보고서에서는 수많은 기존 연구를 검토한 결과 음성을 체계적이고 명시적으로 가르치는 것이 체계적이지 않거나 발음중심 수업을 제공하지 않는 프로그램보다 아이들의 읽기 능력 성장에 더 크게 기여한다는 확실한 근거를 얻을 수 있었다고 결론을 내렸다. 또한 체계적인 발음중심 수업은 사회경제적 지위가 낮은 배경을 지닌 학생들에게도 성공적이었다는 증거가 있었다(2000). 읽기위원회의 발음에 관한 발견사항 요약을 보기 바란다.

읽기위원회(2000)는 종합적인 발음 프로그램들이 특히 읽기 장애가 있거나 그럴 위험이 있는 어린아이들에게 효과가 있다고 결론을 내렸다. 종합적 프로그램과 분석적 프로그램의 비교 결과에 관한 위원회의 결론은 다음과 같다.

> 학습장애가 있거나 저성취 아이에게 있어서는 종합적인 발음중심 수업과 결합된 체계적인 발음중심 수업이 가장 큰 성취를 보였다. 종합적인 발음중심 수업은 학생들에게 글자를 음소로 전환하는 것과 그 이후 단어를 형성하기 위해 음소를 혼합하는 것을 명시적으로 가르치는 것으로 구성된다.
>
> 더욱이 체계적이고 종합적인 발음중심 수업은 낮은 사회경제적 배경을 가진 아이들의 읽기 기술 향상에 더욱 크게 효과적이었다. 전 학년에 걸쳐 체계적이고 종합적인 발음중심 수업은 잘 읽는 학생들의 철자 능력 역시 향상시켰다(p. 5).

발음중심 수업을 읽기 프로그램에 어떻게 반영할 것인가

발음은 초기 읽기 단계(유치원과 1학년 중반) 전체와 초등 1학년과 초등 저학년 중반(1학년 중반부터 2학년까지) 단계에서 필수적인 부분이다.

초기 읽기 단계 동안에 학생들은 단일 글자에 대해 글자-소리 대응과 단순 규칙 단어를 읽는 전략을 학습한다. 일단 학생들이 쉽게 단어를 읽게 되면 단어 내의 각 글자 소리를 하나하나 소리 내서 단어를 읽는 것에서 보고 즉시 읽는 것으로 점진적으로 전환할 수 있다. 단어 읽기 초기 연습 시에는 연속음으로 시작되는 규칙 VC와 CVC 단어를 사용한다. 오직 학생들이 쉬운 유형의 단어를 완전하게 읽었을 때만 좀 더 어려운 유형의 글자를 소개한다. 하나 또는 그 이상의 글자들이 대표음을 내지 않는 불규칙 단어의 경우 이상적으로는 학생들이 규칙 단어를 읽는 법을 숙달하기 전까지는 소개하지 않는다.

초기 읽기 단계는 학생들이 학교에 올 때 이미 습득한 식자 및 언어 기술에 따라 첫 3개월 정도 소요될 수 있다. 글자-소리 대응을 잘 알거나 음소 인식 관련 경험을 하고 입학하는 학생들의 경우 이 단계를 아주 빨리 마칠 것이다. 반면, 식자 관련 준비 정도가 매우 낮은 학생들의 경우에는 초기 단계를 마치는 데 6개월에서 1년 정도의 시간을 필요로 할 것이다. 어떤 프로그램은 유치원 단계에서부터 발음 기술을 가르치기 시작하는가 하면 다른 프로그램은 단어 읽기 기술을 1학년부터 시작한다. 우리는 유치원 때부터 발음중심 수업을 할 것을 권고한다.

유치원 때부터 발음중심 수업을 하라고 권고하는 이유는 학생들이 1학년 말까지 해당 학년 수준에 맞게 문단을 능숙하게 읽는 것이 중요하기 때문이다. 1학년 말에 해당 학년 수준에 맞게 능숙하게 글을 읽을 수 있는 학생은 이후 학년에서도 성공적으로 읽기를 잘할 가능성이 높기 때문이다. 유치원에서 발음중심 수업을 시작함으로써 1학년 목표에 도달하기까지 더 많은 수업시간을 확보할 수 있다. 유치원 학생들이 초등학생보다 경험이 부족하기 때문에 수업은 매우 신중하게 계획하고 제시해야 한다.

초등 저학년 단계 동안에는 수업의 초점이 글자 집단별 글자-소리 대응을 가르치는 것으로 옮겨간다. 첫 번째 글자 조합은 학생들이 약 20개의 단일 글자의 가장 흔한 소리를 알고 1분에 약 20단어 속도로 규칙 단어로 구성된 문단을 읽을 수 있을 때 소개한다. 이러한 속도는 학생들이 더 이상 힘들게 단어를 소리 내지 않고 하나의 단위로 단어를 인식하기 시작했음을 나타내는 것으로, 이는 글자 조합을 포함하고 있는 단어 읽기를 더욱 쉽게 해 준다. –ed, –er, –ing, –y 등과 같은 흔히 나타나는 접사들도 이때쯤 소개될 수 있다.

VCe 패턴 단어를 읽는 전략은 학생들이 6~8개의 글자 조합을 확인할 수 있도록 수업 받고 이러한 조합이 들어 있는 단어를 읽을 수 있을 때 소개해야 한다. 글자 조합이 들어 있는 단어를 읽음으로써 학생들은 글자의 단위를 보는 연습을 할 수 있다. 이러한 기술은 학생들로 하여금 첫 모음 소리가 단어 끝에 오는 e 철자에 의해 결정되는 VCe 단어를 읽도록 준비시켜 준다.

이후 네 개의 장에 걸쳐 발음중심 수업의 구성요소에 대한 특별한 제안을 제시한다. 첫 두 장은 글자–소리 대응을 다룬다. 그 다음 두 장은 글자–소리 대응 지식을 단일 단어나 문단 속의 단어 읽기에 적용하는 것을 다룬다.

제7장

글자-소리 대응: 초기 읽기 단계

이 장에서는 읽기에 어려움을 겪고 있거나 그럴 위험이 있는 아이들이 읽기 수업 첫 몇 달 동안 글자-소리 대응을 성공적으로 학습할 수 있도록 구안한 절차를 제시한다. 이 절차는 모든 학생들에게 중요하지만 특히 현재 학습에 어려움을 겪고 있거나 그럴 위험이 있는 학생들에게 중요한 수업 설계 원리들을 구현한 것이다.

계열화

글자-소리 대응을 소개하기 위한 순서를 결정하는 데 있어서 네 가지 지침을 사용할 수 있다.

1. 시각적으로나 청각적으로 유사한 글자는 분리한다.
2. 좀 더 유용한 글자를 먼저 제시한다.

3. 소문자를 먼저 제시한다.
4. 새로운 글자일 경우 처음에는 오직 한 가지 소리만 소개한다.

시각적으로나 청각적으로 유사한 글자 분리

두 글자가 비슷할수록 학생들이 이 두 글자를 혼동할 가능성은 크다. 비슷한 글자를 분리하여 소개하면 이들 두 글자를 혼동할 가능성을 줄일 수 있다. 두 글자나 소리 간에 유사성이 크면 클수록 분리해야 할 글자의 수도 많아진다. 혼동 가능성에 영향을 주는 요소가 두 가지 있다. 청각적 유사성(두 글자의 가장 흔한 소리가 얼마나 서로 유사한가)과 시각적 유사성(두 글자의 모양이 얼마나 유사한가)이 그것이다. /f/와 /v/, /t/와 /d/, /b/와 /d/, /b/와 /p/, /k/와 /g/, /m/과 /n/, /i/와 /e/, /o/와 /u/ 등의 소리들은 청각적으로 유사하다. b와 d, b와 p, q와 p, n과 m, h와 n, u와 w, n과 r 등의 글자들은 시각적으로 유사하다.

유사한 소리들은 적어도 세 개의 서로 다른 소리를 소개함으로써 분리시켜야 한다. 예를 들어, /t/소리를 40차시에서 다룬다면, 소리가 비슷한 /d/를 소개하기 전에 /r/, /l/, /m/ 등을 같이 소개해야 할 것이다. 학생들은 (b, d), (m, n), (b, p) 등과 같이 청각적으로나 시각적으로 모두 유사한 단어 쌍을 학습할 때 가장 큰 어려움을 겪는다. 이들 글자들은(e와 i의 경우에도) 최소 6개의 다른 글자를 사이에 넣어 분리시켜야 할 것이다.

좀 더 유용한 글자를 먼저 제시

좀 더 유용한 글자란 단어들 속에서 좀 더 자주 나타나는 글자들을 말한다. 그러한 글자를 일찍 학습함으로써 학생들은 덜 유용한 글자를 학습할 때보다 더 많은 단어를 읽을 수 있다. 예를 들어, s, a, t, i 등의 소리를 아는 것이 j, q, z, x 소리를 아는 것보다 더 많은 단어를 읽을 수 있게 해 준다.

소문자를 먼저 제시

읽기 자료에 나타나는 단어들은 대문자보다는 대개 소문자로 제시되기 때문에 소문자를 대문자보다 먼저 소개해야 한다. 모든 소문자를 아는 학생이라면 다음 문장 속의 모든 단어를 읽을 수 있을 것이다. "Sam had on his best hat(Sam은 그가 가진 모자 중 가장 좋은 것을 쓰고 있었다)." 대문자만을 아는 학생은 이들 단어 중 어느 것도 읽을 수 없을 것이다. 소문자를 먼저 제시하라는 지침의 예외는 소문자와 대문자가 크기만 빼고는 모두 같을 때다(예: sS, cC). 이들 글자들의 대문자와 소문자는 동시에 소개될 수 있다. 〈표 7-1〉에는 시각적 유사성에 따라 대소문자를 분류해 놓은 것이다. 이러한 지침은 글자 관련 지식이 별로 없이 학교에 들어온 아이들을 다루는 경우 중요하다.

〈표 7-1〉 시각적 유사성에 따라 분류한 대문자와 소문자

다름	동일함	약간 유사함
aA eE qQ bB	cC kK oO pP sS	fF mM jJ nN
rR dD gG hH	uU vV wW xX zZ	tT yY lL iI

한 글자에 한 소리만 소개

글자를 처음에 소개할 때에는 오직 하나의 소리만 소개한다. 어떤 글자들은 하나 이상의 소리를 갖고 있다. 예를 들어, c 글자는 보통 cat에서처럼 /k/로 소리 나기도 하고 face에서처럼 /s/로 소리나기도 한다. 글자를 소개하는 순서는 해당 글자의 가장 흔한 소리를 먼저 제시하는 것이다.

앞 장에서 제시한 〈표 6-1〉은 26개 글자의 가장 흔한 소리를 나타낸 것이다. 이 표에서 글자들은 연속음과 단절음으로 분류되어 있다. 모음의 경우 단음을 가장 흔한 소리로 분류했음에 주목하기 바란다.

일부 읽기 프로그램에서는 단음(met의 /e/소리)보다는 장음(me의 /e/소리)을 대표음으로 먼저 소개하는 경우도 있을 것이다. 이 경우에도 나중에 e의 단음을 소개하고 글자-소리 대응 관련 전반적인 지침을 준수하기만 하면 전혀 문제될 것이 없다.

계열화 예 〈표 7-2〉는 글자를 소개하는 한 가지 가능한 순서를 나타낸 것이다. 이것이 유일한 혹은 가장 최선의 순서는 물론 아니다. 여기에서 설명했던 글자 제시 순서 관련 지침을 적용한 순서의 한 가지 예일 뿐이다. 〈표 7-2〉에서 다음 사항들을 주목하기 바란다.

1. 시각적으로나 청각적으로 유사한 글자들—e, i; b, d; m, n; b, p—은 각각 13, 7, 13, 6개 글자들로 분리되어 있다. 이 밖에 혼동을 줄 수 있는 다른 글자 조합들(d, t; f, v; h, n; k, g; v, w; n, r)도 분류되었다.
2. 소문자와 모양이 동일하지 않은 대문자는 대부분의 소문자를 가르친 후 제시한다. 대문자와 소문자가 동일한 글자는 동시에 가르치기 때문에 이들 글자의 대문자는 표에 제시하지 않았다.
3. 더 많이 사용되는 글자를 그렇지 않은 글자보다 먼저 가르친다. j, y, x, q, z와 같은 소문자는 맨 끝 무렵에 가르친다. 첫 두 글자 a와 m은 가장 많이 사용되는 글자일 뿐 아니라 발음하기 쉽기 때문에 선정되었다. 발음하기 쉬운 글자부터 시작하는 것이 수업상 미숙 학생들의 초기 단어 발음하기 과제를 좀 더 쉽게 해 준다.

〈표 7-2〉 글자를 소개하는 한 가지 가능한 순서

a m t s i f d r o g l h u c b n k v e w j p y T L M F D I N A R E H G B x q z J Q

단어 제시 속도와 연습

새로운 단어를 제시하는 속도는 학생들의 수행 정도에 따라 결정한다. 글자-소리 대응을 잘 알지 못하고 학교에 들어온 학생들을 가르치는 교사는 매 둘째 날이나 셋째 날에 하나의 새로운 소리를 소개하는 것이 적절한 속도(오류를 최소화하면서 새로운 소리를 빨리 소개할 수 있는 정도)라는 것을 알게 될 것이다. 이 속도는 교사가 글자-소리 대응 관련 연습을 매일 제공한다고 가정한 것이다. 매일 충분한 연습 없이는 적절한 속도란 가능하지 않다. 하지만 가르치는 속도는 언제나 학생들의 수행 정도에 따라야만 한다.

처음 다섯 글자를 가르칠 때 학생들이 이전에 배운 각 글자의 소리를 정확하게 내지 못할 경우에는 새로운 글자를 소개하지 않는다. 새로운 글자를 제시하기보다는 학생들이 잘 알지 못하는 글자에 초점을 맞추면서 며칠 동안 이전에 가르쳤던 글자를 복습하도록 한다. 첫 다섯 글자를 소개한 이후 학생이 만약 오직 하나의 글자-소리 대응에만 어려움을 겪을 때 새로운 글자를 소개한다. 하지만 이때 새로운 글자는 현재 학습하고 있는 글자와 비슷해서는 안 된다. 예를 들어, 새로운 모음 e는 학생들이 비록 b와 d 글자에 어려움을 겪고 있다고 해도 소개할 수 있다. 하지만 만약 학생이 이전에 가르쳤던 모음 중 어느 하나에라도 어려움을 겪고 있다면 e 모음은 소개하지 않는다. 왜냐하면 모든 모음은 유사하기 때문이다.

명시적 수업을 통한 글자-소리 대응 가르치기

글자-소리 대응을 가르치는 기본적인 절차는 도입 수업(introductory format)과 변별 수업(discrimination format)으로 구성된다. 도입 수업에서 교사는 새로운 글자를 가리키면서 새로운 소리를 시범 보이고 학생들이 그 새로운 소리를 제대로 말하는지를 검사한다. 변별 수업에서 교사는 이전에 가르쳤던 글자-소리 대응과 함께 새로운 글자-소리 대응에 관한 지식을 검사한다. 도입 수업은 새로운 글자-소리 대응을 다루는 첫 2~3차시 동안 사용한다. 변별 수업은 두번째 글자-소리 대응을 가르치고 나서는 학년 내내 매일 사용한다.

도입 수업 형식

도입 수업에서 교사는 새로운 소리를 시범 보이고 학생들로 하여금 집단으로 그 소리를 말해 보도록 하면서 검사한다. 학생들로 하여금 처음에는 교사의 신호에 따라 합창식으로 반응하도록 한다. 그러고 나서 학생 집단이 정확하게 반응한다는 생각이 들면 개인별로 시켜 본다(〈표 7-3〉 참조).

〈표 7-3〉 글자-소리 대응을 가르치기 위한 도입 수업 형식

교사	학생
1. (칠판에 글자 m을 쓴다.) "이 글자의 밑을 짚으면 여러분들이 그 소리를 말해 보세요. 내가 손을 뗄 때까지 소리를 내세요."	
2. (소리를 시범 보인다. 글자 밑에 손가락을 대고 말한다.) "내 차례예요." (연속음이면 약 2초 동안, 단절음이면 잠깐 동안만 손가락을 글자에 댄다. 손가락을 대고 있는 동안 글자의 소리를 말하고, 그 후 재빨리 손가락을 뗀 다음 즉시 소리를 멈춘다.)	
3. (학생 집단 전체로 하여금 글자의 소리를 스스로 몇 번 말해 보도록 시킴으로써 검사한다. 그런 다음 개인별로 시켜 본다. 개인별로 검사를 하는 이유는 잘못 발음했을 경우 이를 조기에 교정하기 위함이다.)	
a. (글자를 가리키면서 말한다.) "이것은 무슨 소리죠?"	
(신호) (글자 밑을 약 2초간 손을 대고 있는다.)	"mmmmmmm"
b. (소리를 1에서 3초 동안 손으로 짚으면서 이 단계를 몇 번 반복한다.)	
4. 학생들을 개별적으로 검사한다.	

변별 수업 형식

글자-소리 변별 수업에서는 새로운 글자-소리 대응과 이전에 가르친 글자-소리 대응을 복습한다. 학생들은 서로 다른 글자의 소리를 빠르고 정확하게 발음하는 연습을 하게 되는데, 이는 단어를 읽는 데 필수적이다. 새로운 글자-소리 대응은 도입 수업에서 가르친다. 만약 학생들이 소리를 내는 데 어려움을 겪지 않는다면 그 글자를 변별 수업에서 제시할 수 있다.

변별 수업을 준비하기 위해서 새로운 글자를 이전에 가르쳤던 글자와 섞어서 여러 번 반복해서 칠판에 쓴다. 새로운 글자를 여러 번 칠판에 쓰는 이유는 학생들에게 칠판에 쓰는 위치가 아니라 그 글자의 모양에 주목을 하도록 하기 위함이다. 연습을 시킬 때에는 새로운 글자 사이에 이전에 가르쳤던 글자 수를 점차 늘려 가는 방식을 적용한다. 〈표 7-4〉에 제시한 수업 형식은 f 글자에 대해 글자-소리 대응을 가르친 직후 변별 수업 형식을 사용한 예를 나타낸 것이다.

첫 한 달 동안의 읽기 수업 동안에는 글자-소리 변별 연습을 한 번은 수업 초기에 그리고 또 한 번은 수업 후반에 매 차시 2번씩 실시해야 한다. 그 이유는 좀 더 많은 연습 기회를 제공하기 위해서다. 프로그램 후반에 가서 학생들이 단어 읽기를 시작하면, 단어 읽기 자체가 글자-소리 대응을 연습하는 수업이 될 수 있기 때문에 한 차시에 오직 하나의 글자-소리 대응 변별 과제만 필요하다.

도입 수업에서처럼 학생들이 모든 소리를 정확하게 발음할 수 있을 때까지 합창식 집단 반응을 내도록 시킨다. 그런 다음 개별적으로 시켜 본다.

변별 수업에서 교사가 각 글자를 가리킨 다음 학생들에게 그 글자를 읽으라고 신호를 주기 전에 2초 동안 멈추라고 한 것에 주목하는 것이 중요하다. 이 멈춤은 학생들에게 대답할 시간을 준다. 학생들이 12개의 글자-소리 대응을 안 이후에는 그 글자 전부를 2번 제시하는데 한 번은 2초 멈춘 후, 또 한 번은 1초 멈춘 후 읽으라는 신호를 준다.

〈표 7-4〉 글자-소리 대응을 가르치기 위한 변별 수업 형식

교사	학생
(칠판에 새로운 글자와 함께 이전에 가르쳤던 몇 개의 글자를 적는다. 새로 소개하는 모든 글자는 여러 곳에 반복적으로 적은 점에 주목하기 바란다.) i a f m s n f r f o	
1. (수업을 진행한다.) "내가 각 글자의 밑을 짚으면 여러분은 그 글자의 소리를 말합니다. 내가 손을 뗄 때까지 소리를 계속 내세요."	
2. (새로운 소리를 검사한다. 첫 글자를 짚으며 2초 동안 멈춘 다음 "무슨 소리죠?" 라고 묻는다. 그런 다음, 연속음일 경우 각 글자 밑을 2초동안, 그리고 단절음일 경우에는 아주 잠깐만 짚으면서 손가락을 짚었다 떼었다 한다.) (학생의 반응이 있고 난 후 즉시 교정을 하든지 아니면 다음 글자로 옮겨간다.)	학생들은 그 소리를 말한다.
3. (모든 글자를 검사한다. 첫 글자를 짚으며 2초 동안 멈춘 다음 "무슨 소리죠?" 라고 묻는다. 그런 다음, 각 글자 밑을 짚으면서 손가락을 짚었다 떼었다 한다.) (새로운 글자를 가르치는 사이사이에 이전에 배운 글자 수를 점차 늘려가면서 새로운 글자의 유지 능력을 점진적으로 증가시킨다. 예를 들어, 새로운 글자가 f라면 교사는 다음과 같은 순서로 글자들을 가르친다.) f a f r m f s i o f n i r o f	학생들은 그 소리를 말한다.
4. (개인별로 시켜 본다. 매일 해당 수업시간까지 가르쳤던 모든 모음을 몇 명의 학생들을 대상으로 검사해 보아야 한다. 그리고 지난 주 학생들이 어려움을 겪었던 모든 소리에 대해 개별적으로 학생들을 검사해 보아야 한다.)	

중요한 수업 행동들

신호 주기 첫 번째 수업의 초점은 학생들에게 신호에 반응하는 법을 가르치는 것이다. 신호를 따르기 위해서는 교사가 글자의 밑을 짚으면 가능한 빨리 그 소리를 말하고 교사가 손을 떼기 전까지 그 소리를 지속한다. 몇 초 동안 소리를 지속해서 내는 것은 단어를 소리 내어 읽는 데 매우 중요한 선수기술 중 하나다. 학생이 처음 글자를 소리 낼 때 1~2초 동안 지속하도록 한다. 하나의 소리를 내는 동안 학생들은 동시에 다음 글자를 본다. 예를 들어, mad라는 단어에서 m을 소리 내는 동안 학생들은 a의 소리를 어떻게 내야 할 것인가를 미리 알게 된다. 몇 초 동안 소리를 지속할 수 없는 학생들은 단어를 소리 내어 읽는 데 어려움을 겪을 가능성이 있다.

신호 주기는 글자를 짚으면서 학생들에게 그 소리가 무엇인가를 생각할 시간을 주는 것으로 시작한다. 칠판이 아닌 글자의 밑을 가리키면서 자신의 손이나 몸이 학생들의 시야를 해당 소리로부터 가리지 않도록 주의한다. 약 2초 동안 생각할 시간을 준 후 손가락을 글자로부터 떼었다가 다시 그 글자를 짚으며 학생들에게 반응하도록 신호를 준다. 이러한 떼었다 짚었다 하는 동작은 손가락을 칠판에서 날렵하게 떼었다가(3인치 정도) 즉시 다시 칠판을 짚는 방식으로 한다([그림 7-1] 참조). 칠판의 글자 밑을 손가락으로 짚을 때 학생들은 반응한다. 떼었다 짚었다 하는 동작은 매번 동일하게 한다. 조금이라도 망설이거나 일관성이 없게 하면 학생들이 언제 대답해야 할지를 잘 모르기 때문에 이들이 합창식으로 반응하는 데 어려움을 겪게 된다. 교사가 빠르고 확실하게 칠판에서 자신의 손가락을 떼어 낼 때 학생들은 반응을 멈춘다.

단절음(/b/, /c/, /d/, /g/, /h/, /j/, /k/, /p/, /q/, /t/, /x/)에 대해서는 수정된 수업 절차를 사용한다. 이들 소리는 아주 잠시 동안만 발성되기 때문에 칠판의 글자 밑을 아주 잠깐 동안만 짚으며 신호를 준다.

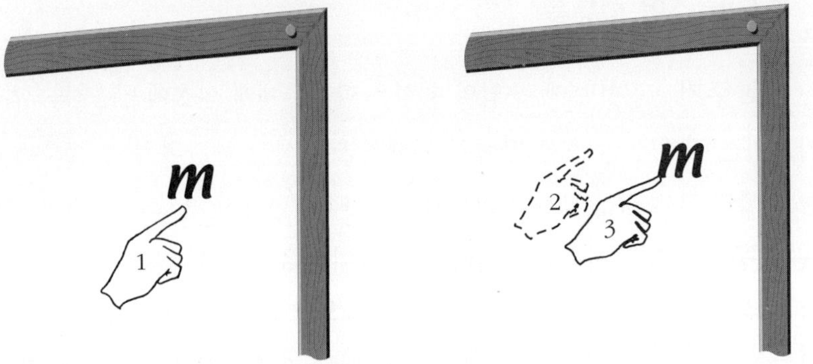

1. 가리키는 신호, 2. 떼는 신호, 3. 글자를 짚는 신호

[그림 7-1] 글자를 가리키고, 떼고, 짚는 신호

시범 보이기 연속 자음 소리는 중간에 멈추지 않고 계속해서 소리를 내야 한다. 글자 m은 "으-음(uummm)"이나 "음-으(mmmmmuuu)"로 소리 내지 말고 "음-(mmmm)"으로 소리 낸다. 단절음은 "어(uh)" 소리를 덧붙이지 말고 소리 내야 한다. 예를 들어, d 소리는 "드어(duh)"로 소리내지 말아야 한다. 모음 소리 역시 정확하게 소리 내야 한다. 어떤 교사들은 모음 소리를 왜곡하는 경향이 있다. 이들 교사들은 왜곡된 소리로 시작하여 정확한 소리로 바꾸거나〔예: i를 "으이(uuiii)"로 소리 내는 것〕 정확한 소리로 시작하여 왜곡된 소리로 바꾼다〔예: i를 "이-에(iiieee)"로 소리 내는 것〕. 소리를 왜곡하지 않도록 주의해야 한다.

진행 속도 신속한 진행은 학생들의 주의를 집중시키는 중요한 방법일 뿐 아니라 학업 수행에도 영향을 미친다. 진행 속도는 학생들로 하여금 주의를 집중하는 데 충분할 정도로 빠르면서도 대답을 회상할 시간이 없어 추측하고 오류를 범하기 시작할 정도로는 빠르지 않도록 해야 한다. 변별 수업에서 글자-소리 대응을 제시할 때 기본적인 진행 속도 규칙은 글자를 가리키는 것과 학생들에게 반응하도록 신호를 주기 전 사이에 '생각할 시간'을 주는 것이다. 일단 학생들이 반응을 하고 난 후에는 신속하게 다음 글자로 이동해야 한다. 이 생각할 시간은 학생들에게 반응할 충분한 시간을 준다. 이전 수업에서 학생들이 소리를 내는 데 어려움을 겪었던 소리일수록 더 길게 생각할 시간을 준다. 하지만 그 글자에 대해 별도의 연습 기회를 제공해서라도 변별 수업의 막판에 가서는 학생들이 단지 2초 동안의 생각할 시간만 갖고서도 제대로 반응할 수 있도록 해야 한다.

어려운 글자일 때 별도의 생각할 시간을 주는 방법은 이렇다. 예를 들어, m, s, d 글자를 가지고 글자-소리 대응을 가르치는데 학생들이 이전 수업에서 d 글자 소리를 내는 데 어려움을 겪었다고 하자. 아래에서 교사가 글자 d에 대해 어떻게 생각할 시간을 주는지 주목하기 바란다.

- m 글자를 가리키고, 2초 동안 멈춘 후, 신호를 준다.
- 학생들이 반응한 직후 s를 가리킨다.
- 2초 동안 멈춘 후 신호를 준다.
- 학생들이 반응한 직후 d 글자를 가리키고 "이것은 어려운 소리였다는 것을 기억하세요."라고 말한다. 그런 다음, 신호를 주기 전에 4초 동안 멈춘다.
- 위 단계들을 반복하되, d 글자를 다시 제시할 때에는 오직 2초 동안만 멈춘다.

진행 속도의 또 하나의 중요한 측면은 학생들이 정확한 반응을 보인 후에는 곧바로 다음 글자로 이동하는 것이다. 앞의 시나리오에서 학생들이 글자 m을 제대로 읽은 직후 교사가 다음 글자 s로 이동한 다음, 학생들에게 생각할 시간을 주었음에 주목하기 바란다. 학생들이 반응을 보인 후 빠르게 다음 과제로 이동하는 것은 주의를 집중시키는 데 매우 큰 도움이 된다.

숙달시키기 글자-소리 대응 관련 수업 형식의 목표는 학생들이 해당 글자와 관련된 소리를 제대로 발성할 수 있도록 하는 데 있을 뿐만 아니라 그러한 반응을 아주 쉽게 하도록 하는 데에도 있다.

변별 수업 형식에서 교사가 신호를 주기 전에 2초의 생각할 시간을 주도록 권고한 바 있다. 수업을 따라오기가 어려운 학생들을 가르치는 교사들은 이들 학생들이 2초 동안의 생각할 시간만으로 반응을 하도록 하려면 더 많은 양의 연습이 필요하다는 것을 알게 될 것이다. 학생들이 너무 크게 좌절하지 않도록 하기 위해서는 대답할 신호를 주기 전에 3초 동안의 생각할 시간을 주는 것으로 시작할 수 있다. 학생들이 3초 이내에 모든 글자를 정확하게 발음할 수 있을 때 "아주 잘했어요. 이번에는 좀 더 빨리 대답해 보세요."라고 말하면서 좀 더 어려운 과제를 제시할 수 있다.

학년이 높아짐에 따라 생각할 시간을 점진적으로 줄여야 한다. 그래서 읽기 수업의 첫 단계 마지막쯤에는 각 글자에 대해 1초 이내로 정확하게 대답할 수 있도록 한다.

별도의 연습이 필요한 경우에는 2~3분 동안의 연습 시간을 하루에 여러 차례 줄 수 있다.

점검하기 집단이 반응할 동안에는 그들의 입과 눈을 관찰하면서 학생들의 수행을 점검한다. 반응할 때마다 모든 학생들을 관찰할 수 없기 때문에 한 번에 몇 명씩만 관찰한다. 한 번에 한두 명씩 집중적으로 보면서 집단 내 학생들을 두루두루 살핀다. 학생들의 눈과 입을 관찰한다. 만약 눈이 글자에 향하지 않고 있다면, 그 학생은 주의를 집중하지 않고 있는 것이다. 입을 관찰하면 그 학생이 제대로 반응하고 있는지 여부를 아는 데 도움을 받을 수 있다. 소리를 내기 위해서는 입과 혀가 특정 위치에 있어야 한다. 예를 들어, /l/소리를 낼 경우 입은 열린 채 혀의 앞 끝이 입의 윗 천장에 닿아 있어야 한다. 만약 입이나 혀가 이 위치에 있지 않으면 이 소리를 정확하게 발음하고 있지 않은 것이다. 일부 소리—(c, g), (d, t), (f, v), (p, b), (s, z)와 모든 짧은 모음 소리—의 경우에는 입을 보는 것만으로는 충분하지 않다. 왜냐하면, 하나 이상의 소리에서 입술과 혀의 위치가 비슷하기 때문이다. 따라서 교사는 이들 소리를 아주 주의 깊게 들어야 한다.

기본적으로 모든 학생들이 소리를 정확하게 발음한다는 느낌이 들 때까지 집단적으로 연습을 시킨다. 때로는 학생 집단의 반응을 주의 깊게 듣고 관찰하여도 이들이 제대로 발음을 하는지 분간하기 어려운 경우가 있다. 이때에는 개별적으로 시켜 봄으로써 제대로 반응하는지를 좀 더 확실히 알 수 있을 것이다.

도입 수업 형식에서 교사는 모든 학생들이 새로운 소리를 제대로 낼 수 있도록 하기 위해 개별적으로 시켜 본다. 잘못 발음한 경우를 빨리 찾아낼수록 그 오류를 교정하기가 더 쉬울 것이다. 변별 수업 형식에서는 하루에 몇 명의 학생들을 대상으로 새로운 모든 소리와 그 시간 이전까지 가르쳤던 모든 모음, 그리고 이전에 어려움을 겪었던 모든 자음을 개별적으로 시켜 본다.

모든 글자 소리를 2초 이내에 제대로 발음할 수 있는지를 확인하기 위해서 1주 혹은 2주 간격으로 그때까지 제시했던 모든 글자에 대해 모든 학생들을 검사해 봐야 한다. 이 검사는 전체 집단을 대상으로 한 수업 시간 동안에는 제시하지 않되, 검사과정에서는 학생들이 자신의 속도에 따라 응답할 수 있도록 한다. 학생이 제대로 소리를 낼 수 없는 글자뿐만 아니라 제대로 소리를 내긴 하지만 2초 이상이 소요된 글자도 기록한다. 이러한 글자-소리 대응에 대해서는 더 많은 연습이 필요하다. 전체 집단을 대상으로 한 수업시간에 더 많은 오류를 범한 학생들은 모두 개별적으로 검사를 해야 할 것이다.

오류 교정 글자-소리 대응과 관련된 오류에는 혼동의 오류(다른 글자의 소리를 말하는 경우), 발음 오류(왜곡된 형태로 발음하는 경우) 그리고 신호 오류(신호가 주어졌음에도 반응하지 않는 경우) 등 세 가지 유형이 있다. 이들 오류들에 대한 기본적인 교정 절차는 다음과 같은 네 단계를 포함한다.

1. 정답을 시범 보인다.
2. 필요하다면 안내를 제공한다.
3. 오류를 범한 글자에 대해 검사한 다음, 그 글자와 다른 글자를 번갈아 가며 다룬다.
4. 수업 후반부에 가서 오류를 범한 학생들을 개별적으로 다시 검사한다.

■ **혼동 오류**: 혼동 오류는 예컨대, m 글자 소리를 n 글자 소리로 발음하는 경우다. 교정 절차는 다음과 같다.

1. 정확한 소리를 시범 보인다. "잘 들으세요. Mmm."
2. 그 소리에 오류를 범한 학생을 검사한 다음, 그 글자와 이전에 제대로 반응을 보였던 글자를 번갈아 가며 다룬다. 혼동한 글자는 굳히기 단계에서 제시하지 않는다. 즉, 학생이 m 글자를 n으로 읽었다면 굳히기 단계에서는 n 글자를 제시하지 않는다. 점진적으로 복습할 글자 수를 늘려 간다. 오류를 범한 글자를 발음하기 앞서 적어도 이전에 배웠던 세 개 이상의 글자를 제대로 소리 낼 수 있을 때까지 오류를 범한 글자와 그 이전에 제대로 발음했던 글자를 섞어서 제시한다. 그 예를 들면 이렇다. 먼저 m을 검사한 다음, a, m, s, i, m, r, f, g, m 등의 순서로 글자들을 번갈아 가며 제시한다.
3. 수업 후반부에 가서 m 글자에 대해 오류를 범했던 학생을 다시 검사한다. 이때에는 m을 가리키면서 "무슨 소리죠?"라고 묻는다. 만약 학생이 틀리게 대답하면 단계 1과 2를 반복해야 한다.

오류를 빨리 발견할수록 이를 교정하기 쉽다는 점을 명심해야 한다. 특정 글사를 몇 년 동안에 걸쳐 혼동했던 고학년 학생들을 교정하기가 저학년 학생을 교정하기보다 시간이 훨씬 더 많이 걸린다.

만약 어떤 학생이 특정 글자 둘(예: b와 d)을 지속적으로 혼동한다면 그 글자 중 하나를 제외하고 나머지 하나를 우선 집중적으로 연습시킨다. 해당 학생이 3일 연속하여 그 글자를 제대로 발음하면 나머지 한 글자를 소개한다.

- **발음 오류**: 발음 오류도 혼동 오류만큼이나 심각한 것이고, 모음 소리일 경우에는 특히 그러하다. 어떤 소리를 더 많이 왜곡할수록 나중에 이 소리를 비슷한 소리와 구별하는 것이 더욱 힘들어질 것이다. 예를 들어, /i/ 소리를 왜곡하여 /e/ 소리와 매우 유사하게 발음하면 이 학생은 /e/ 소리가 소개될 때 매우 어려워할 것이며 lid를 "led"라고 읽으면서 i 소리와 e 소리를 혼동하게 될 것이다.

잘못된 발음을 교정하는 절차는 혼동 오류를 교정하는 절차와 비슷하다. 학생이 잘못 발음했을 경우 다음과 같이 교정한다.

1. 정확한 반응을 보이면서 시범을 보인다. "잘 들으세요. Mmmmm."
2. 오류를 범한 학생의 입술과 혀가 제 위치에 있는지를 관찰하면서 학생과 같이 정답을 말하면서 이들을 안내한다. 위치가 틀리면 "내가 소리 낼 때 내 입을 잘 보세요."라고 말하면서 다시 시범을 보인다. 정답을 말하면서 교사 자신의 입에 주목하도록 하며 학생의 눈을 주시한다. 그런 다음, 학생의 입을 보면서 자신과 같이 정답을 말해 보도록 안내한다. 안내는 학생이 소리를 잘못 냈을 때 가장 많이 사용한다. "잘 들으세요. Mmmm. 자, 말해 보세요." "Mmmm." (학생과 같이 반응한다.) "다시 잘 들으세요. Mmmm. 말해 보세요." "Mmmm." (학생과 같이 반응한다. 학생이 연속해서 두 번 제대로 반응할 때까지 같이 반응한다.)

발음 오류와 혼동 오류 교정 절차의 가장 큰 차이는 안내 단계에 있다. 안내 단계에서 교사는 소리를 말한 다음, 학생으로 하여금 자신과 같이 소리를 말해 보게 한다. 교사는 자신이 정답을 말할 때 학생으로 하여금 자신의 입을 주시하도록 한다. 이렇게 함으로써 학생이 입술과 혀를 제 위치에 놓도록 하는 데 도움을 줄 수 있다. 학생이 제대로 반응하기까지 5~15번의 반복이 필요할 수 있다. 앞의 오류 교정 시나리오에서도 강조한 바와 같이 학생이 스스로 반응을 하기 전에 소리 시범을 보이고 자신과 같이 반응을 보이도록 한다.

안내 단계에서 목표를 적당하게 설정해야 한다. 만약 말을 하는 데 전혀 문제가 없다면 목표는 당연히 해당 소리를 정확하게 내는 것이다. 만약 학생이 입술이나 기타 구어 문제를 갖고 있다면 적당한 정도의 근접 소리를 목표로 설정한다. 학생이 연속해서 두 번 제대로 반응을 보일 때까지 안내를 지속한다. 종종 처음에 어려움을 보였던 학생이 첫 번째에는 제대로 반응을 했다가 두 번째에는 틀리게 반응을 하는 경우가 있다. 두 번까지 연속해서 제대로 반응할 수 있도록 별도의 연습 기회를 제공함으로써 여러 날에 걸쳐 지속적으로 학생 능력을 향상시킬 수 있다. 첫날에는 제대로 반응을 보이게 되기까지 15번의 반복 연습을 필요로 할 수 있다. 하지만 그 다음날에는 10번, 또 그 다음날에는 이보다 적은 수의 반복 연습만 하면 될 것이다. 학생이 제대로 소리를 낼 수 있도록 연습을 제공하는 것은 쉽지 않다. 매 시간 교사는 어떤 반응을 목표로 해야 하는지를 결정해야 한다. 적절하지 않은 목표를 설정하지 않도록 조심한다. 수업의 목적은 학생이 정확하게 반응하도록 하는 데 있을 뿐만 아니라 자기는 잘한다는 인식을 하게 만드는 데에도 있다. 수업 도중 학생들을 아주 많이 격려해 주어야 한다. 학생들이 몇 번 시도한 다음에는 꼭 그들의 노력에 대해 다음과 같이 칭찬해 주고 격려해 준다. "여러분들 아주 열심히 했어요. 이 소리는 발음하기 어려운 것이었어요." 마침내 학생들이 두 번 연속해서 정확하게 발음하면 아주 흥분하여 아낌없이 칭찬해 준다. "아주 훌륭했어요! 잘했어요. 여러분이 해낼 것이라는 것을 알았어요. 포기하지 않고 열심히 해서 마침내 잘 해냈어요. 아주 아주 잘했어요!"

발음이 잘 안 되는 학생한테는 별도의 소리 흉내 내기 연습을 제공해 주어야 한다. 교사의 소리를 모방하는 별도의 연습을 매일 제공할 수 있다. 연습 시에는 교사가 먼저 소리를 몇 초 동안 지속해서 내고, 이어서 학생으로 하여금 몇 초 동안 그 소리를 내보게 한다. "내가 먼저 소리를 내볼 테니 나랑 같이 그 소리를 내보도록 해요. 잘 들으세요. aaaaaaaa. 준비." (신호) 모방 연습 시에 사용할 소리는 1주일 또는 음소 인식 혼합과 분리 연습 그리고 글자-소리 대응 연습 전에 먼저 사용한다.

- **신호 오류**: 신호 오류란 학생들이 교사의 신호에 따라 반응을 시작하거나 종결하지 못하는 경우를 말한다. 교정 절차는 신호를 따른 학생을 칭찬하고, 시범 보이며, 안내하고, 검사하는 것이다. "이철수, 내가 칠판을 짚을 때 아주 잘 말했어요. 자, 모두 내가 신호를 따라 반응하는 것을 잘 보세요…. 나와 같이 신호를 따라 반응해 봅시다. 무슨 소리죠? … 여러분 스스로 해보세요. 무슨 소리죠?"

어떤 학생들은 각 개별 소리를 가르치는 첫 며칠 동안에 신호 오류 교정을 많이 필요로 할 수 있다. 수업 첫 며칠 동안 신호 따르는 것을 좀 더 쉽게 배우게 하기 위해서 신호의 각 부분을 과장해서 표현할 수 있다. 글자를 가리킨 후에 손가락을 칠판에서 3인치(약 7.5센티미터-역자 주)를 떼는 대신 6인치(약 15센티미터-역자 주)를 떼어 손가락 떼는 동작을 과장할 수 있다. 또한 학생들이 반응해야 할 때를 칠판을 "탕" 하고 두드림으로써 강조할 수 있다. 신호의 끝을 강조하기 위해서 빠르게 칠판으로부터 자신의 손을 6인치 정도 뗄 수 있다.

학생들이 신호를 잘 따르게 하기 위해 교사가 사용할 수 있는 두 번째 단서는 소리를 내는 지속시간 간격을 다양화하는 것이다. 매번 학생들이 반응하도록 신호를 줄 때 글자 밑을 짚는 시간의 양을 다양화한다. 예를 들어, 처음에는 글자 밑을 3초 동안 짚다가 나중에는 1초, 또 그후에는 2초 등으로 글자 짚는 시간을 다양화한다. 이렇게 하는 목적은 학생들에게 고정된 시간 간격 동안만 소리를 내는 것이 아니라 교사가 글자를 짚고 있는 한 해당 글자의 소리를 지속적으로 내야 한다는 것을 보여 주기 위함이다.

소리를 가르치는 처음 며칠 동안에는 자신의 신호 따르기를 학습하는 학생들을 아주 넘치게 칭찬해 주어야 한다. 동기화만 잘되면 거의 모든 학생들이 하루나 이틀 안에 교사의 소리 신호 따르는 법을 학습할 수 있다. 게임을 통해서도 신호 따르는 연습을 시킬 수 있다. 예컨대, "여러분을 속여볼게요. 내 손가락을 잘 보고 내가 글자를 짚을 때만 그 글자 소리를 말하는 것은 아주 어려울 것입니다."라고 말하면서 아이들에게 좀 더 어렵게 신호 따르는 연습을 시킬 수 있다. 이러한 게임은 보통 학생들을 잘 동기화시킨다.

첫 주 수업 후에는 신호 오류에 신중하게 반응한다. 만약 학생이 자주 신호 오류를 범하면 개별적으로 검사해 보고 전체 학생 집단의 수업 시간을 너무 많이 빼먹지 않도록 별도의 시간에 연습을 시킨다.

글자 예 선정 도입 수업에서는 하나의 글자만 제시한다. 새로운 글자는 두세 차시에 걸쳐 제시한다. 변별 수업에서는 6~8개의 글자를 제시한다. 첫 주나 둘째 주 동안에는 예들을 선정하기가 쉽다. 이전에 제시했던 모든 소리들을 다시 제시하면 된다. 학생들이 8개 이상의 글자를 안 다음에는 그중 어떤 글자를 포함시킬지 선정해야만 한다. 지금까지 제시했던 모든 글자를 다시 포함시키는 것은 시간 낭비다. 변별 수업을 위해 글자를 선정하는 데에는 다음과 같은 지침을 사용할 수 있다.

1. 일반적인 규칙에 따라 새로운 글자가 도입 수업에 제시된 다음날 변

별 수업에 그 글자를 제시한다.

2. 새로운 글자가 이전에 가르쳤던 글자와 시각적 그리고 청각적으로 유사하면, 도입 수업에서 새로운 글자를 제시할 때에는 이전 변별 수업에서 제시했던 유사한 글자를 포함시키지 않는다. 그 후 유사한 글자를 다음 2주 동안 매일 제시한다.
3. 변별 수업에서 새로운 글자를 제시했으면 약 2주 동안에는 매일 그 글자를 제시해야 한다.
4. 모음을 특별히 더 강조한다. 거의 모든 수업시간에 이전까지 소개했던 모든 모음을 포함시킨다.

〈표 7-5〉는 글자 예의 선정 기준을 매일 수업 작성 시 어떻게 반영할 것인가를 나타낸 것이다. 이 표는 글자 b를 소개할 때 도입 수업과 변별 수업에서 사용할 수 있는 예들을 보여 준다. 제1일, 2일, 3일에는 변별 수업에 b가 도입 수업에서 나왔기 때문에 글자 d가 등장하지 않음에 주목하기 바란다. 제4일에 글자 d를 글자 b와 같이 제시한다. 교사는 이전에 가르쳤던 다른 글자를 복습하는 것 이외에, 글자 b와 d를 변별하는 연습을 제공하는 데 주력한다. 최근에 소개한 자음 c, l, h 이외에 모음들을 다시 별도로 복습하는 것에 주목하기 바란다.

〈표 7-5〉 글자-소리 대응 과제를 위한 4일 동안의 글자 예 선정 순서

수업 일자	1	2	3	4
도입 수업	b	b	b	
변별 수업	cuh log ia	hoi bul cr	bui hat cl	ucb odi tf

상업용 프로그램 이용하기

많은 상업용 읽기 프로그램들은 식자 관련 지식이 거의 없이 초등학교나 유치원에 입학하는 학생들에게는 문제가 될 수 있는 방식으로 글자-소리 대응을 소개한다. 대표적인 문제들로는 다음과 같은 것들이 있다.

- **한 번에 너무 많은 정보 소개하기**: 어떤 프로그램들은 대문자와 소문자를 동시에 소개한다. 또 어떤 프로그램들은 글자 이름과 글자 소리를 동시에 소개한다. 어떤 프로그램은 소리-글자 대응을 소개하면서 대문자, 소문자, 글자 이름을 동시에 소개한다. 어떤 프로그램은 한 글자에 두 개 이상의 소리를 소개한다. 글자와 소리에 대해 많이 알고 학교에 오는 학생들에게는 이미 이들이 교사가 제시한 것들 중 많은 것을 알고 있기 때문에 이것이 별 문제가 되지 않을 수 있다. 하지만 글자와 소리를 전혀 모르는 아이에게 한 번에 너무 많은 정보를 제시하게 되면 그 정보에 압도되어 대체적으로는 혼란을 겪는다.
- **혼동을 줄 수 있는 수업 순서**: 일부 읽기 프로그램들은 소리와 모양의 유사성을 고려하지 않고 글자들을 제시한다. 예를 들어, 어떤 프로그램에서는 글자를 알파벳 순서로 소개했다. 이렇게 하면 b와 d, m과 n, e와 i가 서로 비슷한 시기에 제시된다.
- **너무 빨리 소개하기**: 어떤 읽기 프로그램은 식자 관련 정보를 별로 갖고 있지 않고 학교에 들어온 학생에게는 비현실적일 정도로 글자-소리 대응을 빠르게 제시한다. 한 프로그램에서는 매일 하나의 새로운 글자-소리 대응이 소개되고 있었다.
- **혼동을 줄 수 있는 교사의 수업 방식**: 어떤 읽기 프로그램은 읽기 장애 위험 학생이 이해하지 못할 언어를 사용하거나 소리를 어떻게 발음

하는지 명확하게 시범을 보이지 않는 방식으로 글자-소리 대응을 제시한다. 예를 들어, 어떤 프로그램에서는 학생으로 하여금 특정 글자 소리를 나타내는 그림을 보도록 할 것이다. 하지만 소리와 그림을 동일시하는 것은 학생으로 하여금 왜곡된 소리를 내게 할 가능성이 있다. 예를 들어, r 글자에 해당하는 소리를 나타내는 것으로 수탉(rooster) 그림을 제시했다고 하자. 이럴 경우 학생은 "rrrr" 이라고 r 글자를 읽는 대신 "rrrooo"라고 읽을 가능성도 있다.

- **너무 적은 연습**: 어떤 읽기 프로그램은 글자-소리 대응과 관련하여 그날그날 연습을 제시하지 않는다. 며칠에 걸쳐 글자-소리 대응을 제시하면서도 여러 날 동안 복습을 하지 않고 지나치는 경우도 있다.

문제 해결

가장 해결하기 쉬운 문제는 혼동을 줄 수 있는 교사의 수업 방식과 너무 적은 복습 관련 문제다. 교사는 이 장에서 제시한 수업 형식을 그저 적용하면 되고 매일 제시할 연습 과제들을 만들면 된다. 이러한 연습 과제를 준비하는 데에는 그저 하루에 몇 분의 시간만 있으면 된다.

한번에 너무 많은 정보를 제공하는 문제는 해결하기가 쉽지 않을 수 있다. 글자 이름과 대문자가 소문자와 동시에 소개되고 있다면 교사는 단순하게 글자 소리와 소문자에만 초점을 맞출 수 있다. 하지만 만약 대문자와 글자 이름 사용하기가 다른 연습과 같이 제시된다면 아직 가르치지 않은 정보에 대해 학생들에게 꼭 알려 주어야 할 필요가 있다.

글자-소리 대응을 소개하는 순서가 미흡한 프로그램이 가장 문제가 심각하다. 만약 글자-소리 대응이 혼동을 줄 소지가 있는 방식으로 소개된다면 어떤 글자-소리 대응은 소개를 늦추고 다른 연습활동도 많이 조절하면서 프로그램 전반에 걸쳐서 많은 수정을 해야 할 것이다.

학교 교육과정에 적용하기(유치원에서 초등 1학년만 해당)

현재 주로 사용하고 있는 프로그램에서 글자-소리 대응을 가르치는 방식 평가하기

1. 프로그램에서 제시하고 있는 글자-소리 대응의 순서를 나열해 본다. 각각에 수업 차시나 숫자를 붙인다. 글자별로 가르치고 있는 소리를 기록한다.
2. 하나의 글자-소리 대응을 선택한다. 그 대응이 소개되고 있는 수업 차시를 기록한다. 다음 10차시에 걸쳐 이 글자가 얼마나 자주 제시되고 있는지 기록한다.
3. 학생들은 각 글자에 대해 하나의 소리를 배우는가 아니면 여러 개의 소리를 배우는가?
4. 모음은 단모음, 장모음, 단·장모음 혹은 복모음 순서로 제시되고 있는가?
5. 얼마나 자주 새로운 글자-소리 대응이 제시되고 있는가? 제2일과 제3일에 제시하라는 지침을 따르고 있는가?
6. 글자-소리 대응을 가르치는 절차를 기술하라. 이 절차들이 얼마나 명시적인가? 얼마나 분명한가?
7. 교사가 학생들이 제대로 정확하게 글자를 발음하고 있는지를 알 수 있을 정도로 학생들이 자주 반응하는가?
8. 학생들의 오류에 대해 어떤 교정 절차가 구체적으로 제시되어 있는가?
9. 글자-소리 대응을 매일 연습하도록 하고 있는가?
10. 앞의 질문에 대한 답에 근거해 볼 때 어떤 수정이 필요한가?

요약 글자-소리 대응 가르치기

재료	• 오버헤드, 백보드, 플래시카드 등에 적힌 소리들
해야 할 일	• 새로운 글자-소리 대응을 교사가 시범 보이며 소개한다. "이 소리는 mmm입니다. 무슨 소리라고요?" 연속음은 1.5초에서 2초 동안 지속해서 소리를 내고 단절음은 잠깐 동안만 소리를 낸다. • 새로운 소리를 여러 번에 걸쳐 제시하고 이전에 배운 소리와 함께 변별 연습을 제공한다. 학생들이 모든 소리를 제대로 정확하게 낼 수 있을 때까지 연습을 시킨다. • 몇 명의 학생들을 대상으로 개별적으로 시켜 본다.
오류 교정	• 정확한 소리를 즉시 시범 보인다. 학생이 정답을 추측하지 않도록 한다. • 오류를 범한 소리에 대해 학생을 검사한다. 그런 다음, 수업시간에 제대로 소리를 냈던 소리와 섞어서 연습을 시킨다. 이렇게 섞어서 연습하는 것은 오류를 범했던 소리를 확고히 학습하는 데 매우 효과적이다.
진행 속도와 연습	• 한 번에 하나의 새로운 소리만 가르친다. • 새로운 소리는 항상 제2일이나 제3일에 소개한다. • 글자-소리 대응 연습 시에는 한 번에 6~8개의 소리를 대상으로 한다.
예의 선정	• 대표음으로 시작한다. • 시각적으로나 청각적으로 유사한 소리는 분리하여 가르친다. • 좀 더 유용한 글자를 그렇지 않은 글자보다 먼저 제시한다. • 소문자를 대문자보다 먼저 제시한다. • 새로운 소리와 모음 글자에 대해서는 별도의 연습을 제공한다.

전략적 통합	• 학생들이 새로운 소리를 변별 수업에서 2일 동안 구분할 수 있을 때 그 소리를 단어 읽기 연습에 제시한다.
글자 제시 순서 예	a, m, t, s, i, f, d, r, o, g, l, h, u, c, b, n, k, v, e, w, j, p, y, x, q, z

제8장

글자-소리 대응: 초등 저학년 단계

초기 단계 동안에 발음중심 수업의 초점은 각 글자가 하나의 소리를 나타내는 단어였다. 초등학교 저학년 단계에서의 초점은 글자의 조합에 있다. 이들 조합의 일부는 단어 속에서 제시되기 전에 먼저 따로 가르칠 수 있다.

글자 조합

제6장의 〈표 6-4〉는 이 책의 저자들이 가르칠 것을 제안한 글자 조합을 나타낸 것이다. 만약 특정 글자 조합에 해당하는 소리가 그 글자 조합을 포함하고 있는 단어의 절반 이상에서 발음될 때, 그리고 그 글자 조합이 5개 이상의 좀 더 많이 쓰이는 단어에서 나타날 때에는 그 소리를 가르치도록 저자들은 권고하는 바다.

계열화

읽기 프로그램에서 글자조합을 제시하는 계열화는 두 가지 요소에 따라 결정한다. 첫째 요소는 그 글자 조합이 들어 있는 상용 단어의 수다. 글자 조합 제시 계열화를 계획할 때에는 그 글자 조합을 포함하고 있는 단어가 얼마나 많은가 뿐만 아니라, 그 글자 조합을 포함하고 있는 단어들이 초등학교 저학년 문헌에 얼마나 자주 나타나느냐 하는 점들도 고려한다. 예를 들어, 2글자 1음인 자음 ph는 많은 단어들에서 나타나지만 이들 단어 중 많은 수는 상당히 흔치 않은(그래서 초등학교 저학년 문헌에는 잘 나오지 않을) 단어들이다.

따라서 ph는 그 사용 빈도 때문에 일찍은 제시하지 말아야 한다. 하지만 ol 글자 조합은 비교적 적은 수의 단어에 포함되어 있지만 그들 단어들이 대개 상용 단어들이다(hold, told, cold). 따라서 ol은 비교적 일찍 소개한다.

두 번째 계열화 고려 요소는 글자 조합의 유사성이다. 만약 글자 조합들이 서로 (동일하지는 않지만) 유사한 소리를 낸다면, 적어도 세 개의 다른 글자 조합을 사이에 넣고 분리시킨다. 서로 분리해서 제시해야 할 글자 조합들은 다음과 같다.

1. sh와 ch: 이 자음들을 소리 낼 때에는 입술 모양이 매우 유사하다. 뿐만 아니라, 이들 글자 조합은 소리와 모양(모두 글자 h를 포함하고 있다)도 유사하기 때문에 학생들에게 혼동을 야기할 수 있다.
2. oa, oi, oo, ou: 이들 글자 조합들은 소리가 서로 유사하고, 모두 o로 시작하는 글자 조합들(oa, oi, ol, oo, ou, ow, oy)의 부분이다. 동일한 글자로 시작하면서 동일하지는 않지만 유사한 소리를 갖고 있는 글자 조합들은 학생에게 혼란을 일으킬 수 있다.

3. r 영향 모음: r 영향을 받는 세 개의 모음(arm의 /ar/, fur, bird, her 등의 /er/, sport의 /or/) 소리가 모두 유사하다.

동일한 소리를 내는 글자 조합(ee와 ea, ai와 ay, ir과 ur, oi와 oy, au와 aw)은 분리시킬 필요가 없다. 하지만 유사하지만 동일하지는 않는 소리를 가진 글자 조합들은 분리시킨다.

〈표 8-1〉은 글자 조합을 소개하는 순서의 한 가지 예를 나타낸 것이다. 명심할 것은 여기에서 제시한 순서가 유일한 것은 아니라는 점이다. 이 순서는 단지 어떻게 계열화하는가에 관한 지침을 적용한 하나의 예일 뿐이다.

〈표 8-1〉 글자 조합을 소개하는 순서 예

1. th	10. ea	19. ir
2. er	11. oo	20. ur
3. ing	12. ee	21. kn
4. sh	13. ai	22. oi
5. wh	14. ch	23. oy
6. qu	15. or	24. ph
7. ol	16. ay	25. wr
8. oa	17. igh	26. au
9. ar	18. ou	27. aw

〈표 8-1〉과 같이 글자 조합의 순서를 제안하는 이유는 다음과 같다.

1. th, wh, ol은 일찍 소개한다. 왜냐하면, 이들 글자 조합들은 사용 빈도가 아주 높은 빈출 단어에 들어 있기 때문이다(예: this, that, when, where, sold).
2. −er, −ing는 글자 조합으로서뿐만 아니라 접사로서도 기능을 하기 때문에(예: cutter, cutting) 일찍 소개한다.
3. sh와 ch는 서로 가까운 시기에 소개할 경우 일부 학생들에게 혼동을

줄 수 있기 때문에 9개의 글자 조합을 사이에 두고 분리하여 소개한다.

소개 속도

새로운 글자 조합이 들어 있는 단어를 읽는 것이 단순히 그 글자 조합만 따로 떼어 그 소리를 배우는 것보다 더 어렵다. 글자 조합이 들어 있는 단어를 읽을 때에는 낱글자 단위로 단어를 봐서는 더 이상 그 단어를 읽을 수 없고 하나 혹은 그 이상의 글자 조합의 구성체로 봐야 한다. 예를 들어, sheet라는 단어를 읽기 위해서는 단어 내에서 sh와 eet를 하나의 단위로 봐야 한다. 이렇게 글자 하나씩 읽는 것에서 글자 조합 단위로 읽는 전환을 위해서는 많은 양의 연습이 필요하다. 새로운 글자 조합을 언제 소개할 것인가는 학생들이 개별 글자 조합들의 해당 소리를 얼마나 잘 내느냐보다는 이전에 배운 글자 조합이 들어 있는 단어를 얼마나 잘 읽느냐에 따라 결정한다.

일반적인 규칙은 새로운 글자 조합을 소개하기 전에 학생들이 단어당 2초 안에 95%의 정확성을 가지고 이전에 학습했던 글자 조합이 들어 있는 일련의 단어들을 읽을 수 있어야 한다. 이 규칙에 예외가 있다. 만약 학생들이 두 개의 글자 조합을 혼동하면 (한편으로 혼동을 완화시키면서) 다른 글자 조합을 소개하는 것이 가능하다. 새로 소개하는 글자 조합은 현재 어려움을 겪고 있는 글자 조합과 유사해서는 안 된다. 예를 들어, oo와 ou를 혼동하고 있다면 이들 글자 조합 중 어느 것과도 유사하지 않은 ir를 소개할 수 있다. 하지만 이전에 가르쳤던 글자 조합 중 하나 이상을 어려워한다면 새로운 소리를 소개하기 전에 이들 글자 조합을 보다 확실히 알도록 하는 데 주력한다. 보통 수준의 학생들을 대상으로 한 발달 프로그램에서는 읽기 수업 2년차 후반쯤에는 거의 모든 글자 조합을 소개할 수 있다. 이것은

5~10일마다 새로운 글자 조합을 소개한다는 것을 의미한다.

명시적 수업을 통한 글자 조합 가르치기

글자 조합 소리를 가르치는 수업 형식(〈표 8-2〉 참조)은 개별 글자의 가장 대표적인 소리를 가르치는 수업 형식과 유사하다. 우선, 이전에 가르쳤던 글자 조합 몇 개와 함께 새로운 글자 조합을 칠판에 적는다. 새로운 글자 조합의 소리를 시범 보인 다음, 학생이 그 소리를 제대로 내는지 검사한다. 그런 다음, 새로운 글자 조합 사이에 이전에 배운 글자 조합들을 섞어 같이 제시한다.

〈표 8-2〉 글자 조합소리 가르치기(글자 조합 ea를 소개하기 위한 수업 형식)

교사	학생
칠판에 다음과 같이 쓴다. ea, or, ee, ea, th, sh, ea, ing	
1. 새로운 글자 조합을 소리 내는 시범을 보인 후 학생들에게 이를 발음해 보도록 하여 검사한다. ea를 가리키면서 "이 글자들은 /e/라고 읽습니다. 뭐라고 읽는다고요?" (신호)	"/이-e/"
2. 새로운 글자 조합과 이전의 글자 조합을 번갈아 가며 다룬다. 어느 한 글자 조합을 가리키고, 2초 동안 멈춘 후 "무슨 소리죠?"라고 물으며 손가락 신호를 준다.	가장 흔한 소리로 말한다.
3. 나머지 글자 조합들을 다음과 같은 순서로 번갈아 가며 제시한다. ea, or, ea, ee, th, ea, sh, ing, or, ea.	
4. 몇 명을 개별적으로 불러 하나 혹은 그 이상의 글자 조합을 읽어 보도록 한다.	

중요한 수업 행동들

신호 주기와 수업 진행 속도 앞에서 제시했던 것과 같은 신호 주기 과정과 손가락을 짚었다 떼었다 하는 동작을 반복하는 절차를 사용한다. 글자 조합을 가리키고, 학생들이 그 소리를 생각해 내도록 잠깐 멈춘 다음, 손가락을 떼었다 짚었다 하는 동작으로 신호를 준다. 진행 속도는 글자와 글자 사이에 빠르게 진행한다. 학생이 신호에 대해 정확하게 반응하면 재빨리 다음 글자로 진행하여, 소리를 기억해 낼 시간을 잠시 준 다음 신호를 준다.

오류 교정 만약 학생이 글자 조합을 제대로 소리 내지 못하거나 늦게 반응을 하면 정답을 이야기해 주고 그 정답을 말하게 한 다음, 오류를 범한 글자 조합과 제대로 반응을 보였던 글자 조합을 번갈아 가며 제시하여 연습하게 한다. 다음 차시에는 오류를 범했던 글자 조합에 대해 별도의 연습시간을 더 주어야 한다.

글자 예의 선정 수업 형식에는 6~8개의 글자 조합을 포함시킨다. 다음은 글자 예를 선정하기 위한 지침이다.

1. 처음 시도하여 세 차시 동안 연속하여 정답을 보일 때까지 최근에 소개한 글자 조합을 매일 복습시킨다.
2. 새로운 글자 조합을 소개하는 첫날에는 이전에 가르쳤던 비슷한 글자 조합을 제외한다. 새로운 글자 조합을 소개한 후 둘째 날에는 이전에 가르쳤던 이것과 유사한 모든 글자 조합을 포함시킨다. 예를 들어, ch를 소개한 후 둘째 날에는 소리가 유사하기 때문에 sh 조합을 포함시켜야 한다. 이와 유사하게 or을 소개한 후 둘째 날에는 ar 글자 조합을 포함시켜야 한다. 하지만 이전에 가르치지 않았다면 유사한 글자 조합은 포함시키지 말기 바란다.

기존 교재에의 적용

사용하고 있는 읽기 프로그램에서의 글자 조합 수업의 평가

1. 프로그램에서 소개 되고 있는 순서대로 글자 조합을 나열한다. 각각의 글자 조합에 수업 일자나 번호를 기록한다. 각 글자에 대해 가르쳤던 소리를 확인한다.
2. 하나의 글자 조합을 선정한다. 이 글자 조합이 소개되는 수업을 확인한다. 이후 10차시 동안 이 글자 조합이 얼마나 자주 등장하는지 확인한다.
3. 각 글자 조합에 대해 하나의 소리만 제시하는가 아니면 여러 가지 소리를 제시하는가? 제시 순서에는 문제가 없는가?
4. 얼마나 자주 새로운 글자를 소개하고 있는가? 제시 속도에는 문제가 없는가?
5. 글자 조합을 소개하는 수업 절차를 기술해 본다. 이 제시 방식은 얼마나 명시적이고 명료한가?
6. 교사가 학생들이 제대로 글자 조합을 소리내는지를 파악할 수 있을 정도로 학생들이 자주 반응하는가?
7. 학생의 오류에 대해 어떤 교정 절차가 구체적으로 제시되고 있는가?
8. 글자 조합과 그에 대응하는 소리를 매일 연습하고 있는가?
9. 위의 질문들에 대한 답에 근거해 볼 때 어떤 수정이 필요한가?

요약 상용 글자 조합 가르치기

재료	• 백보드, 오버헤드 혹은 플래시카드 등에 새로운 글자 조합과 5개에서 7개의 복습용 글자 조합을 적는다(ea, or, ee, ea, th, sh, ol, ea).
해야 할 일	• 새로운 글자 조합의 소리를 시범 보이고 학생으로 하여금 소리를 내보게 한다. 예를 들면, 글자 조합 ea를 가리키면서 "이 글자들은 대개 /이-e/로 소리 냅니다. 무슨 소리라고요?" • 새로운 글자 조합과 이전에 가르친 글자 조합을 바꿔 가면서 "무슨 소리죠?"라고 묻는다. • 몇 명의 학생들을 대상으로 개별적으로 시켜 본다.
오류 교정	• 학생들에게 정답을 이야기해 주고 학생들로 하여금 따라하게 한다. "이 글자는 '쉬-sh'라고 합니다. 무슨 소리라고요?" • 이전에 학생들이 제대로 반응을 했던 글자 조합을 복습한 다음, 다시 오류를 범했던 글자 조합을 복습한다. 이렇게 이전 것과 새로운 것을 번갈아 가며 연습시킨다.
진행 속도와 연습	• 하나의 새로운 글자 조합은 5일에서 10일 정도 매일 제시한다. • 단어 읽기와 문단 읽기 들어가기 전에 한 번에 6~8개의 글자 조합을 2~3분 동안 제시한다.
글자 예 선정	• 초등학교 저학년 기간 동안에는 빈출 글자 조합으로 시작한다. (ol, th, sh, etc.) • 소리가 유사한 글자 조합은 분리하여 제시한다. (sh, ch / oa, oi, oo, ou / ar, or, ir) • 동일한 소리가 나는 글자 조합은 분리할 필요가 없다. (ai, ay / ir, er, ur)
전략적 통합	• 2일 동안 새로운 글자 조합의 소리를 정확하게 낼 수

	있으면 그 소리 조합을 단어 읽기 연습에 포함시킬 수 있다.
글자 제시 순서 예	• th, er, ing, sh, wh, qu, ol, oa, ar, ea, oo, ee, ai, ch, or, ay, igh, ou, ir, ur, kn, oi, oy, ph, wr, au, aw.

제**9**장

단어 읽기: 초기 읽기 단계

이 장에서는 단어 읽기 초기 단계에서 (a) 규칙 단어 읽기 가르치기, (b) 천천히 글자별 소리 내기에서 단어 통째 읽기로 전환하기, (c) 불규칙 단어 소개하기 등에 대해 다룬다.

이 장에서 제시하는 절차는 유치원과 초등학교 저학년의 읽기 부진 및 부진 위험 학생뿐만 아니라 잘 읽지 못하는 고학년 학생을 가르치는 교사들에게도 매우 유용할 것이다. 많은 상업용 읽기 프로그램들은 초기 단계에서 규칙 단어를 어떻게 읽는지 명시적으로 가르치지 않는다. 왜냐하면, 이들 프로그램들에서는 학생들이 발음 전략을 조금만 가르쳐도 터득할 수 있을 것이라고 가정하기 때문이다. 실제로는 읽기 부진 및 부진 위험 학생들이 단어를 구두로 소리 내는 것에서 시작하여 소리 내지 않고도 단어를 인식할 수 있는 단계로 점진적으로 전환해 가기 위해서는 아주 명시적이고 체계적인 수업을 필요로 한다. 이 장이 읽기 부진 및 부진 위험 학생들이 읽기에서 더 많은 성공 경험을 갖기 위한 첫걸음을 내딛게 하는 데 유용한 정보를 교사에게 제공해 줄 수 있기를 바란다.

명시적 수업을 통한 규칙 단어 한 글자씩 소리 내기 가르치기

규칙 단어는 각 글자가 가장 대표적인 소리를 내는 단어다. 예를 들어, sat는 s, a, t 각 글자가 그 글자의 가장 대표적인 소리를 내기 때문에 규칙 단어다.

규칙 단어 읽기 수업은 학생들이 4개에서 6개의 글자-소리 대응을 숙달하고 가장 쉬운 유형의 단어(예: 연속음으로 시작되는 CVC 단어)를 청각적으로 분리하고 혼합할 수 있을 때 시작할 수 있다.

규칙 단어 읽기 수업은 이전에 가르쳤던 연속음으로 시작되는 규칙 VC와 CVC 단어들을 연습하는 것으로 시작한다. 교사는 각 단어의 글자를 가리키며 학생들로 하여금 그 단어를 읽도록 한다. 교사가 글자를 가리키면 아이들은 단어 내의 각 글자 소리를 말하고 그 소리를 혼합한다. 소리를 혼합한 다음, 아이들은 보통의 속도로 그 단어를 말한다. 단어 목록은 규칙 단어를 소리 내는 법을 가르치고 연습시키기 위해 교사가 사용하는 도구다.

단어 목록 작성을 위한 지침

- 처음 단어 목록 연습(첫 주) 시에는 단어를 읽는 메커니즘을 학습하고 교사의 신호에 따라 단어를 정확하게 발음하게 되기까지 학생들이 많은 연습을 필요로 할 것이기 때문에 2개에서 4개의 단어만 다룬다.
- 단어 목록 속의 단어 수는 점진적으로 늘린다. 단어 수는 학생의 수행 정도에 따라 결정한다. 일반적인 규칙은 학생이 5~7분 안에 하나의 글자를 숙달할 수 있는 정도의 단어를 다룬다는 것이다. 학생들이 목록 안의 모든 단어들을 오류 없이 연속해서 정확하게 읽을 수 있을 때 숙달된 것으로 본다.

- 단어는 글자-소리 대응 과제에서 학생들이 숙달한 글자만 포함한다. 학생들이 두 차시 동안 연속해서 오류를 범하지 않았을 때 숙달된 것으로 본다.
- 어떤 글자가 단어 목록 연습에서 처음 나왔을 경우에는 그 목록 속의 단어들 1/3에서 1/2에 포함되어 있어야 한다.
- 단어 목록은 예측이 불가능하도록 작성한다. 일반적으로 동일한 글자가 연속해서 두 단어에 걸쳐 동일한 위치에 나타나지 않도록 한다. 예를 들어, sit, mat, rut, fat 등의 단어 목록은 부적절하다. 왜냐하면, 모든 단어에서 글자 t가 마지막에 나오고 있기 때문이다. 이러한 단어 목록의 문제는 의도하지 않게 학생으로 하여금 글자에 초점을 기울이기보다는 특정 소리를 기대하면서 부주의하게 만들 가능성이 있다.

[그림 9-1]은 매일매일 수업에 위의 단어 목록 작성 지침을 반영한 예다. 그림에서의 표는 글자-소리 대응 수업에서 제시했던 예들과, 6주 동안의 수업 기간 동안 4차시에 걸쳐 사용할 단어 목록 소리 내기 수업 형식을 보여 준다. 학생들은 이미 약 15개의 글자-소리 대응을 알고 있고, 약 3주 동안 단어 읽기를 학습해 왔다. 글자 u가 글자-소리 대응 관련 도입 수업 31차시에 소개되고 있다. 이전에 소개했던 글자들은 글자-소리 대응 변별 수업 형식에서 복습하도록 하고 있다. 31차시의 단어 목록 연습 대상 단어들은 이전에 학생들이 숙달한 글자들로만 구성되어 있다. 하나의 글자가 세 단어에 걸쳐 나오고 있음에 주목하기 바란다. 최근에 소개되었던 만큼 더 많은 연습을 하도록 하기 위함이다. 또한 글자 u는 34차시 이전까지는 단어 목록 연습에 나타나지 않고 있음에 주목하기 바란다. 학생들이 이 글자가 들어 있는 단어를 읽기 전까지는 3일 동안 글자 u에 대해 글자-소리 대응을 연습시킨다. 명심할 것은 학생의 수행 정도에 따라 새로운 기술을 소개해야 한다는 것이다. 만약 학생이 글자-소리 대응 수업 형식에서 글자

u를 소리 내는 데 어려움을 겪는다면 u를 포함하고 있는 단어를 소개하지 말아야 한다. 마지막으로 주목할 것은 단어 fill이다. 비록 fill은 CVCC 단어이지만 단지 세 개의 소리만 포함하고 있기 때문에 가장 쉬운 단어 유형에 포함시킨다.

수업 차시	31	32	33	34
글자-소리 도입 수업	u	u		c
글자-소리 변별 수업	h l g a i r d f	u a i g h l t	u i r d h l a o	c r o u l h t d
	fill	ran	lot	rug
	if	fill	mad	in
단어 목록 소리 내기	lot	it	lid	lad
	lad	lit	if	mud
	am	mom	Sam	mat

[그림 9-1] 매일매일 수업에서의 단어 예 선정 지침 통합

목록 속의 단어 한 글자씩 소리 내기 교수 절차

도입 수업 형식 단어 한 글자씩 소리 내기 도입 수업 형식이 〈표 9-1〉에 나와 있다. 교사는 단어를 어떻게 소리 내어 읽는지 시범 보이며 단어 읽기를 소개한다. 단어 내의 각 글자를 1.5초 정도 가리킨 다음 각 글자의 소리를 멈추지 않고 연속해서 소리 낸다. 이 과제와 소리 듣고 분리하기 기술 간의 유사성에 주목하기 바란다. 학생들은 소리 듣고 분리하기 과제에서 일련의 소리를 중간에 멈추지 않고 연속해서 소리 내는 법과 교사의 신호에 따라 하나의 소리에서 다음 소리로 넘어가는 연습을 해왔다. 단어 읽는 것을 시범 보인 후에는 학생들이 교사와 함께 대답해 보도록 한다(안내). 교사가 학생과 함께 반응하는 목적은 학생들이 정확한 발음을 확실하게 듣

〈표 9-1〉 목록 속의 단어 한 글자씩 소리 내기 도입 수업 형식(CVC 유형의 단어를 중심으로)

교사	학생
(칠판에 다음 단어를 쓴다: – am, fit.)	
1. 다음과 같이 말한다. "이 단어를 읽어 볼게요. 내가 글자를 짚을 때 그 글자의 소리를 내 볼게요. 다음 글자를 짚기 전까지 계속해서 소리를 낼게요. 소리 사이에 멈추지 않을 거예요."	
2. 첫 번째 단어 소리 내는 것을 시범 보인다. "이 단어를 내가 읽어 볼게요. 준비." 연속음을 내는 글자 밑은 1~1.5초 동안, 단절음을 내는 글자 밑은 잠깐 동안만 짚는다. "Aaaammm."	
3. 학생들이 그 단어의 소리 내도록 안내한다. 단어의 왼쪽을 가리키며 말한다. "이 글자를 나와 같이 소리 내봅시다. 준비." (신호)	"Aaaammm."
각 글자의 밑을 짚는다. 학생들이 정확하게 해당 단어를 읽을 때까지 교사와 학생이 같이 글자를 읽는다.	
4. 방금 읽은 단어를 대상으로 학생들을 검사한다. 단어 왼쪽을 가리키며 말한다. "여러분 차례예요. 이 단어를 스스로 말해 보세요. 준비." (신호)	"Aaaammm."
각 글자의 밑을 짚는다.	
5. 몇 명의 학생들을 대상으로 개별적으로 단어를 소리 내기를 시켜 본다. "Alberto, 단어를 읽어 보세요. 준비." (신호)	"Aaaammm."
6. fit 단어를 가지고 2~5단계를 반복한다.	

도록 하기 위함이다. 어린아이들을 가르쳐 보지 않은 사람들은 이들에게 단어의 각 글자를 소리 내는 것이 얼마나 어려운 일인지를 잘 깨닫지 못한다. 단어를 읽기 위해서 학생들은 먼저 단어의 첫 소리를 말한다. 그런 다음, 첫 소리를 말하면서 다음 글자의 소리가 무엇인지를 파악해야 한다. 파악한 다음에는 두 소리 중 어느 소리도 왜곡하지 않고 연이어 두 번째 소리를 낸다. 이렇게 두 소리를 조율하는 것은 어린 학생들에게는 어려운 과제다. 학생들이 처음에는 오류를 범할 것이라는 점은 충분히 예측 가능하기 때문에 교사는 학생들과 같이 반응한다. 별다른 신호 없이도 정확하게 반응할 수 있을 때까지 반복해서 학생들과 같이 반응한다. 그런 다음에 학생들은 교사의 안내 없이 반응한다(검사).

도입 수업 형식은 학생들이 각 단어를 첫 번 시도에서 정확하게 소리 낼 수 있을 때까지 매일 제시한다.

중요한 도입 수업 행동들

신호 주기 단어 읽기 수업을 위한 신호 주기 절차가 [그림 9-2]에 제시되어 있다.

1. 지시: 단어의 맨 왼쪽 글자로부터 약 1인치 지점을 가리킨다. "준비."
2. 첫 번째 소리에 대한 신호: 학생들이 자신을 주목하고 있는지를 확인하기 위해 학생들을 둘러본 다음, 재빨리 글자 m의 밑을 짚는다. 글자 m의 밑에서 손가락을 약 1~1.5초 멈춘다.
3. 두 번째 소리에 대한 신호: 신속하게 둥근 곡선을 그리며 자신의 손가락을 첫 글자에서 두 번째 글자 a로 옮겨간다. 그런 다음 손가락을 글자 a 밑에서 약 1~1.5초 정도 멈춘다.
4. 세 번째 소리에 대한 신호: 신속하게 둥근 곡선을 그리며 자신의 손가락을 글자 a에서 글자 d로 재빠르게 옮겨간다. 학생들에게 단절음을 소리 내도록 신호를 줄 때에는 해당 글자를 아주 잠깐만 짚은 다음 재빨리 손가락을 그 글자로부터 떼어 낸

[그림 9-2] 신호 주기 절차

점검하기 학생들을 점검할 때 그들의 눈과 입을 주의 깊게 관찰하고 또한 제대로 소리를 내는지 잘 들어 본다. 신호 주는 것과 점검하는 일을 조화롭게 하는 일은 어렵다. 다음 순간에 어느 글자를 가리켜야 할지 재빨

리 훑어 본 다음, 그 글자를 가리키기 전에 학생들을 한 번 훑어 봐야 한다. 이러한 모든 동작을 한순간에 한꺼번에 행해야 한다. 핵심은 학생들이 새로운 소리를 말할 때 그들의 입을 관찰하는 것이다. 왜냐하면, 이는 새로운 소리를 말할 때 학생들의 입의 위치가 정확하게 그 소리를 발음하는지, 또한 그들이 반응 자체를 하고 있는지 여부를 교사에게 알려 주기 때문이다.

수업 진행 속도 교사는 학생이 충분하게 해당 글자를 소리 내고 다음 글자를 미리 볼 수 있을 정도로 각 글자를 가리키고 있어야 한다. 이는 연속음일 경우 약 1~1.5초 정도의 시간을 필요로 한다. 아마도 초기 글자 소리 내기 수업 과정에서 교사가 범하는 가장 흔한 오류 중 하나는 특정 소리를 충분하게 가리키지 않는 것이다. 적절한 시간을 주는 것의 중요성은 아무리 강조해도 충분하지 않다.

학생들이 단어 내의 각 소리들을 오류 없이 혼합할 수 있게 되기까지는 단어 읽는 것을 몇 번 반복해야 할 것이다. 이렇게 반복할 수 있도록 수업 진행 속도를 조절하는 것이 중요하다. 매번 반복할 때마다 교사는 단어의 왼쪽을 가리키며 약 2초 동안 멈춘 다음, "다시, 준비."라고 말한 후 신호를 준다. 이보다 더 급하게 신호를 주게 되면 학생들이 그 단어의 시작음에 초점을 맞출 충분한 시간을 갖지 못할 수 있다.

수업을 따라오기 어려워하는 학생일 경우 단어의 각 글자를 소리 내는 것을 가르치는 첫 차시 동안에 10~15번의 반복이 필요할 수도 있다. 충분한 연습 기회를 제공하면서도 여전히 읽기 수업이 학생들에게 즐거운 시간이 될 수 있도록 만들기 위해서는 많은 기술이 필요하다. 수업을 즐겁게 만드는 한 가지 방법은 5번 정도의 연습 후 5~10초 동안의 짧은 전환기를 갖는 것이다. 전환기 동안에 교사는 다음과 같이 격려한다. "여러분들 아주 열심히 하고 있어요. 아주 어려운 단어들인데도 거의 다 맞추었어요." 마침내 학생들이 모든 소리를 정확하게 읽으면 교사는 매우 기뻐하며 학생들을 자랑스럽게 여겨야 한다. "마침내 해냈어요! 여러분들이 아주 자랑스럽습니다. 모두 잘했다고 자신의 어깨를 두드려 주세요."

제시된 모든 단어들을 연속해서 정확하게 읽을 수 있도록 매일 연습을 시키면 학생들의 읽기 능력이 지속적으로 향상될 것이다. 하지만 충분한 연습을 시키지 않으면 단지 최소한의 향상만을 보일 것이다.

변별 수업 형식 변별 수업 형식(〈표 9-2〉 참조)에서는 일단의 단어를 제시하고 한 글자씩 읽기 연습을 시킨다. 이때에는 아이들이 단어들을 읽기 전에 단어 읽는 법을 먼저 시범 보이지 않는다. 학생들이 도입 수업에서 더 이상 교사의 안내를 필요로 하지 않을 때 도입 수업을 변별 수업으로 대체한다. 더 구체적으로는 도입 수업 형식에서 교사가 단어 내 각 글자 읽는 법을 시범 보인 후(일반적으로 한두 번의 시도 안에) 학생들이 이를 제대로 읽을 수 있을 때 도입 수업에서 변별 수업으로 전환한다. 단어 내의 각 글자를 소리 내어 읽으면 단어를 보통의 속도로 읽는다.

〈표 9-2〉 변별 수업 형식-목록 속의 단어 한 글자씩 소리 내어 읽기

교사	학생
1. 다음과 같이 지시한다. "여러분들은 이제 각 단어의 글자를 하나씩 읽게 될 것입니다. 각 글자를 모두 정확하게 소리 낸 다음, 이를 빠르게 소리 내 보게 될 것입니다."	
2. 첫 단어의 왼쪽을 가리킨다. "이 글자를 읽으세요. 준비." 각 글자 밑을 1~1.5초 동안 짚는다. 학생들이 단어를 정확하게 읽고 나면 자신의 손가락을 신속하게 단어의 처음으로 옮겨가고 즉시 "무슨 단어죠?"라고 묻고 신호를 준다.	
3. 칠판에 적힌 나머지 단어를 가지고 단계 2를 반복한다.	
4. 학생들을 개별적으로 시켜 본다. 몇 명의 학생들을 불러 단어 내의 각 글자를 하나씩 소리 내어 읽어 보게 한다.	

중요한 변별 수업 행동들

수업 진행 속도 학생들이 단어 속의 각 글자를 정확하게(예를 들어, 각 소리를 정확하게 연속해서 내는 것) 발음하기 전에는 단어를 보통의 속도로 말해 보도록 요구하지 말아야 한다. 학생들이 각 글자를 소리 내어 읽으면 즉시 "무슨 단어죠?"라고 묻는다. 조금이라도 머뭇거리면 혼합된 소리를 보통의 속도로 발성되는 단어로 전환하는 일이 더욱 어려워진다. 마찬가지로, 학생들이 단어 속의 글자를 소리 내고 난 후 칭찬을 하지 말고 단어를 보통의 속도로 읽을 수 있을 때까지 기다린다.

개별적으로 시켜 보기 개별적으로 시키는 것은 학생들이 집단적으로 모든 단어를 숙달한 것으로 판단되었을 때만 행해야 한다는 것을 명심해야 한다. 한 명의 학생을 개별적으로 시키면서 동시에 집단 속의 모든 학생들이 주의를 지속하게 만드는 것이 중요하다. 학생들이 주의를 기울이고 적극적으로 단어 읽기를 연습할수록 향상을 더 빨리 보일 것이다.

개별적으로 시키는 동안에는 다른 학생들에게 각자 스스로 단어를 읽도록 한다. 교사는 처음에 다음과 같이 구체적으로 칭찬을 함으로써 스스로 단어를 읽도록 권장한다. "영희와 철수가 혼자서 단어를 읽고 있네요. 이 사람들은 연습을 하고 있기 때문에 나중에 아주 잘 읽게 될 거예요."

오류 교정 단어 속의 글자를 소리 낼 때 두 가지 흔한 오류는 소리 사이에 멈추는 것과 소리를 부정확하게 발음하는 것이다. 소리와 소리 사이에서 멈추면 단어를 빨리 발음할 때 어떤 소리를 빠뜨릴 수 있다. 예를 들어, CVC 단어인 sat을 소리 낼 때 어떤 학생이 첫 번째 소리와 두 번째 소리 사이에서 "sss (멈춤) aaat."라고 멈춘다고 하자. 이 경우, 이 혼합된 소리를 단어로 전환시켜 읽을 때 이 학생은 멈추기 전의 소리를 빼먹고 "sss (멈춤) aaat"을 "at"으로 읽을 수 있다.

멈춤 오류 교정 절차는 다음과 같다.

1. **시범**: 오류를 듣는 순간 바로 다음과 같이 말한다. "소리 사이에서 멈추지 마세요. 내가 멈추지 않고 단어 속의 각 글자를 연속해서 소리 내 볼테니 잘 들어 보세요." (단어 속의 각 글자들을 가리키면서 소리 낸다.)
2. **학생과 같이 대답하면서 안내**: "나와 같이 소리 내 봅시다. 준비." (학생과 같이 대답한다.) "다시, 준비." (학생과 같이 대답한다.)
3. **학생들 스스로 단어 속의 글자를 소리 내 보게 하는 검사**: "자, 모두 각자 해보세요. 소리 내 보세요. 준비."
4. 학생들이 목록 속의 모든 단어를 단어 속의 모든 글자를 오류 없이 정확하게 발음할 수 있을 때까지 처음부터 반복한다.[1)]
5. **개별적으로 시키기**: 목록 속의 모든 단어를 학습한 다음, 오류를 범했던 학생을 개별적으로 시켜 본다.

때때로 정확하게 대답을 한 학생을 다음과 같이 칭찬하면서 오류 교정 절차를 시작해야 한다. "잘했다. 철수, 소리 사이에서 멈추지 않고 잘했다."

소리 오류는 글자의 대표음으로 발음하지 않는 경우다. 예를 들어, 단어 fat의 글자를 소리 낼 때 글자 a를 /이-ĭ/라고 발음하는 경우다.

소리 오류 교정은 멈춤 오류 교정과 다소 다르다. 소리 오류 교정 시에는 시범을 보인 후 전체 단어보다는 오류를 범한 글자에 대해서만 검사를 하는 제한된 시범을 사용한다. 예를 들어, 단어 sip를 "sssaaa"라고 읽었다면 즉시 "이-iiii"라고 말한다. 그런 다음, 글자 i를 가리키며 "무슨 소리죠?"라고 묻는다. 전체 단어 읽는 것은 그 다음 검사한다. 다음은 단어 sit의 글자를 소리 내는 데 있어 i를 /아-a/로 발음하는 소리 오류 교정 절차를 나

1) 저자 주: 목록 속의 단어 수가 4개 이상일 경우, 교사는 목록의 첫 단어로 돌아가기 보다는 네 번째 앞의 단어에서부터 시작한다.

타낸 것이다.

1. 제한된 시범: 소리 오류를 듣는 순간 "/iiiii/"라고 말하면서 정확한 소리를 말한다.
2. 검사: 오류를 범했던 학생들을 주의 깊게 관찰하면서 전체 집단을 대상으로 검사를 한다. i를 가리키며 "무슨 소리죠?"라고 묻는다. i를 짚으며 신호를 준다.
3. 검사: 단어의 각 글자를 소리 내는 것에 대해 전체 집단을 대상으로 다음과 같이 말하며 검사를 한다. "각 글자를 소리 내어 읽어 보세요. 준비. (신호) 무슨 소리죠?" (신호)
4. 굳히기: 학생들이 목록 내의 모든 단어에 대해 단어 속의 모든 글자를 정확히 읽을 수 있을 때까지 목록 속의 첫 번째 단어로 다시 돌아가서 반복한다.
5. 개별적으로 시켜 보기: 목록 속의 모든 단어를 다 마치면 오류를 범한 학생들을 대상으로 개별적으로 시켜 본다.

종종 교사가 각 글자를 충분히 길게 가리키지 않음으로써 멈춤 오류와 소리 오류를 야기하기도 한다. 만약 교사가 한 글자에서 다음 글자로 너무 빨리 진행하면 일부 학생들은 다음 글자를 미리 볼 시간을 갖지 못할 것이며, 결과적으로 이는 학생들이 추측을 하거나 혹은 멈추게 할 수 있다. 만약 학생들이 이런 오류를 범하면 교사는 자신이 그러한 오류를 일으키는 원인을 제공하고 있는지 살펴보고 좀 더 길게 글자를 가리키도록 노력한다. 때로는 분명하게 신호를 주지 않아서 학생들이 오류를 범할 수도 있다. 교사는 자신의 신호가 오류의 원인이 되지 않도록 한다.

변별 수업에서 나타날 수 있는 세 번째 오류는 학생들이 단어 속의 각 글자를 정확하게 읽은 다음, 대개 첫 소리를 누락시키며 단어를 틀리게 읽는 경우다. 예를 들어, "sssaat"라고 읽고 나서 교사가 "무슨 단어죠?"라고 물으면 "at" 이라고 대답하는 경우다.

이 오류는 대개 단어를 읽을 때 두 소리 사이에서 멈추기 때문에 나타난다[예: sat을 "ssss (멈춤) aaaat" 라고 읽음]. 이 유형의 오류를 교정하는 절차는 다음과 같다.

1. 교사가 단어를 정확하게 읽는다. "이 단어는 sat입니다."
2. 단어 각 글자를 소리 내는 것과 보통의 속도로 단어를 한번에 읽는 것을 시범 보인다. "내 차례예요. Sssaaat. 무슨 단어라고요?" "Sat."
3. 검사를 하고 필요하다면 안내를 한다. "읽어 보세요. 준비. (신호) 무슨 단어죠?" (신호)
4. 목록 속의 첫 번째 단어로 다시 돌아가서 학생들이 과제 속의 모든 단어를 정확하게 읽을 수 있을 때까지 반복한다.
5. 목록 속의 단어를 다 마치면 개별적으로 학생들을 시켜 본다.

학생들의 오류는 기록한다. 〈표 9-3〉은 한 주간 사용할 수 있는 오류 교정 기록지 형식의 예다. 학생들의 이름을 첫 번째 칸에 적는다. 학생별로 한 주간의 수업 결과를 매일 기록한다. 만약 학생이 글자-소리 대응 과제에서 오류를 범하면 그 글자를 기록하고 그 글자 위에 잘못 냈던 소리를 기입한다. 단어 속의 글자 발음하기 과제에서 오류가 생겼을 경우에는 학생이 읽었던 단어를 기록하고 그 학생이 읽었던 그대로 기입한다. 이 정보는 나중에 수업 계획을 수립할 때 사용할 수 있다. 오류를 범한 소리들에 대해서는 나중에 글자-소리 대응 관련 연습 시에 복습하고 연습시킨다.

- **사전 교정:** 사전 교정(precorrecting)은 학생이 과거 어려움을 겪었던 선수기술이 적용되어야 할 과제를 제시하기 직전에 그 기술에 대해 미리 알려 주는 것이다. 사전 교정은 학생들이 수업시간에 오류를 범하는 것을 줄여 줄 수 있는 좋은 기법이다. 단어 속의 글자 소리 내기를

〈표 9-3〉 주간 오류 기록지 형식

주간 오류 기록지 형식					
학생	월요일	화요일	수요일	목요일	금요일
Bill	(n) m				
Francine	(sad) sid	(t) (mit) d mid			
José					
Elwin	(i) e	(i) (lid) e led			
Marcy					

사전 교정할 때 학생들에게 그들이 과거 소리 내는 데 어려움을 겪었던 글자가 들어 있는 단어를 실제로 읽어 보라고 하기 전에 그 글자를 미리 알려 준다. 예를 들어, 학생이 글자 e를 읽는 데 어려움을 겪고 있으면 met란 단어를 읽어 보도록 하기 전에 met 단어 속의 e를 가리키면서 "무슨 소리죠?"라고 물어본다. 일단 학생이 글자를 제대로 읽을 수 있으면 단어 속의 각 글자를 소리 내어 읽어 보도록 한다.

사전 교정은 새롭고 어려운 글자가 단어 속에 나타날 때 혹은 학생이 어려움을 겪었던 소리가 단어에 들어 있을 때 특히 적절하다. 사전 교정을 사용할 때 한 가지 위험성은 이를 너무 많이 사용하여 일부 학생들을 이에 의존하게 만들 가능성이 있다는 점이다. 사전 교정을 너무 많이 사용하면 학생들은 교사가 알려 줄 것으로 기대를 하기 때문에 어려운 소리를 기억하려 노력하지 않는다. 이럴 경우에 교사는 단지 몇 차시 동안만 사전 교정을 사용하여 이러한 의존성이 생기는 것을 방지할 수 있다.

새로운 유형의 단어 소개

규칙 단어는 소리를 내는 것의 상대적인 난이도에 따라 그 범주를 분류할 수 있다. 이러한 유형을 쉬운 것에서부터 어려운 것 순서로 나열해 보면 대략 다음과 같다.

- 연속음으로 시작하는 VC와 CVC 단어(예: at, man)
- 연속음으로 시작하는 CVCC 단어(예: runs, lamp, fist)
- 단절음으로 시작하는 CVC 단어(예: hot, cap)
- 단절음으로 시작하는 CVCC 단어(예: cast, hand)
- 두 개의 첫 자음이 모두 연속음인 CCVC 단어(예: slap, frog)
- 첫 자음들 중 하나가 단절음인 CCVC 단어(예: crib, stop)
- CCVCC 단어(예: brand, clump)
- CCCVC와 CCCVCC 단어(예: split, sprint)

단어 속의 각 글자를 길게 소리 내는 수업은 연속음으로 시작하는 VC와 CVC 단어를 가지고 시작한다. 가르치기 어려운 학생들의 경우, 비교적 쉽게 이 유형의 단어들을 소리 내어 읽을 정도가 되기까지는 20~30 차시 정도를 필요로 할 것이다. 종종 교사들은 이들 학생들이 단어를 소리 내어 읽을 수 있을 때까지 필요로 하는 연습의 양을 과소 추정하곤 한다. 첫 한 달 동안의 수업 기간 동안 학생들은 새로운 글자-소리 대응을 많이 배우게 될 것이다. 비록 학생에 따라 필요한 연습의 양은 각기 다르겠지만, 단어를 읽을 때 새로운 글자-소리 대응을 모두 활용하기 위해서는 아주 많은 양의 연습이 필요하다.

학생들의 수행 정도를 보면 언제 새로운 유형의 단어를 시작할 수 있는지 알 수 있다. 학생이 이틀 연속하여 연속음으로 시작되는 4개의 CVC 단어를 첫 번째 시도에서 오류 없이 소리 내어 읽을 수 있을 때 연속음으로 시작되는 CVCC 단어를 소개할 수 있다. CVCC 단어를 소개할 때는 별도의 특별한 수업 절차가 필요하지 않다. 칠판에 세 개의 CVCC 단어를 적고 단어 속의 각 글자 소리 내기 도입 수업 형식을 활용한다. 이 수업 형식은 학생들이 세 개의 단어 중 하나 이하만 오류를 보이면서 정확하게 읽을 수 있을 때까지 매일 반복한다. 그런 다음 도입 수업 형식을 중단하고 변별 수업 형식에 CVCC 단어를 포함시킨다. 변별 수업 형식에서 사용하는 단어의 절반은 CVC 단어이어야 하고 나머지 절반은 CVCC 단어여야 한다.

단절음으로 시작되는 단어[2] 단절음으로 시작되는 CVC 단어는 학생들이 연속음으로 시작되는 CVCC 단어들을 모두 숙달했을 때 소개할 수 있다. 명심할 것은 언제 새로운 유형을 소개할 것인가는 항상 학생의 수행 정도에 따라 결정해야 한다는 점이다.

단절음으로 시작되는 단어를 가르치기 위해서는 수업 절차에 있어서 몇 가지 수정이 필요하다. 첫째, 글자 소리 내기 신호 절차를 약간 수정한다. 첫 단절음 글자는 잠깐만 짚은 다음, 신속하게 다음 글자로 손가락을 옮겨가서, 보통의 경우보다 약간 긴 1.5~2초 정도 짚는다. 단어 소리 내는 것을 시범 보일 때는 첫 단절음과 모음 사이에서 멈추지 않는다. 단어 can의 시범은 중간에 멈추지 않고 "caaaannnn" 이라고 말하며 보여 준다.

단절음으로 시작되는 단어가 처음 등장하는 첫 주 동안 사전 교정을 사용하여 학생들에게 실제로 단어 전체를 소리 내어 읽기 전에 단어 속의 단절음 다음의 글자를 읽어 보도록 할 수 있다. 예를 들어, 학생들이 단어 cut를 읽기 전에 글자 u를 가리키며 "무슨 소리죠?" 라고 묻는다. 이러한 사전 교정을 사용할 때는 나중에 사전 교정 없이 목록 내의 모든 단어를 읽어 보

2) 저자 주: 단절음 /h/로 시작되는 단어들에서 종종 학생들이 특히 어려움을 겪는다. h로 시작되는 단어를 제시할 때에는 집중적인 연습을 위해 수업시간에 그와 같은 단어, 예컨대 hit, hug, him 등을 적어도 세 개 정도 포함시킨다.

도록 해서 교사의 사전 교정에 지나치게 의존하지 않도록 한다. 또한 사전 교정은 1주일 이상 사용하지 말아야 한다.

단절음으로 시작되는 CVCC 단어(예: camp, hunt, test)들은 학생들이 연속음으로 시작되는 CVCC 단어와 단절음으로 시작되는 CVC 단어를 모두 소리 내어 읽을 수 있을 때 소개 가능하다.

혼합음으로 시작되는 단어 다음에는 혼합음(두 개의 연속되는 자음)으로 시작되는 단어를 소개한다. 이러한 유형의 단어는 두 개의 연속음으로 시작되는 단어(예: snap, frog, sled)와 첫 자음 중 하나가 단절음인 단어(예: stop, club, grab, spin)로 분류할 수 있다. 두 개의 연속적인 자음으로 시작되는 규칙 단어 수는 많지 않다. 게다가 이 단어들은 대개 학생들에게 그렇게 어렵지 않다. step이나 skin처럼 첫 두 자음 중 하나가 단절음인 단어는 잘 가르쳐야 하고 많은 연습을 필요로 한다.

단어 내 글자 소리 내어 읽기 연습 이외에, 몇 가지 보조 연습을 제공할 수 있다. 첫째는 단어를 중간에 멈추지 않고 천천히 말했다가 나중에 보통의 속도로 단어를 말하는 소리를 듣고 이를 혼합하고 분리하는 과제다(〈표 5-3〉 참조). 이 연습은 학생들이 자음 혼합으로 시작되는 단어를 읽기 1주일 전쯤 시작하여 2주 동안 매일 지속한다. 또한 몇 일 후에 가르칠 단어들도 일부 포함시킨다.

자음 혼합으로 시작되는 단어를 처음 소개할 때에도 사전 교정을 사용할 수 있다. 사전 교정 시 교사는 단절음 다음에 나오는 글자를 가리킨다(예: skim 단어에서 i, cram 단어에서 r을 가리킨다). 만약 단어에 단절음이 없다면 자음 혼합의 두 번째 자음을 가리킨다(예: flap의 l을 가리킨다).

단어 예 선정

단어 예를 선정하는 기준은 매우 중요하다. 변별 수업에 사용할 단어 목록에는 현재까지 소개했던 다양한 유형의 단어를 섞어서 제시한다. 절반 정도의 단어는 가장 최근에 소개된 것이어야 하고 나머지 절반은 이전에 소개했던 단어들을 섞은 것이어야 한다. 이렇게 섞는 목적은 단어 속의 글자들에 주의를 계속 기울이게 하기 위함이다. 예를 들어, 만약 학생들이 두 번째 글자가 모두 I인 단어들만을 읽는다면, 이들 중 일부는 다른 단어를 읽을 때에도 글자에 주목하지 않고 그냥 /I/소리로 읽어 버릴 수 있다.

단어 한 글자씩 소리 내어 읽기에서 통째 읽기로 전환하기

단어 통째 읽기(sight-reading) 연습에서 학생들은 단어를 글자마다 소리 내어 길게 읽지 않고 보통의 속도로 교사의 신호에 따라 읽는다. 단어 통째 읽기는 단어 목록 연습 시에 소개한다. 초반에 학생들은 자신들이 이전 수업에서 소리를 냈던 몇 개의 단어를 통째 읽는다. 통째 읽기 단어 목록 속의 단어 수는 학생들이 목록 속의 모든 단어를 통째로 읽을 수 있을 때까지 점진적으로 증가시킨다. 통째 읽기 단어 목록은 학생들이 연속음으로 시작되는 4개의 CVC 단어를 지속적으로 정확하게 소리 내어 읽을 수 있을 때 소개한다. 통째 읽기를 위해 두 가지 수업 형식—도입 수업 형식과 연습 수업 형식—을 사용할 수 있다.

단어 통째 읽기를 위한 도입 수업 형식

도입 수업 형식은 실질적으로 단어 내 글자를 하나씩 소리 내서 읽는 것에서 통째로 읽는 것으로 전환시키는 수업 형식이다(〈표 9-4〉 참조). 단어별로 학생들로 하여금 단어 속의 각 글자를 소리 내지 말고 속으로 읽어 보도록 한다. 교사가 신호를 주면 학생들은 보통의 속도로 단어를 말한다. 이

〈표 9-4〉 단어 통째 읽기를 소개하는 수업 형식

교사	학생
칠판에 다음의 단어들을 적는다: sat, mud, fit, sad.	
1. 시범을 보인다.	
a. "여러분들은 한 글자씩 읽지 않고 통째로 이 단어들을 읽게 될 것입니다."	
b. "내 차례예요. 내 입을 잘 보세요. 스스로 먼저 말해 본 다음 단어를 읽어 볼게요." 첫 번째 단어를 가리킨다. 각 글자를 짚으면서 입술을 움직여 각 소리를 속으로 소리 낸다. 각 소리를 속으로 중얼거린 다음 "무슨 소리죠?"라고 묻고 신호를 준다. 신호에 따라 "sat" 이라고 단어를 읽는다.	
c. 다른 단어를 가지고 한 번 더 시범을 보인다.	
2. 모든 단어를 대상으로 학생 집단 전체를 검사한다.	
a. "여러분 차례예요." 첫 글자의 왼쪽을 짚는다. "내가 각 글자들을 짚으면 여러분들은 속으로 그 소리를 말해 보세요." 약 1초씩 각 연속음 밑을 짚어 나간다. "무슨 단어죠?"	한 글자씩 중얼거리며 소리를 낸다. "Sssaaat." 그런 다음 보통의 속도로 단어를 말한다. "Sat."
b. 나머지 단어를 대상으로 2(a) 단계를 반복한다. 학생들이 모든 단어를 정확하게 읽을 수 있을 때까지 연습을 시킨다.	
3. 개별적으로 시켜 본다.	

수업 형식은 교사가 먼저 속으로 단어 속의 각 글자를 읽고, 다음에 보통의 속도로 그 단어를 발음하는 것을 시범 보이는 것으로 시작한다. 시범 후에 학생들에게 각 소리를 가리키면 단어 속의 각 글자를 읽고, 그 후에 신호를 주면 보통의 속도로 그 단어를 읽도록 한다. 이 단계는 특히 수업을 따라오기 어려워하는 학생들에게 중요하다. 이 단계는 학생들에게 통째 읽기 연습을 어떻게 하는 것인지를 분명하게 보여 준다. 이 단계가 없다면 일부 소극적인 학생들은 단어 속의 각 글자를 소리 내기보다는 추측에 의존하려 할 것이다. 이 수업 형식은 학생들이 이틀 연속해서 첫 번째 시도에 모든 단어를 정확하게 읽을 수 있을 때까지 매일 제시한다. 그런 다음 도입 수업 대신 교사의 단서가 전혀 없이 학생들 스스로 통째 읽기 연습을 한다.

〈표 9-5〉 목록 속의 단어 통째 읽기 연습 수업 형식

교사	학생
칠판에 다음의 단어들을 적는다. sat, not, fit, am, sun, fin.	
1. 시범을 보인다.	
a. "여러분들은 이 단어들을 빠르게 읽게 될 것입니다. 내가 각 단어를 가리키면 스스로 한 글자씩 소리 내보세요. 내가 신호를 주면 그 단어를 빠르게 말해 보세요."	
2. 학생들은 3초간 멈춘 후 단어들을 읽는다.	
a. 첫 번째 단어의 왼쪽 글자를 가리키고 3초 후에 "무슨 단어죠?"라고 묻고 신호를 준다.	"Sad."
b. 나머지 단어들에 대해서도 2(a) 단계를 반복한다.	
3. 학생들은 이번에는 2초간 멈춘 후 목록 내의 모든 단어들을 읽는다.	
a. 학생들로 하여금 이번에는 2초 멈춘 후에 단어를 읽어 보게 한다.	
4. 개별적으로 시켜 본다.	
a. 단어를 가리키고, 2초 동안 멈춘 후, 특정 학생을 불러 시켜 본다.	
b. 4(a) 단계를 나머지 단어에 대해서도 반복한다.	

목록 속의 단어 통째 읽기를 위한 연습 수업 형식

〈표 9-5〉는 목록 속의 단어 통째 읽기를 위한 연습 수업 형식을 나타낸 것이다. 이 형식에서 교사는 학생들에게 단어 속의 각 글자를 하나씩 속으로 읽어 보게 한다. 그런 다음 신호가 주어지면 그 단어를 빠르게 보통의 속도로 읽도록 한다. 학생들은 적어도 목록 속의 단어를 두 번 읽는다. 첫 번째 읽을 때의 목적은 3초 이내에 각 단어를 읽을 수 있도록 하는 것이다. 두 번째 목적은 2초간의 멈춤 후에 새로운 단어를 읽을 수 있게 하는 것이다.

중요한 수업 행동들

중요한 수업 행동 중 하나는 학생들이 단어 읽는 법을 알아낼 수 있도록 해 주기 위해서는 대답할 시간을 얼마나 주어야 할 것인가를 결정하는 일

이다. 단어 목록을 처음 읽을 때의 목표는 교사가 신호를 주기 전에 각 단어를 3초 이내에 읽을 수 있도록 하는 것이다. 어떤 학생들은 단어를 스스로 읽는 데 3초 이상의 시간을 필요로 한다. 첫 몇 주 동안에는 다음 단어를 읽는 법을 알아낼 수 있도록 5초간 기다릴 수도 있다. 5초 후에는 비록 모든 학생이 그 단어 읽는 법을 아직 알아내지 못한 것 같아도 반응 신호를 주어야 한다. 너무 많은 시간을 주면 자칫 의도하지 않게 학생들을 우물쭈물하게 만들 수 있다. 어떤 학생들은 처음 한두 자를 한 글자씩 소리 내며 속으로 읽다가 멈춘 후 다시 읽기 시작하기 때문에 단어를 파악하는 데 더 많은 시간을 필요로 한다. 학생들의 입을 봄으로써 그들이 어떻게 반응하는가를 알 수 있다는 점을 명심하기 바란다.

만약 어떤 학생이 목록 속의 어떤 단어를 파악하는 데 3초 이상의 시간을 필요로 한다면, 그 목록의 처음으로 돌아가서 다시 하거나 혹은 목록 속의 다른 단어를 가지고 연습을 하고 나서, 목록 속의 단어 전체를 다시 제시한다. 목록 속의 단어를 다시 별도로 더 연습하도록 하는 것이 학생으로 하여금 충분하게 유창해지도록 하는 데 중요하다.

일단의 단어를 가지고 지속해서 반복할 경우 생기는 문제는 학생들이 그 단어들의 위치를 보고 단어들을 암기해 버릴지도 모른다는 점이다. 단어를 그 위치에 근거하여 암기해 버릴 가능성을 최소화하기 위해서 매번 반복할 때마다 단어의 순서를 무작위로 제시한다. 또한 교사는 칭찬을 아주 많이 하여 학생들의 동기 수준을 높게 유지할 수 있다. 어린 학생들에게는 정확하게 반응했을 때 칭찬을 해 주는 것이 아주 강력한 동기 수단이 된다. 목록 속의 처음 단어부터 다시 시작할 때 다음과 같이 말해 준다. "아주 열심히 하고 있어요. 이번에는 좀 더 빨리 할 수 있는지 봅시다." 어려움을 겪던 학생이 마침내 성공했을 때에는 아주 넘치게 칭찬해 주는 것을 명심해야 한다.

신호 주기 단어의 왼쪽을 가리키고, 학생으로 하여금 단어를 파악하도록 잠깐 시간을 준 다음, "무슨 단어죠?"라고 묻고 글자를 살짝 짚거나 혹은 손가락을 단어 밑에서 신속하게 움직이면서 신호를 준다.

신호를 주고 나서는 학생들을 잘 관찰해야 한다. 학생들을 잘 관찰하는 것이 중요하다. 이를 통해 교사는 (학생들의 눈을 봄으로써) 학생들이 주의를 기울이고 있는지, 그리고 (학생들의 입을 봄으로써) 학생들이 정확하게 반응하는지를 알 수 있다.

개별적으로 시켜 보기 개별적으로 시키는 동안에 학생들이 주의를 기울이게 하는 일은 교사에게 중요하면서도 어려운 일이다. 수업 진행 속도 역시 매우 중요하다. 예측 가능한 순서로 학생들을 불러서는 안 된다. 단어를 가리킨 다음, 학생들이 단어를 파악할 수 있도록 충분한 시간을 준 다음, 개별 학생을 불러 읽어 보게 한다. 학생이 반응을 하고 나면 칭찬을 하고 다음 단어를 가리킨다. 여기에서 중요한 행동은 학생을 개별적으로 부르기 전에 단어를 파악할 충분한 시간을 주는 것과, 학생들을 무작위로 불러서 다음에 누가 대답을 해야 하는가를 미리 예측하지 못하도록 하는 것이다.

다음과 같은 게임을 고안해서 사용할 수도 있다. "내가 여러분을 속일 수 있는지 볼게요. 단어를 가리키고 그것에 대해 여러분이 생각할 시간을 주겠어요. 그런 다음 누군가를 불러서 시켜 보겠어요. 내가 누구를 부를지 여러분은 알 수 없을 것입니다. 그러니 속지 마세요." 호명을 받은 학생이 정확하게 반응하면 즉시 "아주 훌륭했다. 아주 열심히 했구나."라고 말하면서 아주 많이 칭찬을 해 주어야 한다.

종종 단어를 가리키기도 전에 학생을 호명함으로써 의도하지 않게 이들이 주의를 딴 곳으로 돌리게 할 수도 있다. 학생을 미리 호명하면 호명되지 않은 학생들이 주의를 덜 기울일 가능성이 크다.

오류 교정 단어 통째 읽기에는 두 가지 유형의 오류가 있다. 교사가 신호를 주었는데도 반응하지 않는 신호 오류와 단어를 잘못 발음하는 오류가 그것이다. 잘못 읽는 오류를 교정하는 절차는 (a) 오류를 범한 소리에 대해서만 시범을 보이는 부분 시범을 제공하고(예: fit를 fat으로 읽으면 i를 가리키면서 "이것은 i(이-)라고 읽는다."라고 말한다.), (b) 단어를 한 글자씩 소리 내고 다음에 보통의 속도로 읽게 한다. 그러고 나서 (c) 목록 속의 첫 단어부터 다시 시작한다. 오류가 발생한 단어보다 세 개나 네 개 정도의 앞 단어들을 다시 다룬다. 수업 종반부에 오류를 범했던 단어들을 대상으로 개별적으로 시켜 본다.

다음은 fit을 fat이라고 읽었을 때 사용할 수 있는 부분 시범 오류 교정 절차다.

1. 부분 시범을 보인다. (글자 i를 가리킨다.) "이것은 /i(이-)/라고 읽습니다. 어떤 소리라고요?" (신호) "i(이-)."
2. 단어를 한 글자씩 읽어 보게 한다. "단어를 한 글자씩 읽어 봅시다. 준비." (단어 왼쪽의 글자를 가리키고, 잠시 멈춘 다음, 글자 밑을 짚는다.) "어떤 단어죠?" (신호) "Fit."
3. 목록 속의 이전 단어 몇 개를 다시 반복하여 다룬다. "이 단어들을 잘 읽어 봅시다."[3)]

단어 예 선정

통째 읽기 단어 목록 작성을 위한 선정 기준은 기본적으로 한 글자씩 단어 읽기 연습을 위한 단어의 선정 기준과 동일하다.

3) 저자 주: 목록 속의 단어 수가 4개 이상이면 그 이전 4개 단어까지만 대상으로 한다.

- 글자-소리 대응 과제에서 학생들이 완전하게 숙달한 글자가 들어 있는 단어만을 포함시킨다.
- 단어 제시 순서는 예측 불가능하게 한다. 동일한 글자가 두 개 이상의 단어에서 연속해서 동일한 위치에 나와서는 안 된다.
- 새로운 유형의 단어가 목록의 1/3에서 1/2 정도 되도록 구성한다.

목록 속의 단어를 한 글자씩 읽는 연습은 통째 읽기가 소개된 이후에도 지속되어야 한다. 통째 읽기를 처음 소개할 때에는 이미 학생들이 이전 수업에서 한 글자씩 소리 낼 수 있었던 단어를 3~4개만 선정하여 제시해야 한다. 학생들이 이전 수업에서 한 글자씩 읽었던 모든 단어를 통째로 읽을 수 있을 때까지 몇 주간에 걸쳐 단어 수를 점진적으로 늘려 간다. 이후 수업에서는 학생들이 성공적으로 한 글자씩 읽었던 단어 수를 점진적으로 줄여 간다. 초기 단계의 후반부쯤에 가서는 단어 목록 읽기 연습에서 15~20개의 단어를 다룬다. 학생들은 새로운 유형의 단어를 5개씩 한 글자씩 읽은 다음 이들 단어 모두를 통째로 읽는다. 초기 단계 전반에 걸쳐 한 글자씩 읽는 연습을 지속하는 것은 학생들로 하여금 추측하는 전략을 사용할 가능성을 차단하는 데 중요하다.

불규칙 단어 소개하기

읽기 프로그램에서 불규칙 단어를 소개하는 방식은 학생들에게 단어 읽기 전략을 어떻게 적용할 것인가에 관해 혼동을 일으킬 가능성이 있는 중요한 요인이다. 이 절에서는 체계적이고 명시적인 발음 중심 접근을 사용하는 프로그램을 사용하여 불규칙 단어를 소개하는 전략을 제시할 것이다.

불규칙 단어 소개 시기

불규칙 단어 읽는 법을 배우는 시기는 학생들이 규칙 단어를 읽기 위해 필요한 전략과는 다른 전략을 사용해야 하기 때문에 초기 읽기 학습자들에게는 중요하다. 단순히 단어의 왼쪽부터 오른쪽으로 한 글자씩 읽은 다음 이 혼합된 소리를 단어로 발음하는 단순한 방법으로 불규칙 단어를 읽을 수는 없다. 예를 들어, was를 한 글자씩 읽으면 "wwwăăăsss"가 되지만 단어로는 "wuz(워즈)"로 소리 나야 한다.

수업을 따라오기 어려워하는 학생들을 가르치는 교사는 이들이 규칙적인 CVC 단어를 3초에 하나 꼴로 정확하게 읽을 수 있을 때까지 불규칙 단어를 소개하는 것을 연기하는 것이 좋다. 이러한 속도는 잘 읽는 학생들의 기준에서 보면 매우 늦지만 수업을 따라오기 어려워하는 학생들이 초기 읽기 단계에서 한 글자씩 읽는 기술을 숙달하는 데에는 적절하다. 불규칙 단어 소개 시기를 늦추는 이유는 초반에는 규칙 단어의 발성 원리에만 초점을 기울이도록 하기 위함이다.

불규칙 단어 읽기가 어렵기 때문에 읽기 부진 및 부진 위험 학생들은 각 불규칙 단어를 숙달하는 데 많은 양의 연습을 필요로 한다. 따라서 처음 불규칙 단어를 소개할 때에는 그 간격을 신중하게 조절해서 4~6차시에 하나 꼴로 넉넉하게 간격을 두어야 한다. 다음 10개 정도의 불규칙 단어는 좀 더 빠른 속도로 소개하여 매 3차시마다 하나 꼴로 새로운 불규칙 단어를 소개한다. 물론, 새로운 불규칙 단어를 얼마나 빨리 소개할 것인가는 전적으로 학생의 수행 정도에 달려 있다. 처음 10개 정도의 불규칙 단어를 소개하는 동안에는 학생이 단어 목록 읽기나 문단 읽기에서 이전에 소개되었던 불규칙 단어 중 하나라도 오류를 범하면 새로운 불규칙 단어를 소개하지 말아야 한다.

몇 주 후에는 학생들이 이전에 소개되었던 불규칙 단어에 어려움을 겪더

라도 새로운 불규칙 단어를 소개할 수 있다. 하지만 새로운 단어는 현재 학생이 어려움을 겪고 있는 단어와 유사해서는 안 된다. 예를 들어, 만약 학생이 단어 were에 어려움을 겪고 있다면 단어 where를 소개하지 말아야 한다. 하지만 단어 said에 어려움을 겪고 있다면 단어 where를 소개할 수 있다. 학생이 이전에 배웠던 불규칙 단어 중 하나 이상에서 어려움을 보이면 새로운 단어를 소개하지 말아야 한다.

계열화

상업용 프로그램을 사용하고 있다면 문단에 사용된 단어를 중심으로 불규칙 단어 소개 순서를 결정할 수밖에 없을 것이다. 즉, 교사는 프로그램에 나타난 순서대로 불규칙 단어를 소개하게 될 것이다.

만약 교사가 프로그램을 개발하고 있다면 순서를 정할 때 빈도, 유사성, 불규칙성 유형, 관련 단어의 출현 여부 등의 요인들을 고려해야 한다.

빈 도 일반적으로 아이들의 책에 더 자주 나오는 단어를 그렇지 않은 단어보다 먼저 제시한다. 이 규칙이 준수되는 한 단어의 계열화는 특별히 중요하지는 않다. 부록 B에는 빈출 단어 400개가 제시되어 있다.

유사성 일부 불규칙 단어는 다른 불규칙 단어와 매우 유사하다(예: saw–was, of–off, were–where). 이 단어들을 제시할 때에는 적어도 15차시 정도의 간격을 두고 서로를 분리하여 제시하도록 계획을 수립한다. 이렇게 제시 순서를 분리함으로써 학생들은 두 번째 단어를 접하기 전에 첫 번째 단어를 완전하게 익힐 수 있을 것이며, 결과적으로 이 둘을 혼동할 가능성을 줄여 줄 수 있을 것이다.

불규칙성 유형 학생들이 읽기 프로그램에서 향상을 보임에 따라 글자 조합의 글자–소리 대응(예: shark의 ar, seat의 ea; 〈표 6–4〉에 상용되는 글자 조합들이 제시되어 있다.)과 장모음을 포함하고 있는 hate, like, note 등과 같은 VCe 패턴 글자 유형들을 배우기 시작하게 될 것이다.

일반적으로 아주 많이 쓰이는 name과 told 등을 제외하고는 장모음과 대표적인 소리를 내는 글자 조합을 포함하고 있는 VCe 유형 단어들은 초기 읽기 단계에서는 불규칙 단어로 제시하지 말아야 한다. 그 이유는 프로그램 후반부에 가서 이들 단어들을 읽을 수 있는 일반화할 수 있는 전략을 학생들이 배우게 될 것이기 때문이다. 만약 곧이어 그 단어를 포함하여 많은 수의 단어를 읽을 수 있는 전략을 학습할 것이라면 초기 읽기 단계에서 단어를 개별적으로 가르치는 데 시간을 소비하는 것은 효율적이지 않다.

관련된 단어들 어떤 불규칙 단어들은 단어의 일부가 동일하기 때문에 서로 관련되어 있다. 이러한 단어들의 예는 다음과 같다.

some	talk	mother	most	to	live	none
come	walk	bother	post	do	give	done
	chalk	other	ghost			

일반적으로, 관련된 단어들은 서로 이어서 가르치거나 같이 가르쳐야 한다.

명시적 수업을 통한 불규칙 단어 가르치기

불규칙 단어를 소개할 때에는 (a) 학생들로 하여금 단어 내의 모든 글자를 검토하도록 하고, (b) 글자-소리 대응에 있어서 하나 혹은 그 이상의 불규칙성을 지적해 준다.

만약 불규칙 단어가 소개되기 전에 규칙 단어를 먼저 소개하고 많은 양의 연습을 제공하는 읽기 프로그램을 사용하고 있다면, 처음 15~20개의 새로운 불규칙 단어를 소개하는 전략으로 이들 단어들이 '재미 있고' '함정이 많은' 단어라는 것을 일러 주는 전략을 사용하기 바란다. 그런 다음, 이전에 배웠던 대로 그 단어를 쓰여진 그대로 한 글자씩 소리 내보게 한 후, 그 소리들을 이어서 정확하게 발음해 보게 한다. was는 한 글자씩은 "wăăăsss."로 발음되지만 단어로는 "wuz(워즈)"로 발음된다. walk는 한 글자씩은 "wwwăăălllk"로 발음되지만 단어로는 "wauk(워-크)"로 발음된다. 이 과정은 비록 다소 번거롭지만 몇 가지 장점을 갖고 있다. 첫째, 학생들이 단어의 왼쪽에서 오른쪽까지 모든 글자에 지속적으로 주의를 기울일 가능성이 높다. 이 과정을 통해서 비록 일부 글자는 혼합된 소리와 다르게 발음되기도 하지만, 학생들에게 단어를 읽을 때 기본적인 한 글자씩 읽기 전략(즉, 첫 글자부터 시작하여 각 글자의 소리를 내고, 왼쪽부터 오른쪽으로 나머지 글자에 대해 한 글자에 한 가지 소리를 내어 혼합하는 것)을 동일하게 사용할 수 있음을 여전히 보여 줄 수 있다. 이러한 시범을 보이지 않으면 일부 학생들은 한 글자씩 소리 내기가 어떤 단어에는 적용되지 않기 때문에 다른 많은 단어에도 적용되지 않을 가능성이 있으니 추측하는 것이 최선이라는 잘못된 생각을 할 가능성이 있다. 둘째, 한 글자씩 소리 내기 전략은 단어를 소리 나는 대로 쓸 수 없다는 것을 보여 줌으로써 이후 철자 연습에 학생들을 대비시킬 수 있다.

〈표 9-6〉은 한 글자씩 소리 내기 전략과 함께 불규칙 단어를 소개하는 형식을 보여 준다. 이 형식은 교사의 시범으로 시작된다. 교사가 불규칙 단어를 읽고, 각 글자의 가장 대표적인 음을 한 글자씩 소리 낸 다음, 유의미한 단어로 다시 발음한다. 그러고 나서 학생들에게 단어를 읽고, 한 글자씩 읽어 보며 단어를 보통의 속도로 발음해 보도록 한다.

〈표 9-6〉 불규칙 단어를 위한 도입 수업 형식

교사	학생
1. 학생들에게 새로운 단어를 말하고, 그것을 한 글자씩 읽는다. was를 가리킨 다음 "여러분, 이것은 재미있는 단어예요. 이 단어는 'was'입니다. 무슨 단어라고요?" (신호)	"Was."
"내가 이 단어를 한 글자씩 읽는 것을 잘 들어 보세요." 한 글자씩 가리키면서 "Wwwwăăăsss. 이렇게 한 글자씩 읽는 거예요. 그렇지만 단어로 읽을 때에는 was라고 읽어요. 어떻게 읽는다고요?" (단어를 가리킨다.) "예, was라고 읽어요."	"Was."
2. 학생들로 하여금 단어를 한 글자씩 읽고 보통 속도로 그 단어를 다시 읽어 보게 한다. was 단어의 왼쪽을 가리키며 "이제 여러분들이 was 단어를 한 글자씩 읽어 보세요. 준비." 각 글자의 밑을 약 1초씩 짚는다.	"Wwwwăăăsss."
"그런데 보통 이 단어를 어떻게 말하죠?" (신호)	"Was."
"잘 기억하세요. 이 단어를 보통 어떻게 말하죠?" (신호)	"Was."
3. 개별적으로 2단계를 시켜 본다.	

중요한 수업 행동들

시범 보이기 불규칙 단어가 한 글자씩 소리 낼 때와 다르게 발음된다는 것을 분명하게 보여 주어야 한다. 단어를 한 글자씩 소리 낼 때 교사는 대표음으로 발음해야 한다. 학생들이 단어를 한 글자씩 소리 낼 때 오류를 범하지 않게 하기 위한 사전 교정의 일환으로 해당 단어를 읽어 보도록 하기 전에 가장 대표적인 음과 다르게 소리 나는 단어 속의 글자를 가리키며 학생들에게 "무슨 소리죠?"라고 물을 수 있다. 예를 들어, 단어 was를 한 글자씩 소리 내어 읽기 전에 a를 가리키며 "어떻게 읽죠?"라고 묻는다.

도입 수업 형식에서의 오류 교정 도입 수업 형식에서 학생들이 범하는 오류는 두 가지다. (a) 단어를 한 글자씩 소리 내어 읽을 때 각 글자의 가장 대표적인 소리로 읽기보다는 해당 단어가 발음되는 방식으로 소리를 낸다(예컨대, was를 한 글자씩 소리 내어 읽을 때 글자 a에 대해 /ă/대신 /ŭ/로 소리 내는 경우); (b) 단어를 한 글자씩 소리 내어 읽고 난 후 그 단어를 흔히 발음하는 방식으로 읽지 않고 풀어서 소리 냈던 그대로 읽는다(예컨대, was를 "wwwăăăsss"로 풀어서 소리 낸 다음, "wuz"라고 하지 않고 "wăs"라고 읽는 경우).

이 두 가지 오류를 교정하는 절차는 (a) 과제를 반복하고 정확한 소리를 말해 주는 시범을 보이고, (b) 2단계의 초기로 되돌아가서 학생들을 평가한 다음, (c) 수업 후반부에 가서 수업 형식을 반복하면서 다시 평가한다.

예를 들면, 다음과 같다.

- **오류**: 학생들이 was 단어를 소리 내어 한 글자씩 읽을 때 /ŭ/라고 발음함.

  교사가 시범을 보인다. "내가 was를 한 글자씩 소리 내어 읽어 볼게요. 잘 들으세요. Wwwăăăsss."

  학생들을 검사한다. "was를 한 글자씩 소리 내어 읽어 보세요. 준비." (신호) "Wwwăăăsss."

  "이 단어를 어떻게 말하죠?" (신호) "Was."

  수업 후반부에 교사는 이 수업 형식을 반복한다.

- **오류**: 단어 of를 한 글자씩 소리 내어 읽은 후 교사가 해당 단어를 어떻게 읽느냐고 물었을 때 학생들이 "off"라고 대답한다.

  교사가 시범을 보인다. "of 단어를 읽어 봅시다. 어떤 단어라고요?" (신호) "Of."

  한 글자씩 소리 내어 읽는 것과 그냥 단어를 읽는 것을 검사한다.

  "Of를 한 글자씩 소리 내어 읽어 보세요. 준비." (신호) "ŏŏŏfff."

  "이 단어를 어떻게 읽죠?" (신호) "Of."

  수업 후반부에 이 수업 형식을 반복한다.

수정된 도입 수업 형식

첫 15~25개 단어를 소개한 이후 불규칙 단어를 소개하는 절차는 다음과 같이 학생들에게 단어를 말해 주고, 학생들로 하여금 그 단어를 따라서 말해 보게 하며, 글자 이름으로 철자를 써 보게 한 다음, 그 단어를 다시 말해 보게 하는 것이다:

1. "이 단어는 giant입니다. 무슨 단어라고요?" (신호) "Giant."
2. "giant의 철자가 무엇이죠?" (신호) "G–i–a–n–t."
3. "방금 무슨 단어의 철자를 말했죠?" (신호) "Giant."
4. "맞아요. giant였어요."

단어의 철자를 말해 보도록 하는 목적은 단어 속의 글자에 주목하게 하기 위함이다. 당연하지만, 이 수업 형식은 학생들이 모든 글자의 이름을 알기 전까지는 제시하지 말아야 할 것이다.

단어 기억 촉진 학생들이 불규칙 단어를 보고 바로 인식할 수 있게 되려면 불규칙 단어를 많이 접해 봐야 한다. 새로운 불규칙 단어는 체계적으로 소개하고 연습시켜야 한다.

새로운 불규칙 단어는 매일 3~4일에 걸쳐 도입 수업 형식 중 하나를 사용하여 제시한다. 세 번째 날에는 새로운 불규칙 단어를 단어 통째 읽기 연습 목록(〈표 9–5〉 참조)에 포함시켜 이전에 배운 규칙 단어와 불규칙 단어와 같이 제시한다. 새로운 불규칙 단어는 학생이 이틀간 연속해서 해당 단어를 정확하게 읽을 수 있을 때까지 단어 목록 연습에 매일 포함시킨다. 그런 다음, 새로운 불규칙 단어들을 문단 읽기 연습에서 읽을 이야기에 포함시킨다. 새로운 불규칙 단어는 최소한 이틀에 한 번 꼴로 여러 주에 걸쳐 단어 목록 연습이나 문단 읽기 연습에 포함시켜 제시한다.

단어 읽기 연습에서의 오류 교정 단어 읽기 목록 연습 시에 불규칙 단어를 읽어 보라고 했을 때 학생들은 다음과 같은 두 가지 유형의 오류를 범할 수 있다: (a) 단어를 한 글자씩 소리 내어 읽는 방식으로 읽거나 ("wuz" 대신 "wăs"로 읽는 경우), 혹은 (b) 다른 단어로 읽는 경우다("wuz" 대신 "saw"라고 읽는 경우). 어느 오류든 교정하는 절차는 다음과 같이 동일하다.

1. 단어를 말해 주고 그것을 반복해 보도록 한다. "이 단어는 was입니다. 무슨 단어라고요?"
2. 해당 단어를 소개하기 위해 사용한 절차에 따라 한 글자씩 소리 내어 읽어 보게 하거나 글자의 이름을 말해 보게 한다.
3. 단어를 어떻게 발음하는지 묻는다. "이 단어를 어떻게 읽죠?" 혹은 "무슨 단어죠?"
4. 해당 단어 목록에서 뒤로 4개까지 되돌아가 다시 읽어 보게 한다.
5. 수업 후반부에 해당 단어를 잘 읽지 못한 학생들을 지명하여 다시 검사해 본다.

이전에 소개했던 불규칙 단어를 학생이 한 번 이상 놓치면 그 단어를 다음 수업 때 다시 제시하고 수일 동안 단어 목록 연습에서 이 단어를 강조해야 한다. 예를 들어, 학생들이 월요일 수업시간에 put이란 단어를 읽는 데 어려움을 보였다면, 화요일에 이 단어를 도입 수업 형식으로 다시 소개하고 이틀 연속해서 이 단어를 곧바로 인식할 수 있을 때까지 매일 단어 통째 읽기 연습 목록에 이 단어를 포함시킨다.

단어를 번갈아 가며 제시하면 단어 목록 읽기 연습 시에 오류를 더욱 효과적으로 교정할 수 있다. 예를 들어, 오류를 범한 단어, 그렇지 않은 단어 중 하나, 다시 오류를 범한 단어 순서로 제시한다. 이렇게 오류가 발생한 단어를 여러 번 반복하여 제시하기는 하지만 이는 매번 보다 많은 다른 단어를 먼저 제시한 이후에 이루어지도록 한다. 예를 들어, 불규칙 단어 said를 was, the, walk, lamp 등의 단어들과 같이 목록에 제시했는데 학생이 said를 잘못 읽었을 경우 단어를 said, was, said, walk, the, said, walk, the, lamp, said와 같은 순서로 제시할 수 있다. said란 단어를 제시할 때마다 점점 더 많은 다른 단어를 제시하고 있음에 주목하기 바란다. 학생들이 새로운 불규칙 단어를 세 번 연속해서 정확하게 읽을 수 있을 때까지 이러한 교대 제시 패턴을 유지한다.

상업용 읽기 프로그램

많은 상업용 읽기 프로그램에서 단어 읽기를 소개하는 방식은 현재 읽기 부진 및 부진 위험 학생들에게는 문제가 많다. 이러한 문제들은 다음과 같다.

- **한 글자씩 소리 내기를 전혀 가르치지 않거나 아주 조금만 명시적으로 가르침:** 어떤 읽기 프로그램은 한 글자씩 소리 내기를 전혀 가르치지 않는다. 이들 프로그램들은 단어를 전체로 읽는 것부터 시작한다. 다른 프로그램은 가르치긴 하지만 단 며칠 동안만 제한적으로 가르친다.
- **불규칙 단어를 빠른 속도로 그리고 일찍 소개함:** 대부분의 주요 읽기 프로그램들은 학생들이 규칙 단어를 숙달하기도 전에 유치원과 초등학교 1학년 때 불규칙 단어를 아주 일찍 소개한다. 초기 수업에서 소개하는 단어의 많은 수가 불규칙 단어이면, 현재 읽기 부진 및 부진 위험이 있는 학생들은 혼동하여 습관적으로 추측을 하거나 단어에서의 글자-소리 대응관계에 전혀 주의를 기울이지 않을 가능성이 있다.
- **학생들이 좀 더 쉬운 단어를 숙달하기 전에 어려운 단어를 빠른 속도**

로 소개함: 많은 읽기 프로그램들은 학생들이 연속음으로 시작되는 단어를 가지고 별로 연습을 많이 하지도 않았는데도 단절음을 가진 단어를 매우 일찍 소개하는 경우가 있다.

- **매일매일 연습의 부재:** 어떤 프로그램은 너무 많은 활동들이 포함되어 있기 때문에 매일매일 연습을 제공하지 않는다. 다른 프로그램은 단어 읽기 연습을 매일 제공해야 한다고 분명하게 지시하고 있지 않다.

해결 방안

규칙 단어 읽기와 관련된 문제들—한 글자씩 소리 내기를 전혀 가르치지 않거나 아주 조금만 명시적으로 가르치는 것, 불규칙 단어를 빠른 속도로 일찍 소개하는 것, 매일매일 연습이 없는 것—은 매일 단어 읽기 연습을 수업에 보완하고 필요하면 새로운 수업을 짜서 해결할 수 있다. 초기 단계에서 첫 달 동안의 수업에서는 매일 음소 인식 연습, 글자-소리 대응 연습을 포함시키고, 일단 학생들이 6~8개의 글자-소리 대응을 학습한 후에는 단어 읽기 연습을 포함시킨다. 처음 한 글자씩 읽기 연습은 가장 쉬운 유형의 단어인 연속음으로 시작되는 VC와 CVC 규칙 단어로 한다. 단어 통째 읽기는 학생들이 한 글자씩 읽기를 정확하고 쉽게 할 수 있을 때 소개한다. 연습의 양은 학생들의 수행 정도에 따라 결정한다. 만약 학생들이 특정 기술에 어려움을 겪는다면, 새로운 기술을 다음날에 제시해야 한다. 더 많은 연습이 필요하기 때문이다.

불규칙 단어를 너무 빠른 속도로 혹은 너무 일찍 소개하는 문제는 해결하기 쉽지 않다. 만약 불규칙 단어가 아이들이 대부분의 글자-소리 대응이나 글자 이름을 알기 전에 소개된다면, 이 아이들은 단어 내 글자를 왼쪽에서 오른쪽으로 모든 글자에 주목하는 전략을 사용하지 않을 가능성이 높다. 지적 능력이 높은 학생들의 경우에는 불규칙 단어가 너무 일찍 혹은 빨리 소개되었을 때 발생하는 혼동을 극복할 수 있음에 반해, 수업을 따라오기 어려워하는 학생들은 쉽게 고칠 수 없는 상태로 혼동을 할 가능성이 있다.

불규칙 단어를 소개할 때 글자-소리 대응을 거의 알고 있지 못하는 아이들을 가르치는 교사는 한편으로는 규칙 단어 읽는 법을 가르치면서 불규칙 단어 소개 시기를 아주 많이 늦추는 것이 좋다. 규칙 단어 읽는 법을 배우는 동안에 교사는 이야기 속에 학생들이 아직 모르는 불규칙 단어가 나오면 이를 말해 준다. 일단 불규칙 단어가 소개되면, 자주 등장하는 좀 더 중요한 불규칙 단어에 대해 별도의 복습과 연습을 제공하는 데 더욱 집중한다. 초기 읽기 단계에서 새로운 불규칙 단어를 처음 제시할 때에는 그 단어를 단어 읽기 목록 연습과 이야기에 다음 10차시 정도에 연속해서 제시 하고, 그 다음에는 최소한 매 2차시나 3차시마다 한 번씩은 제시한다.

앞에서 제시한 해결 방안이 이상적인 것들은 아니다. 이상적인 해결 방안은 학생들이 규칙 단어 읽기를 숙달하기 전까지는 불규칙 단어 소개하는 것을 늦추었다가 소개를 할 때에는 세심하게 주의를 기울여 하는 읽기 프로그램을 구입하는 것일 것이다. 이에 관한 보다 많은 논의들이 제3부에 제시된다.

기존 교육과정에의 적용

현재 사용하고 있는 주요 읽기 프로그램의 초기 단어 읽기 교수 평가하기

규칙 단어 읽기

1. 언제 규칙 단어 읽기가 소개되는가? 이 소개 이전에 식자 관련 기술 중 어떤 것이 소개되어 왔는가?
2. 규칙 단어 읽는 것을 가르치기 위한 전략 중 어떤 것이 구체적으로 언급되고 있는가?
3. 이 전략은 명시적인가? 교사는 단어를 어떻게 한 글자씩 읽는지 시범을 보이는가?
4. 프로그램에서 제시되고 있는 첫 규칙 단어 30개를 적어 본다. 프로그램에서는 연속음으로 시작되는 CVC 단어로 시작하고 있는가?
5. 학생들은 자신들이 숙달한 소리를 포함하고 있는 단어만을 한 글자씩 읽고 있는가?
6. 한 글자씩 읽기에서 규칙 단어 통째 읽기로의 전환이 있는가?
7. 학생의 오류에 대한 교정 절차가 구체적으로 제시되고 있는가?
8. 규칙 단어 읽기 연습에서 매일매일 연습이 제시되고 있는가?
9. 이제까지의 질문에 대한 답에 근거해 볼 때 어떤 수정이 필요하다고 보는가?

불규칙 단어 읽기

1. 언제 불규칙 단어 읽기가 소개되는가? 프로그램에서 처음 소개되는 15개의 불규칙 단어를 적어 본다. 이 단어가 소개되기 전에 학생들은 어떤 글자-소리 대응을 배웠는가?
2. 규칙 단어 읽기를 가르치기 위해 어떠한 전략이 구체적으로 제시되고 있는가?

3. 이 전략이 학생들로 하여금 단어 내의 모든 글자를 검토하도록 하고 있는가?
4. 규칙 단어 읽기 첫 몇 달 동안 사용된 전략이 단어 속의 모든 글자를 검토하는 것 대신 그림이나 맥락 같은 단서에 초점을 맞추고 있지는 않은가?
5. 학생의 오류에 대해 어떠한 교정 절차가 제시되고 있는가?
6. 단어 목록 읽기와 문단 읽기 연습에서 불규칙 단어 읽기 연습이 매일 제시되고 있는가?
7. 이제까지의 질문에 대한 대답에 근거해 볼 때 어떠한 수정이 필요하다고 보는가?

요약 규칙 단어 한 글자씩 소리 내기

재료	오버헤드, 백보드 혹은 플래시카드에 단어를 적는다.
해야 할 일	"여러분은 이제 단어를 한 글자씩 소리 내게 될 거예요. 여러분이 정확하게 한 다음에는 그것을 빠르게 읽어 볼 것입니다."라고 말한다. 단어의 맨 왼쪽부터 시작하며 말한다. "한 글자씩 소리 내 보세요. 준비." 연속음 글자는 각각 1.5~2초 밑을 짚고 단절음은 잠깐만 짚는다. 학생들이 단어 내 글자를 정확하게 소리 내면 즉시 "무슨 단어죠?"라고 묻는다. 주의: "무슨 단어죠?"라고 묻기 전에 여러 번 단어 내 글자를 한 글자씩 읽어 보게 할 수 있다. 나머지 단어들을 가지고 위 과정을 반복한다. 몇 명의 학생들을 대상으로 개별적으로 시켜 본다.
오류 교정	시범-안내-검사 교정 절차를 사용한다. 학생들이 추측하지 않도록 한다. 필요하면 학생들이 한 글자씩 정확하게 읽고 단어를 정확하게 보통의 속도로 읽을 때까지 시범과 안내를 반복한다.
진행 속도와 연습	한번에 6~8개의 단어를 대상으로 5~7분 동안 한 글자씩 읽기 연습을 시킨다. 학생들이 이미 각 글자의 소리를 알고 있는 단어만을 사용한다. 처음 며칠 동안에는 어떻게 단어를 한 글자씩 읽는지 시범 보이고, 그 후에 교사와 같이, 그리고 마지막에 스스로 해 보게 한다.
가능한 수업 진행 순서	연속음으로 시작되는 VC와 CVC 단어(at, sun). 연속음으로 시작되는 CVCC 단어(sand, lamp, fist). 단절음으로 시작되는 CVC 단어(hot, cap).

단절음으로 시작되는 CVCC 단어(cast, hand).
첫 두 개의 자음이 연속음인 CCVC 단어(slap, frog).
첫 자음 중 하나가 단절음인 CCVC 단어(crib, stop).
CCVCC 단어(brand, clump).
CCCVC와 CCCVCC 단어(split, sprint).

전략적 통합 단어 목록 속의 단어를 학생들이 모두 숙달한 다음에는 그 단어들이 문단 읽기 연습에 연결되어 나타나야 한다.

요약 규칙 단어 통째 읽기

재료 초기 읽기 단계에서는 단어 통째 읽기 연습에 한 글자씩 읽기 연습 때 사용했던 것과 동일한 단어를 사용한다. 학생들이 좀 더 능숙해지면 연습에 사용할 단어의 수를 증가시킨다. 모든 단어를 처음부터 한 글자씩 읽을 필요는 없다.

해야 할 일 다음과 같이 말한다. "이 단어들을 빠르게 읽게 될 것입니다. 내가 단어를 가리키면 혼자말로 한 글자씩 소리 내보세요. 내가 신호를 주면 그 단어를 빠르게 읽으세요."
단어의 왼쪽을 가리킨다. 3초 동안 멈춘 다음, "무슨 단어죠?"라고 묻고 신호를 준다.
목록 속의 모든 단어에 대해 동일하게 계속 가르친다. 학생들이 목록 속의 모든 단어를 정확하게 읽으면 맨 처음 단어로 되돌아가서 이번에는 2초 간격으로 단어를 다시 읽는다.
몇 명의 학생들을 대상으로 개별적으로 시켜 본다.

오류 교정 오류를 범한 소리에 대해 시범을 보이거나 학생들에게 정확하게 소리 내보라고 시켜 본다. 각 글자를 큰 소리로 소

	리 내어 한 글자씩 읽게 한 다음 빠르게 단어로 읽어 보도록 한다. 첫 단어(혹은 네 번째 앞까지의 단어들)로 되돌아가서 이번에는 빠르게 단어로 읽도록 한다.
단어 예 선정	단어 목록에는 가장 최근에 가르쳤던 단어들과 이전에 가르쳤던 단어를 섞어서 제시한다.
전략적 통합	학생들이 단어들을 빠르게 읽은 다음에는 연계된 문단 읽기 연습 시에 그 단어들을 제시한다.

제10장

초등 저학년 동안의 발음과 단어 공략

초기 읽기 단계 동안에 학생들은 규칙 단어와 일부 상용 불규칙 단어를 읽는 법을 배운다. 초기 읽기 단계를 거치면서 읽기 능력이 향상되어 감에 따라 학생들은 단어를 한 글자씩 소리 내는 것을 별로 힘들이지 않고 비교적 빠르게 1음절 단어를 읽을 수 있게 되도록 충분한 연습을 해야 한다. 거의 즉각적으로 단어를 읽을 수 있다는 것은 단어가 낱개의 글자 조합이 아닌 복수의 글자 단위로 구성되어 있는 것으로 본다는 것을 나타낸다. 이렇게 단어를 복수의 글자 단위의 구성으로 인식할 수 있음으로써 초등학교 저학년 학생들은 이 시기의 단어 읽는 법을 학습할 준비를 갖추게 된다.

초등 저학년 동안 수업의 초점은 더 이상 각 글자가 특정 소리를 내는 단어들에 있지 않다. 이 기간 동안의 수업의 초점은 단어 속의 글자들의 집합과 그에 대응하는 소리 간의 관계에 있다. 학생들은 다음과 같은 것들을 읽는 법을 배운다.

- maid, beet, cloud, farm, cold 등과 같이 일상적인 글자 조합을 포

함하고 있는 단어들

- VCe 패턴의 단어들. 이들 단어 중에서 첫 모음은 장음이고 마지막 모음은 묵음이다(like, hope, came).
- 단어 기본형에 흔한 접미사가 붙은 단어들. −ed, −er, −est, −ing, −y, −le 등은 흔한 접미사들이다(hopped, bigger, smartest running, funny, single). 어떤 단어는 접미사가 붙음으로써 더 어려운 단어가 된다. 왜냐하면, 접미사가 붙음으로써 철자가 변하기 때문이다(hope+ing=hoping).
- 단어 기본형이나 기본 어원에 접두사나 접미사가 붙은 다음절 단어(reporting, unhappy, carefully).
- 아직 학생들이 배우지 않았거나 혹은 가르치기 어려울 정도로 너무 변화가 심하여 학생들이 알지 못하는 소리를 하나 혹은 그 이상 포함하고 있는 불규칙 단어(fuel, thought, reign).

식자 관련 지식이 풍부한 학생들의 경우 초등 저학년 단계는 입학 후 1~2개월 후에 바로 시작될 수 있다. 식자 관련 지식이 거의 없이 읽기 부진 및 부진 위험이 있는 학생들의 경우 초등 저학년 단계의 기술을 가르치기 위해서는 6개월 이상 초기 읽기 단계 기술을 가르치는 것이 필요하다. 항상 아이들의 수행 정도에 따라 언제 새로운 기술을 소개할 것인가를 결정해야 한다. 식자 관련 기술이 별로 없이 학교에 입학했던 학생 중에서도 어떤 학생들은 읽기 기술이 매우 빨리 향상될 수 있다. 명심할 것은 얼마나 빨리 새로운 읽기 기술을 소개하느냐는 학생들이 입학할 때 알고 있는 것이 아니라 수업할 때 학생들이 어떤 수행을 보이느냐에 따라 결정해야 한다는 점이다.

명시적 교수를 통한 상용 글자 조합 단어 가르치기

글자 조합이란 다수의 단어에서 특정한 소리로 발음되는 글자들의 연속적인 집합체를 말한다. 8장에서는 상용 글자 조합의 대표음을 가르치는 절차를 제시했었다. 이 절에서는 그러한 글자 조합을 포함하고 있는 단어를 소개하는 수업 절차를 제시하고자 한다.

글자 조합을 포함하고 있는 단어들은 학생들이 규칙 단어를 어느 정도 유창하게 읽었을 때(1분에 20개 정도의 단어를 읽는 정도) 소개할 수 있다.

글자 조합은 8장에서 구체적으로 제시했듯이 별도로 먼저 소개한다(글자 조합을 별도로 어떻게 제시하는지에 대해서는 8장의 내용을 참조하기 바란다.). 글자 조합을 따로 연습한 지 1~2일 후에는 학생들이 따로 글자 조합을 연습할 때 어려움을 겪지 않는 한 그 글자 조합이 들어 있는 단어를 소개할 수 있다.

글자 조합이 들어 있는 단어 소개와 연습을 위한 단어 목록이 〈표 10-1〉에 나와 있다. 표에서처럼 교사는 각각 6~8개의 단어를 포함하고 있는 두 가지 종류의 단어 목록을 준비한다. 첫 번째 목록에서는 모든 단어 내의 글자 조합에 밑줄이 그어져 있다(sp<u>ea</u>k, f<u>o</u>ld, <u>th</u>at). 두 번째 목록에서는 글자 조합에 밑줄이 그어져 있지 않다. 첫 번째 목록 단어들로는 새로운 글자 조합에 대해 집중적인 연습을 제공한다. 첫 번째 목록의 처음 세 단어에는 가장 새로운 글자 조합이 들어 있어야 한다. 나머지 단어 중 대부분에는 최근에 소개한 글자 조합을 포함시키고, 특히 그 중 한두 단어에는 새로운 글자 조합을 포함시킨다. 예를 들어, 글자 조합 ai를 포함한 단어가 처음으로 단어 목록에 포함되어 있고 글자 조합 oo와 ee를 최근 몇 차시 전에 소개했다고 가정해 보자. 이럴 경우 첫 번째 단어 목록에 포함될 단어는 다음과 같다.

bait

maid

tail

beet

wait

moon

학생들은 첫 번째 목록 단어들을 2번 읽는다. 처음 읽을 때는 글자 조합에 대응하는 소리를 말한 다음, 단어를 말한다. 두 번째 읽을 때에는 그냥 단어만 말한다.

〈표 10-1〉 글자 조합 단어 목록

교사	학생
다음 단어들을 칠판에 적는다.	
bait *aim*	
maid *weed*	
tail *cart*	
beet *bait*	
wait *boat*	
moon *tool*	
fair	
첫 번째 목록	
1. a. 학생들은 각 글자 조합의 소리를 확인한 다음, 단어를 읽는다.	
밑줄 친 글자 밑을 짚으면 묻는다. "무슨 소리죠?" (신호)	"a."
b. 단어의 왼쪽을 가리키며 묻는다. "무슨 단어죠?" (신호)	"Bait."
c. 위 두 단계를 나머지 단어를 대상으로 반복한다.	
2. a. 처음에는 글자 조합의 소리를 내지 않고 목록 속의 단어를 다시 읽는다.	
bait 단어를 가리키고 2초 동안 멈춘 후 묻는다. "무슨 단어죠?" (신호)	"Bait."
b. 위 단계를 나머지 단어를 대상으로 반복한다.	

두 번째 목록

3. a. 처음에는 글자 조합의 소리를 내지 않고 목록 속의 단어를 읽는다. aim을 가리키며 2초 동안 멈춘 후 묻는다. "무슨 단어죠?" (신호) "Aim."
   b. 나머지 단어를 대상으로 2(a) 단계를 반복한다.
4. 학생들을 개별적으로 불러 하나 혹은 그 이상의 단어를 읽어 보게 한다.

두 번째 목록 단어들로는 새로운 글자 조합과 이전에 소개되었던 글자 조합을 연습한다. 이 목록은 새로운 글자 조합을 포함하고 있는 두 개 혹은 세 개의 단어와 이전에 소개했던 글자 조합을 포함하고 있는 단어를 세 개 혹은 네 개 정도 포함하고 있어야 한다. 그 예는 다음과 같다.

aim

weed

cart

bait

boat

tool

fair

두 번째 목록의 단어를 읽을 때 학생들은 글자 조합의 소리를 먼저 확인하지 않고 단어를 읽는다.

부록 A에는 글자 조합을 담고 있는 단어 읽기 연습용 목록 구축에 필요한 단어들이 포함되어 있다.

중요한 수업 행동들

신호 주기 학생들로 하여금 글자 조합을 소리 내어 읽도록 할 때에 교사는 해당 글자 조합 밑을 짚으며 "무슨 소리죠?"라고 묻고 짚었던 손가락을 몇 인치 칠판에서 떼었다가 다시 해당 글자 조합 밑을 짚는 동작을 하며 신호를 준다. 학생들로 하여금 단어를 읽도록 할 때에는 단어의 왼쪽을 가리킨 다음, 2초 동안 멈추어 그 단어를 생각하게 한다. 그런 다음 떼었다 짚는 동작으로 신호를 준다. 신호 절차는 명료해야 한다. 학생들이 반응하도록 하기 위해 교사는 자신의 손가락을 칠판에서 떼었다가 다시 짚는 동작을 취한다. 이러한 떼었다 짚었다 하는 동작은 손가락을 칠판에서(약 3인치 정도) 떼었다 즉시 칠판에 다시 날렵하게 짚는 방법으로 수행한다([그림 7-1] 참조). 학생들은 교사가 손가락을 칠판에 댈 때 대답한다. 이러한 떼었다 짚었다 하는 동작을 매번 동일하게 한다. 조금이라도 주저하거나 일관성 없게 할 경우 학생들이 언제 대답을 해야 할 지 정확하게 알 수 없기 때문에 합창식 반응을 이끌어 내기 어렵다.

점검하기 교사는 학생들이 반응할 때 그들의 눈과 입을 관찰한다. 학생들이 합창식으로 각 단어 목록을 읽도록 한다. 모든 학생들이 단어들을 정확하게 읽는다고 판단이 되면 개별적으로 시켜 본다. 개별적으로 시킬 때는 단어를 가리키고 그 단어를 생각할 시간을 주기 위해 잠깐 멈춘 다음 해당 학생을 호명한다. 이러한 절차는 학생들의 주의집중 정도를 높일 수 있다. 만약 교사가 학생 이름을 먼저 부르면 나머지 학생들은 그 단어에 주의를 기울이지 않을 수 있다.

오류 교정 만약 학생이 특정 단어를 잘못 읽거나 신호에 반응하지 않으면 틀리게 발음된 글자나 글자 조합을 가리키며 해당 글자나 글자 조합의 소리를 말해 준다. 그런 다음, 학생들에게 그 소리를 말해보도록 한다. 예를 들어, 한 학생이 bout를 /boot/라고 하면, 교사는 ou를 짚으며 "이 글자들은 /ou/라고 읽어요. 어떻게 읽는다고요?" 학생이 정확하게 소리를 내면 약 2초 동안 멈춘 후 "무슨 단어죠?"라고 묻는다. 학생이 단어를 말한 후 단어 목록의 맨 첫 단어에서 마지막 단어까지의 수와 오류를 범한 단어 네 번째 앞의 단어부터 마지막 단어까지의 수 중 더 적은 경우를 택해서 그 단어들을 다시 제시한다.

명시적 교수를 통한 VCe 유형 단어 가르치기

VCe 유형 단어에서는 자음 뒤에 단모음이 나오고, 그 뒤에는 다시 e가 붙는다. 다음 단어들에서 VCe 유형에 주목하기 바란다.

lake
stripe
smile

1음절 단어 중 약 2/3는 VCe 유형을 갖고 있으며, 첫 모음은 장음(글자 이름)이다. 나머지 1/3의 VCe 유형 단어에서는 어떤 경우에는 첫 모음이 대표음으로 발음되고(give), 또 어떤 경우에는 대표음이나 장음도 아닌 소리(done)로 발음된다.

많은 1음절 VCe 유형 단어에서 첫 모음이 장음이기 때문에 단어가 e로 끝날 때는 첫 모음의 소리로 장음을 내는 전략을 가르치는 것이 좋다. 1음절 VCe 유형 단어 중에서 첫 모음이 장음으로 소리 나지 않는 단어는 불규칙 단어로 취급해야 한다.

VCe 유형 단어를 읽는 전략은 학생이 6~8개의 글자 조합을 소리 낼 수 있고 그러한 글자 조합을 포함하고 있는 단어를 정확하게 읽을 수 있을 때 제시한다. 글자 조합 단위로 단어를 읽음으로써 학생들은 낱글자가 아닌 복수 글자 단위로 단어를 보는 연습을 할 수 있다. 이러한 기술은 학생들로 하여금 첫 모음의 소리가 단어 끝 글자에 의해 그 소리가 결정되는(마지막 글자 e) VCe 유형 단어를 읽도록 준비시켜 줄 수 있다.

선수기술

VCe 유형 단어가 소개되기 전에 학생들은 모음 글자 소리와 모음 글자 이름을 구별할 수 있어야 한다. 많은 학생들은 이미 모음 글자 이름을 알고 각 글자의 소리와 이름을 구분할 수 있을 것이다. 이러한 학생들의 경우, VCe 유형 단어 읽기를 바로 시작할 수 있다. 모음 글자의 이름을 모르는 학생들의 경우 교사는 모음 글자를 가르치기 위한 소규모 프로그램을 만들어 글자 이름과 소리를 변별하는 연습을 시킬 필요가 있다.

모음 이름과 모음 소리를 변별하는 변별 수업을 위한 소규모 프로그램은 모음의 글자 이름을 가르치는 것으로 시작할 수 있다. 첫날 교사는 두 개의 모음을 칠판에 쓴 다음, 각 모음의 이름을 말하게 한다. "여러분들은 이 글자의 소리를 알 것입니다. 오늘 이 시간에 여러분은 그 글자의 이름을 배우게 될 것입니다." (a를 가리킨다.) "이 글자의 이름은 a입니다." (글자 o를 가리킨다.) "이 글자의 이름은 o입니다." 그러고 나서 각 글자에 대해 "이 글자의 이름이 무엇입니까?"라고 물으며 검사한다. 다음날, 학생들을 검사하며 수업을 시작한다. (글자 a를 가리키며) "이 글자의 이름이 무엇이죠?" (글자 o를 가리키며) "이 글자의 이름이 무엇이죠?" 만약 학생이 두 글자의 이름을 알면, 다른 글자의 이름을 소개하고 나머지 세 개의 글자 모두를 검사한다. 이 절차를 학생들이 모든 모음의 글자 이름을 정확하게 말할 때까지 반복한다.

학생들이 모든 모음 글자의 이름을 알면 글자의 이름과 소리를 같이 포함하는 변별 수업 형식이 필요하다. 칠판에 o와 a 두 개의 모음을 적는다. 글자 o를 가리키면서 "이 글자의 이름은 o입니다. 그 소리는 /o/입니다." 라고 시범을 보인다. 그런 다음 "글자 이름이 무엇이죠? 소리는 무엇이죠?"라고 물으며 학생들을 검사한다. 동일한 절차를 글자 a를 가지고 실시한다.

다음날은 검사하는 것으로 수업을 시작한다. 칠판에 a와 o를 적고 각각에 대해 "글자 이름이 무엇이죠? 소리는 무엇이죠?"라고 묻는다. 학생들이 각 글자에 대해 이름과 소리를 정확하게 대답하면 세 번째 글자 i를 소개한다. 글자 i의 이름과 소리를 말하는 것을 시범 보인 다음, 이를 물어보며 검사한다. 그런 다음에는 세 개의 모음 글자 모두(a, o, i)에 대해 그 이름과 소리를 말해 보도록 검사한다. 세 개의 모음 글자 a, o, i에 대해 글자 이름과 소리를 대답하는 연습을 매일 실시한다. 학생들이 이틀 연속해서 오류 없이 정확하게 반응할 때 VCe 유형 단어를 소개한다. 변별 수업에서 e와 u를 포함시키지 않은 것에 주목하기 바란다. 이 두 글자가 첫 모음인 VCe 유형 단어 수는 비교적 적은 편이다. e와 u를 포함하고 있는 VCe 유형 단이는 소개 시기를 늦추는 것이 좋다. 그럼으로써 학생들의 초기 부담을 줄여 줄 수 있다. 첫 모음이 e와 u인 단어는 학생들이 a, i, o가 첫 모음인 VCe 패턴 단어를 제대로 읽을 수 있을 때 소개한다.

VCe 유형 단어 읽기를 위한 도입 수업 형식

도입 수업 형식(〈표 10-2〉 참조)에서 교사는 VCe 규칙과 그 사용에 대해 설명한다. 각 단어에 대해 교사는 먼저 학생들로 하여금 첫 모음의 이름을 말해 보게 하고 그 단어를 읽어 보도록 한다. 이때 교사가 첫 모음이란 용어를 사용하지 않고 대신 첫 모음을 가리키며 "끝의 글자 e가 있기 때문에 우리는 글자의 이름으로 소리 냅니다."라고 한 것에 주목하기 바란다. 이러한 교사의 말은 전략을 단순하게 만들어 준다. VCe 개념은 처음부터 모음이나 첫 글자란 용어를 설명하지 않고도 가르칠 수 있다.

〈표 10-2〉 VCe 유형 단어 읽기를 위한 도입 수업 형식

교사	학생
칠판에 다음 단어들을 적는다: *game*, *rope*, *mine*, *tape*, *note*.	
1. 먼저 관련 규칙을 말한다. "끝에 e가 붙어 있으면 우리는 이 글자의 (a를 가리키며) 이름을 말합니다."	
2. 같이 규칙을 적용해 보며 학생들을 안내한다.	
a. *game*을 가리키며 "이 단어 끝에 e가 있습니까?" (신호)	"Yes."
b. a를 가리키며 "그러면 이 글자의 이름을 말해야 합니다."	
c. "이 글자의 이름이 뭐죠?" (신호)	"A."
d. "단어를 읽을 준비를 하세요." 2초 동안 멈춘 후 묻는다. "무슨 단어죠?" (신호)	"Game."
e. 2(a~d)단계를 나머지 4개 단어를 대상으로 반복한다.	
3. 학생들은 교사로부터의 어떤 단서도 없이 모든 단어를 읽는다.	
a. "이 단어들을 모두 읽어 보세요."	
b. *game* 단어를 짚고 2초 동안 멈춘 후 신호를 준다.	
c. 나머지 단어를 대상으로 2(b) 단계를 반복한다.	
4. 학생들을 개별적으로 불러 하나 혹은 그 이상의 단어를 읽도록 시켜 본다.	

VCe 유형 단어 읽기를 위한 변별 수업 형식

변별 수업 형식(〈표 10-3〉 참조)은 학생들이 도입 수업에서 제시되었던 모든 문제들에 오류 없이 연속해서 두 차시 동안 반응할 때 제시한다. 변별 수업에는 3개의 CVCe 단어—i 가 첫 모음인 단어 1개, a가 첫 모음인 단어 1개, o가 첫 모음인 단어 1개—를 포함하여 6개의 단어로 구성된 목록이 포함되어 있다. 나머지 3개 단어는 규칙적인 CVC 단어—i가 첫 모음인 단어 1개, a가 첫 모음인 단어 1개, o가 첫 모음인 단어 1개—로 구성한다. 하나 혹은 두 개의 최소한으로 적은 차이를 보이는 단어 쌍 역시 포함시킨다(예: hope–hop, dime–dim). 단어 목록은 예측 가능하지 않도록 구성한다(CVCe 단어 뒤에 항상 CVC 단어가 오지 않도록 함). 단어 목록에는 make, sit, hope, like, ram, hop와 같은 단어들이 포함될 수 있다. 자음 혼합으

〈표 10-3〉 VCe 유형 단어 읽기를 위한 변별 수업 형식

교사	학생
칠판에 다음 단어들을 적는다: *make, sit, hope, like, ram, hop.*	
1. 학생들에게 규칙을 다시 상기시켜 준다. "잘 기억하세요. 단어 끝에 e가 나오면 우리는 이 글자의 이름(첫 모음을 가리키며)을 말합니다."	
2. 학생들을 안내한다.	
a. *make*를 가리키며 "이 단어 끝에 e가 있습니까?" (신호)	"Yes."
b. *make*의 a를 가리키며 "이 글자를 /ā/라고 읽나요 아니면 /ă/라고 읽나요?" (신호)	"/ā/."
c. *make*의 왼쪽을 가리키며 잠깐 멈춘 후 "무슨 단어죠?"라고 묻는다. (신호)	"Make."
d. 나머지 단어를 대상으로 2(a−c)단계를 반복한다.	
3. 교사의 단서 없이 학생들이 단어를 읽는다.	
a. "내가 신호를 주면 단어를 읽으세요."	
b. *make*를 짚고 2초 동안 멈춘 후 "무슨 단어죠?"라고 묻는다. (신호)	"Make."
c. 나머지 단어를 대상으로 3(b)를 반복한다.	
4. 학생들을 개별적으로 불러 하나 혹은 그 이상의 단어를 읽도록 시켜 본다.	

로 시작되는 단어들(예: globe, crime)은 학생들이 새로운 규칙에 집중할 수 있도록 하기 위해 첫 2주 동안에는 VCe 유형 단어 읽기 연습에 제시하지 않는다.

학생들은 단어 목록을 두 번 읽는다. 첫 번째 읽을 때 교사는 단어 끝에 e가 왔는지 묻고, 그렇다면 첫 모음을 그 이름으로 읽어야 하는지를 물으며 학생들을 안내한다. 두 번째 읽을 때는 학생들에게 별 단서를 주지 않고 그냥 단어를 읽어 보게 한다. 변별 수업용 단어 목록은 학생들이 최소 3일 동안 연속해서 모든 단어를 첫 시도에서 정확하게 읽을 수 있을 때까지(매일 동일한 단어를 사용하지는 말고) 매일 제시한다. 그 이후로는 VCe 유형 단어를 문단 읽기에 포함시키거나 불규칙 단어뿐만 아니라 글자 조합을 포함한 단어가 들어 있는 읽기 목록에 섞어서 제시한다. 이때 e와 u를 포함하고 있는 VCe 유형 단어를 소개할 수 있다.

오류 교정 가장 흔한 오류는 CVCe 단어를 CVC 단어로 읽는 경우(예: pane을 "pan"으로 읽는 경우)다. 교정 절차는 다음과 같다.

1. "이 단어 끝에 e가 있나요?"라고 묻고 규칙을 다음과 같이 상기시킨다. "잘 기억하세요. 단어 끝에 e가 오면 우리는 이 글자를(모음을 가리키며) 이름으로 발음합니다."
2. "(첫 모음을 가리키며) 이 글자의 이름이 무엇이죠?"라고 묻는다.
3. 학생들로 하여금 단어를 읽어 보게 한다. "무슨 단어죠?"
4. 단어 목록의 맨 처음 단어로 되돌아가서 단어들을 다시 제시한다.

CVC 단어를 제시했을 때 학생이 장음을 발음하면 위의 교정 절차 중에서 2단계만 "이 글자의 소리가 무엇이죠?"라고 다르게 하고 나머지는 위 절차와 동일하게 말한다.

명시적 교수를 통해 상용 접미사가 있는 단어 가르치기

초등 저학년 단계 동안에는 단어 읽기 시간 중 더 많은 시간을 기본형에 접두어가 붙은 단어 읽기에 투입하게 될 것이다. 우선은 단어 기본형에 가장 대표적인 접미사가 붙은 단어 읽는 법을 가르친다. 가장 대표적인 접미사로는 −s, −er, −est, −ing, −le, −ed, −y 등이 있다. 이러한 접미사들은 초등학교 저학년 때 일찍 소개한다.

기본형에 접미사가 붙은 단어는 글자 조합이 소개되는 시기와 동일한 때 소개할 수 있다. 이때 학생들은 1분에 20단어 정도의 속도로 규칙 단어를 읽을 수 있어야 한다.

대표적인 접미사 −er, −ing, −est, −y, −le가 붙은 단어들은 글자 조합을 포함하고 있는 글자 읽는 법을 가르칠 때 사용한 것과 유사한 절차에 따라 소개한다. 단어 기본형에 상용 접미사가 붙은 단어 읽는 법을 가르치는 기본적인 절차는 (a) 접미사를 따로 소개하고, (b) 며칠 동안 접미사 부분만 따로 연습하며, (c) 단어 목록 형태로 해당 접미사가 붙은 단어를 소개하고, (d) 해당 유형 단어를 문단 읽기용 이야기에 포함시킨다.

소개 절차는 먼저 교사가 새로운 접미사를 따로 떼어 소개하는 것으로 시작한다. 칠판에 이전에 이미 소개했던 몇 개의 접미사와 함께 새로운 접미사를 적으며 다음 절차를 밟는다.[1)]

1. **접미사 소리를 시범 보인다.** (접미사 –er을 가리키며) "단어 끝에서 이 글자들은 보통 /–er/로 소리난다."
2. **학생들을 검사한다.** (–er을 가리키며) "이 글자들을 어떻게 읽죠?" "/–Er/."
3. **연습을 제공한다.** 새로운 끝 글자와 다른 글자 조합 및 끝 글자를 서로 바꾸어 가며 "이 글자들을 어떻게 읽죠?"라고 묻는다.

위의 수업 절차가 글자–소리 대응만을 따로 떼어 가르칠 때와 글자 조합을 가르칠 때의 그 절차와 유사하다는 점에 주목하기 바란다.

새로운 끝 글자는 따로 떼어 며칠 동안 연습을 한 다음 그 끝 글자가 붙은 단어를 단어 목록 연습 형태로 제시한다. 단어 목록 연습 시에 교사는 두 가지 목록을 만든다. 첫 번째 목록은 6개의 단어로 구성하며, 첫 3개의 단어는 이미 알고 있는 단어 기본형에 새로운 접미사가 붙은 단어들로 구성한다. 나머지 세 단어 중 두 단어는 최근에 소개한 접미사가 붙어 있는 것이고, 나머지 하나는 새로운 접미사가 붙은 것이다. 첫 번째 목록에서 각 단어의 기본형에는 밑줄이 그어져 있다.[2)] 기본 단어는 이중 자음까지 밑줄

1) 저자 주: 접미사 –er과 –ing도 1음절 단어(sing, fern) 속에서 글자 조합으로 기능한다.
2) 저자 주: 많은 단어 속에는 이중 자음(bigger, running)이 있을 것이다. 이러한 이중 자음은 모음

이 쳐진 부분을 말한다. 아래 단어 목록 예는 접미사 -est가 붙은 단어를 제시하는 데 사용될 수 있다. 접미사 -er, -ing, -y는 이미 앞에서 소개된 것으로 가정한다.

biggest
fastest
hottest
hotter
maddest
hopping

학생으로 하여금 이 목록을 두 번 읽어 보게 한다. 첫 번째 읽을 때 각 단어의 밑줄 친 부분을 말해 보게 하고〔"밑줄 친 부분을 읽어 보세요." (신호)〕, 그런 후에 단어 전체를 읽어 보도록 한다〔"단어 전체를 읽어 보세요." (신호)〕. 목록을 다 마친 후 학생들은 밑줄 친 부분을 읽지 않고 전체 단어를 다시 읽는다.

두 번째 목록에는 새로 소개되는 접미사를 절반 정도의 단어에 포함시킨다. 나머지 단어들은 이전에 소개되었던 접미사를 포함해야 한다. 교사는 단어의 어느 부분도 말해 주지 않고 학생들로 하여금 단어를 읽어 보도록 한다. 다음은 두 번째 목록의 예다.

softest
funny
smartest
hopping

으로 시작되는 접미사(bat+-ing= batting)가 붙을 때 마지막 글자를 반복해야 하는 철자 규칙 때문에 발생한다.

better

smallest

단어 선정에서 가장 중요한 기준은 단어 기본형이 학생들이 읽을 수 있는 것(즉, 이전에 소개했던 불규칙 단어나 학생들이 이미 배운 글자-소리 대응을 포함하고 있는 단어)이어야 한다는 점이다. 대표적인 접미사를 포함하고 있는 단어 목록이 부록 A에 나와 있다.

접미사 -ed가 붙은 단어

접미사 -ed는 종종 학생들에게 어려움을 안겨 준다. 왜냐하면, 세 가지 다른 소리로 나기 때문이다. -ed가 d나 t로 끝나는 단어에 붙을 때 -ed는 분리된 음절로 소리난다(예: handed, batted). 다른 단어에 -ed가 붙을 때는 어떤 경우에는 /t/소리로 발음되고(예: jumped, tricked), 또 어떤 경우에는 /d/로 소리난다(예: hummed, begged). 접미사 -ed는 학생들이 접미사 -ing와 -er이 붙은 단어를 읽을 수 있을 때 소개한다.

접미사 -ed가 붙은 단어를 가르칠 때는 학생들이 세 가지 다른 소리로 나는 것에 대해 복잡함을 느끼지 않도록 도와주어야 한다. 학생들이 접미사 -ed로 끝나는 단어를 읽을 수 있도록 준비시키기 위해 먼저 구두로 진행하는 수업을 제공하는 것이 좋다(〈표 10-4〉 참조). 이 수업 형식에서 교사는 칠판에 -ed를 적고 단어를 말한 다음 -ed가 붙은 단어를 읽는다(예: "이 접미사가 붙은 hop을 읽어 볼께요. hopped."). 다른 접미사가 붙은 두 개의 다른 단어(filled, handed)를 대상으로 이 절차를 반복한다. 그런 다음 6개의 단어를 대상으로 학생들을 검사한다("이 접미사가 붙은 hop를 발음해 보세요."). 그중 두 개의 단어에서는 -ed가 /d/소리로 나고 다른 두 개의 단어에서는 -ed가 /t/소리로 나도록 한다(예: jumped, hopped). 그리고 나머지 2개 단어에서는 추가 음절이 발음된다(예: handed, landed). 단어는

〈표 10-4〉 접미사 -ed가 있는 단어 구두 읽기 수업 형식

교사	학생
1. 칠판에 -ed를 쓴다. 접미사 -ed가 붙은 다른 단어를 말하면서 시범을 보이고 학생들을 검사한다.	
a. "hop을 읽어 보세요." (신호)	"Hop."
"이 접미사가 있는 hop을 읽어 볼께요." 접미사 -ed 부분을 짚으며 "Hopped."	
b. 접미사 -ed 부분을 짚으며 말한다. "이 접미사 부분을 읽어 보세요." (신호) 단어 hum과 lift를 가지고 1(a-b)단계를 반복한다.	"Hopped."
2. 학생들을 검사한다.	
a. 접미사 -ed 부분을 가리키며 "이 접미사가 hop에 붙었을 때 그 단어를 읽어 보세요." (신호)	"Hopped."
b. 단어 hum, jump, lift, hand, rub 등을 가지고 2(a) 단계를 반복한다.	
3. 학생들을 개별적으로 시켜 본다.	

예측 가능하지 않도록 제시한다. 가능한 단어 예로는 hand, jump, fill, land, hop, hum 등을 들 수 있다.

이러한 구두 수업 형식의 장점은 -ed가 붙었을 때 나는 세 가지 다른 소리를 확실하게 보여 줄 수 있다는 점이다. 학생들은 기본형을 읽을 필요가 없기 때문에 접미사를 정확하게 읽는 것에 초점을 맞출 수 있다. 접미사 -ed는 개별 소리내기 과제에는 제시하지 않는다. 접미사 -ed가 세 가지 소리 중 하나로 나기 때문에 이는 적절하지 않다.

학생들이 위 구어 수업 형식에서 이틀 연속 오류 없이 반응하면 문어를 대상으로 한 수업을 진행할 수 있다(〈표 10-5〉 참조). 교사는 칠판에 -ed가 붙은 단어를 6개 정도 적는다(앞의 구어 수업 형식에서 사용했던 것과 동일한 단어 예 선정 절차를 사용한다. 두 개의 단어에서는 -ed가 /id/로 발음되고, 다른 두 개에서는 /d/소리로 발음되며, 마지막 두 개의 단어에서는 /t/소리로 발음되도록 단어 예를 선정한다. 기본 단어는 모두 학생들이 읽을 수 있는 것으로 한다).

handed

filled

jumped

batted

hopped

hummed

〈표 10-5〉 접미사 -ed가 붙은 문어 단어 읽기 수업 형식

교사	학생
칠판에 다음 단어들을 적는다.	
hummed　　begged	
jumped　　tripped	
lifted　　handed	
1부: 접미사 -ed가 붙은 단어 소개하기(2~3일 동안만 제시)	
1. 학생들은 각 단어를 처음에는 기본형을 확인하고 다음에는 단어 전체를 읽는 형식으로 읽는다.	
a. 단어 *hummed*를 가리키며 "밑줄 친 부분을 읽어 보세요." (신호)	"Hum."
b. "단어 전체를 읽어 보세요." (신호)	"Hummed."
c. 나머지 단어를 대상으로 단계 1(a-b)를 반복한다.	
2. 단어 읽기를 검사한다.	
a. *hummed*를 가리키며 묻는다. "무슨 단어죠?" (2초 동안 멈춘 후 신호를 준다.)	"Hummed."
b. 나머지 단어를 대상으로 2(a) 단계를 반복한다.	
3. 개별적으로 시켜본다.	
2부: 변별 연습(제3일에 시작)	
칠판에 다음 단어들을 적는다.	
lifted　　stopped　　handed	
handing　　skipper　　running	
hummed　　picked　　lifting	
biggest　　picking　　tagged	
1. a. lifted를 가리키며 2초 동안 멈춘 후 묻는다. "무슨 단어죠?" (신호)	
b. 나머지 단어를 대상으로 1(a) 단계를 반복한다.	"Lifted."
2. 개별적으로 시켜 본다.	

이 수업 형식의 1부에서 학생들은 단어 목록을 두 번 읽는다. 첫 번째 읽을 때 밑줄 친 각 단어의 기본형을 말하고 단어 전체를 말한다. 두 번째 읽을 때는 그냥 단어 전체만 말한다. 교사는 1부를 2~3일 동안 제시한다. 2부는 둘째 날이나 셋째 날 학생들이 1부에 나오는 단어를 오류 없이 읽을 수 있을 때 소개한다. 2부에서는 8~12개의 단어 목록을 제시한다. 그중 절반 정도의 단어는 −ed로 끝나는 다양한 단어들로 구성하고 나머지 절반은 이전에 소개했던 접미사로 끝나는 단어로 구성한다. 학생들이 연속해서 며칠 동안 오류 없이 단어들을 정확하게 읽을 수 있을 때까지 매일 서로 다른 단어를 제시한다.

VCe 유형 단어에 붙는 대표적인 접미사들

모음으로 시작하는 대표적인 접미사(−ed, −ing, −er)가 붙은 VCe 유형 단어들은 철자 규칙 때문에 학생들에게 어려울 수 있다. 모음으로 시작하는 접미사가 끝이 e로 끝나는 단어에 붙을 때 끝의 e는 생략된다(예: hope+−ing=hopping, time+−ed=timed, use+−ed=used). 이러한 철자 규칙이 어렵기 때문에 학생들은 CVCe+접미사 단어를 CVC 단어에 접미사가 붙은 것으로 잘못 인식할 수 있다(예: hoping을 hope+−ing가 아닌 hop+−ing로 봄).

이러한 유형의 단어는 학생들이 규칙 단어에 대표적인 접미사가 붙은 단어(batting, hammer, biggest)를 확실히 알 수 있을 때(즉, 정확히 읽을 수 있을 때), 그리고 CVCe 단어를 CVC 단어와 구별할 수 있기 전까지(hope vs. hop, tap vs. tape 등)는 소개하지 말아야 한다.

접미사 −er 혹은 −ing가 붙은 CVCe 단어 읽는 법을 가르치는 데에는 두 가지 수업 형식을 사용할 수 있다. 첫 번째 수업 형식(〈표 10−6〉 참조)은 철자 규칙을 적용하여 어떻게 이 단어들이 형성되는가를 설명한다. 몇 개

〈표 10-6〉 접미사 -ing가 붙은 CVCe 파생 단어 소개 형식

교사	학생
칠판에 다음 단어들을 적는다. *hope* + −*ing* = *hopping* *care* + −*ing* = *caring* *ride* + −*ing* = *riding*	
1. 철자 규칙을 이야기한다. "끝이 e로 끝나는 단어 철자 규칙이에요. 접미사 -ing를 붙일 때에는 맨 끝의 e를 생략합니다." (hopping, caring, riding 단어를 가리킨다.) "이 단어들은 이러한 규칙에 따라 만들어졌습니다."	
2. (hope를 가리키며) "무슨 단어죠?" (신호)	"Hope."
(hope를 가리키며) "hope의 철자를 말해 보세요." (신호)	"H−o−p−e."
(−ing를 가리키며) "어떤 접미사죠?" (신호)	"−ing."
(−ing를 가리키며) "−ing의 철자를 말해 보세요." (신호)	"i−n−g."
(hopping을 가리키며) "무슨 단어죠?" (신호)	"Hoping."
(hopping을 가리키며) "hopping의 철자를 말해 보세요." (신호)	"H−o−p−i−n−g."
3. 나머지 단어를 대상으로 위 2단계를 반복한다.	
4. 2음절 단어를 읽게 한다.	
a. (hopping을 가리키며) "무슨 단어죠?" (신호)	"Hopping."
b. 나머지 단어를 대상으로 4(a)를 반복한다.	

의 CVCe 기본 단어를 칠판에 적고 각 단어 옆에 더하기 표시와 모음으로 시작하는 접미사를 적는다. 그런 다음, 등호 표시하고 기본형과 접미사가 합쳐진 단어를 적는다(예: tape+−ed=taped). 먼저 접미사를 붙일 때 끝의 e 글자를 생략한다는 규칙을 제시하고 각 단어에 대해 이 규칙을 적용하는 것을 시범 보인다. 학생들은 단어의 기본형과 접미사 부분을 따로 읽은 다음, 이 둘이 합쳐진 새로운 단어를 읽는다.

CVCe 단어와 CVC 파생 단어를 변별하는(hoping vs. hopping) 수업 형식이 〈표 10-7〉에 나와 있다. 이 수업 형식에서 교사는 학생들에게 어떻게 단어 중간의 자음들을 단서로 이용하여 첫 모음을 소리 낼 수 있는지를

〈표 10-7〉 변별 수업 형식-CVCe 파생 단어 vs. 규칙 단어 파생

교사	학생
칠판에 다음 단어들을 적는다.	
hoping *taping*	
tapping *batting*	
filling *robbing*	
filing *roping*	
1. 이중 자음이 있는 단어를 시범 보인다. "이 단어 중 일부는 밑줄 친 글자 다음에 이중 자음을 포함하고 있습니다. 다른 일부는 밑줄 친 글자 다음에 하나의 자음만을 갖고 있습니다."	
*hoping*을 가리며 말한다.	
"밑줄 친 글자 다음에 하나의 p만 있습니다. 단일 글자입니다."	
*tapping*을 가리키며 말한다.	
"밑줄 친 글자 다음에 두 개의 p가 있습니다. 이중 글자입니다."	
2. 이중 글자가 있는지 여부를 검사한다.	
a. *hoping*을 가리키며 묻는다. "밑줄 친 글자 다음에 무엇이 왔죠? 단일 글자인가요, 이중 글자인가요?" (신호)	"단일 글자요."
b. 나머지 단어를 대상으로 2(a)단계를 반복한다.	
c. 개별적으로 시켜 본다.	
(주: 학생들이 2단계를 확실히 할 수 있을 때까지 3~5단계를 소개하지 않는다.)	
3. 단어 발음하는 규칙을 제시한다.	
a. "밑줄 친 글자를 발음하는 규칙을 설명할게요.	
b. 뒤에 이중 글자가 오면 그 소리로 발음합니다. 단일 글자가 오면 그 이름으로 발음합니다.	
c. 뒤에 단일 글자가 오면 어떻게 발음합니까?" (신호)	"이름."
d. "뒤에 이중 글자가 오면 어떻게 발음합니까?" (신호)	"소리"
4. 규칙을 적용하는 단계를 안내한다.	
a. (hoping의 o를 가리키며) "이 다음에 단일 글자가 옵니까 아니면 이중 글자가 옵니까?" (신호)	"단일 글자."
b. (o를 가리키며) "이 글자의 이름을 발음합니까 아니면 소리를 발음합니까?" (신호)	"이름"
"무슨 단어죠?" (신호)	"Hoping."
c. 나머지 단어를 대상으로 4(a)와 4(b)단계를 반복한다.	
5. 검사한다.	
a. "이번에는 여러분이 내가 신호를 주면 단어를 읽어 보세요."	
b. (hoping을 가리키고 2초 멈춘 후) "무슨 단어죠?" (신호)	"Hoping."
c. 나머지 단어를 대상으로 5(b)단계를 반복한다.	

보여 준다. tapping과 taping을 변별하기 위해서는 학생들이 단어 중간의 자음 수를 확인할 수 있어야 한다. 단어 중간에 하나의 자음만 있을 경우 이는 그 단어가 CVCe 패턴의 단어라는 것을 나타내며 첫 모음은 아마도 장음으로 소리날 것이다. 단어 중간에 두 개의 자음이 나오면 이는 그 단어가 CVC 패턴의 단어라는 것을 나타내며 첫 모음이 장음으로 소리 나지 않는다는 것을 나타낸다.

변별 수업 형식은 언어 사용을 가급적 단순하게 하도록 설계하였다. 학생들이 배우는 규칙은 밑줄 친 글자(혹은 모음) 다음에 이중 글자가 오면 그 글자의 소리로 발음하고, 밑줄 친 글자(혹은 모음) 다음에 단일 글자가 오면 그 글자의 이름으로 발음한다는 것이다.

수업 형식의 1단계와 2단계에서는 단어 속에서 밑줄 친 글자(혹은 모음) 다음에 단일 글자가 오는지 아니면 이중 글자가 오는지를 알도록 가르친다. 3단계에서는 규칙을 제시하고, 4단계에서는 규칙을 적용하면서 학생들을 안내한다. 부록 A에는 이 연습에 사용할 수 있는 단어들이 제시되어 있다. 만약 학생들이 글자가 자음인지 모음인지를 쉽게 안다면 교사는 단일 자음 혹은 이중 자음이라는 용어를 쓸 수 있음에 주목하기 바란다.

이 변별은 쉽지 않으며 연속해서 5~10일 동안의 연습을 필요로 할 수도 있다.

명시적 교수를 통한 다음절 단어 읽기 가르치기

초등학교 저학년 단계 내내 지속적으로 접두사와 접미사를 체계적으로 소개하고, 이것들을 다음절 단어 읽기에 반영하도록 한다.

학생들이 읽게 되는 단어의 평균 음절 수는 2학년에서 3학년에 걸쳐 지속적으로 증가한다. 초기 읽기 프로그램 단계에서 수업 첫해의 마지막쯤에 학생들은 주로 1음절에서 2음절 단어를 읽는다. 1년 후, 학생들은 주로 2음절과 3음절 단어를 읽게 될 것이며 간혹 4음절이나 5음절 단어도 접하게 될 것이다. 3학년까지는 다음절 단어들을 많이 접하게 된다. 3학년 수준으로 읽는 학생들에게는 다음의 단어 목록을 제시할 수 있을 것이다.

belonging	*unfairly*	*complaining*
surrounded	*respected*	*enjoyable*
returning	*carefully*	*prevented*

대표적인 접두사와 접미사는 초등학교 저학년 기간 동안 내내 체계적으로 소개해야 한다. 〈표 10-8〉은 접두사와 접미사를 소개하는 한 가지 가능한 순서를 나타낸 것이다. 부록 A에는 이들 접두사와 접미사를 포함하고 있는 단어들이 제시되어 있다.

접두사와 접미사를 소개할 때 교사는 이들 접사들의 일부 발음이 이들 철자들의 통상적인 발음과는 다를 수 있음을 명심해야 한다. 예를 들어, 접미사 -able은 단어 able과는 다르게 소리 난다. 또한 표에 있는 일부 단어 중 일부는 실제로는 접두사가 아니다. 표에서 -tion과 -sion이 접미사로 분류되었음에 주목하기 바란다. 하지만 실제로 이들은 접미사가 아니다. -tion과 -sion은 모두 기본형에 접미사 -ion이 붙어서 형성된 것이다(state+-ion=station; impress+-ion=impression). 단어 읽기 목적으로 -tion과 -sion을 접미사로 소개할 수는 있다.

교사는 학생들에게 어떻게 발음하는지를 설명하면서 접사를 따로 소개한다. 따로 소개한 다음에는 이 새로운 접사를 포함하고 있는 단어 목록을 제시한다. 수업 형식에는 두 가지 목록이 포함되어 있다. 첫 번째 목록에는 6개 단어가 들어 있다. 이 중 첫 3개의 단어는 새로운 접사를 포함하고 있다. 남은 3개 중 2개의 단어는 가장 최근에 소개된 접사를 포함하고 있고 마지막 하나의 단어는 새로운 접사를 포함하고 있다. 첫 목록에서 새로운

〈표 10-8〉 대표적인 접두사와 접미사를 소개하기 위한 단어들의 순서 예

	단어 예	유형		단어 예	유형
−er	*batter*	변화된 접미사	−ist	*artist*	접미사
−ing	*jumping*	변화된 접미사	ad	*address*	접두사
−ed	*jumped*	변화된 접미사	−ible	*sensible*	접미사
−y	*funny*	접미사	−age	*package*	접미사
un	*unlock*	접두사	−sion	*mission*	접미사
−est	*biggest*	변화된 접미사	−ence	*sentence*	접미사
−le	*handle*	접미사	−ish	*selfish*	접미사
be	*belong*	접두사	−ation	*vacation*	접미사
re	*refill*	접두사	pre	*preschool*	접두사
de	*demand*	접두사	ex	*expect*	접두사
−ic	*panic*	접미사	over	*overtime*	접두사
−ful	*careful*	접미사	−ion	*million*	접미사
con	*confuse*	접두사	−ship	*friendship*	접미사
−ment	*payment*	접미사	com	*compare*	접두사
−teen	*sixteen*	접미사	−ure	*adventure*	접미사
dis	*distant*	접두사	−ive	*detective*	접미사
−able	*enjoyable*	접미사	ac	*accuse*	접두사
−less	*useless*	접미사	−ous	*joyous*	접미사
−ness	*darkness*	접미사	inter	*interfere*	접두사
pro	*protect*	접두사	−ward	*forward*	접미사
−tion	*invention**	접미사	−ize	*realize*	접미사

* 접미사 *tion*은 종종 *t*로 끝나는 단어에 *ion*이 붙어서 형성된다(interruption). 편의상 우리는 *tion*을 빈출 접미사로 제시하였다. 더불어, *sion*은 *s*로 끝나는 단어에 *ion*이 붙어서 형성된 것이다(miss+ion=mission).

접사에는 밑줄을 긋는다(예: inven<u>tion</u>, frac<u>tion</u>, inspec<u>tion</u>). 학생들로 하여금 첫 번째 목록을 두 번 읽도록 한다. 처음 읽을 때 학생들은 밑줄 친 부분을 읽고 그 다음에 단어 전체를 읽는다. 두 번째 읽을 때 학생들은 밑줄 친 부분을 따로 읽지 않고 단어를 전체로 읽는다.

두 번째 목록의 단어들 중 약 절반에는 새로 소개되는 접미사를 포함시킨다. 나머지 단어들에는 최근에 소개한 접미사를 포함시킨다. 두 번째 단

어 목록을 읽을 때 학생들은 단어의 접사나 기본형을 따로 읽지 않고 단어를 전체로 읽는다.

다음은 새로운 접미사로서 -tion이 포함된 단어와 이전에 소개된 접미사 -ment와 dis를 포함한 단어 목록의 예를 나타낸 것이다.

- *inven<u>tion</u>* *payment*
- *frac<u>tion</u>* *action*
- *inspec<u>tion</u>* *displease*
- *ship<u>ment</u>* *station*
- *men<u>tion</u>* *formation*
- *<u>dis</u>miss* *discuss*

명시적 교수를 통한 불규칙 단어 가르치기

불규칙 단어는 학생들이 아직 배우지 않은 글자-소리 대응을 하나 혹은 둘 이상 포함하고 있는 단어를 말한다. 교사가 불규칙 단어의 개념을 정확히 이해하는 것은 매우 중요하다. 불규칙 단어란 기본적으로 학생이 아직 배우지 않은 발음을 포함하고 있는 단어를 말한다. 학생들이 글자 조합과 e로 끝나는 단어 읽기 등을 배워 감에 따라 불규칙 단어로 고려해야 할 단어 수도 점점 줄어든다. 하지만 항상 불규칙 단어로 생각해야 하고 불규칙 단어로 소개해야 되는 두 가지 종류의 단어가 있다.

- 출현 빈도가 매우 낮거나 특정한 소리로 나는 데 있어서 일관성이 적어 학생들에게 가르치지 못할 글자 조합을 포함하고 있는 단어(예: duel, build, ceiling)(이러한 조합의 예로 〈표 10-9〉 참조)
- 상용 소리와 대응하지 않는 상용 글자나 글자 조합을 포함하고 있는

〈표 10-9〉 가르치지 말아야 할 글자 조합 목록

글자 조합	단어 예	해당 소리가 나는 단어 비율
ae	*algae*	83
	aesthetic	17
ei	*reign*	40
	deceit	26
	foreign	13
	seismic	11
eo	*pigeon*	67
	leopard	20
	people	13
ie	*chief*	64
	tie	36
gh	*rough*	45
	ghost	48
oe	*foe*	59
	shoe	22
ue	*clue*	75
ui	*build*	47
	fruit	29
uy	*buy*	100

주: 이 표에 나타난 글자 조합들은 10개 이하의 단어에만 나타났거나 그 글자 조합이 들어 있는 단어들의 절반 이상에서 동일한 소리로 발음되지 않았다. 이러한 수치의 출처는 Burmeister(1968)로, 그는 Hanna와 Hanna(1966)가 컴퓨터로 글자-소리 대응을 분석한 것을 활용하였다.

단어들(예를 들어, break 단어에서 ea는 그 글자 조합의 가장 대표적인 소리로 발음되지 않는다.)

불규칙 단어에 대한 체계적인 소개

불규칙 단어를 소개하는 순서는 초기 읽기 단계 내내 동일하다. 더 많이 사용되는 단어를 그렇지 않은 단어보다 먼저 소개한다. 또한 서로 매우 유사한 단어들은 서로 간에 근접해서 소개하지 않는다(예: were와 where).

초등 저학년 동안 불규칙 단어로 소개할 단어들은 이후에 학생들이 주요 읽기 프로그램에서 읽게 될 이야기에서 뽑을 수 있다. 가르칠 때 사용할 불규칙 단어를 확인하기 위해 향후 가르칠 문단 속의 단어를 검사한다. 기억할 것은 불규칙 단어란 학생들이 읽는 법을 아직 배우지 않은 글자나 글자 조합을 하나 혹은 그 이상 포함하고 있는 단어를 말한다는 점이다. 이야기 속의 불규칙 단어 수가 너무 많을 경우 그 이야기에만 등장하는 단어보다는 향후 가르칠 이야기들에 많이 나올 가능성이 많은 불규칙 단어들을 선정하여 미리 가르친다. 이야기 읽기 동안에 교사는 이전에 가르치지 않았던 불규칙 단어를 학생들에게 말해 줄 수 있다.

새로운 불규칙 단어는 이야기에 그 단어가 나오기 전 며칠 동안 단어 목록에 제시한다. 불규칙 단어가 어려우면 어려울수록 더 많은 연습이 필요하다. 두 가지 요인이 불규칙 단어의 난이도를 결정한다. 첫째는 단어를 한 글자씩 소리내는 것과 통째 발음하는 것 간의 차이다. 각 글자들의 소리와 실제 단어 전체 발음 간의 차이가 크면 클수록 그 단어는 더 어렵다. 예를 들어, though는 put보다 발음하기가 더 어렵다. 왜냐하면, though의 몇 개 글자(ough)는 그 글자들의 가장 대표적인 소리로 발음되지 않기 때문이다. 반면 put 단어에서는 오직 한 글자(u)만이 가장 대표적인 소리와 대응되지 않는다. 불규칙 단어의 난이도를 결정하는 두 번째 요인은 친숙한 정도다. 더 친숙한 단어일수록 읽기가 더 쉽다. 학생들에게는 tough와 같은 단어가 agile과 같은 단어보다 더 기억하기 쉽다. 왜냐하면, tough가 학생들의 구어 어휘에 나올 가능성이 더 높기 때문이다. 따라서 agile은 더 많은 연습과 복습을 필요로 한다.

수업 형식

불규칙 단어를 소개하고 복습하는 수업 형식이 〈표 10-10〉에 나와 있다. 이 수업 형식은 두 부분으로 나뉘어져 있다. 1부에서는 새로운 불규칙 단어를 소개한다. 이 새로운 단어들이 첫 번째 칸에 나와 있다. 새로운 단어는 다음과 같이 소개한다.

- 단어를 말해 준다. "이 단어는 ghost입니다."
- 그 단어를 말해 보게 한다. "무슨 단어죠?"
- 해당 단어 철자를 말해 보게 한다. "단어 ghost의 철자를 말해 보세요."
- 그 단어를 다시 읽어 보게 한다. "무슨 단어죠?"

각 단어를 대상으로 앞의 절차를 반복한다. 교사가 소개를 하고 학생들이 새로운 단어들의 철자를 말한 다음, 해당 단어 목록의 맨 첫 단어로 다시 돌아가서 교사의 시범이나 철자 말하기 없이 각 단어를 읽도록 한다. 그런 다음, 이전 수업에서 다루었던 단어를 복습하도록 한다. 이전 수업에서 나왔던 단어 중 더 어려웠던 단어들도 복습 단어 칸에 제시한다. 학생들은 교사로부터의 어떤 단서도 없이 각 단어를 읽는다. 어떤 오류든지 발생하면 그 단어를 말해 주고, 철자를 말하도록 하며, 다시 그 단어를 읽고, 해당 단어가 속해 있는 단어 칸의 맨 첫 단어부터 다시 연습한다.

〈표 10-10〉은 3학년 중반의 수업에서 제시될 수 있는 단어들을 나타낸 것이다. 새로운 단어는 첫 번째 단어 목록 칸에 있다. 복습 칸에 제시된 단어들은 현재의 수업보다 이전에 소개되었던 단어들이다.

〈표 10-10〉 불규칙 단어 소개와 복습을 위한 수업 형식

교사	학생
1부: 새로운 단어를 소개한다.	
칠판에 다음과 같은 단어들을 적는다.	
새로운 단어 / 복습할 단어	
ghost / agile	
pour / fuel	
zero / anchor	
weight / chew	
earth / zero	
wrong	
1. 시범을 보이고 새로운 단어 목록 속의 단어들의 철자를 말하게 한다.	
a. ghost를 가리키며 "이 단어는 ghost입니다. 무슨 단어라고요?" (신호)	"Ghost."
b. "ghost 단어의 철자를 말해 보세요." (신호)	"G-h-o-s-t."
c. "무슨 단어죠?" (신호)	"Ghost."
d. 새로운 단어 목록 속의 나머지 단어를 대상으로 1(a-c)를 반복한다.	
2부: 학생들은 새로운 단어 목록과 복습할 단어 목록 속의 단어들을 통째 읽기로 읽는다.	
1. a. "내가 신호를 주면 단어를 읽어 보세요."	
b. ghost를 가리키고 2초 동안 멈춘 후 "무슨 단어죠?" (신호)	"Ghost."
c. 나머지 단어를 대상으로 1(b) 단계를 반복한다.	
2. 개별적으로 불러 몇 개 단어를 읽어 보도록 한다.	

추가 연습 제공

일부 학생들은 불규칙 단어를 능숙하게 읽게 되기까지 추가로 연습을 필요로 한다. 더 많은 연습을 제공하고 학생들이 실제로 불규칙 단어를 숙달하도록 하는 데 또래-연습/검사 절차를 사용할 수 있다. 이를 위해 최근에 소개한 불규칙 단어를 약 30개 포함하는 활동지를 작성한다. 단어들은 목록에 제시되어 있다. 한 페이지에 단어당 두세 번 정도 제시한다. 학생들은 또래와 짝을 지어 단어 목록을 읽는다. 주의를 집중하도록 하기 위해 읽지

않는 학생은 다른 학생이 읽을 단어를 손으로 짚어 나가도록 한다. 만약 또래가 단어를 읽지 못하거나 오류를 범하면 즉시 "stop"이라고 말하고 그 학생에게 그 단어를 말해 준다. 그러면 읽던 학생은 그 단어를 따라서 말한 후 목록 속에서 네 단어 앞부터 다시 시작한다. 학생들 간의 협력과 과제 집중 행동을 격려하기 위해서 집단 보상을 제공할 수 있다. 며칠 동안의 연습 후에는 검사를 한다. 상위 수준의 학생들이나 성인(자원자 혹은 보조자)이 검사자가 될 수 있다. 검사자를 대상으로 한 지침은 간단하게 한다. 만약 어떤 학생이 단어를 잘못 읽으면 검사자는 그 단어를 정확히 말해 주고 그 단어 옆에 표시를 한다. 만약 단어를 읽는데 3초 이상이 걸리면 검사자는 해당 단어를 정확히 말해 주고 단어 옆에 표시를 해 둔다. 목표는 오류를 범하지 않고 적어도 1초에 하나 꼴로 단어를 읽는 것이다.

2주마다 30개 정도의 새로운 단어를 포함한 새로운 단어 목록을 소개할 수 있다. 이전에 제시했던 단어들도 보관해 두었다가 정기적으로 이를 복습하도록 한다. 예를 들어, 3장의 활동지를 수행했으면 그 중 첫 번째와 두 번째 활동지를 복습하도록 한다. 이렇게 했을 경우 목록 속의 단어 순서를 암기해 버릴 가능성이 있긴 하지만, 단어 목록의 끝에서부터 시작하여 거꾸로 읽도록 함으로써 그 가능성을 최소화할 수 있다.

종 합

체계적인 읽기 프로그램을 사용하는 교사라면 새로운 발음 기술을 소개할 때 그 프로그램에 제시된 계열화를 따라서 할 수 있다. 대부분의 프로그램들은 다음의 표에서 제시하는 범위와 순서에 유사한 순서를 따를 것이다. 다음의 표에서 실선은 단어 목록 연습에 특정한 기술을 소개하고 매일 연습시키는 기간을 나타낸 것이다. 점선은 정기적인 복습을 나타낸다.

매일 연습에는 여러 개의 단어 목록 연습을 포함시킨다. 예를 들어, 2학년 초기 수업 기간 동안에는 수업시간에 다음과 같은 연습을 포함시킬 수 있다.

- 새로운 글자 조합을 포함하고 있는 단어(〈표 10-1〉 참조) 12개 소개
- VCe 유형 단어 소개 형식(〈표 10-6〉 참조) 단어 6개
- 대표적인 접사가 붙어 형성된 단어 6개 연습
- 불규칙 단어(〈표 10-10〉 참조) 8개 연습하고 복습

	1학년 후반	2학년 초반	2학년 중반	2학년 후반
글자 조합이 있는 단어				
VCe 유형 단어				
대표적인 접미사가 붙은 단어				
VCe 유형 단어+모음으로 시작하는 접미사				
다음절 단어				
불규칙 단어				

상업용 프로그램

상업용 읽기 프로그램에는 읽기 부진 및 부진 위험 학생들에게는 문제가 될 만한 다음과 같은 몇 가지 특징들이 있다.

- **계열화 지침 위반:** 일부 프로그램들은 학생들이 혼동을 느낄 수 있는 순서로 글자 조합을 소개한다. 비슷한 소리를 내고 대표적인 글자를 포함하고 있는 글자 조합이 서로 매우 가깝게 소개된다. 예를 들어, 한 프로그램에서는 sh와 ch를 연속해서 제시하였다.

- **새로운 정보의 너무 빠른 제시**: 일부 프로그램들은 특수한 모음을 포함한 VCe 유형 단어(예: ai, ay, a–e)를 포함하여 특수한 소리로 발음되는 모든 글자 조합들을 한꺼번에 소개한다. 읽기 부진 및 부진 위험 학생들에게 이것은 너무 큰 부담을 줄 수 있고 결국에는 텍스트 속의 단어를 읽을 때 이 지식을 적용하는 데 어려움을 야기할 수 있다.
- **혼동스러운 교사의 시범**: 일부 프로그램들은 읽기에 문제가 있는 학생들을 혼란에 빠뜨릴 수 있는 언어 위주의 수업 진행 방식을 채택하고 있다. 한 프로그램의 경우, 교사가 뒤에 빈칸과 e가 따라 나오는 글자 i를 표에 작성하여 제시하도록 하고 있었다. 학생들에게는 빈칸에 자음이 들어가야 하고 모음은 장음으로 소리 내야 한다고 가르친다. 하지만 이 진행 방식은 단어 끝에 e가 오는지 여부에 초점을 기울이지 않았다.
- **변별 연습의 부족**: 변별 연습은 학생들이 새로운 전략이나 정보를 사용하도록 돕는 데 중요하다. 일부 읽기 프로그램들은 새로운 발음 요소에 대해서만 연습을 제공하고 체계적인 변별 연습은 제공하지 않는다. 예를 들어, CVCe 단어를 소개할 때 단어 목록에는 CVCe 유형 단어를 모두 포함하지만 CVC 단어와 CVCe 단어를 섞어서는 제공하지 않는다.
- **불규칙 단어에 대한 불충분한 연습**: 불규칙 단어는 체계적으로 소개하고 연습해야 된다. 학생들이 읽게 될 이야기에 나타나는 불규칙 단어는 실제로 그 단어가 이야기에 나오기 며칠 전부터 단어 읽기 연습 시에 제시해야 한다. 일부 프로그램들에서는 일부 불규칙 단어만 이 단어들이 실제로 이야기에 나오기 전에 소개하고 연습시키고 있다.

해결 방안

학생들이 단어 읽기 기술 초기 단계를 제대로 확고하게 배웠다고 가정할 때, 초등학교 저학년 단계에서 읽기 프로그램을 수정하는 것이 초기 읽기 단계에서 수정하는 것보다 더 쉽다.

필요한 별도의 도입 및 변별 수업 연습을 제공하기 위해 이 장에서 소개한 절차를 사용하여 별도의 단어 목록 연습을 작성할 수 있다. 만약 자신의 수업 진행이 분명하지 않으면, 이 장에서 제시한 수업 형식을 이용할 수 있다.

순서상의 심각한 문제를 해결하는 것은 좀 더 어렵다. 만약 유사한 두 글자 조합이 동시에 소개되고 있다면 학생들이 변별 수업 단어 목록에 나오는 단어 중에서 그 글자 조합 중 하나를 포함하고 있는 단어를 정확하게 읽을 수 있을 때까지 나머지 하나의 글자 조합 소개 시기를 늦춘다.

교사는 앞으로 학생들이 읽게 될 이야기를 미리 검토하여 학생들이 읽을 수 없는 단어를 미리 확인해서 실제로 학생들이 이야기를 읽기 전 며칠 동안 단어 목록 연습을 통해 불규칙 단어로 소개하여야 한다.

기존 교육과정에의 적용

현재 사용하고 있는 읽기 프로그램 속의 단어 읽기 수업 평가하기(1~3학년만 해당)

1. 글자 조합을 포함한 단어
   a. 현 읽기 프로그램의 1학년과 2학년 과정을 검토한다. 글자 조합이 소개되는 학년 수준과 차시를 확인한다. 각 글자 조합에서 /s/소리를 확인한다.
   b. 글자 조합이 포함된 단어 소개 순서와 속도에 문제가 있는가?
   c. 글자 조합 ai가 소개되는 차시를 확인한다. 이 글자 조합을 학생들이 읽도록 가르치는 데 어떠한 절차를 따르고 있는가?
   d. 특정 글자 조합이 소개된 이후 10개의 수업을 연속해서 검토한다. 단어 읽기 목록 연습이나 이야기 읽기 연습 시에 해당 글자 조합이 들어 있는 단어 읽기 연습이 충분한가?
   e. 글자 조합을 포함한 단어 읽기를 더욱 효과적으로 하기 위한 수정 사항을 제시한다.

2. VCe 유형 단어
   a. VCe 유형 단어가 제시되고 있는 첫 5개의 수업을 검토한다.
   b. VCe 유형을 가진 단어 읽기 수업 절차는 무엇인가?
   c. 수업 절차상에 수정 사항이 있는가?
   d. CVC 단어와의 변별 연습을 포함하여 VCe 유형 단어 읽기 연습이 충분한가?
   e. 언제 VCe 유형 단어들이 이야기에 등장하는가? 이야기 속에 이 단어가 등장하는 것이 단어 목록 소개 시기와 조화를 이루고 있는가?
   f. VCe 유형을 가진 단어 읽기 수업을 더욱 효과적으로 하기 위한 수정사항을 제시한다.

3. 대표적인 접사를 가진 단어
   a. 접미사 -ing가 포함된 단어를 제시하고 있는 수업 중 처음 5개 차시를 검토한다.

b. 학생들에게 접미사 -ing가 붙은 단어를 읽는 법을 가르치는 절차는 무엇인가?

c. 접미사 -ed가 붙은 단어를 제시하고 있는 수업 중 처음 5개 차시를 검토한다.

d. 학생들에게 접미사 -ed가 붙은 단어를 읽는 법을 가르치는 절차는 무엇인가?

e. 언제 접미사 -ing와 -ed가 붙은 단어들이 이야기에 등장하기 시작하는가? 이야기에 등장하는 시기가 단어 목록 소개 시기와 조화를 이루고 있는가?

f. 대표적인 접미사가 붙은 단어를 가르치기 위한 수업을 더욱 효과적이게 할 수 있는 수정 사항을 제시한다.

4. 불규칙 단어

a. 1학년 후반과 2학년 초반 수업 중 연속한 두 차시를 선정한다. 그 수업에서 사용되는 이야기를 검토하여 그 이야기에 불규칙 단어가 나오고 있는지를 검사한다.

b. 위에서 선정한 두 차시에 대한 교사 지침서와 이야기가 나오기 전 세 개 차시 수업을 검토한다. 이야기에 나왔던 불규칙 단어를 이 세 개 차시 수업 동안에 가르치고 있는지, 가르치고 있다면 어떻게 가르치고 있는지에 주목한다.

c. 불규칙 단어를 가르치는 수업을 더욱 효과적이게 하는 수정사항을 제시한다.

요약 대표적인 글자 조합이 들어 있는 단어 읽기

재료

• 칠판에 다음과 같이 두 칸에 단어들을 적는다.

bait	*aim*
maid	*weed*
tail	*cart*
beet	*bait*
wait	*boa*
moon	*fair*

단어 예 선정

첫째 칸 단어:

– 첫 세 단어는 새로운 글자 조합을 포함해야 한다.

– 다음 세 단어 중 두 단어에는 가장 최근에 소개한 글자 조합이, 그리고 나머지 한 단어에는 새로운 글자 조합이 포함되어야 한다.

– 첫째 칸 단어의 모든 글자 조합에 밑줄을 친다.

둘째 칸 단어:

– 새로운 글자 조합을 포함한 단어와 이전에 배운 글자 조합을 포함한 단어가 섞여 있어야 한다.

해야 할 일

– 학생들은 먼저 글자 조합의 소리를 발성하고 그 다음 단어를 전체로서 읽는다. 교사는 밑줄 친 부분을 가리키며 "무슨 소리죠?"라고 묻는다. 그런 다음 단어의 왼쪽을 가리키며 "무슨 단어죠?"라고 묻는다.

– 첫째 칸 나머지 단어 모두를 대상으로 위 단계를 반복한다.

– 목록의 맨 첫 단어로 되돌아가서 글자 조합의 소리를 말하지 않고 단어를 전체로 다시 읽는다. ("무슨 단어죠?")

– 학생들은 둘째 칸의 단어를 읽는다. 교사는 단어를 가리키며 "무슨 단어죠?"라고 묻는다.

– 개별적으로 호명하여 한두 개 단어를 읽도록 해본다.

오류 교정

- 단어 속에서 잘못 읽은 글자를 가리키며 그 글자가 내는 소리를 말해 준 다음, 학생들로 하여금 그 소리를 내보게 하고, 마지막에 단어를 전체로서 읽어 보게 한다. "이 글자들을 어떻게 읽죠? 무슨 단어죠?"
- 목록의 맨 처음이나 오류를 범한 단어부터 세 번째나 네 번째 앞 단어로 돌아가 다시 연습한다.

진행 속도와 연습

- 위 연습을 문단 읽기에 들어가기 전에 글자 조합이 들어 있는 단어 10~14개를 가지고 3~4분 동안 실시한다.

전략적 통합

- 학생들이 단어 목록의 글자 조합이 들어 있는 단어를 읽은 후에는 이 단어들이 문단 읽기 연습 시에 제시되어야 한다.

요약 접사가 들어 있는 단어 읽기

재료

칠판에 다음과 같이 두 칸에 단어들을 적는다.

invention	payment
fraction	location
inspection	displease
shipment	basement
mention	formation
dismiss	discuss

단어 예 선정

첫째 칸 단어:

- 첫 세 단어는 새로운 접사를 포함해야 한다.
- 다음 세 단어 중 두 단어에는 가장 최근에 소개한 접사가, 그리고 나머지 한 단어에는 새로운 접사가 포함되어야 한다.
- 첫째 칸 단어의 모든 접사에 밑줄을 친다.

	둘째 칸 단어: – 새로운 접사를 포함한 단어와 이전에 배운 접사를 포함한 단어가 섞여 있어야 한다.
해야 할 일	– 학생들은 먼저 밑줄 친 부분의 소리를 발음하고, 그 다음 단어를 전체로서 읽는다. 교사는 밑줄 친 부분을 가리키며 "무슨 소리죠?"라고 묻는다. 그런 다음 단어의 왼쪽을 가리키며 "무슨 단어죠?"라고 묻는다. – 첫째 칸 나머지 단어 모두를 대상으로 위 단계를 반복한다. – 목록의 맨 첫 단어로 되돌아가서 접사의 소리를 말하지 않고 단어를 전체로서 다시 읽는다. ("무슨 단어죠?") – 학생들은 둘째 칸의 단어를 읽는다. 교사는 단어를 가리키며 "무슨 단어죠?"라고 묻는다. – 개별적으로 호명하여 한두 개의 단어를 읽도록 해본다.
오류 교정	– 단어 속에서 잘못 읽은 글자를 가리키며 그 글자가 내는 소리를 말해 준 다음, 학생들로 하여금 그 소리를 내보게 하고, 마지막에 단어를 전체로서 읽어 보게 한다. "이 글자들을 어떻게 읽죠? 무슨 단어죠?" – 목록의 맨 처음이나 오류를 범한 단어부터 세 번째나 네 번째 앞 단어로 돌아가 다시 연습한다.
진행 속도와 연습	– 위 연습을 문단 읽기에 들어가기 전에 접사가 들어 있는 단어 10~14개를 가지고 3~4분 동안 실시한다.
전략적 통합	– 학생들이 단어 목록의 접사가 들어 있는 단어를 읽은 후에는 이 단어들이 문단 읽기 연습 시에 제시되어야 한다.

제11장

읽기 유창성 개관

읽기 유창성이란 무엇인가

읽기 유창성은 텍스트를 빠르고 정확하게 별 무리 없이 그리고 표현력 있게 읽는 것을 말한다. 어떤 사람이 유창하게 읽을 때 그 소리는 마치 누군가에게 말하는 것처럼 들린다. 읽기 유창성은 단어 인식과 독해를 연결해 주는 일종의 다리이기 때문에 중요하다. 유창하게 읽는 사람은 단어를 해부호화하는 데 신경 쓸 필요가 없기 때문에 텍스트 의미에 보다 집중할 수 있다. 반대로, 아직 유창하지 않은 사람의 구두 읽기는 느리고 단어 단위로 들리며 고르지 못하고 단조롭다. 이들은 의미 단위로 단어를 묶지 못한다. 덜 유창한 사람들은 단어 읽는 데 보다 신경을 써야 하기 때문에 텍스트를 이해하는 데 신경 쓸 여력이 별로 없다. 읽기 유창성은 독해에, 자동화된 단어 인식은 읽기 유창성에 필수적이다. 따라서 읽기 유창성은 단어 읽기에서 독해로 가기 위해 필수적으로 건너야 하는 일종의 다리다. 비록 자동화와 유창성이란 말이 자주 혼용되긴 하지만 이 두 용어는 같은 말이 아니다. 자동화는 단어를 목록 속에서 혹은 그 자체로 빠르고 쉽게 인식하는 것을 말한다. 유창성은 문장과 문단에서 단어를 빠르고 쉽게 읽는 것을 말하는 것으로, 이는 읽은 것의 의미를 이해하기 위해 재빨리 단어를 묶는 능력을 말한다. 단어를 자동적으로 인식하는 것은 유창성의 필수조건이지만 충분조건은 아니다. 어떤 학생들은 개별적으로 혹은 목록 형태로 단어를 자동적으로 인식하면서도 동일한 단어를 문장에서 읽을 때에는 유창하지 않을 수 있다. 이러한 학생들은 읽기 유창성 수업을 필요로 한다.

유창성이 왜 중요한가: 연구결과

단어의 자동 인식, 유창성 그리고 독해는 서로 밀접하게 연관되어 있다. 읽기 유창성에 관한 읽기위원회(2000)의 주요 연구결과가 [그림 11-1]에 나와 있다. [그림 11-1]에 나와 있는 것처럼 읽기 유창성을 향상시키기 위한 수업 절차는 단어 인식과 독해에도 긍정적인 영향을 미친다.

읽기 유창성 지도 방법과 관련해서 연구자들은 다음과 같은 두 가지 주요 접근에 대해 탐구해 왔다.

1. 학생들이 텍스트를 크게 소리 내어 몇 번 읽고 교사로부터 안내와 피드백을 받는 반복 읽기 접근
2. 스스로 혼자 조용히 읽는 침묵 읽기 접근

읽기위원회는 혼자 조용히 읽으면 읽기 유창성과 전반적인 읽기 성적이 향상된다는 데 대해 연구 근거가 아직 확실하지 않다고 지적했다. 하지만 피드백과 안내를 수반한 반복 읽기는 읽기 유창성을 향상시키고 독해에 긍정적인 영향을 미친다는 것에 관한 연구 근거는 확실하다. 반복 읽기에서 학생들은 특정 텍스트를 정해진 횟수만큼 혹은 일정 수준의 속도와 정확성

- 피드백과 안내가 수반된 반복 읽기를 포함한 학급 내 읽기 활동은 읽기에 어려움을 보이는 학생뿐만 아니라 잘 읽는 학생들의 읽기를 향상시킨다.
- 읽기 유창성을 향상시키는 안내된 반복 읽기 절차는 단어 인식과 독해에도 긍정적인 영향을 준다.
- 반복 읽기 절차는 고등학교 단계까지 다양한 종류의 읽기 문제를 가진 학생들뿐만 아니라 적어도 4학년까지의 보통 학생들의 읽기 능력에 분명히 영향을 미친다.
- 유창성은 텍스트를 몇 번 반복해서 읽도록 하거나 일정 수준 이상의 정확성과 속도에 이를 때까지 계속 읽도록 함으로써 향상될 수 있다.
- 현재로서는 혼자서 조용히 읽는 것에 수업시간을 할애하는 것이 읽기 유창성과 전반적인 읽기 성적을 향상시킨다는 확실한 연구 증거가 없다.
- 혼자 조용히 읽는 전략의 효과가 증명된 것이 충분치 않다는 것은 읽기 유창성을 향상시키는 데에는 묵시적인 수업 접근보다는 명시적 수업이 더 효과적이라는 것을 시사한다.

[그림 11-1] 읽기 유창성 수업에 관한 과학적인 연구결과에 근거한 읽기위원회의 결론

Adapted from the NRP Report of the Subgroups, Chapter 3, "Fluency," p. 29.

에 이를 때까지 반복해서 읽는다. 유창한 읽기 시범을 경청하는 것도 읽기 유창성 향상에 도움이 된다. 하지만 읽기 시범을 경청한 다음에는 학생들이 스스로 반복 읽기를 해야 한다.

최근 연구결과에 따르면, 저학년 때의 읽기 유창성 발달과 3학년과 4학년의 주 단위 읽기 검사 성적 간에는 높은 상관이 있다. 각 학년 단계에서 기대되는 읽기 유창성 수준에 이른 학생들은 나중에 읽기에서의 성취 기준에 도달하거나 이를 초과할 가능성이 더 높다.

읽기 프로그램에서의 읽기 유창성의 위치

이야기 읽기는 읽기 수업의 핵심적인 부분이다. 첫 번째 이야기 읽기 연

습은 초기 읽기 단계에 학생들이 목록 속의 단어 소리를 학습한 후 곧바로 시작한다. 이야기 읽기는 매일 가르친다. 수업 초반에는 발음 연습에서 배웠던 각 글자 소리내기 기술을 이야기 속의 단어를 읽을 때 적용하도록 가르친다. 첫 이야기는 매우 짧은 것으로 하고, 이야기 읽기 연습 시간은 전체 수업시간 중 약간만 할당한다. 초기 읽기 단계 중반 기간 동안 학생들은 이야기 속의 단어들을 한 글자씩 소리 내어 읽는다. 초기 읽기 단계 기간 동안 한 글자씩 소리 내어 읽기에서 단어 통째 읽기로 점진적으로 전환한다. 초기 읽기 단계 동안에는 많은 경우 여럿이 맞추어 이야기를 읽게 되는데, 학생들은 이를 통해 유창성 향상 연습을 할 수 있다.

초등학교 저학년 단계에서 정확성, 유창성, 독해 분야를 학습해 나감에 따라 학생들은 더 많은 시간을 이야기 읽기에 할애하게 된다. 학생들은 매일 소리 내어 텍스트를 읽는 연습을 계속한다.

초기 읽기 단계와 초등학교 저학년 단계 모두에서 정확하고 유창하게 읽는 것이 중요하다. 학생들로 하여금 텍스트를 정확하게 읽도록 하는 것은 읽기 프로그램의 핵심적인 부분이다. 일찍부터 정확성을 강조하게 되면 학생들은 별다른 노력 없이도 정확하게 읽는 데 집중할 수 있게 될 것이다. 정확하게 읽는 것이 왜 필요한가는 한 단어를 잘못 읽으면 그 문장의 의미가 변할 수 있는 복잡한 과학 읽기 재료에서 더욱 분명해진다.

다음 장에서는 읽기 유창성을 가르치는 절차를 제시한다. 먼저 초기 읽기 단계에서의 문단 읽기 절차를 제시한다. 읽기 수업 첫 몇 달 동안 사용할 수 있는 절차를 제시하고 나서 나머지 학년 동안 사용할 수 있는 절차를 제시할 것이다. 이 절차들에는 유창하게 읽는 것과 일정 수준의 속도와 정확성 수준으로 반복해서 읽는 것의 시범이 포함되어 있다. 이러한 절차들은 문단 읽기 활동 맥락에서 집행되어야 할 것이다.

제 12 장

초기 읽기 단계 동안의 문단 읽기

음성 연습 때 배운 발음 기술들을 사용하여 텍스트를 읽게 되기까지는 교사의 지원을 많이 필요로 하는데, 읽기 장애 위험 학생들의 경우에는 제한된 식자나 언어 배경 때문에 특히 그러하다. 이 장에서는 초기 읽기 단계 학생들에게 이러한 지원을 제공하기 위한 세 가지 수업 단계를 제시한다.

첫 번째로 해야 할 중요한 일은 읽기 쉬운 아주 짧은 문단 속의 규칙 단어와 어구들을 학급 내 다른 학생들과 같이 소리 내도록 가르치는 것이다. 두 번째 단계는 규칙 단어와 일부 불규칙 단어로 구성된 짧고 쉬운 이야기 속의 단어를 실제로 한 글자씩 소리 내도록 가르치는 것이다. 세 번째 단계는 한 글자씩 읽는 것에서 단어 통째 읽기로 전환하는 것이다.

이야기 읽기 선수기술

수업을 따라오기 어려워하는 학생들에게는 읽기 쉬운 책자나 활동지 속의 단어를 한 글자씩 소리 내어 읽는 것이 단어 목록 속의 단어를 한 글자씩 소리 내어 읽는 것보다 더 어렵다. 단어 목록 연습 때에는 교사가 가리키는 글자를 발음하면 됐지만 문단 읽기 연습에서는 그 각각의 소리를 조화시켜 하나의 단어 단위로 발음하는 법을 학습해야만 한다.

이 절에서는 활동지 속의 단일 단어나 구를 한 글자씩 소리내는 법을 학생들에게 가르치는 데 필요한 선수기술을 제시한다.

활동지 속의 단어 읽기는 학생들이 글자-소리 대응을 8~10개 정도 알고 단어 목록 속의 단어를 한 글자씩 읽는 것을 비교적 쉽게 할 수 있을 때, 즉 이틀 연속해서 단어 목록 속의 단어 5개를 2개 이상 오류를 보이지 않고 한 글자씩 소리 내어 읽을 때 시작할 수 있다.

이야기 읽기를 위해서는 반드시 사전에 교사의 신호에 따라 합창식으로 읽는 법을 가르치는 것이 좋다. 이 단계의 수업 형식(〈표 12-1〉 참조)에서 학생들은 교사의 신호에 따라 각 글자를 짚으며 모두 같이 단어를 한 글자씩 소리 낸다. 오류를 범하지 않고 두 번 연속해서 정확히 읽을 수 있을 때까지 한 글자씩 단어를 읽고 나서 그 단어를 보통의 속도로 읽는다.

이 수업 형식의 가장 큰 목적은 합창식 반응을 보이며 아이들이 집단의 일원으로 학습하게 하는 것이다. 합창식 반응은 특히 수업을 따라오기 어려워하는 학생들에게 효과가 큰데, 이들은 주의가 산만해지기 쉽다. 손가락으로 단어를 가리키고 합창식으로 반응하게 하면 학생들이 적극적으로 수업에 몰두할 뿐만 아니라 학습 정도를 점검하기도 쉽다. 왜냐하면, 학생들을 더 잘 보고 들을 수 있기 때문이다. 자동으로 처리할 수 있을 만큼 충분한 연습이 필요할 때에는, 4명 이상의 학생들을 가르치는 교사에게는 특히 합창식 반응이 중요하다. 어린 학생들, 특히 읽기 부진 및 부진 위험이 있는 학생들은 수업에 적극 참여하지 않으면 집중을 잘하지 않을 가능성이 크다. 이 책에서 제시되고 있는 절차들은 아이들을 아주 적극적으로 수업에 몰두하게 해 준다.

첫 연습에서는 하나 또는 두 개의 단어만 다룬다. 이때의 단어는 학생들이 앞 차시에서 단어 목록 연습을 통해 소리를 낼 수 있었던 단어들이어야 한다. 학생들이 읽을 단어는 각 글자 밑에 손가락을 짚을 수 있을 정도로 크게 적는다. 이 연습을 돕기 위한 유용한 방법은 각 단어 밑에 화살표를 그려 놓는 것이다. 화살표는 다음과 같이 그려야 한다.

〈표 12-1〉 활동지 속의 단어 한 글자씩 읽기 수업 형식

교사	학생
1. "모두 첫째 단어 밑의 화살표 끝 큰 점을 짚으세요."	첫 번째 화살표 끝의 큰 점을 짚는다.
2. "이 단어를 한 글자씩 읽어 볼게요. 내가 손뼉을 치면 첫 번째 작은 점을 짚고 그 위의 글자 소리를 말하세요. 계속 소리를 내고 있다가 다시 손뼉을 치면 손가락을 움직여서 다음 소리를 내세요. 소리 사이에서 멈추지 마세요."	
3. "준비." 약 1초 후 손뼉을 친다. 약 1초에서 1.5초 후 다음 소리를 위해 손뼉을 친다. 그 후 다시 약 1초에서 1.5초 후에 마지막 소리를 위해 손뼉을 친다.	소리를 내고, 소리를 낼 때 글자 밑의 작은 점들을 짚는다.
"다시, 화살표 끝의 큰 점으로 돌아가세요."	첫 번째 화살표의 큰 점을 짚는다.
"준비." 1초 후 손뼉을 친다. 약 1초에서 1.5초 후에 다음 소리를 위해 손뼉을 친다. 그 후 다시 약 1초에서 1.5초 후에 마지막 소리를 위해 손뼉을 친다.	소리를 내고, 소리를 낼 때 글자 밑의 작은 점들을 짚는다.
3단계를 학생들이 오류 없이 2번 연속해서 소리를 낼 수 있을 때까지 반복한다. 그런 후에 학생들에게 "무슨 단어죠?"라고 묻는다.	보통의 속도로 단어를 읽는다.
4. a. "다음 화살표 끝의 큰 점을 짚으세요." b. 3단계를 다음 단어를 대상으로 반복한다.	다음 화살표의 큰 점에 손가락을 짚는다.
5. 개별적으로 시켜 본다. 몇 명을 시켜 단어를 한 글자씩 소리 내어 읽어 보도록 한다.	

각 소리 밑의 작은 점들은 학생들로 하여금 교사가 신호를 주면 어디를 짚어야 하는지를 알려 주기 위한 것들이다.

중요한 수업 행동들

신호 주기 합창식 반응을 이끌어 내기 위한 신호는 정확해야 한다. 학생들이 교사를 보지 않고 활동지를 보고 있기 때문에 합창식 반응을 위한 신호는 학생들이 들을 수 있어야 한다. 교사의 신호를 쳐다보면서 동시에 활동지를 볼 수 없다. 저자들이 제안하는 소리 신호는 "준비" 소리와 일련의 손뼉치기(혹은 손가락 소리내기) 두 가지다. "준비" 소리는 학생들에게 자신들이 몇 초 후에 반응할 것이라는 것을 말해 준다. 첫 번째 손뼉은 첫 번째 소리를 내야 한다는 것을 가리킨다. 효과적으로 신호를 주기 위해 "준비" 소리와 첫 번째 손뼉 사이에 1초 멈춤을 일관성 있게 유지하는 것이 중요하다. "준비" 소리를 들은 후 1초 후에 손뼉 소리를 들을 것을 기대하는 방식으로 학생들이 "준비"라는 소리를 효과적인 단서로 사용할 수 있게 하기 위해서는 일관성이 필수적이다. 교사는 1초에서 1.5초 정도 멈춘 후 다음 소리를 위해 손뼉을 치고, 다시 1초에서 1.5초 정도 멈춘 후 그 다음 소리를 위해 손뼉을 친다.

학생들은 각 단어를 여러 번 한 글자씩 소리 내어 읽게 될 것이다. 반복연습을 혼동하지 않고 신속히 하도록 하기 위해서는 단어의 첫 글자로 돌아가도록 지시할 때 신호를 분명하게 준다. 이를 위해 "다시, 화살표의 큰 점으로 되돌아가세요."라고 말한다. 몇 차례 이러한 지시를 준 다음에는 줄여서 "다시."라고만 할 수 있다. 전체 학생들에게 단어의 각 글자를 한 번 더 소리 내어 읽도록 신호를 주기 전에 이들이 화살표 밑의 큰 점을 짚는지 확인한다.

점검하기 문단 소리 내어 합창식으로 같이 읽기에 사용할 점검 기법은 단어 목록 읽기 연습에 사용되는 것과 유사하다. 단어 목록 읽기에서처럼 학생들의 입을 관찰하고 그들의 입술 움직임이 각 소리에 적절한지를 살핀다. 예를 들어, 한 학생의 입술이 ham 단어 끝소리를 낼 때 닫혀져 있지 않으면 그 학생은 오류를 범하고 있는 것이다. 단어 ham을 발음하기 위해서는 "mmmmm" 소리를 내기 위해서 두 입술이 닫혀 있어야 한다. 또한 학생의 손가락을 살펴보아 그들이 적절한 글자를 가리키고 있는지도 주목해야 한다.

교정하기 수업을 따라오기 어려워하는 학생들은 처음에는 글자에서 글자로의 이동하는 신호를 따라가는 데 어려움을 겪을 수 있다. 교사는 안내하기, 학생과 같이 반응하기, 그리고 필요하다면 직접 학생들의 손가락을 한 글자에서 다음 글자로 옮겨 주면서까지 오류를 교정한다. 이 새로운 기술을 처음 소개할 때 수업을 따라오기 어려워하는 학생들의 경우에는 10~15번 정도의 반복이 필요할 수 있다. 충분히 연습할 기회를 주면서도 한편으로는 읽기 수업을 즐겁게 만드는 데에는 교사의 기술이 많이 필요하다. 수업을 재미있게 만드는 한 가지 기법은 매 5번 정도의 연습 후마다 5~10초 동안의 짧은 전환기를 갖는 것이다. 이 전환기 동안 다음과 같이 학생들을 격려한다. "여러분들 아주 열심히 잘하고 있어요. 이 단어들은 아주 어려운 것들인데도 거의 다 맞았어요." 교사는 정확하게 반응하는 학생들을 칭찬해 주어야 한다. 교사가 원하는 방식대로 반응을 한 학생에게 주목하는 것은 중요하다는 것을 명심해야 한다. 학생 집단 전체가 교사의 신호를 따라 마침내 단어를 한 글자씩 소리 내어 읽으면 교사는 신이 나서 다음과 같이 말하며 학생들을 자랑스럽게 여겨야 한다. "마침내 해냈어요. 여러분들이 매우 자랑스러워요. 각자 자기 어깨를 두드려 주세요."

단어 예 선정

단어의 수는 점차 증가시켜 갈 수 있다. 연습할 단어의 수는 앞 차시에서 단어들을 숙달하는 데 걸린 시간(분)에 따라 결정한다. 일반적으로 최초 활동지의 단어 목록 연습에는 5~7분을 할당한다. 첫 차시 동안에는 하나 또는 두 개 단어만 연습에 포함시킨다. 학생들이 오류를 별로 범하지 않고 신호에 따라 단어를 짚고 글자를 한 글자씩 소리 내어 읽을 수 있을 때 다음 단어를 목록에 추가시킨다. 주목할 것은 문장이나 어구를 구성하기 위해 단어를 선정하지 않는다는 것이다. 이 단계 동안 학생들은 문장을 고려하지 않고 단순히 한 글자씩 소리 내어 읽는 법과 개별 단어 읽는 법을 학습한다. 매일 단어를 활동지에 소개한다. 아래는 한 가지 가능한 순서다.

- 제1일 *am*
- 제2일 *Sam*
- 제3일 *sad it*
- 제4일 *sit am*
- 제5일 *mad Sam it*
- 제6일 *am fat sad*
- 제7일 *at it rim Sam*
- 제8일 *it fit Sam sad*

어떤 아동들의 경우에는 2~3일 정도면 활동지 속의 단어를 한 글자씩 소리 내어 읽는 것과 전체 집단으로 합창식 반응을 보이는 것을 할 수 있다. 하지만 다른 아이들은 몇 주의 수업과 연습을 필요로 할 수도 있다.

문단 소리 내어 읽기

문단 소리 내어 읽기는 학생들이 활동지의 개별 단어들을 합창식으로 읽을 수 있을 때 소개한다. 이야기를 소리 내어 읽는 법을 가르치는 수업 형식이 〈표 12-2〉에 나와 있다. 이 수업 형식은 활동지의 개별 단어를 읽는 법을 소개하는 수업 형식과 매우 유사하다. 신호 주기와 점검하기 절차는 두 수업 형식에서 동일하다. 이야기 읽기 수업 형식에서 교사는 학생들로 하여금 이야기를 합창식으로 두 번 읽게 한다. 첫 번째 읽을 때에는 이야기 전체에 걸쳐서 각 단어를 두 번 한 글자씩 소리 내어 읽은 다음, 보통의 속도로 읽는다. 두 번째 읽을 때에는 그냥 한 번만 단어를 한 글자씩 소리 내어 읽은 다음, 빠르게 그 단어를 읽도록 한다. 불규칙 단어가 나오면 그 단어가 '재미있는' 단어라고 학생들에게 상기시켜 주고 있음에 주목하기 바란다.

이야기 속의 단어는 매우 신중하게 조절한다. 이야기 속의 단어들은 단어목록 읽기 연습 때 가르쳤던 발음 요소들과 조화를 이루어야 한다. 문단을 작성할 때에는 무엇보다 단어 목록 연습을 마치면 그 문단에 나오는 모든 단어를 읽을 수 있도록 해야 한다. 문단 읽기 수업 첫 주 동안에는 문단에 단어 읽기 연습에서 나왔던 단어만 포함시킨다. 그렇게 함으로써 단어 목록 읽기에서 문단 소리 내어 읽기로의 전환을 좀 더 쉽게 할 수 있다. 나중에는 단어 목록 읽기를 통해 많이 연습했던 발음 요소를 포함한 단어들을 단어 목록 읽기 단계를 거치지 않고 바로 이야기에 포함시킬 수 있다.

읽기 부진 및 부진 위험이 있는 학생들을 대상으로 할 때 이야기 읽기 수업의 첫 달 동안에는 발음이 규칙적인 단어들이 주로 포함된 이야기를 읽게 한다. 불행하게도 많은 상업용 프로그램의 초기 읽기 교재 속에는 불규칙 단어가 많이 나온다. 이러한 상황을 다루는 데 필요한 제안사항들이 제

〈표 12-2〉 문단 소리 내어 읽기 수업 형식

교사	학생
1. "이 이야기 속의 단어를 한 글자씩 읽어 봅시다. 모두 첫 번째 단어를 짚으세요.	단어의 첫 글자를 짚는다.
2. "첫번째 단어. 준비." 1초 후 손뼉을 친다. 1초에서 1.5초 후에 다음 소리를 위해 손뼉을 친다. 그런 다음, 1초에서 1.5초 후에 마지막 소리를 위해 손뼉을 친다. "다시."	소리를 말하고 해당 소리를 말할 때 그 글자 밑의 점들을 가리킨다.
"준비." 1초 후 손뼉을 친다. 1초에서 1.5초 후에 다음 소리를 위해 손뼉을 친다. 그런 다음, 1초에서 1.5초 후에 마지막 소리를 위해 손뼉을 친다.	단어의 첫 글자 밑을 짚는다. 소리를 말하고 해당 소리를 말할 때 그 글자 밑의 점들을 가리킨다.
"무슨 단어죠?"	
3. a. "다음 단어를 짚으세요."	단어를 보통의 속도로 말한다.
b. 다음 단어를 대상으로 2단계를 반복한다.	
4. 문장 속의 나머지 단어를 대상으로 3단계를 반복한다.	다음 화살표의 점에 손가락을 짚는다.
5. 다음 문장을 대상으로 2~4단계를 반복한다.	
6. 학생으로 하여금 이야기를 두 번 읽게 하는데, 단어를 보통의 속도로 말하기 전에 한 글자씩 소리 내어 읽도록 한다.	
7. 몇 명의 학생들을 불러 개별적으로 몇 개의 단어를 한 글자씩 소리 내어 읽어 보도록 한다.	

3부에 제시되어 있다.

이야기 길이는 점진적으로 늘려 나간다. 첫 번째 이야기는 한 문장만으로 구성할 수도 있다. 초기 읽기 단계를 거치면서 학생들이 향상되어 감에 따라 더 많은 시간을 이야기 읽기에 할애한다. 이야기 길이는 점진적으로 늘려나가야 한다.

초기 읽기 단계 동안의 문단 읽기 연습은 학생들이 오직 단어 속의 글자에만 주의를 기울일 수 있도록 구성한다. 일부 학생들은 단어를 해부호화하는 데 그림 단서를 사용하려 할 것이기 때문에 이를 넣지 않도록 한다.

학생들은 단어의 첫 글자를 보고 그 글자로 시작하는 이름을 가진 사물을 찾으려 할 수 있다. 예를 들어, "Tom had a rock(톰은 돌을 가지고 있다)." 이라는 문장을 읽을 때 "Tom had a …"라고 읽기 시작하다가 다음 단어 rock의 /o/소리를 잘 몰라서 이에 도움을 얻고자 그림을 참조하려 할 수 있다.

만약 그림에 돌이 있다면 학생은 단어를 읽는 단서의 하나로 그 그림을 사용할 가능성이 있다. 그림과 관련한 문제를 해결하기 위한 효과적인 방법의 하나는 문단이 끝나고 난 다음 페이지에 그림을 제시하는 것이다. 이렇게 하면 학생들은 문단을 읽고 나서야 그 그림을 볼 수 있다.

중요한 수업 행동들

학생 수행 점검하기 전체가 합창식으로 반응할 때 교사는 학생들의 입, 눈 그리고 손가락을 살펴보며 연습 내내 학생들을 두루두루 점검한다.

학생들이 두 번째 합창식으로 읽는 것을 마치면 개별적으로 시켜 본다. 일반적으로는 학생들이 집단적으로 교사의 신호에 따라 정확하게 반응을 보이기 전까지는 개별적으로 시키지 않는다.

학생들을 개별적으로 시켜 보는 이유는 전체 집단 읽기에 해당 학생이 실제로 참여하는지(종종 학생들은 진짜로 단어를 읽기보다는 다른 학생들을 아주 잘 흉내 내어 읽는 경우가 있다.), 그리고 연습이 충분했었는지를 확인하기 위해서다. 개별 시키기 동안에는 지명되지 않은 다른 학생들도 지명된 학생이 단어를 읽을 때 해당 글자를 짚도록 한다. 교사는 귀로는 지명된 학생의 읽는 것을 들으면서 눈으로는 다른 학생들의 눈과 손가락을 살펴보아 이들이 해당 글자에 주목하고 있는지를 살핀다. 수업에 더욱 집중하도록 나머지 학생들에게는 글자를 짚을 때 각자 속으로 읽도록 한다.

오류 교정 이야기 소리 내어 읽기 동안 몇 가지 유형의 오류가 발생할 수 있다. 첫째는 글자를 틀리게 소리 내는 경우다(mad를 읽을 때 "mmmmiiiiii"라고 할 수 있음). 교정 절차는 단어 목록 읽기 연습 때와 비슷하다. 오류를 들으면 교사는 즉시 정확한 소리를 시범 보이고, 학생들이 그 소리를 제대로 발음하는지 검사하고, 해당 단어가 들어 있는 목록의 맨 첫 단어로 되돌아가서 다시 읽도록 한다. 교정의 최종 단계는 문장의 맨 처음으로 되돌아가서 다시 문장을 읽는 것이다. 학생이 앞에서 오류를 범했던 단어에 다시 이르면(문장의 첫 단어로 되돌아가도록 한 후) 그 단어에 대해 지연 검사를 실시한다. 만약 학생이 문장 끝 부분의 단어를 읽는 데 오류를 범하면 계속 문장을 읽도록 한 다음 "문장의 맨 처음으로 되돌아가서 실수하지 않고 다시 읽어 보자."라고 말한다.

두 번째 오류는 소리와 소리 사이에서 멈추는 것이다. 교정 절차는 먼저 단어를 한 글자씩 소리 내는 것을 교사가 시범을 보인다. 교사는 자신이 중간에 멈추지 않고 단어를 소리 내어 읽는 동안 학생들에게 해당 소리를 짚도록 지시한다. "내 차례야. 내가 소리를 내어 읽으면 그 소리를 짚으세요. 준비. mmmmaaad." 그런 후 학생들로 하여금 그 단어를 한 글자씩 소리 내어 읽어 보게 한다. 학생과 같이 반응을 한 후에는 학생들 스스로 단어를 읽도록 시켜 본다.

세 번째 오류 유형은 교사가 학생들에게 단어를 빠른 속도로 말해 보라고 했는데 학생이 이를 정확하게 발음하지 못하는 경우다. 예를 들어, 단어 mat을 "at"이라고 말하는 것이다. 교정 절차는 단어 목록 읽기 교정 절차와 비슷하다. 단어를 말해 주고 학생들로 하여금 따라서 말해 보게 한다. 그런 다음, 안내하고, 학생들과 같이 단어를 한 글자씩 소리 내어 다시 읽고, 보통의 속도로 그 단어를 읽는다. 이런 종류의 오류는 단어를 한 글자씩 소리 내어 읽을 때 "mmm aaaat."처럼 중간에 멈추기 때문에 발생한다는 것에 주목하기 바란다.

다시 한 번 강조하지만, 학생들이 아주 능숙하게 되도록 하는 동시에 수업이 긍정적이고 흥미 있게 되도록 하는 데에는 교사의 많은 기술이 필요하다.

문장의 처음 찾기

이야기 읽기 교정 절차의 핵심은 학생들로 하여금 자신들이 오류를 범했던 문장을 즉시 다시 읽도록 하는 것이다. 이를 위해 학생들에게 오류가 일어났던 단어를 정확히 읽어 준 다음, 문장의 첫 번째 단어로 되돌아가도록 시킨다.

학생들이 문장의 첫 단어를 빨리 찾는다면 시간을 많이 절약할 수 있다. 이러한 기술을 가르치는 수업 기법이 〈표 12-3〉에 나와 있다. 이 수업 형식은 학년도 내내 매일 제시해야 한다. 수업 형식은 네 부분으로 구성되어 있다.

제1부에서는 교사가 이야기를 보여 주며 문장의 끝을 어떻게 찾는지 시범을 보인다. 제2부에서는 학생들로 하여금 이야기를 한번 훑고 문장의 끝을 찾도록 시킨다. 이때 교사는 학생들이 문장 끝 마침표에 이를 때까지 단어 단위로 손가락을 이동하는지 여부를 확인하기 위해 세심하게 살펴보아야 한다. 제2부는 학생들이 어떤 실수도 없이 이야기 속에서 문장의 끝을 찾을 수 있을 때까지 매일 제시한다.

제3부와 제4부는 문장의 첫 단어를 찾아 그곳으로 돌아가는 방법을 가르친다. 제3부에서 교사는 이야기 복사본을 들고 문장의 처음으로 어떻게 되돌아가는지를 시범 보인다. 제4부에서 학생들은 문장의 처음을 찾는 연습을 한다.

〈표 12-3〉 문장의 첫 단어 찾기 수업 형식

교사	학생
제1부: 문장의 끝을 찾는 시범을 보인다.	
1. 적어도 네 개의 문장으로 구성된 이야기를 들고 보여 준다.	
2. "문장의 끝은 마침표라고 하는 작은 점이 있는 곳입니다."	
3. (이야기의 첫 번째 단어를 가리키며) "여기가 문장이 처음 시작되는 곳입니다. 내가 손가락을 움직여 마침표에서 멈추어 보겠어요."	
4. (손가락을 단어에서 단어로 옮기다가 마침표에서 멈춘다.) "이 마침표는 우리에게 여기가 첫 번째 문장의 끝이라는 것을 알려줍니다."	
5. "내가 손가락을 단어에서 단어로 옮기겠어요; 내가 다음 마침표에 이르면 '마침표' 라고 말하세요." (각 단어 사이의 공간을 잠깐 동안 가리키면서 손가락을 단어에서 단어로 옮긴다.)	
6. 나머지 문장에 대해서 단계 5를 반복한다.	
제2부: 문장의 끝을 찾는 것을 검사한다.	
1. "여러분의 손가락으로 문장의 첫 단어를 짚어 보세요."	
2. "여러분의 손가락을 단어에서 단어로 옮기세요. 문장 끝의 마침표에 이르면 멈추세요."	
3. 나머지 문장들을 대상으로 단계 2를 반복한다.	
4. 학생들이 어려워하면 단계 1에서 3까지를 반복한다.	
제3부: 문장의 처음을 찾는 방법을 시범 보인다.	
1. "여러분에게 문장의 처음을 어떻게 찾는지 보여줄게요."	
2. (이야기를 들고 이야기의 맨 마지막 문장 끝의 마침표를 가리킨다.) "여기가 이 이야기의 마지막 문장의 끝입니다."	
3. "이 문장의 처음을 찾을 테니 나를 잘 보세요." (손가락을 단어에서 단어로 앞의 마침표에 이를 때까지 옮긴다.) "여기 마침표가 있어요." (마침표 다음의 단어를 가리킨다.) "이것이 문장의 첫 번째 단어입니다."	
4. "이제 내가 이 문장의 첫 번째 단어를 찾을 것입니다." (앞 문장을 가리키며 단어에서 단어로 손가락을 옮기다가 마침표 바로 앞에서 멈춘다.)	
제4부: 학생들은 문장의 처음을 찾는 연습을 한다.	
1. "여러분이 갖고 있는 이야기를 보세요."	
2. "이야기 끝의 마침표를 짚으세요."	
3. "여러분의 손가락을 그 문장의 첫 번째 단어에 이를 때까지 뒤로 옮기세요."	
4. (앞 문장의 마지막 단어를 가리킨다.) "여러분의 손가락을 이 문장의 첫 번째 단어에 이를 때까지 뒤로 옮기세요."	

문단 속의 단어 통째 읽기로의 전환

문단을 한 글자씩 소리 내어 읽는 것에서 모든 단어를 통째로 읽는 것으로의 전환은 점진적으로 이루어져야 한다. 보통의 속도로 단어 통째 읽기는 학생들이 통째 읽기 단어 목록을 별 오류 없이 읽고, 단어를 읽는 데 3초 이상이 걸리지 않을 때 시작될 수 있다.

단어 통째 읽기로 전환할 때에는 학생들이 우선 이야기 전체를 합창식으로 같이 읽도록 하는 것이 좋다.

이와 같이 하는 목적은 학생들이 추측하는 전략을 사용하는 것을 방지하기 위함이다. 처음에 한 글자씩 소리 내어 읽을 이야기 비중은 학생들이 단어 통째 읽기 시 단어 읽기 전략을 신중하게 적용할 수 있으면 줄여 나간다. 단어 통째 읽기를 소개한 이후에도 몇 주 동안에는 학생들이 계속해서 단어를 한 글자씩 소리 내어 읽는 연습을 하는 것이 좋다.

통째 읽기 문단 소개를 위한 수업 형식이 〈표 12-4〉에 나와 있다. 이 도입 수업 형식은 학생들이 이야기를 한 글자씩 소리 내어 읽은 후에 제시한다. 이야기를 한 글자씩 소리 내어 읽고 나면 합창식으로 이야기를 단어 통째 읽기로 다시 읽는다. 합창식으로 통째 읽기를 마치면 개별적으로 호명하여 이야기를 세 번째로 읽어 보게 한다. 합창식으로 통째 읽기 도중에는 보통의 속도로 단어를 읽기 전에 한 글자씩 속으로 읽어 보도록 촉구한다. 합창식으로 통째 읽기 기간 중에는 문장 속의 단어를 3초 이내로 읽을 수 있을 때까지 문장 읽기 연습을 계속하도록 한다. 이 수업 형식은 학생들이 새로운 이야기를 단어 통째 읽기로 읽을 때 3초 이내로 모든 단어를 정확히 읽을 수 있을 때까지 매일 제시한다.

학생들이 문단을 어느 정도 유창하게 읽으면(3초당 1단어), 교사의 지원 정도를 줄인다(〈표 12-5〉 참조). 이때에는 학생들에게 통째 읽기 도중 속으

〈표 12-4〉 문단 속의 단어 통째 읽기 도입 수업 형식

교사	학생
1. 다음과 같이 말한다. "이 이야기 속의 단어를 빠르게 읽어 봅시다. 내가 신호를 주면 단어를 빠르게 읽으세요."	
2. 학생들은 첫 문장을 읽고, 교사는 다음과 같이 말한다.	
a. "첫번째 단어를 짚으세요."	첫 단어의 첫 글자 밑을 짚는다.
b. "단어를 생각해 보세요. 손가락으로 단어 밑을 짚으며 각 글자의 소리를 속으로 내보세요."	각 글자를 짚으며 그 소리를 속으로 낸다.
(3초 동안 멈춘다.)	
"무슨 단어죠?" (신호)	첫 단어를 읽는다.
c. "다음 단어. 속으로 각 글자의 소리를 내보세요."	단어의 각 글자를 속으로 소리낸다.
(3초 동안 멈춘다.)	
"무슨 단어죠?" (신호)	다음 단어를 읽는다.
d. 문장 속의 나머지 단어를 대상으로 2(c)단계를 반복한다.	
e. 만약 문장 속의 어떤 단어라도 읽는 데 3초 이상이 필요하면 그 문장을 다시 읽도록 한다.	
3. 나머지 문장들을 대상으로 2단계를 반복한다.	
4. 개별적으로 불러 문장을 읽어 보게 한다.	

로 단어를 한 글자씩 읽어 보라고 말해 주지 않는다. 각 단어를 합창식으로 읽도록 신호를 주면서 학생들로 하여금 이야기를 읽도록 한다. 합창식으로 이야기 읽기가 끝나면 학생들이 문단을 읽는 동안 오류를 범한 단어를 칠판에 적고 통째 읽기 단어 목록 읽기 연습을 실시한다. 그런 다음 개별적으로 학생들을 불러 한 번에 하나의 문장씩 이야기를 읽어 보도록 한다.

중요한 수업 행동들

신호 주기와 점검하기 문단을 읽을 때 학생들은 교사를 보지 말고 자기 앞의 이야기를 봐야 한다. 학생들은 자신들이 읽어 나가는 단어를 가

〈표 12-5〉 문단 속의 단어 통째 읽기 연습을 위한 수업 형식

교사	학생
제1부: 학생들은 합창식으로 이야기를 통째 읽기로 읽는다.	
1. 다음과 같이 말한다. "이야기 속의 단어를 빠르게 읽어 볼 것입니다. 내가 신호를 줄 때마다 단어를 빠르게 말해 보세요."	
2. "이야기의 처음을 짚어 보세요." (신호)	이야기 처음을 짚는다.
3. "첫 단어를 생각해 보세요." (멈춤) "무슨 단어죠?" (신호)	첫 단어를 말한다.
4. a. "다음 단어." (학생들이 다음 단어를 생각할 동안 잠시 멈춘다.) "무슨 단어죠?" (신호)	단어를 말한다.
b. 문장의 나머지 단어를 대상으로 4(a)단계를 반복한다.	
c. (만약 학생이 지정된 멈춤 시간보다 더 많은 시간을 필요로 하거나 오류를 범하면 그 문장을 다시 읽게 한다.)	
5. "다음 문장의 첫 단어를 짚으세요." (3과 4단계에서와 같은 절차를 이용하여 문장을 읽도록 한다.)	
제2부: 오류를 범한 단어를 확고하게 알게 한다.	
1. 오류를 범한 단어를 칠판에 적는다. 학생들은 그 단어를 한 글자씩 소리 내어 읽고 각 단어를 보통의 속도로 읽는다.	
2. 학생들은 목록 속의 단어를 통째 읽기로 읽는다.	
제3부: 개별적으로 시켜 보기	
1. 학생들을 개별적으로 불러서 독해 문제를 제시하면서 한 번에 한 문장씩 읽어 보게 한다.	

리키고 눈을 책에 고정시킨다. 문단 소리 내어 읽기 연습에서처럼 단어 통째 읽기에서도 학생들을 대상으로 한 신호는 청각 신호여야 한다. 아이들이 단어를 한 글자씩 읽을 시간을 준 다음, "무슨 단어죠?"라고 묻는다. 그런 후, 1초 후에 교사는 손뼉치기, 손가락 소리내기, 연필 두드리기 등으로 신호를 준다. "무슨 단어죠?"라고 묻는 것과 손뼉치는 것 사이의 시간 간격은 일정해야 한다. 드럼을 치는 것과 같은 것으로 생각하면 된다. 마치 드럼 치는 사람이 "무슨 단어죠?"라고 묻고 드럼막대를 들어 드럼을 치는 것과 같다.

학생들이 손가락으로 각 단어를 가리키는지 확인하면서 그들의 반응을 주의 깊게 듣고, 입술과 눈을 주의 깊게 보면서 점검한다. 학생들이 실제로 이야기 속의 단어에 주목하고 있는지를 확인하기 위해 그들의 눈을 관찰한다. 또한 스스로 단어를 한 글자씩 소리 내어 읽는지를 확인하기 위해서 그들의 입을 본다.

합창식으로 문단을 읽는 동안에 교사는 학생들에게 다음 단어를 가리키는 신호로서 "다음 단어."라고 말하게 될 것이다. 교사는 학생들이 다음 단어를 짚고 즉시 속으로 그 단어를 한 글자씩 읽으면서 파악하려 하는지 여부를 점검한다.

도입 수업의 목표는 3초 이내에 단어를 읽도록 하는 것이다. 몇몇 학생들의 경우 처음에는 단어를 알아내는 데 3초 이상의 시간을 필요로 할 수 있다. 이 경우 몇 초를 더 허락할 수는 있지만 5초 이상은 허용하면 안 된다(너무 많은 시간을 허용하면 의도하지 않게 학생들에게 단어 전체를 알아내도록 하기보다는 자꾸 다시 시작하는 것을 강화할 수 있다). 만약 단어를 알아내는 데 3초 이상을 필요로 하면 교사는 그 문장을 반복해야 한다.

학생들이 읽기 프로그램에서 향상을 보임에 따라 단어를 알아내는 데 필요한 시간도 줄일 수 있다. 유창성을 발달시키는 것에 관한 좀 더 많은 정보를 이 장의 후반에 제시할 것이다.

진행 속도 합창식 읽기 도중 교사는 한편으로는 다음 단어를 알아내는 데 충분한 시간을 주면서도 다른 한편으로는 학생들이 단어에서 단어로 신속하게 이동하도록 함으로써 문단 읽기 속도를 잘 유지한다. 학생들이 단어를 정확하게 말하고 나면 즉시 "다음 단어."라고 말한다. 학생들은 즉시 다음 단어를 속으로 소리 내어 읽는다. 다음 단어를 생각할 시간을 준 다음 "무슨 단어죠?"라고 묻고 신호를 준다. 만약 정확하게 반응하면 즉시 "다음 단어."라고 말하고 다음 단어를 생각할 수 있도록 몇 초 동안 멈춘다

(새로운 줄의 처음에 나오는 단어에 대해서는 좀 더 길게 시간을 주어야 하는데, 이는 학생들이 다음 단어를 찾기 위해 손가락을 줄을 바꾸어 새 줄의 맨 첫 단어로 옮겨야 하기 때문이다). 만약 오류가 들리면 즉시 이를 교정하고 그 문장의 첫 단어로 되돌아가도록 한다.

개별 읽기 단어 통째 읽기 수업 형식의 마지막 부분에서는 개별 학생으로 하여금 하나 또는 두 개의 문장을 읽도록 하고 나머지 학생들은 속으로 이를 따라 읽도록 한다. 개별적으로 읽는 동안에는 신호를 줄 필요가 없다. 왜냐하면, 합창식으로 반응할 필요가 없기 때문이다. 하지만 주의집중을 촉구하기 위해서 큰 소리로 읽지 않는 다른 학생들은 손가락으로 해당 단어를 짚도록 한다(이 절차는 읽기 초기의 학생들에게만 해당된다는 점에 명심하기 바란다. 이후 학년에서는 이렇게 단어를 짚는 것이 필요치 않다). 학생들을 호명할 때는 미리 예측할 수 없는 순서로 한다. 만약 언제 자기 차례가 돌아올 것인지 예측할 수 있다면 자기 차례가 올 때까지 주의를 기울이지 않을 수 있다. 또 자신이 읽게 될 문장을 먼저 보고 연습할 수도 있다. 주의를 잘 기울이지 않는 학생은 가끔 한두 명 다른 학생을 시킨 후 곧바로 다시 불러 읽도록 해야 한다. 이는 학생들에게 비록 방금 전에 자신이 호명되어 읽었지만 언제 다시 호명될지 모르기 때문에 주의를 기울이지 않으면 안 된다는 것을 전달해 준다. 학생들은 한 번에 하나 혹은 두 개의 문장만 읽어야 한다. 왜냐하면, 더 긴 시간동안 문장을 읽을수록 그만큼 다른 학생들의 주의가 흐트러질 가능성이 크기 때문이다. 학급 내 학생들의 주의가 산만할수록 한 학생이 연속해서 읽어야 할 문장의 수는 더 적게 한다.

학생들이 좀 더 의미 있는 단위로 읽도록 하기 위해서는 중간중간 멈추도록 지시를 한다. 이 멈춤 시간 동안 새로운 학생을 불러 읽도록 할 수 있다. 이전 학생이 문장의 마지막 단어를 읽고 난 후 즉시 새로운 학생을 호명한다. 이렇게 재빠른 호명은 학생들의 주의력을 향상시키고 이야기의 연속성을 유지시킨다.

개별적으로 시키는 동안 어떤 학생은 너무 조용한 소리로 읽어서 나머지 학생들이 이를 잘 따라오지 못할 수 있다. 크게 읽으라고 요청하거나 잔소리를 하는 것은 대개 효과가 없다. 적절하게 크게 읽는 학생에게 아주 큰 강화를 제공하는 것이 너무 조용하게 읽는 학생으로 하여금 크게 읽도록 하는 데 종종 효과적이다. 강화는 학생이 읽고 나서 "아주 잘했다. Erika, 아주 큰 소리로 잘 읽었다."와 같이 구체적으로 칭찬해 주거나 수업 후에 구체적인 강화물(예: 스티커) 형태로 줄 수도 있다.

학생들이 개별적으로 읽는 동안 정확하게 읽도록 하기 위해 동기부여 요소를 첨가한다. 예컨대, 정확하게 읽은 각 문장에 대해 점수를 부여할 수도 있다. 그래서 일정 점수가 되면 스티커를 얻을 수 있게 한다.

오류 교정 　합창식으로 단어 통째 읽기 도중 어떤 학생이라도 단어를 잘못 말하면 교정해 주어야 한다. 초기 읽기 단계에서 단어 통째 읽기 도중 잘못 읽은 단어를 교정할 때에는 항상 학생들이 단어를 한 글자씩 소리 내어 읽는 전략을 사용하도록 하는 데 집중한다. 오류 교정 절차는 (a) 단어를 말해 주고, (b) 전체 집단에게 단어를 한 글자씩 소리 내어 읽은 다음 보통의 속도로 그 단어를 말하도록 하며, (c) 문장의 처음으로 되돌아가 다시 문장을 읽도록 한다. 예를 들어, 합창식으로 "A cat went in it."이란 문장을 읽을 때 한 학생이 went 대신 want로 발음하는 것을 들었을 때 교사는 "그 단어는 went입니다. 그 단어를 한 글자씩 발음해 봅시다. 여러분의 손가락으로 첫소리를 짚어 보세요. 준비." (신호) 단어를 한 글자씩 소리 내어 읽고 단어를 정확하게 읽으면 그 문장의 처음으로 되돌아가서 그 문장을 다시 읽도록 한다.

문단 읽기 도중 오류를 범한 단어는 제2부 굳히기와 다음 차시의 단어 목록 연습에 포함시킨다.

두 번째 유형의 오류는 신호에 반응하지 않는 것이다. 다른 학생들이 다 응답한 후에 반응하거나 아예 대답하지 않는 경우다. 이와 같은 상황에서도 전체 집단으로 하여금 단어를 한 글자씩 소리 내어 읽도록 하고 그 문장의 처음으로 되돌아가도록 한다. 학생이 그 단어를 잘 몰랐는지 아니면 단지 주의를 기울이지 않았는지를 잘 모르기 때문에 별도의 연습은 필수적이다.

읽기 유창성과 정확성 발달시키기

읽기 유창성과 정확성을 충분히 발달시키는 데 필요한 연습의 양은 학생에 따라 매우 다양하다. 학생들의 다양한 요구를 충족시키는 주요 방법 중 하나는 연습이 필요한 아이에게 더 많은 연습 기회를 제공하는 것이다. 일반적으로, 한 문단당 두 문장 이상에서 오류 교정이 필요하면 해당 문단을 다시 읽게 한다. 읽기를 잘하는 집단의 경우 오류 수도 적고 반복해야 할 필요도 적을 것이다. 이와 같은 별도의 연습을 매일 읽기 수업 초반부터 제공하면 수업을 따라오기 어려워하는 학생들이 더 빠른 속도로 향상을 보이는 데 도움을 줄 수 있다.

오류 교정 후 학생으로 하여금 문장을 다시 읽거나, 너무 많은 단어를 정확하게 읽지 못했을 때 문단을 다시 읽도록 하는 것은, 한편으로는 교사가 정확하게 읽는 것을 중시한다는 것을 보여 주면서 동시에 유창성을 발달시킬 수 있기 때문에 필수적이다. 문단 읽기를 흥미롭게 유지하고 지루하고 반복적인 과제로 생각하지 않도록 하기 위해 다양한 기법을 조화롭게 사용한다. 앞에서 언급한 바와 같이, 성공적인 문단 읽기의 핵심 요소는 단어 목록 읽기 연습과 문단 읽기 간에 조정을 잘하여 오직 학생들이 읽을 수 있는 단어만 문단에 포함시키는 것이다. 문단 읽기 수업에서 중요한 교수 기법 중의 하나는 교사가 긍정적이고 적극적으로 도와주는 태도를 갖는 것이다. 학생이 오류를 범하면 교사는 자신의 목소리의 높고 낮음을 잘 살펴서 야단을 치거나 질책하는 음조가 아닌 도와주는 음조를 띠도록 한다. 오류를 범한 학생에게 잔소리를 하기보다는 잘 반응한 학생을 칭찬하고, 성적이 낮은 학생이 잘했을 때에는 아주 열정적으로 반응해 준다. 문장을 다시 읽으라고 지시를 내릴 때에는 지원적이어야 한다. 예컨대, 다음과 같이 말할 수 있다. "이 문장을 다시 읽어 보자. 아주 열심히 하고 있어요. 이번에는 아주 완벽하게 잘 해낼 것이라고 믿어요." 문장을 오류 없이 읽으면 다음과 같이 열정적으로 반응해 준다. "훌륭해요. 완벽하게 잘 읽었어요!" 여러 개의 문장을 연속해서 오류 없이 읽으면 더욱 열정적으로 다음과 같이 반응해 준다. "와! 정말 대단했어요. 아주 잘했으니 여러분 스스로 어깨를 두드려 주세요."

첫해 동안 읽기 유창성 향상시키기

초기 읽기 단계 내내 교사는 학생들의 읽기 속도를 증가시키기 위해 꾸준히 노력한다. 합창식으로 단어 통째 읽기를 할 때 학생들이 단어를 알아내도록 하기 위해 제공하는 시간의 간격을 점진적으로 줄여 나간다. 문단 통째 읽기 첫 주 동안 학생들은 모든 단어를 3초 이내에 읽을 수 있을 때까지 문장을 반복하여 읽는다. 이는 1분에 대략 20단어를 읽는 속도에 해당한다. 성적이 높은 학생들의 경우 여기까지 이르는 데 반복 읽기를 많이 필요로 하지는 않을 것이다. 하지만 성적이 낮은 학생들은 아주 여러 번의 반복 읽기를 필요로 할 것이다. 학생들이 더 이상의 반복 읽기 없이 1분에 20단어 정도 읽을 수 있게 되면 멈추는 시간을 2초에서 2.5초 정도(1분에 25~30단어 정도)로 감소시킨다. 나중에는 멈추는 시간을 1.5초에서 2초 정도로 감소시켜 더 빠르게 할 수 있다.

성적이 낮은 학생들을 가르치는 교사들은 이들이 앞에서 말한 기준에 이르기 위해서는 모든 문장을 반복해서 읽어야 할지도 모른다는 것을 알게 될 것이다. 이 학생들에게는 방과 후에 15~20분 정도의 추가 읽기 시간을 마련하는 것이 좋다. 이러한 연습은 읽기 유창성을 충분히 발달시키는 데 필수적이다. 별도의 연습이 없으면 이 학생들은 또래에 비해 뒤처지게 될 것이다. 1학년 때 별도의 읽기 연습 시간을 제공하는 것이 아주 중요하다. 2학년 초기에는 학교생활의 더 많은 부분(사회, 과학, 등)이 전체 집단 단위로 이루어진다. 이렇게 되면 너무 느리게 읽는 학생들은 또래들을 따라갈 수 없을 것이다. 그럴 경우 이들 학생들은 스스로 좌절할 가능성이 있을 뿐만 아니라 다른 학생들이 다양한 교과활동을 통해 얻는 혜택을 받을 수 없을 것이다.

읽기 속도와 정확성의 개별 점검

학생들이 문단 읽기를 시작하고 나면 주 단위로 1분 동안의 이야기 소리 내어 읽기를 실시하는 것이 좋다. 개별 점검을 통해 교사는 아주 유용한 정보를 얻을 수 있으며 학생들이 읽기 속도와 정확성을 발달시키는 데 필요한 연습을 충분히 받고 있는가를 알 수 있다. 1분 읽기를 할 때에는 읽을 수 있는 단어들로 구성된 이야기를 읽도록 해 주어야 한다. 교사는 1분 동안 학생이 읽은 글자 수와 나타난 오류를 기록한다. 〈표 12-6〉은 몇 주 동안 학생 읽기 수행 정도를 기록하는 데 사용할 수 있는 도표다. 학생들이 읽기 유창성을 향상시키고 있는지, 그리고 1학년 말까지 1분에 60단어 정도 읽을 수 있는 목표에 도달하는지를 확인하기 위해 세밀하게 점검한다. 읽기 정확성은 최소 95%는 되어야 한다. 앞 절에서 언급한 바와 같이 읽기 정확성과 유창성을 충분히 향상시키지 못하는 학생들을 조기에 확인하여 이들에게 별도의 연습을 제공해야 한다.

〈표 12-6〉 기록 용지-개별 점검

학생 이름	날짜		날짜		날짜	
	1분당 단어 수	오류 수	1분당 단어 수	오류 수	1분당 단어 수	오류 수

상업용 프로그램

유치원과 1학년 단계에서 대부분의 읽기 프로그램의 이야기 읽기 활동에는 읽기 부진 및 부진 위험이 있는 학생들에게 문제가 될 만한 특징들을 종종 가지고 있다. 그중에서도 좀더 심각한 문제들을 열거해 보자면 다음과 같다.

- **이야기 읽기를 매일 연습하지 않음:** 여러 개의 프로그램에서 교사 지침서 내용에 이야기 읽기를 매일 실시하라는 내용이 들어 있지 않다. 교사 지침서에는 1주일에 몇 번 이야기 읽기를 시키라고 되어 있을 뿐이다. 어휘가 발음 요소 소개와 조화를 이룬 이야기 수도 충분치 않다.
- **이야기 속에 너무 많은 불규칙 단어:** 몇몇 상업용 읽기 프로그램의 이야기에는 초기 읽기 단계에서 학생들이 읽기에는 너무 많은 불규칙 단어가 포함되어 있다. 이들 단어들은 각 글자의 가장 대표적인 소리로

발음되지 않거나 학생들이 아직 배우지 않은 글자–소리 대응을 포함하고 있기 때문에 불규칙적이다. 학생들은 언제 한 글자씩 읽는 것을 적용할 수 있는지 혹은 적용할 수 없는지 모르기 때문에 너무 어려워한다.

- **발음 기술을 어떻게 적용하는가에 관한 명시적 수업의 부재:** 아주 소수의 프로그램만이 학생들에게 이야기를 읽을 때 발음 수업에서 배운 것을 어떻게 적용하는지를 가르친다. 이들 프로그램들은 교사들이 학생들에게 어떻게 글자–소리 대응 지식을 사용하게 할지에 대해 지침을 제공하지 않는다.
- **수업에서 학생들의 높은 참여를 유도하지 않음:** 대부분의 프로그램들은 어떻게 모든 학생들이 이야기 읽기에 아주 높은 참여도를 유지할 수 있는지에 대해 지침을 교사들에게 제공하지 않는다. 이들 프로그램들은 단지 학생들을 불러 읽기를 시켜 보도록 하는 것과 같은 아주 일반적인 지침만을 제공한다.
- **그림이나 맥락 단서에 의존:** 일부 프로그램들에서는 그림이나 맥락을 이용하여 단어를 읽도록 학생들을 촉구하고 있다. 이러한 전략은 현재 읽기에 어려움을 겪고 있거나 그럴 위험이 있는 초기 읽기 단계 학생들에게 심각한 혼란을 야기할 가능성이 있다. 맥락 단서를 이용하여 단어를 알아내는 전략은 학생이 초기 읽기 단계를 지나고 대부분의 발음 요소를 학습했을 때에는 유용하지만 그보다 먼저 맥락 단서를 단어 읽을 때 활용하도록 하는 것은 아주 심각한 문제를 야기할 수 있다.

해결 방안

만약 첫 이야기에 너무 많은 불규칙 단어가 포함되어 있다면 규칙 단어로 구성된 문장들이 들어 있는 활동지나 짧은 이야기를 직접 만들어, 읽기 프로그램 초기 단계에서 학생들이 단어를 한 글자씩 소리 내어 읽는 연습을 하는 데 사용하게 하는 것이 좋다. 프로그램 속의 이야기를 소개할 때 학생들이 모든 불규칙 단어를 읽을 수 있을 것으로 기대하지 말기 바란다. 가장 유용한 단어들을 우선시한다. 아직 가르치지 않은 단어가 이야기에 나오면 그 단어를 읽어 준다.

일단 아이들이 이야기를 읽기 시작하면 매일 수업에서 이야기를 읽도록 한다. 초기 읽기 단계 동안 단어를 한 글자씩 소리 내어 읽는 것에서 시작하여 통째 읽기로 전환해 가는 합창식 읽기 절차를 활용하는 것이 좋다. 이야기 수가 충분하지 않으면 이제까지 활용했던 단어를 이용하여 학생들이 읽을 문장을 만들 수 있다. 교사에게는 이야기를 만드는 것보다 문장을 만드는 것이 시간이 덜 걸린다.

불규칙 단어는 학생들을 좌절시키지 않을 정도의 속도로 소개한다. 학생들의 수행 정도를 보고 어느 속도로 불규칙 단어를 소개할 것인가를 결정한다. 만약 학생들이 이전에 소개했던 불규칙 단어를 읽을 수 있으면 새로운 불규칙 단어도 소개할 수 있음을 기억하기 바란다. 이야기에 교사가 단어 목록 연습에서 가르치지 않았던 불규칙 단어가 포함되어 있으면 그 단어를 읽어 준다.

제3부의 각 장에서는 수업 재료와 관련된 문제 해결 방안을 다루기 위한 제안사항들을 더 제시한다.

▶ 기존 교육과정에의 적용

현재 사용하고 있는 주 읽기 프로그램에서 초기 문단 읽기 부분 평가(유치원과 1학년 과정)

1. 문단 읽기를 소개하는 데 어떠한 절차들이 나와 있는가?
2. 그러한 절차들이 문단 읽기에의 몰입 정도를 높여 주는가?
3. 학생들의 오류에 대해 어떠한 교정 절차가 구체적으로 제시되어 있는가?
4. 얼마나 자주 학생들이 이야기 읽기 연습을 하는가?
5. 학생들이 언제 이야기 읽기를 추가로 더 연습해야 하는지에 대한 기준이 나와 있는가?
6. 정확하고 유창한 읽기를 촉구하기 위해 어떠한 동기 유발 시스템이 제공되고 있는가?
7. 이야기 속의 단어들은 단어 목록 연습과 잘 조화를 이루어 학생들이 이야기 속의 모든 단어를 읽을 수 있도록 하고 있는가?
8. 위의 질문들에 대한 답변에 근거하여 현재 읽기 프로그램을 어떻게 수정하고자 하는가?

제 13 장

이야기 읽기와 읽기 유창성 발달: 초등 저학년 단계

초등학교 저학년 단계 동안 문단 읽기를 하는 데 있어서 교사들이 당면하게 될 주요 과제들은 (a) 모든 학생들이 유창성을 발달시킬 수 있도록 충분한 연습 제공, (b) 정확한 읽기 중요성의 지속적인 강조, (c) 느낌을 실어 읽기 등과 같은 구체적인 기술 가르치기, (d) 어휘와 독해 활동 통합, (e) 동기를 부여하고 수업에 열심히 참여하는 것을 권장하는 방식으로 텍스트 관련 활동 제시 등이다.

이하의 수업과 동기 부여 절차는 모든 학생들이 이야기에 나오는 모든 단어를 읽는 데 충분한 수업을 받았고, 그 이야기가 해당 학생들의 수업 단계에 맞는다는 가정에 근거한 것이다. 학생의 수업 단계에 맞는 문단이란, 사전에 충분한 읽기 수업이 없으면 스스로 읽기 어려워할 단어가 100개 중 2~3개 포함된 문단이다. 단어 목록 읽기 연습을 충분히 하면 소수의 오류만 범하고도 이야기를 읽을 수 있다. 이야기 속의 모든 단어가 반드시 이전의 단어 목록 연습에 나와야 하는 것은 아니다. 만약 어떤 단어가 학생들이 이전에 단어 목록 연습에서 배웠던 발음 요소들을 포함하고 있다면, 이야기 읽기 전 단어 목록 읽기 연습에 그 단어를 반드시 제시할 필요는 없다. 예를 들어, 단어 목록 읽기 연습에서 ar이 포함된 단어를 10~15개 정도 읽었지만, 그 목록에 나오지 않았던 ar을 포함한 단어가 이야기에 나올 수 있다. 학생들이 아직 알지 못하는 발음 요소를 포함하고 있는 단어는 어떤 것이든 이야기에 그 단어가 나오기 수일 전에 단어 목록 읽기 연습에서 불규칙 단어로 제시해야 한다.

이야기 읽기 수업 절차

초등학교 저학년 단계 동안 이야기 읽기 수업의 기본 절차는 학생들로 하여금 이야기를 세 번 읽도록 하는 것이다. 첫 번째 읽을 때 초점은 정확한 읽기에 있다. 첫 번째 읽기에서 학생이 웬만큼 정확하게 읽으면 두 번째 읽기에서는 정확성과 함께 독해에 초점을 둔다. 세 번째 읽기에서는 이야기를 전체 집단이나 또래와 같이 읽도록 하면서 유창성에 초점을 둔다.

첫 번째와 두 번째 읽기는 학생을 개별적으로 호명하여 한 문장에서 네 문장까지 읽도록 하고 나머지 학생들은 이를 따라 속으로 읽도록 하는 방법으로 진행한다. 문단을 다 읽을 때까지 학생들을 골고루 호명하여 시킨다. 학생들이 범하는 오류가 있으면 모두 기록한다. 첫 번째 읽을 때 정확한 읽기에 주력하기 위해 교사는 아주 소수의 독해 관련 질문만 던진다. 학생들이 만족할 만한 정도의 정확성(97% 기준: 100단어에 3개 이하의 오류)으로 문단을 읽으면 이야기를 다시 읽도록 하고 독해 질문을 한다. 만약 학생들이 첫 번째 읽기에서 너무 많은 오류를 범하면(100단어당 4개 이상) 독해 질문을 하지 않고 오직 정확성에만 초점을 기울이면서 이야기를 다시 읽도록 한다.

초등학교 저학년 단계에서의 이야기 읽기 수업 형식이 〈표 13-1〉에 나와 있다. 수업은 학생들을 호명하면 한 명씩 이야기를 읽을 것이라고 말하는 것으로 시작한다. 한 학생이 읽을 때 나머지 학생들은 그 학생이 읽어 나가는 단어를 손으로 짚는다. 자신이 호명되었을 때뿐만 아니라 다른 학생이 호명되었을 때에도 읽기 수업시간 내내 수업에 집중하도록 하는 수단의 하나로 다른 학생이 읽어 나가는 단어를 손으로 짚도록 하는 것이 좋다. 중간에 진행 속도를 잃지 않고 몇 주 동안 이야기를 읽으면 개별적으로 시켜 보지 않아도 될 것이다.

첫 번째 읽기를 하기 전에 허용 가능한 오류의 수를 알려 준다. 이것은 학생들로 하여금 정확하게 읽도록 하는 일종의 동기 부여 기법이다(오류 한

〈표 13-1〉 문단 읽기 소개 수업 형식

1. 이야기 읽기 절차 소개
   a. "여러분들은 이제부터 이 이야기를 소리 내어 읽게 될 것입니다. 지금부터 몇 명을 호명하겠습니다. 읽을 때에는 모든 사람들이 들을 수 있도록 크게 읽으세요. 마침표가 나오면 잠깐 멈추세요. 다른 학생을 호명하지 않으면 다음 문장을 계속 읽으세요. 호명되지 않은 나머지 사람들은 읽어 나가는 단어를 손가락으로 짚으세요."
   b. "내가 먼저 여러분이 어떻게 읽어야 하는지를 보여 줄게요. 내가 읽어 나갈 때 여러분은 그 단어를 짚으세요." (교사는 몇 문장을 읽는다. 학생들은 교사가 읽을 때 해당 단어를 짚는다.)
2. 학생들이 이야기를 읽는다. – 해부호화
   a. "이제 여러분이 읽을 차례에요. 내가 호명을 하면 큰 소리로 문장을 읽으세요. 마침표가 나오면 잠깐 멈추세요. 다른 사람을 호명하지 않으면 다음 문장을 읽으세요. 호명되지 않은 나머지 사람들은 읽어 나가는 단어를 손가락으로 짚으세요."
   b. "오늘 허용 가능한 오류 수는 8입니다. 여러분이 8개 이하의 오류만 범하고 이야기를 읽으면 우리는 다시 이야기를 읽고, 내가 독해 질문을 하겠어요."
   c. 학생들을 개별적으로 호명한다. 학생 한 명당 세 개의 문장씩 읽도록 한다.
3. 학생들이 이야기를 읽는다. – 독해*
   a. 학생들을 개별적으로 불러 이야기를 읽도록 한다. 교사는 다음과 같이 독해 질문을 던진다. "우리는 다시 이야기를 읽을 거예요. 이번에는 이야기 내용에 관해 질문을 하겠어요."

* 저자 주: 만약 학생들이 지속적으로 첫 번째 읽기에서 이야기를 정확하게 읽으면 교사는 첫 번째 읽기 단계에서 독해 질문을 제시할 수 있다.

도는 이야기 속의 단어 수에 .03을 곱해서(예: 250×.03=8) 산출한다]. 학생들이 이야기를 첫 번째 읽을 때에는 독해 질문을 한두 개 제시하거나 혹은 전혀 제시하지 않는다. 만약 허용 가능한 오류 수보다 적게 오류를 범하고 이야기를 읽으면 칭찬해주고 이야기를 다시 읽도록 한다. 두 번째 읽기 동안에 독해 질문을 제시할 수 있다. 첫 번째 읽기에서 허용 가능한 수보다 많은 오류를 범하면 정확성에 초점을 맞추면서 이야기를 다시 읽도록 한다. 학생들이 이야기를 정확하게 읽고 독해 질문에 답한 후에는 유창성에 초점을 맞춘다. 유창성 관련 수업 절차는 이 장의 후반부에 제시될 것이다.

중요한 수업 행동들

진행 속도와 점검하기

- 예측 가능하지 않은 순서로 학생들을 불러 읽도록 한다. 학생들은 자기 차례가 언제인지 모를 때 더 수업에 집중할 가능성이 높다. 어떤 경우에는 한 문장씩, 또 다른 경우에는 여러 문장씩 읽도록 한다.
- 다른 학생이 읽을 때 나머지 학생들도 단어를 손가락으로 짚어 나가는지 주의 깊게 관찰한다.
- 시간을 잘 조절하면 학생과 학생 간 전환을 신속하게 매끄럽게 할 수 있다. 앞의 학생이 문장의 마지막 단어를 읽고 나면 다음 학생을 호명한다. 교사는 이 과정에서 자신의 말을 최소화한다.

오류 교정 오류 교정 절차는 학생 집단의 크기에 따라 결정한다. 4명 이상의 학생을 가르치는 경우 교사는 자신의 행동이 어떻게 학생들의 주의집중에 영향을 미치는지를 고려해야 한다. 만약 특정 학생의 오류를 교정하는 데 너무 많은 시간을 투입하면 다른 학생들의 주의가 산만해질 가능성이 있다. 다음의 오류 교정 절차는 네 명 이상의 학생들을 대상으로 수업을 할 때, 그리고 학생이 단어를 잘못 읽을 때 사용한다.

1. 학생이 오류를 범하면 교사는 오류를 범한 단어를 알려 준다. "그 단어는 astounded야." 이때 교사는 갑자기 퉁명스럽거나 너무 큰 목소리를 내지 않아야 한다.
2. 학생으로 하여금 정확한 단어를 읽도록 한다. "무슨 단어죠?"
3. 학생에게 문장의 처음부터 다시 읽도록 한다. ("문장의 처음으로 돌아가서 문장을 다시 읽으세요.")
4. 오류가 발생한 단어를 기록하고 학생들이 이야기를 읽거나 다음날 단어 연습에 들어가기 전에 그 단어에 대해 복습을 실시한다.

다른 유형의 오류는 앞에서 제시한 절차와는 다른 교정 절차를 필요로 한다. 만약 학생이 범한 오류가 단어를 잘못 읽는 오류가 아니라 단어를 삽입하거나 생략하는 오류라면, 해당 오류를 말해 주고 다음과 같이 말하며 문장을 다시 읽도록 한다. "단어를 빼먹었어요. 문장을 다시 읽어 보세요."

만약 학생이 적절한 시간 내에, 즉 3~5초 이내에 정확히 단어를 읽지 못하면 그 단어를 알려 준다. 어려움을 겪고 있는 학생에게 너무 많은 시간을 허용하는 것은 단어를 읽지 못하는 학생을 벌주는 꼴이 되고 다음 수업에로의 흐름에 지장을 줄 수도 있다. 하지만 단어를 읽을 시도를 할 수 있는 충분한 시간을 주지 않는 것도 또한 학생을 좌절시킬 수 있다. 이에 대해 현명하게 판단을 해야 한다. 만약 학생이 단어를 거의 알아내는 것 같으면 몇 초의 시간을 더 허용할 수 있다.

호명되었음에도 어디 읽는지를 모를 경우에는 즉시 다른 학생을 불러 읽도록 하고 그 학생이 읽을 위치를 찾을 수 있도록 도와준다. 그런 다음, 몇 명의 학생을 시킨 후에 이 학생을 다시 호명하여 읽도록 시켜 본다. 한 번 자기 순서를 놓쳤던 학생들은 다음에는 그렇지 않으려고 다른 학생이 읽는 것을 주의 깊게 눈과 손으로 따라 읽으려 할 것이다. 어떤 학생들은 호명해도 읽는 속도가 느리기 때문에 금방 이야기를 읽지 않을 수 있다. 그 학생이 다른 학생이 읽는 것을 지금까지 잘 따라왔었다면 시간을 좀 더 주어야 한다. 하지만 학생들에게 다른 학생이 읽을 때 정확하게 눈과 손으로 따라 읽어야 한다는 것을 분명하게 주지시켜야 한다.

일반적으로 문단 읽기 도중 오류 교정을 할 때 교사가 말을 적게 하면 할수록 수업은 더욱 원만하게 진행된다. 하지만 일대일 수업이나 소집단 수업의 경우 학생들이 오류를 범했을 때 보다 정교한 오류 교정 절차를 사용해야 한다. 오류가 발생한 단어를 지적해 주고 적절한 해부호화 전략을 활용하도록 단서를 준다. 특정 글자 조합이 들어 있는 단어를 잘못 읽으면 오류가 발생한 글자나 글자 조합을 지적하고 그 글자나 글자 조합을 소리 내어 읽어 보도록 한다. 학생이 그 소리를 정확히 알고 있으면 "무슨 단어죠?"라고 묻는다. 예를 들어, 어떤 학생이 beach를 "beat"라고 읽었다면, 교사는 ch를 가리키며 "이 글자 소리가 무엇이죠? 무슨 단어죠?"라고 묻는다. 그 학생이 이 글자 조합의 소리를 모른다면 정확한 소리를 말해 주고 그 소리를 말해 보게 한 다음, "무슨 단어죠?"라고 묻는다. 만약 학생이 불규칙 단어를 잘못 읽으면 그냥 단어를 말해 주기만 한다. 왜냐하면, 발음 단서나 단어 구조 단서로부터는 그 단어를 읽는 데 별 도움을 못 얻을 것이기 때문이다. 어떤 오류가 되었든, 오류가 발생하면 학생들은 문장의 처음으로 되돌아가서 문장을 다시 읽어야 한다.

때때로 집단 속의 한두 명의 학생이 다른 학생들보다 이야기 속의 단어를 읽는 데 더 많은 어려움을 보이거나 아주 느리게 읽을 수 있다. 이들에게는 문단 읽기 연습 기간 동안 성공을 경험할 수 있도록 별도의 연습 기회를 제공해야 한다. 가장 실제적인 방법은 전체 집단 활동의 일환으로 이야기 읽기를 하기 전에 자원자나 또래 앞에서 이야기를 읽어 보게 하는 것이다.

오류 기록

문단 소리 내어 읽기 수업 기간 동안 교사는 기록 시스템을 유지해야 한다. 기록 시스템은 수업을 방해하지 않으면서도 학생들의 수행 정도를 기록할 수 있도록 학급 수업에 최소한의 지장을 주면서도 최대한의 정보를 제공해 줄 수 있어야 한다. 적어도 발생한 오류의 수를 기록하고 학생이 읽지 못한 단어를 기록하여 나중에 그 단어를 다시 가르칠 수는 있어야 한다.

읽기 부진 및 부진 위험 학생들을 대상으로 해서는 좀 더 확장된 기록 시스템을 사용할 수 있다. 학생이 읽고 있는 문단을 복사한 것 위에 수행 정도를 기록하거나 읽기 오류 기록 표시를 사용하여 오류 유형을 기록하는 방법도 있다. 학생들의 오류를 기술하기 위해서는 일관성 있는 오류 기록 시스템이 필요하다. 다음은 다양한 유형의 해부호화 오류를 기록하기 위한 시스템의 한 예다.

해부호화 오류 유형	표기
잘못 읽거나 단어 대체 (단어를 부정확하게 읽음). 단어에 사선을 긋고 학생이 읽은 대로 옆에다 쓴다.	march mom mark mother
망설임〔주어진 시간(3~5초) 안에 학생이 해당 단어를 읽지 못함〕. 단어에 사선을 긋고 그 단어 위에 H 표시를 한다.	H left
도치("he said"를 "said he"라고 읽음). 도치 표시를 한다.	he said was
생략(단어를 빼먹고 읽음). 생략된 단어에 동그라미를 친다.	She (had) smiled
자기수정("dot"라고 말했다가 다시 "dog"라고 스스로 교정함). 해당 단어 위에 SC라고 쓴다.	SC dog
삽입(다른 단어를 첨가함). 탈자 기호(^)를 표시한 다음 그 곳에 삽입한 단어를 쓴다.	had He ^ said
위치 놓침(호명이 되었으나 어디를 읽어야 할지 잘 모름). 학생이 찾지 못하는 위치 위에 LP를 적는다.	LP …went home. He was…

동기화 시스템

학생들이 최대로 동기화되고 정확하게 읽도록 하기 위해서는 이야기 읽기수업에 동기화 시스템을 포함시켜야 한다.

정확한 읽기 신중하게 읽는 것을 장려하기 위해 집단 전체가 이야기를 읽을 때 범하는 오류의 수에 근거해서 보상을 주는 방법이 있다. 오류 수가 적을수록 보상을 더 크게 한다.

정확한 읽기의 기준은 높게 설정한다. 제안하고 싶은 기준은 97%의 정확도(100단어 중 3개 이하의 오류)다. 이렇게 높은 정확도 기준은 지정된 이야기 속의 모든 단어를 읽을 수 있도록 학생들을 충분히 준비시키는 단어 목록 연습을 교사가 준비했고, 학생들이 이 단어 목록 연습을 숙달하도록 충분히 연습했다는 가정에 근거한 것이다. 만약 학생들이 단어 목록 연습을 충분히 하지 않아서 준비가 덜 되어 있다면 높은 정확도 기준은 적절하지 않으며 좌절만 안길 수 있다. 하지만 학생들이 충분히 준비가 되어 있다면 97% 기준은 현실적인 목표가 될 수 있을 것이다.

매 수업시간 전체 집단의 오류를 기록할 수 있는 도표를 작성한다. 그 예가 〈표 13-2〉에 나와 있다. 첫 두 칸에는 날짜와 해당 이야기 읽기의 오류 한도를 기입한다. 다음 칸에는 학생 집단이 처음으로 이야기를 읽었을 때 범한 오류의 수를 기록한다. 마지막 세 개의 칸은 각각 "아주 우수" "우수" "이런!" 등의 제목이 붙어 있다. 교사는 이 중 하나의 칸에 체크 표시를 한다. "아주 우수"는 2개 이하의 오류일 경우, "우수"는 3개에서 오류 한도까지, 그리고 "이런!"은 오류 한도 이상의 모든 오류 개수에 해당한다.

학생 집단이 미리 설정한 기준(예컨대, 5일 동안 오류 한도 기준을 충족시킴)에 도달하면 보상을 준다. 다양한 보상을 사용할 수 있다. 보상은 수업에 참여한 학생들의 수준에 따라 제시한다. 상위 수준의 보다 내적으로 동기화된 학생들일 경우 주로 언어 혹은 글로 수행을 칭찬해 준다. 내적으로

〈표 13-2〉 집단 단위 이야기 읽기 수행 정도 기록 형식의 예

날짜	오류 한도	오류 수	아주 우수	우수	이런!
5/12/05	8	2	✓		
5/13/05	7	5		✓	

덜 동기화된 학생들일 경우에는 잘한 것에 대한 칭찬뿐만 아니라 토큰이나 구체적인 물건처럼 보다 강력한 보상물을 활용할 필요가 있다. 어떤 경우든 학생들이 높은 수준의 정확도에 도달하면 아주 열정적으로 반응해 주어야 한다.

만약 어떤 학생이 다른 학생에 비해 특히 많은 오류를 범하면 그 학생의 이미지 손상을 막기 위한 특별한 조치를 취할 필요가 있다. 이에 대해서는 이 장의 마지막에 제시된 학생들의 자아 이미지 보호 관련 절을 참조하기 바란다.

주의집중 필요하다면 학생들이 이야기 읽기 연습 기간 동안 내내, 특히 자신의 차례가 아닌 동안에 주의를 집중하도록 동기화 시스템을 고안한다. 주의집중 여부를 알려 주는 좋은 지표 중 하나는 학생들이 호명되었을 때 자신이 읽어야 할 곳을 알고 있는가 여부다.

만약 학생 모두가 어디를 읽어야 할지 모른다면 잊어버린 위치의 수를 줄이기 위해 보상을 마련한다. 한두 명의 학생들이 위치를 아주 많이 놓치면 개별적으로 지도를 한다. 하지만 우선 위치를 놓치는 문제가 이들 학생들이 다른 학생들보다 지나치게 늦게 읽기 때문에 발생하는가 여부를 확인

하기 위해 학생들의 읽기 속도를 검사해야 한다. 읽기 속도가 충분치 않으면 다른 집단에 배치하거나 혹은 별도의 연습 시간을 제공해야 한다.

만약 위에서 언급한 학생들의 읽기 속도가 충분하다면 그 학생들의 점진적인 향상이 학급 전체가 보상을 얻는 데 기여하는 방식으로 보상 시스템을 설정하는 것이 좋다. 예를 들어, 어떤 학생이 한 수업시간에 세 번 정도 읽을 곳을 놓친다면, 두 번 이하로 읽을 곳을 놓칠 경우 학급 전체가 보상을 받는 시스템을 설정할 수 있다. 일단 수업당 2곳 이하만 놓친다면 다음에는 수업당 1곳, 그 다음에는 한 주간 동안 2~3곳 등으로 목표를 높여 간다. 학생들이 잘했을 때 이것에 주목을 해 주고 잘한 것에 대해 끊임없이 칭찬해 주는 것은 매우 중요하다.

기타 동기화할 학생 행동들 문단 읽기 연습이 원활하게 이루어지도록 하는 데에는 이 밖에도 두 가지 학생 행동이 중요하다. (a) 마침표에 다다랐을 때 잠시 멈추는 것과, (b) 개별적으로 호명되어 읽을 때 다른 학생들이 모두 들을 수 있을 정도로 큰 소리로 읽는 것이다.

학생들이 교사가 원하는 행동을 보이지 않았을 때 처음에는 구체적인 칭찬을 사용한다. 이야기 읽기 연습 시간 도중 구체적인 칭찬을 자주 사용한다(예: "마침표에서 아주 잘 멈추었어요." "아주 큰 소리로 잘 읽었어요." "잘 읽었어요."). 이러한 칭찬은 대부분의 학생들에게 효과적인 것이 보통이다. 만약 일부 학생들이 여전히 어려움을 겪고 있다면 그 학생들에게 개별적인 보상 시스템을 사용한다(예: "엘리, 큰 소리로 읽으면 그때마다 10점을 얻을 수 있어요. 10점을 얻으면 우리 학급 친구들이 모두 1점씩 얻게 될 거예요.").

동기화 시스템은 고정불변의 것이 되어서는 안 된다. 각 학생이 성공 경험을 하고 자신감을 갖도록 지속적으로 동기화 시스템을 점검해야 한다. 항상 어려움을 겪는 학생에게 잔소리를 하거나 더 열심히 하라고 애원하고 싶은 유혹을 물리쳐야 한다. 이것 중 어느 것도 학생들을 향상시키는 데 도움이 되지 못한다. 대신, 기술이 부족한지 아니면 동기화 시스템이 강화될 필요가 있는지 여부를 결정하기 위해 항상 개별석으로 학생들을 점검한다.

진단과 교정: 정확성

문단 읽기 정확성이 97% 이하인 학생은 누구나 추가로 수업을 받아야 한다. 이들에게 제공해야 할 수업의 유형은 그 오류의 기본적인 원인이 무엇인가에 따라 달라진다. 학생들의 오류를 오랫동안 검토하고 오류 유형을 찾아낸다. 오류 유형을 통해서 개별 학생이나 집단 전체가 이전에 가르친 기술을 더 연습해야 하는지 여부를 알 수 있다.

정확성 오류는 맥락 관련 오류와 발음 오류로 나누어 볼 수 있다. 맥락 관련 오류는 보통 학생들의 일관성 없는 읽기 수행을 보면 알 수 있다. 즉, 이 문장에서는 제대로 읽다가도 다른 문장에서는 부정확하게 읽는다. 발음 오류는 일관성 있는 오류 유형으로 알 수 있다(예컨대, ou 글자 조합이 들어 있는 단어는 일관성 있게 틀리게 읽는다).

발음 오류 이전에 가르쳤던 발음 기술을 완전히 익히지 못한 학생들에게는 그 기술을 매일 가르친다. 수업에서는 그 학생이 아직 익히지 못한 기술을 체계적으로 다시 소개하고 연습시킨다. 예를 들어, 어떤 학생이 하나 혹은 두 개의 글자 조합을 알지 못한다면 이 글자 조합을 한 번에 하나씩 단어 목록 연습에 포함시킨다. 이 글자 조합을 먼저 따로 떼어서 제시한 다음(〈표 8-2〉 참조), 그 조합을 포함한 단어를 제시한다(〈표 10-1〉 참조). 경우에 따라서는 특정 글자 조합을 포함한 단어를 여러 날 동안 단어 목록 연습 형태로 가르칠 수 있다. 한편으로는 단어 목록 연습을 시키면서 문단 읽기 시간에 어떻게 읽어야 할지 모르는 소리를 포함하고 있는 단어를 읽어 보도록 단서를 준다(예: "그 단어는 글자 o와 u를 포함하고 있어요. 잘 기억하세요. 이들 글자들은 /ou/라고 읽습니다.").

위의 오류가 특정 학생에게서만 나타나면 단어 목록 연습을 준비하여 동료 교사나 학부모 지원자로 하여금 그 학생을 도와주도록 한다.

맥락 오류 맥락 오류는 이야기 맥락에 지나치게 의존하거나 너무 적게 의존하는 경우로 나누어 볼 수 있다. 맥락에 지나치게 의존하는 경우는 개별적으로는 정확하게 읽을 수 있지만 문단 속에서는 잘못 읽는 단어가 많을 때(100단어당 4단어 이상)다. 맥락에 지나치게 의존하는 오류는 맥락 속에서는 의미가 통하지만 실제로 적힌 단어와는 아주 많이 다른 여타 단어로 원래 단어를 바꾸어 읽는 경우다(예컨대, "The boy was not healthy."를 "The boy was not happy."로 읽는 경우).

맥락에 지나치게 의존하는 오류를 교정할 때에는 학생들로 하여금 더욱 신중하게 문단을 읽도록 단서를 주거나, 정확하게 읽을 것을 권장하기 위해 별도의 동기를 부여한다. 이 연습에서 정확도의 기준은 해당 학생의 현재 수행 수준에 따라 결정한다. 학생들의 수행 수준을 점진적으로 향상시켜 줄 시스템을 마련한다. 만약 어떤 학생이 현재 90% 정확하게 읽는다면 92% 이상 정확하게 읽었을 때 보상을 주는 방향으로 시스템을 마련한다. 정확도 기준은 학생이 100% 정확도에 이르기까지 점진적으로 높여 간다. 이 밖에 동기 요인으로는 학급 전체가 보너스 점수를 받도록 하는 방법도 있다.

정확하게 읽지 못하는 학생들은 종종 자기수정(단어를 잘못 읽은 후 곧바로 정확하게 읽는 것)을 많이 한다. 자기수정 자체는 중요하지 않지만, 너무 자주 발생하면 이야기 흐름을 방해할 수 있다. 만약 너무 많이 자기수정을 하면 자기수정도 오류의 하나로 고려해야 한다.

맥락에 너무 의존하는 학생들 중에서는 읽기 속도 또한 느린 경우가 많다. 처음에는 이 두 가지를 한꺼번에 교정하려고 해서는 안 된다. 대신, 처음에는 정확도를 향상시키는 쪽으로 노력한다. 학생들이 일관성 있고 정확하게 글을 읽기 시작한 이후에는 읽기 속도를 향상시키는 데 초점을 기울인다. 읽기 정확도에 초점을 둘 때에는 학생이 아직 배우지 않은 발음이나 구조 요소를 포함한 단어 혹은 불규칙 단어가 문단에 포함되지 않도록 해야 한다.

지나치게 맥락에 의존하지 않는 경우는 학생이 문단 맥락에서 의미가 통하지 않는 단어로 읽는 것으로 알 수 있다. 예를 들어, "The man went to the shop."이란 문장을 읽을 때 학생이 이를 "The man went to the she."로 읽는 경우다. 만약 어떤 학생이 문장의 맥락에 주목하지 않는다는 것을 보여 주는 오류를 범하면 더욱 신중하게 읽는 것을 장려하는 동기화 시스템을 마련해야 한다. 또한 이러한 맥락 오류를 확인시켜 주기 위해 구두 읽기 연습을 시킬 수 있다. 문장 내에서 의미가 통하지 않는 단어를 포함하고 있는 문장을 읽어 주고 학생들로 하여금 말이 되지 않는 단어를 찾아내도록 한다. 예를 들면, 다음과 같다.

"몇 개의 문장을 읽어 볼게요. 이 문장들이 말이 되는지 말해 보세요."

1. "The boy played on the pouch(그 소년은 주머니 속에서 놀았다). 이 문장이 말이 되나요?"
2. "The girls ran to the sore(그 소녀들은 상처로 달려 갔다). 이 문장이 말이 되나요?"

일단 학생들이 구어 문장에서 오류를 찾아낼 수 있으면 맥락 오류를 찾아낼 가능성도 크다. 영어가 모국어가 아닌 학생들은 영어에 익숙하지 않기 때문에 맥락에 맞지 않는 단어를 말하는 오류를 범할 수 있음에 주목하기 바란다.

유창성

유창성은 텍스트를 정확하고 빠르게 읽을 수 있는 능력을 말한다. 유창하게 읽는 학생들은 단어를 자동적으로 인식하고, 읽은 것의 의미를 파악하기 위해 의미 단위로 신속하게 단어들을 묶는다. 이들은 별로 힘을 들이지 않고 느낌을 실어 글을 읽는다. 이 장의 나머지 부분에서는 학생들이 유창하게 읽도록 가르치는 것에 대한 지침을 제시한다.

유창성: 느낌을 실어 읽기

느낌을 실어 읽도록 훈련시키는 것은 문어도 구어와 동일하게 의미를 표현한다는 것을 보여 주기 위해 필수적이다. 느낌을 실어 읽는 사람은 마침표와 다른 구두점 표시에서 잠깐 멈추고, 텍스트를 의미 있는 묶음 단위로 나누며, 적절한 단어를 강조하고, 인용문을 읽을 때에는 말하는 등장인물의 기분을 반영하여 억양을 이용한다.

느낌을 실은 읽기 수업은 유치원에서 교사가 학생들에게 글을 읽어 줄 때부터 시작할 수 있다. 이야기를 읽어 줄 때 이들이 소리 내어 같이 따라 읽을 문장을 선정한다. 먼저 이 문장을 읽어 주고 학생들로 하여금 소리 내어 따라서 읽도록 한다. 수업을 소화하기 힘든 학생들의 경우에는 원래의 의미를 담아 단어를 읽을 수 있게 되기까지 여러 번의 반복이 필요할 수 있다. 문장을 여러 번에 걸쳐 멜로디처럼 반복함으로써 이 활동을 일종의 강화물로 만들 수 있다. 사용하기에 좋은 문장은 등장인물의 대화가 들어 있는 문장이다. 문장을 학생들에게 읽어 주고 교사 자신이 읽은 그대로 소리 내어 따라 읽도록 한다.

문단 읽기에 느낌을 실어 읽기를 연결시켜 명시적으로 가르치는 것은 학생들이 1분에 50~60단어쯤 읽을 수 있을 때 시작할 수 있다. 수업시간에는 문단 읽기에 이어서 5~10분 동안 느낌 실이 읽기 훈련을 시킨다.

느낌을 실어 읽기를 가르칠 때 교사가 시범을 보이는 것이 좋다. 예를 들어, "우리는 이 이야기를 옆에서 우리가 이야기하듯 읽는 연습을 하려고 해요. 내가 문장을 읽을테니 여러분은 그대로 따라 읽으세요."라고 말하고 한두 문장을 약간 과장되게 느낌을 실어 읽는다. 학생들에게는 문장의 첫 단어를 손가락으로 짚고 교사가 읽는 동안 따라가며 읽도록 지시한다(문장의 첫 단어를 손가락으로 짚도록 함으로써 학생들로 하여금 자신의 차례가 되었을 때 읽어야 할 문장의 위치를 얼른 찾을 수 있게 해 준다). 교사가 읽은 후, 학생 집단 전체로 하여금 자신이 읽은 그대로 소리 내어 여러 번 따라 읽도록 한다. 그 후에는 개별적으로 호명하여 느낌을 실어 문장을 읽도록 시켜 본다. 만약 어떤 학생이 느낌을 실지 않고 문장을 읽으면 시범을 다시 보이고 학생 집단 전체로 하여금 다시 따라 읽게 한다. 학생들이 첫 문장을 제대로 느낌을 실어서 읽을 수 있으면 다음 문장을 추가한다. 교사가 첫 문장을 읽고, 다음 문장은 같이 읽는다. 그리고 나서 전체 집단과 개별 학생으로 하여금 처음부터 느낌을 실어 문장을 읽도록 한다. 이렇게 문장을 추가시키고 느낌을 실어 처음부터 다시 읽도록 하는 절차를 새로운 문장마다 반복해서 일련의 문장들을 느낌을 실어 읽는 것을 학생들이 완전히 숙달하도록 한다.

느낌을 실어 읽기 가르치기는 학생들이 새로운 읽기 자료를 교사의 시범 없이도 표현을 실어 읽을 수 있을 때까지 매일 계속한다. 또한 학생들로 하여금 집단으로 같이 느낌을 실어 읽도록 하거나 짝과 같이 읽는 연습을 시킬 수 있다.

유창성: 읽기 속도

읽기 속도는 문단을 읽는 속도를 말한다. 읽기 속도는 보통 1분당 읽은 단어의 수로 나타낸다. 읽기 단계별로 학생이 얼마나 빨리 읽어야 하느냐 하는 질문에 대해서는 아직 명확하게 연구에서 밝혀진 바 없다. 적절한 읽기 속도를 권장하기 위해서 이 책의 저자들은 읽기 속도와 독해 능력 검사 성적 간의 상관을 보여 주는 연구들을 검토하였다(Hasbrouck & Tindal, 1992).

〈표 13-3〉은 각 수업 단계에서 저자들이 생각하는 적절한 읽기 속도다. 이 읽기 속도들은 표준화 검사에서 백분위 50과 75 사이의 수행 수준을 보인 학생들의 읽기 속도에 근거한 것이다. 이 읽기 속도는 약간 높은 수준이지만 이 수준을 설정할 것을 제안하고 싶다. 왜냐하면, 빈곤 정도가 심한 학교에서 학생들을 가르쳤을 때, 저학년 때부터 높은 수준의 읽기 유창성을 갖추도록 하면 학생들은 더 많이 책을 읽게 되고, 또 대체적으로 더 쉽게 과제를 마칠 수 있기 때문에 전반적으로 더 즐겁게 학교생활을 한다는 것이 밝혀졌기 때문이다.

읽기 속도를 향상시키기 위한 연습은 학생들이 1분에 135단어를 읽게 되기까지 매일 실시한다. 문단 읽기 기간 동안 학생들로 하여금 첫 번째는 독해보다는 정확성에 초점을 맞추어 읽게 한 다음, 읽기 유창성에 초점을 맞추어 전체 집단이나 짝과 함께 합창으로 다시 읽도록 했음을 기억하기

〈표 13-3〉 수업 단계별 바람직한 읽기 속도

수업 단계	첫 읽기에서의 1분당 단어 수
1학년 중기 읽기 자료	45
1학년 후기 읽기 자료	60
2학년 초기 읽기 자료	75
2학년 중기 읽기 자료	90
2학년 후기 읽기 자료	110
3학년 1학기 읽기 자료	120
3학년 2학기 읽기 자료	135
4학년 이상	150

바란다.

읽기 속도와 정확성을 위한 구두 읽기 유창성 검사

초등학교 저학년 기간 동안 읽기 속도와 정확성을 재는 '구두 읽기 유창성(oral reading fluency: ORF)' 검사를 자주 실시하는 것이 좋다. 얼마나 자주 이 검사를 실시할 것인가는 학생들의 상대적인 수행 수준에 달려 있다. 현재의 학년 수준보다 읽기 수준이 훨씬 낮은 학생들에게는 매주 실시한다. 현재의 학년 수준보다 읽기 수준이 약간 낮은 학생들에게는 최소 2주에 한 번 정도 검사를 실시한다. 현재의 학년 수준 이상으로 읽고 유창성과 정확성 기준에 도달한 학생들은 한 달에 한 번꼴로 검사한다.

구두 읽기 유창성 검사는 학생들이 읽기 속도와 정확성을 향상시키는 데 필요한 연습을 충분히 받고 있는지 여부에 관해 유용한 정보를 제공해 줄 수 있다. 검사 시에는 현재 읽기 프로그램에서 읽고 있는 이야기와 비슷한 난이도를 가진 이야기를 읽도록 한다. 흔히 사용되는 한 가지 읽기 유창성 평가방법은 학생들로 하여금 1분 동안 읽도록 하는 것이다. 교사는 1분 동안 학생들이 읽으면서 범하는 오류를 기록한다. 두 가지 종류의 숫자를 기록해야 하는데, 하나는 1분 동안 정확하게 읽은 단어의 수(cwpm)이고, 다른 하나는 정확하게 읽은 단어 수의 비율이다. 반복, 자기 수정 등의 오류는 정확하게 읽은 단어 수 계산 시 포함시키지 않는다. 잘못 읽거나, 대체, 생략, 망설임(3초 후 학생에게 정확하게 읽어 줌) 등은 오류로 계산한다. 정확하게 읽은 단어의 수를 전체 읽은 단어 수로 나누어 정확하게 읽은 단어 수의 비율을 계산한다. 만약 학생이 53개 단어를 읽었는데 이 중 51개를 정확하게 읽었다면 정확도는 96%다.

구두 읽기 유창성 평가지에 학생들의 수행 정도를 기록한다. 많은 교사들이 학생들의 수행을 그래프(혹은 학생들이 자신들의 속도와 정확도를 그래프

〈표 13-4〉 개별 읽기 속도 기록 용지

학생 이름 ____________________ 반 ____________________

수행 정도 기록

Date														
Psg.														
WRC														
Err.														
%														

psg.=문단, WRC=정확하게 읽은 단어 수, Err.=오류 수, %=정확도

수행 정도 그래프

135														
130														
125														
120														
115														
110														
105														
100														
95														
90														
85														
80														
75														
70														
65														
60														
55														
50														
45														
40														
35														
30														
25														
20														
15														
10														
5														
0														

〈표 13-5〉 집단 읽기 속도 도표

교사 이름______________________ 반 ____________________

학생 이름	날짜	날짜	날짜	날짜	날짜	날짜	날짜	날짜	날짜	날짜	날짜	날짜

(칸 안의 대각선 위: 정확하게 읽은 단어 수 / 대각선 아래: 오류 수)

정확하게 읽은 단어 수
오류 수

로 그림)로 그린다. 〈표 13-4〉는 각 개별 학생들의 읽기 수행 정도를 기록하는 데 사용될 수 있는 한 가지 형식을 나타낸다. 매번 읽을 때마다 날짜, 읽은 문단, 정확하게 읽은 단어의 수, 오류의 수 그리고 정확도 등을 기록한다. 학생들의 읽기 속도는 그래프로 나타낸다. 〈표 13-5〉는 여러 시기에 걸쳐 학생 집단의 수행 정도를 기록하는 데 사용할 수 있는 형식의 한 예를 나타낸 것이다.

유창성: 별도의 연습 제공하기

적절한 수준 이하의 정확도와 읽기 속도를 보이는 학생들에게는 별도의 수업과 연습을 제공해야 한다. 만약 어떤 학생이 96% 정확도 미만으로 읽는다면 정확도 측면에서 별도의 연습이 필요하다. 만약 어떤 학생의 읽기 속도가 해당 수업 단계 기준보다 10% 미만이면 읽기 속도를 향상시키기 위한 별도의 연습이 필요하다. 교사는 해당 학생의 현재 수업 단계에 맞는 유창성 기준을 잘 알고 있어야 한다. 학생들의 읽기 수업 단계는 학년 단계와 다를 수 있음에 주목하기 바란다. 만약 어떤 학생이 2학년 후반기 수준의 책을 읽고 있다면 그 학생의 수업 단계는 그 학생이 현재 1학년, 2학년, 혹은 3학년인가 여부에 관계없이 2학년 후반이다.

읽기 속도를 향상시키기 위한 별도의 연습은 매일 일정 시간 동안 반복 읽기를 하는 방식으로 진행한다.

만약 어떤 학생이 또래보다 약간 낮은 수준의 읽기 속도를 보인다면 또래와 같이 이전에 자신들이 배웠던 문단을 다시 읽어 보도록 하는 방식으로 간단하게 연습시킬 수 있다. 하지만 일부 다른 학생들에게는 보다 정교화된 읽기 향상 연습이 필요할 것이다.

이 책의 저자들은 교사, 보조원, 자원봉사자 혹은 동료들이 사용할 수 있는 읽기 속도 향상 연습 프로그램을 개발하였다. 읽기 속도 향상 연습은 학생들이 목표 수준의 속도로 문단을 읽을 수 있게 되기까지 이전에 배웠던 문단에서 100개 내지 200개 단어를 뽑아 만든 문단을 반복해서 읽도록 하는 방식으로 진행한다.

읽기 속도 향상 연습을 준비하기 위해 교사는 먼저 학생별로 목표 속도를 설정한다. 목표 속도는 해당 학생의 현재 속도보다 40% 정도 높은 수준이어야 한다. 목표 속도를 학생의 현재 읽기 속도보다 아주 높게 책정하는 목적은 첫 번째 읽기에로의 일반화를 촉진시키기 위해서다.

만약 어떤 학생이 현재 1분에 50단어 속도로 읽는다면 반복 읽기의 첫 목표 수준으로 1분당 70단어〔50+20(50의 40%는 20)=70〕를 설정할 수 있다. 만약 1분에 90단어를 읽는다면 읽기 연습의 목표 수준은 1분당 126단어〔90 + 36(90의 40%는 36)〕가 될 것이다.

읽기 자료를 준비할 때 목표 수준의 단어 수 지점에 표시를 한다. 읽기 자료는 복사해서 사용한다. 목표 수준의 단어 수 지점에 별표나 괄호를 표시한다. 일부 교사들은 다음과 같이 오른쪽 끝에 그때까지의 단어 수가 기록된 학생용 읽기 자료를 사용하기도 한다.

■ A young man went to the park near	8
■ his house. Just when he arrived	14
■ at the park, something very strange	20

학생은 교사가 준비한 읽기 자료를 혼자서 혹은 또래와 같이 1분 안에 모두 읽을 수 있다는 생각이 들 때까지 읽고 또 읽는다. 이 시점에서 학생은 손을 들어 교사에게 검사를 받는다. 교사는 학생이 읽기 자료를 읽는 동안 시간을 잰다. 읽기 자료를 1분 안에 3개 이하의 오류를 범한 채 읽으면 기준을 통과하는 것으로 한다.

학생이 수용할 만한 속도로 읽으면 다른 읽기 자료를 연습할 수 있다. 여러 학생을 집단으로 가르치고 있는 경우라면 한 학생을 검사할 동안에 다른 학생들은 각기 스스로 읽기 연습을 할 수 있도록 수업을 구조화한다. 학생이 10개의 읽기 자료에서 목표 수준에 도달하면 목표 속도를 1분에 5단어씩 상향 조정한다.

2주마다 정기적으로 읽기 속도 검사를 실시한다. 2주마다 처음 보는 문단을 읽도록 한다. 이때 문단은 학생들의 독립적인 수준(학생들이 모든 단어를 정확하게 읽을 수 있는 수준) 안에 있는 것이어야 한다. 검사용 문단은 읽기 속도 향상 연습에서 사용했던 문단과 난이도가 비슷한 것이어야 한다. 읽기 속도 향상 연습의 효과는 학생들의 수행 성적으로 알 수 있다. 학생의 읽기 속도가 향상되었으면 읽기 연습에서의 목표 속도를 상향하여 향상된 속도에 40%를 더해 설정한다. 예를 들어, 어떤 학생이 학년 초에 1분에 60단어 속도로 읽다가 현재는 75단어를 읽는다면, 다시 읽기 목표 속도는 1분에 84단어(60+24)에서 105단어(75+30)가 될 것이다.

방금 언급한 읽기 속도 향상 연습은 3~4명의 학생과 교사, 학부모 자원자, 보조원 혹은 동료 교사 1명이 같이 하는 소집단 형식으로 진행한다. 학생들은 또한 '자연스럽게 읽기(Read Naturally)'와 같은 읽기 속도 향상 보조 프로그램에서 도움을 얻을 수도 있다.

교사는 학생들이 적절하게 향상을 보이도록 읽기 속도 향상 정도를 점검한다. 향상 정도를 점검하기 위해서 해당 학년도 말에 읽기 유창성 목표에 도달하는 데 필요한 평균적인 주간 향상 정도를 결정한다. 예를 들어, 어떤 학생이 현재 2학년 초기 수준에 해당하는 읽기 능력을 보이고 있는데, 연말에 2학년 말기 수준에 해당하는 읽기 능력을 갖추어야 한다고 가정하자. 목표 유창성은 1분에 110단어를 읽는 것이다. 현재 이 학생은 1분에 70단어를 읽고 있다. 해당 학년도에 약 24주가 있고, 이 학생의 읽기 속도는 1분당 40단어가 향상되어야 한다. 40단어를 24주로 나누면 매주 약 1.67단어꼴로 향상을 보여야 한다.

학생들의 자기 이미지 보호

교사는 수업 도중 일어난 일들이 학생들에게 긍정적인 자기 이미지를 형성하도록 하는 데 기여할 수 있도록 할 책임이 있다. 수업시간 도중 학생들이 성공 경험을 많이 하면 할수록 이는 학생들의 긍정적인 자기 이미지 형성에 더 기여할 수 있다. 이러한 성공을 위해서는 학생을 적절한 수업 수준에 배치하는 것이 선결조건이다. 그래도 일부 학생들은 수업시간 도중 어려움을 겪을 것이다. 이러한 학생들에게는 별도의 연습을 제공하고 함께 낮은 성취를 보이는 학생들이 자기 이미지에 손상을 입지 않도록 다른 조치를 취해야 한다. 만약 어떤 학생이 전체 집단 문단 읽기 시간에 너무 많은 오류를 범하면 다른 학생들은 그 학생에 대해 부정적으로 반응을 보일지도 모른다. 이러한 상황을 다루는 한 가지 방법은 전체 집단이 이야기를 읽을 때 몇 개의 오류를 범했는가 점검할 때 이 학생의 오류를 포함시키지 않는 것이다. 학생들에게 이렇게 말할 수 있다. "철수가 몇 가지 기술을 배우려고 지금 열심히 노력하고 있어요. 철수가 그 기술을 배울 때까지 8분단이 이야기를 읽을 때 나온 오류의 수에 철수가 범한 오류는 포함시키지 않겠어요."

저성취를 보이는 학생들의 자기 이미지를 보호할 수 있는 또 다른 방법은 이야기 읽기를 전체 집단 단위로 실시하기 전에 일대일 지도를 받도록 하는 것이다. 사전 읽기를 하면 전체 집단 속에서 이야기를 읽을 때 해당 학생이 잘 읽을 가능성이 높아진다. 만약 어떤 학생의 읽기 정도가 다른 학생에 비해 현저하게 낮으면 그 학생을 해당 읽기 프로그램의 앞 부분을 나가고 있는 반에 배치할 것을 고려한다. 그러한 상황은 신중하게 아주 잘 다루어야 한다.

학교 밖에서의 읽기

학생들이 학교 밖에서도 책이나 기타 인쇄된 자료들을 읽는 것을 아주 많이 촉진시킬 수 있는 프로그램을 마련할 것을 아주 강력히 권고하고 싶다. 이를 위해서는 교사가 학생의 현재 읽기 수준과 맞으면서도 쉽게 구할 수 있는 책들을 갖고 있어야 한다. 학생이 비교적 쉽게 읽을 수 있고, 그 책 안의 모든 단어를 읽을 수 있는 단어 읽기 기술을 가지고 있을 때 그 책은 학생의 현재 읽기 수준에 적합한 책일 것이다. 더불어, 책에 나와 있는 어휘와 문장 구조도 학생이 쉽게 이해할 수 있는 것이어야 한다. 가능하다면, 일부는 어른이 소리 내어 읽어 주어야 하고, 또 일부는 묵독으로 읽도록 해야 한다.

집에서 학생들이 읽기 활동을 많이 하도록 하기 위해 다음과 같은 조치들을 취할 수 있다.

- 학부모에게 추가적인 읽기의 중요성에 대해 설명한다. 학부모에게 매일 최소한 5분 동안의 시간을 마련하여 그 시간 동안 학생이 부모에게 100단어로 구성된 이야기를 세 번 정도 읽어 주도록 할 것을 요청한다.
- 구두 반복 읽기 이외에, 학생이 속으로 읽거나 부모에게 읽어 줄 수 있는 책을 제공해 준다. 이 책은 학생이 독자적으로 읽을 수 있는 수준의 책이어야 한다.
- 주간 읽기 점검표를 주어 매일 몇 분 동안 책을 읽었는지 기록하게 한다. 그런 다음 정해진 날에 매주 그 점검표를 학교에 가져오게 한다.
- 동기화 차원에서 그래프에 각 학생이 읽은 시간을 표시한다.
- 특별행사용 목표를 설정할 수 있다. "우리 반이 각자 집에서 읽은 시간을 모두 합해서 1만 분이 되면 교장선생님이 특별한 상을 주게 될 것입니다."

▶ 기존 교육과정에의 적용

현재 사용하고 있는 주요 읽기 프로그램의 이야기 읽기 수업 평가하기(1학년 후반부터 3학년까지)

1. 이야기 읽기를 위해 현재의 교재에서 권고하고 있는 절차는 무엇인가? 얼마나 자주 학생들로 하여금 구두 이야기 읽기를 하도록 하고 있는가?
2. 문단 읽기 도중 발생한 오류에 대해 어떠한 교정 절차를 사용하도록 권고하고 있는가? 이야기 읽기 도중 잘못 읽은 단어에 대해 어떠한 추후 조치를 취하도록 권고하고 있는가?
3. 현재의 학년 수준에 적절한 읽기 유창성 기준을 제시하고 있는가? 만약 그렇다면 이 장에서 제시한 적절한 읽기 속도와 비교했을 때 어떠한가?
4. 학생들의 읽기 속도를 평가하기 위한 자료가 제공되고 있는가? 그렇다면, 이 자료들은 충분한가? 얼마나 자주 읽기 속도를 평가하도록 권고하고 있는가?
5. 학생들이 읽기 속도를 향상시킬 수 있도록 어떠한 형태의 기회를 제공하고 있는가?
6. 학생들의 구두 읽기 정확성을 평가하는 방법에 대해 얼마나 구체적으로 설명하고 있는가? 기준 이하로 부정확하게 읽는 학생들의 읽기 정확성을 향상시키기 위한 방법이나 절차를 구체적으로 제시하고 있는가?
7. 위의 질문들에 대한 대답에 근거하여, 현재의 교육과정을 어떻게 수정하고자 하는가?

제14장

어휘 수업 개관

어휘란 무엇인가

어휘란 우리가 효과적으로 읽은 것을 이해하고 의사소통하기 위해 알아야만 하는 단어를 말한다. 일반적으로, 어휘는 구두 어휘(oral vocabulary)와 읽기 어휘(reading vocabulary)로 구분해 볼 수 있다. 구두 어휘는 남의 말을 들을 때 사용하거나 인식하는 단어를 말한다. 읽기 어휘는 인쇄된 것을 인식하거나 사용하는 단어를 말한다.

어휘는 읽기를 배우거나 읽은 것을 이해하는 데 매우 중요한 역할을 한다. 아이들이 학급에서 성공적으로 학교생활을 할 수 있으려면 교사가 규칙이나 안내 혹은 시범을 보일 때 사용하는 단어들을 알아야 한다. 게다가 읽은 것을 이해하기 위해서는 텍스트 속의 단어 의미를 이해해야만 한다.

아이들은 어휘를 부모, 교사 그리고 타인들이 다양한 맥락에서 사용하는 단어와 읽기 등 주로 간접적인 수단을 통해서 학습한다.

단어를 직접 가르치는 것은, 특히 학교생활을 성공적으로 해 나가는 데 필요한 것보다 훨씬 낮은 수준의 어휘 능력을 가지고 학교에 들어가는 학생들에게는 아주 중요하다. 나중에 정식 읽기 수업이 시작되면 교사가 사용하게 될 어휘들을 유아원과 유치원 단계에서 아이들에게 체계적으로 그리고 명시적으로 가르치는 것이 가능하다. 일단 아이들이 읽는 법을 학습하기 시작하면 읽기와 연관된 어휘 수업을 매일 필수적으로 제공해야 한다.

어휘가 왜 중요한가: 연구결과

Hart와 Risley(1995)는 왜 아이들이 어휘와 언어 기술 습득 차원에서 서로 간에 크게 다른가를 알아보기 위해 42개의 가정을 2년 반 동안 추적 조사했다. 이들은 3세까지 아주 가난한 환경에서 사는 아이들의 경우 사회경제적 지위가 높은 환경 속의 아이들이 습득하는 어휘의 1/3도 습득하지 못한다는 것을 발견했다.

읽기위원회는 어휘 수업 분야의 연구들을 검토한 결과 다음과 같은 사실들을 발견했다.

- 읽기 전에 특정 단어를 가르치면 어휘 학습과 독해에 도움이 된다.
- 아이들은 오랜 기간 동안 어휘 수업을 제공받았을 때 단어를 가장 잘 학습한다.
- 다양한 상황에서 어휘를 자주 접하는 것이 단어 학습에 도움이 된다. 개별 단어와 단어 학습 전략을 명시적으로 가르쳤을 때 아이들은 어휘를 학습한다.
- 어휘를 직접 가르치는 것이 독해에 도움이 된다(*Put Reading First: The Research Building Blocks for Teaching Children to Read*, 2001).

읽기 프로그램에서 어휘가 차지하는 역할

초기 읽기 단계 동안에는 어휘 수업을 구두로 진행할 수 있다. 이 단계 동안 학생들은 그들이 듣고 말하는 단어들 중 아주 일부분만 읽을 수 있을 것이다. 구두 수업을 이용하면 학생들이 읽어야 할 단어만 가르치는 경우보다 훨씬 더 많은 수의 개념들을 가르치는 것이 가능하다.

수업에서 제시할 기술의 범위는 학생들의 언어 기술에 따라 달라진다. 많은 읽기 장애 위험 학생들은 교사의 지시 속에 흔히 사용되는 표현들(예: "마지막 줄 밑의 글자를 찾아라." "첫 번째 칸에서 촘촘히 사선이 그어진 것을 짚어라." "오른쪽 밑 구석의 글자를 찾아라.")에 대한 충분한 이해 없이 학교에 들어온다. 이 학생들을 위해서는 기본적인 언어개념을 가르치는 것에서부터 수업을 시작한다. 기본적인 개념들을 이미 알고 학교에 들어오는 학생들을 대상으로 할 때는 더욱 정교한 단어들로 어휘 수업을 시작하는 것이 가능할 것이다.

고학년으로 올라갈수록 어휘 수업은 아이들이 읽는 이야기와 점점 더 밀접해진다. 교사는 앞으로 가르칠 이야기에서 단어를 선정한다. 특정 단어를 얼마나 집중적으로 가르칠 것인가는 학생들이 그 단어에 얼마나 친숙한가에 따라 달라진다. 만약 어휘가 그 학생에게 새로운 개념이면 학생들이 알고 있는 비슷한 말을 가르치는 경우보다 훨씬 많은 노력을 해야 한다. 어휘를 가르치는 것은 일회적인 것이 아니다. 학습해야 할 단어는 지속적으로 오랜 시간을 거쳐 복습하도록 하고 다양한 맥락에서 제시해야 한다.

특정 단어의 의미를 가르치는 것 이외에, 단어의 부분을 이용하거나 맥락을 분석하거나 하는 등의 자율적인 단어학습 전략과 스스로 사전을 활용하는 방법을 가르쳐야 한다.

제 15 장

초기 읽기 단계 동안의 어휘 수업

명시적 수업을 통한 어휘 가르치기

유아원, 유치원 그리고 초등학교 1학년의 읽기 부진 위험 아동들에게 어휘를 가르치는 절차는 매우 중요하다. 이들 어린 아동들을 데리고 수업하기는 쉽지 않다. 이들은 많은 상용 단어를 모를 뿐만 아니라, 새로운 단어를 기억하고 적용하는 데 어려움을 겪으며, 분명하지 않은 시범에는 혼란을 느낄 가능성이 있다.

초기 읽기 단계 동안의 모든 어휘 수업은 구두로 이루어진다. 왜냐하면, 이 시기의 아동들은 충분한 수의 단어를 읽을 수 없기 때문이다. 구두로 어휘를 가르치는 방법에는 시범 보이기, 비슷한 말 사용하기, 낱말 뜻 정의하기 등 세 가지가 있다.

시범 보이기는 새로운 단어를 설명할 때 학생들이 이해하지 못하는 단어를 포함시켜야 할 경우에 사용한다. 예를 들어, 전치사 over를 가르칠 때 over라는 단어나 그 유사어인 above를 사용하지 않고서는 왜 어떤 사물이 위에(over) 있는가를 설명할 수 없다. 만약 학생들이 over라는 단어를 모르면 over를 가르치기 위해 시범이 필요하다. 시범 보이기는 주로 흔히 볼 수 있는 사물이나 행위 혹은 속성을 나타내는 단어를 가르칠 때 사용된다.

유사어는 모르는 새 단어를 설명해 줄 단어들을 학생들이 알고 있을 때 사용한다. 예를 들어, 어떤 학생이 over는 알지만 above는 모른다고 가정하자. above를 시범 보이기를 사용하여 소개하는 대신 above가 over를 뜻하는 것이라고 가르치고 학생들이 이 유사어를 이해하는지 여부를 확인하기 위해 검사를 한다. 이와 비슷하게, 어떤 학생이 wet(젖은)이란 단어의 의미를 알면 damp(축축한)라는 단어를 설명하기 위해 little wet이란 구(phrase)를 사용할 수 있다.

낱말 뜻 정의하기는 학생들이 긴 설명을 이해할 만큼 충분히 단어를 알고 있고, 개념이 유사어로 설명하기에는 너무 복잡할 때 사용한다. 낱말 뜻을 정의할 때 그 새로운 단어가 속한 소집단을 규정하고 그 후 그 단어가 그 소집단 소속의 다른 단어들과 어떻게 다른지를 말하는 방식으로 진행한다. 예를 들어, service station(주유소)의 간단한 정의는 '기름을 팔고 차를 정비하는 곳'이 될 것이다. service station은 장소(places) 범주에 속한다. 하지만 여기에서는 기름을 팔고 차를 수리하기 때문에 다른 장소들과는 다르다. 낱말의 정의를 제시한 후 학생들이 그 정의를 이해하는지 확인하기 위해 예를 제시한다.

단어 예 선정

어떤 방법을 사용하든지 간에 어휘를 가르치는 데 있어서 가장 중요한 것은 적절한 예를 선정하는 것이다. 일단의 예들은 오직 교사가 의도했던 의미를 보여 줄 때만 적절하다. 만약 학생들이 일단의 예들을 교사가 의도했던 의미 이외의 다른 의미로 해석하면 그 예들은 부적절한 것이다. 가령,

thick(두꺼운)이란 단어의 예로서 단지 두꺼운 볼펜이나 연필만 제시했다고 하자. 이 경우 두 물건이 필기구이기 때문에 어떤 학생들은 thick을 두께보다는 필기구와 관련이 있다고 해석할 가능성이 있다.

어휘를 배웠다는 것은 단어를 일단의 예에 정확하게 적용할 수 있다는 것을 시사한다. 아기가 dog(개)라는 단어를 처음 배울 때 자기 집에 있는 개만이 dog라고 생각할 것이다. 더 많은 경험을 통해서 그 아기는 dog라는 단어가 모습이 다른 많은 개들을 총칭하는 것임을 알게 될 것이다. 학급 내에서 이러한 학습이 일어나도록 하려면 새로운 단어의 긍정적인 예를 충분히 제공하여 학생들이 모든 종류의 예에 반응할 수 있도록 해야 한다.

예들을 작성할 때 첫 번째 단계는 긍정적인 예들의 범위를 보여 주는 것이다. container(그릇 혹은 용기)라는 단어를 가르치기 위한 긍정적인 예들로는 쓰레기 통, 상자, 서랍 그리고 유리꽃병 등이 가능하다. 이렇게 긍정적인 예를 다양하게 포함시킴으로써 학생들이 container라는 단어를 사각형의 물건이나 금속으로 만든 어떤 것으로만 잘못 인식할 가능성을 배제할 수 있다. 또한 위의 예들은 수업시간에 제시하지 않았던 새로운 사물(예컨대, 플라스틱 깡통이나 금속 상자)에 일반화하는 것을 촉진할 토대를 구축할 수 있다. 전치사 over('the pencil is over the table'에서처럼)를 가르칠 때에는 연필을 탁자 가운데 위에만 제시해서는 안 된다. 왜냐하면, 어린아이들은 over가 '가운데'나 1피트 정도의 높이와 관련이 있을 것이라고 생각할 수도 있기 때문이다. 가능한 예의 모든 범위를 설명하기 위해 연필을 탁자로부터 1인치 혹은 2인치 높이에 각각 위치시킨 후 5~7피트 위에도 위치시키고, 다시 탁자의 왼쪽이나 오른쪽 위에도 위치시킨다.

적절한 일단의 예들에는 긍정적인 예들 이외에 부정적인 예들도 포함시켜야 한다. 부정적인 예들은 잘못 일반화할 가능성을 배제시킨다. 예를 들어, pet(애완동물)이라는 개념을 가르칠 때 긍정적인 예들(dog, cat, goldfish, canary)만을 제시하면 일부 학생들은 모든 동물들이 애완동물이라고 일반화할지 모른다. vehicle(탈것)이라는 단어를 소개할 때 긍정적인 예들로는 비행기, 트럭, 보트, 기차 등이, 부정적인 예들로는 연, 부표 등이 가능하다. 가능하면 부정적인 예와 긍정적인 예는 새로운 개념의 유무만 보이고 나머지는 정확하게 같은 것들로 제시해야 한다. 긍정적인 예와 부정적인 예는 짝으로 제시한다. 각 짝은 최소한으로 다른(minimally different pair) 짝으로 구성한다. 최소한으로 다른 짝은 학생들로 하여금 해당 예가 긍정적인지 아닌지를 결정하는 특성에 주목하게 해 준다. 최소한으로 다른 짝을 사용하는 것의 이점이 오렌지(orange)색을 가르치는 다음 예에 제시되어 있다. 오렌지색을 가르치기 위해 아래와 같은 최소한으로 다른 예들을 사용할 수 있다.

1. 모두 같지만 색깔만 다른 오렌지색 셔츠와 빨간색 셔츠
2. 모두 같지만 색깔만 다른 오렌지색 종이와 푸른색 종이
3. 모두 같지만 색깔만 다른 오렌지색 디스크와 갈색 디스크
4. 모두 같지만 색깔만 다른 오렌지색 크레용과 녹색 크레용

각 사물 짝들의 색을 다양화함으로써 핵심적인 특징을 보여 줄 수 있다. 오렌지 색이 모양, 옷감, 크기 등과 무엇인가 관련되어 있다는 잘못된 인식을 배제시킬 수 있다. 마찬가지로, 빨간색을 부정적인 예로 포함시킴으로서 오렌지색과 빨간색을 혼동할 가능성도 배제시킬 수 있다.

시범을 통한 어휘 가르치기

시범 보이기는 단어의 의미를 설명하기 위해서 언어를 사용하는 것이 불가능할 때 사용한다. 시범 보이기는 주로 유아원과 유치원에서 다루는 기본적인 언어개념과 속성을 가르칠 때 사용한다. 시범 보이기의 기본적인 절차는 다음과 같다.

1. 새로운 개념의 긍정적인 예와 부정적인 예를 시범 보인다.
2. 새로운 개념의 예를 학생들이 다 숙달했는지 검사한다.
3. 이전에 가르쳤던 다른 단어의 예들과 함께, 새로운 단어의 또 다른 예를 제시한다.

복습은 누가적(cumulative)이어야 한다. 새로 소개한 단어는 처음에는 매일 적어도 두세 차시 수업 동안 제시하여 집중적으로 복습하도록 하고, 다음에는 1~2주 동안 이틀에 한 번 꼴로 제시하며, 나중에는 간헐적으로 제시한다. 또한 새로운 읽기 기술을 소개할 때와 마찬가지로 새로운 단어를 소개하는 속도는 학생들이 이전에 소개한 단어를 얼마나 숙달했는가에 따라 달라진다.

〈표 15-1〉은 사물, 색, 부사, 형용사 등 기본적인 어휘를 시범 보이기를 사용하여 가르치는 형식을 보여 준다. 각 수업 형식은 시범 보이기, 검사, 종합 검사 등 세 가지 기본 단계로 짜여져 있다. 각 수업 형식에는 긍정적인 예와 부정적인 예 그리고 교사가 수업할 때 사용할 말들이 포함되어 있다. 제시된 예들은 긍정적인 예들의 범위를 보여 주고 잘못 일반화할 가능성을 배제하기 위해서 선정하였다. 예를 들어, mitten(벙어리장갑)이라는 단어를 가르칠 때 긍정적인 예는 색이나 재료 측면에서 다양하다. 이는 색이나 재료가 어떤 사물이 mitten인가 아닌가와는 상관이 없음을 보여 준다. 마찬가지로, 최소한으로만 다른 긍정적인 예와 부정적인 예가 포함되어 있다(예컨대, 동일한 색, 재료, 크기 그리고 모양의 벙어리 장갑과 일반 장갑). 이와 유사하게, 〈표 15-1〉의 오렌지색의 예로는 다양한 범위의 사물과 최소한으로만 다른 긍정적인 예와 부정적인 예가 포함되어 있다. 더불어, 언어를 최소한으로만 사용하고 있는 것에 주목하기 바란다. 교사의 말은 진도 나가는 것과 학생의 주의를 집중시키기 위해서 최소화되어 있다.

학생들을 검사할 때에는 어떤 사물이 새로운 개념(예컨대, heavy vs. not

heavy)의 예인지 아닌지를 묻는 방식으로 한다. "이것은 무거운가?(Is this heavy?)"라는 질문을 제시했을 때 학생들로 하여금 "무겁다(heavy)" 혹은 "무겁지 않다(not heavy)"고 응답하도록 하는 것이 "예/아니오"라고 대답하도록 하는 것보다 더 좋다.

〈표 15-1〉 어휘 교수 형식: 단어의 시범 보이기

	사물	형용사(색)	부사	형용사(옷감)
1단계: 긍정적인 예와 부정적인 예를 시범 보인다.	"This is a **mitten**(이것은 벙어리장갑이다)" 혹은 "This is not a **mitten**(이것은 벙어리장갑이 아니다)." 예: • 갈색 털 벙어리장갑 • 갈색 털 장갑 • 빨간색 나일론 장갑 • 빨간색 나일론 벙어리장갑 • 푸른색 양말 • 푸른색 벙어리장갑	"This is **orange**(이것은 오렌지색이다)" 혹은 "This is not **orange**(이것은 오렌지색이 아니다)." 예: • 2인치 빨간색 원판 • 2인치 오렌지색 원판 • 4×4인치 오렌지색 종이 • 4×4인치 갈색 종이	"This is writing **carefully**(이것은 신중하게 글을 쓰는 것이다)." 혹은 "This in not writing **carefully**(이것은 신중하게 글을 쓰는 것이 아니다)." 예: • 칠판에 처음에는 단정하게, 그 다음에는 휘갈겨 쓴다. • 코트를 걸 때 처음에는 신중하게, 다음에는 아무렇게나 건다. • 책을 정리할 때 처음에는 아무렇게나, 그 다음에는 신중하게 한다.	"This is **rough**(이것은 거칠다)" 혹은 "This is not **rough**(이것은 거칠지 않다)." 예: • 빨간색 플란넬[1](flannel) 셔츠 • 빨간색 비단 셔츠 • 사포 한 조각 • 종이 한 장 • 면이 매끈한 책 겉표지 • 거칠은 책 겉표지

1) 역자 주: flannel. 섬유의 일종으로 옷이나 침대 시트 용으로 흔히 사용됨.

2단계: 검사한다. 학생들이 계속해서 여섯 번 정답을 맞출 때까지 긍정적인 예와 부정적인 예를 제시한다.	"이것은 벙어리장갑인가요, 벙어리장갑이 아닌가요?"	"이것은 오렌지색인가요, 오렌지색이 아닌가요?"	"이것은 신중하게 ____됐나요, 아니면 신중하게 ____되지 않았나요?"	"이것은 거친가요, 거칠지 않은가요?"
3단계: 학생들에게 해당 사물이나 색 및 부사, 형용사를 물으면서 검사를 실시한다. 학생들이 연속해서 여섯 번을 정확하게 반응할 때까지 예들을 제시한다.	"이것이 무엇이죠?" 장갑 벙어리장갑 양말 벙어리장갑 벙어리장갑 장갑	"이 색은 무엇이죠?" 오렌지색 갈색 오렌지색 빨간색	"어떻게 신중하게 ____하는지 보여 주세요." 혹은 "내가 지금 어떻게 쓰고 있는지 말해 보세요" (빨리, 천천히, 신중하게 등)	"거친 것을 찾아보세요." 혹은 "이 셔츠에 대해 말해 보세요" (거칠다, 빨갛다, 예쁘다 등)

중요한 수업 행동들

시범 보이기 시범을 보일 때에는 학생들의 주의를 유지하기 위해 예들을 생동감 있게 제시한다. 중요한 단어에 액센트를 넣어서 생동감 있게 다음과 같이 예들을 제시한다. "이것은 벙어리장갑입니다." "이것은 벙어리장갑이 아닙니다."

새로운 단어 검사하기 학생들이 연속해서 최소 3개의 긍정적인 예와 3개의 부정적인 예(모두 6개)를 정확하게 대답할 때까지 일단의 예들을 제시한다. 학생들이 제시된 긍정적인 예와 부정적인 예를 모두 정확하게 대답했을 때에만 새로운 개념을 이해했다고 결론을 내릴 수 있다. 예들은 예측 가능한 순서로 제시하지 말아야 한다. 예-아니요-예-아니요-예-

아니요 패턴으로는 절대로 예를 제시하지 않는다. 연속적인 긍정적인 예와 부정적인 예들의 수를 다양화한다.

유사어를 이용하여 어휘 가르치기

유사어를 이용하여 새로운 어휘를 가르치는 것과 예들을 시범 보임으로써 새로운 어휘를 가르치는 절차는 비슷하다. 다만, 전자에서는 교사가 처음에 예들을 시범 보이기보다는 알고 있는 단어(예: very big)와 새로운 단어(예: huge)가 같다고 설명해 준다. 유사어를 다음과 같은 방식으로 제시한다. "여기 새로운 단어 huge(거대한)가 있습니다. Huge의 뜻은 very big입니다." 다음에, 다음과 같이 말하면서 새로운 단어의 긍정적인 예와 부정적인 예들을 가지고 학생들을 검사한다. "다음 예가 huge인지 아닌지를 말해 보세요." 그러고 나서 최근에 가르친 몇 개의 유사어를 같이 제시하면서 연습을 시킨다. "이것은 sturdy(건장)합니까? 어떻게 알았죠?" 이러한 복습의 목적은 학습을 유지시키기 위함이다.

유사어는 매우 신중하게 선정한다. 학생들은 유사어로 사용될 단어의 의미를 알고 있어야 한다. 왜냐하면, 이 유사어는 새로운 단어를 '설명할' 용도로 사용할 것이기 때문이다. fabric(섬유)를 설명하기 위해 textile(직물)이란 유사어를 사용하는 것은 적절하지 않다. 왜냐하면, 대부분의 학생들은 textile(직물)이란 단어를 모르기 때문이다. 하지만 sturdy(건장한)란 단어를 설명하기 위해 strong(강한)을 사용하는 것은 적절하다. 그 이유는 대부분의 학생들이 strong의 의미를 알기 때문이다.

유사어로 사용할 단어를 찾아내기 위해 아동용 사전이나 유사어 사전을 사용할 수 있다. 여기에 나오는 단어 중 한두 개는 아마도 아동들에게 친숙하고 사용하기에 적절할 것이다.

〈표 15-2〉는 sturdy란 단어를 유사어를 이용하여 가르치는 형식을 나

〈표 15-2〉 유사어를 이용한 어휘 가르치기 수업 형식

교사	학생
1. 새로운 단어를 말하고, 이와 유사하면서도 친숙한 단어를 제시하고 검사를 한다.	
a. "여기 새로운 단어 sturdy가 있어요. sturdy는 강하다는 뜻입니다."	
b. "sturdy가 무슨 뜻이라고요?" (신호)	"강하다."
2. 학생들이 계속해서 여섯 번 정확하게 응답할 때까지 긍정적인 예와 부정적인 예를 제시한다. 예들은 동일한 순서로 반복하지 않도록 한다.	
a. "톰이 기둥에 기대었다. 그러자 기둥이 넘어졌다. 이 기둥은 sturdy했는가 sturdy하지 않았는가?" (신호)	"sturdy하지 않았다."
b. "톰이 또 다른 기둥에 기대었다. 기둥이 넘어지지 않았다. 이 기둥은 sturdy했는가 sturdy하지 않았는가?" (신호)	"sturdy했다."
c. "어떤 집이 아주 센 폭풍에도 흔들리지 않았다. 이 집은 sturdy했는가 sturdy하지 않았는가?" (신호)	"sturdy했다."
d. "바람이 불기 시작하자 다른 집이 넘어졌다. 이 집은 sturdy했는가 sturdy하지 않았는가?" (신호)	"sturdy하지 않았다."
3. 새로운 단어와 이전에 가르쳤던 단어들을 복습한다.	
a. "오늘 밖의 날씨가 mild(온화)합니까? 어떻게 알죠?"	
b. "그 긴 의자는 sturdy(튼튼)한가요? 어떻게 알죠?"	
c. "내 책상이 tidy(단정)한가요? 어떻게 알죠?"	

타낸 것이다. 주요 수업 단계는 교사의 유사어 제시, 긍정적인 예와 부정적인 예 검사 그리고 새로운 단어와 이전에 소개했던 단어의 복습 등으로 구성되어 있다.

정의를 이용한 어휘 가르치기

어휘를 가르치는 세 번째 방법은 정의(definition)를 이용하는 것이다. 정의는 여러 가지 방식으로 제시할 수 있지만, 여기에서는 대부분의 단어에 적용할 수 있고 대부분의 어린 학생들에게 사용하기에 적합한 방식에 초점

을 맞추고자 한다. 이 절차는 대개 다음 두 단계로 구성된다.

1. 해당 단어가 속하는 소집단 범주를 확인한다.
2. 해당 단어가 소속 범주 내의 다른 단어와 어떻게 다른지 설명한다.

정의를 제시할 때 교사는 그 정의가 기술적으로 정확한가보다는 해당 학생들이 그 정의를 이해할 수 있는가에 주력해야 한다. 예를 들어, liquid(액체)는 쏟을 수 있는 어떤 것으로 정의할 수 있을 것이다. 과학자들은 이러한 정의를 인정하지 않으려 하겠지만 어린 학생들에게 liquid란 단어의 뜻을 가르치는 데에는 충분한다. 단어의 정의는 학생들이 이해할 수 있는 단어들로 내려야 이들이 이해할 수 있다.

다음은 정의의 예들이다. 가능한 한 정의를 단순하게 내리려 하고 있음에 주목하기 바란다.

범주	범주 내 다른 단어와의 차이점
1. Container(용기):	무엇인가를 그 안에 넣을 수 있는 사물
2. Vehicle(탈것):	어떤 장소로 여러분을 이동시킬 수 있는 사물
3. Seam(이음매):	두 개의 재료가 서로 꿰매어진 곳
4. Glare(노려봄):	누군가를 마치 화가 난 것처럼 쳐다보는 것

정의를 이용하여 어휘를 가르치는 형식이 〈표 15-3〉에 나와 있다. 첫째, 단어의 정의를 말하고 학생들로 하여금 이를 따라 말하게 한다. 둘째, 학생들이 정의를 확실히 이해하고 의미 없는 단어를 단순히 암기하지 않도록 하기 위해 긍정적인 예와 부정적인 예를 가지고 검사를 한다. 셋째, 이전에 가르쳤던 단어들을 복습시킨다.

〈표 15-3〉 정의를 이용한 어휘 가르치기 수업 형식

교사	학생
1. 새로운 단어와 그 정의를 말하고 학생들로 하여금 그 정의를 따라서 말하게 한다.	
a. "exit(비상구)는 건물 밖으로 나가게 하는 문입니다."	
b. "exit가 무엇이라고요?" (신호)	"건물 밖으로 나가게 하는 문입니다."
2. 긍정적인 예와 부정적인 예를 제시한다.	
a. 그림을 들어 보이거나 옷장 문을 가리키며 묻는다.	
"이것은 exit입니까, 아닙니까?" (신호)	"exit가 아닙니다."
"어떻게 알죠?"	"건물 밖으로 나가게 하는 문이 아닙니다."
b. 극장 그림을 들고서, 비상구 문을 가리키며 묻는다.	
"이것은 exit입니까? 아닙니까?" (신호)	"exit입니다."
"어떻게 알죠?"	"건물 밖으로 나가게 하는 문입니다."
c. 학생들이 연속해서 여섯 개의 질문에 제대로 응답할 때까지 예들을 계속 제시한다.	
3. 최근에 가르친 단어들을 복습시킨다.	
a. 막사 그림을 들고 학생들에게 묻는다.	
"이것은 무엇인가요?" (신호)	"막사입니다."
"어떻게 알죠?"	"군인들이 생활하는 건물입니다."
b. 비상구 그림을 보이며 묻는다. "이것은 무엇인가요? 어떻게 알죠?"	

상업용 프로그램

비록 모든 상업용 읽기 프로그램에는 어휘와 언어 기술을 가르치기 위한 연습 활동들이 들어 있지만, 그 어떤 프로그램도 읽기 학습에 문제를 일으킬 위험이 있는 아이들이 적절한 속도로 학습해야 할 언어기술과 어휘를

종합적이고도 체계적으로 가르치고 있지 않다. 대부분의 프로그램들은 부적절한 시범을 사용하고 불충분한 연습을 제공한다(Jitendra & Kame'enui, 1988, 1994).

유치원과 초등학교 1학년 읽기 학습장애 위험아들에게 기본적인 어휘와 언어기술을 가르치기 위해서는 상업용 읽기 프로그램들을 대대적으로 수정해야 할 필요가 있다. 하지만 이들 프로그램 내용 중 어휘와 구두 언어 요소 부분을 수정하는 것이 문자 해부호화 부분을 수정하는 것보다 더 어렵다. 그 이유는 새로운 단어의 의미를 가르치기 위한 교사의 시범을 작성하려면 많은 삽화나 사물이 필요하기 때문이다. 제안하고 싶은 것은 불충분한 읽기 프로그램의 어휘와 언어기술 부분을 수정하려고 하기보다는 수업상 미숙 학생들에게 어휘나 언어기술을 가르치도록 특별하게 고안된 프로그램을 구입하는 것이다. 프로그램을 선정할 때는 그 프로그램이 어떤 기술을 다루고 있느냐보다는 그 기술을 어떻게 가르치고 있는가를 살피는 데 대부분의 시간을 투입해야 한다. 왜냐하면, 대부분의 프로그램들이 기본적으로 동일한 내용을 다루고 있기 때문이다. 수업 형식과 사용된 예를 주의 깊게 보면서 각 차시를 하나하나 살펴봐야 한다. 수업 형식에서 사용되고 있는 교사의 언어들은 단순하면서도 직접적이어야 한다. 앞서 언급한 바와 같이 예는 매우 중요하다. 단어 예의 선정은 어휘를 가르치는 데 있어서 핵심이다. 긍정적인 예와 부정적인 예가 모두 있는지 주목한다. 읽기 프로그램이 충분한 예를 제시하지 않으면 수업을 따라오기 어려워하는 학생들에게는 효과적이지 않을 것이다. 여러 개의 과제들이 구성되어 있는 형식을 살펴본 후 새로운 단어를 얼마나 많이 복습시키고 있는지를 보기 위해 5~10개 차시를 연속해서 살펴봐야 한다. 이렇게 하는 목적은 초기 연습과 복습이 충분한지 여부를 결정하기 위해서다. 새로운 기술이나 단어를 복습하지 않으면 많은 학생들은 이를 학습하지 않을 것이다. 복습을 충분히 제공하지 않는 프로그램은 수정하기 어렵다.

요약하면, 초기 언어/어휘 프로그램들을 검토할 때 무엇을 가르치려고 하고 있는가를 보기보다는 어떻게 가르치고 있는가를 검토한다. 구체적으로는 (a) 교사의 수업 진행의 명료성, (b) 단어 예 선정의 충분성, (c) 연습과 복습의 제공 여부를 살펴본다.

기본적인 어휘와 언어적 기술을 가르치기 위해 고안된 프로그램 중 효과적으로 잘 짜여진 프로그램의 예로는 Siegfried Engelmann(1999)이 저술한 SRA 출판사의 『학습을 위한 언어(*Language for Learning*)』 프로그램을 들 수 있다. 이 프로그램은 명료한 교사의 시범, 세심하게 설계된 단어 예의 선정, 매우 상호작용적인 수업 진행 방식, 즉각적인 오류 수정, 누가적인 복습 그리고 빈번한 진전도 점검 등을 포함하여 자주 진전도를 점검하는 등 명시적이고도 체계적인 수업 방식을 사용한다. 『학습을 위한 언어』 프로그램은 활동, 사물의 기술, 정보와 배경 지식, 수업 언어, 문제 해결 개념, 범주화 그리고 문제 해결 전략 등 6개의 학습 영역으로 구성되어 있다. 전형적인 30분짜리 수업에는 이 영역 중 어느 하나 혹은 모든 것에서 추출한 많은 수의 연습이 들어 있다.

『학습을 위한 언어』 프로그램에서는 새로운 기술을 누가적으로 소개하고 연습시키며(즉, 새로운 기술을 소개할 때 이전에 가르친 기술을 복습함) 새로운 자료를 적절한 속도로 소개한다는 점에서 독특하다. 예를 들어, 전치사는 5~10차시에 하나꼴로 가르친다. 즉, 28차시에 on이 나왔다면, 31차시에 over, 36차시에 in front of, 47차시에 in, 57차시에 in back of, 67차시에 under, 76차시에 next to 그리고 86차시에 between을 가르친다. 새로운 전치사를 소개할 때에는 이전에 가르친 것을 복습시킨다.

『학습을 위한 언어』 프로그램은 또한 명확한 언어를 강조한다는 점에서 독특하다. 과제의 범위는 간단한 확인 진술(예컨대, "이것은 개다." 혹은 "이것은 개가 아니다.")에서부터 좀 더 복잡한 진술(예컨대, "만약 교사가 자신의 팔이나 코를 만지면 모든 여학생은 일어난다.")까지 다양하다. 학생들이 『학습을 위한 언어』 프로그램을 마치면 같은 부류에 속하는 프로그램인 『사고를 위한 언어(*Language for Thinking*)』(2002)를 사용할 수 있다. 『사고를 위한 언어』 프로그램은 『학습을 위한 언어』에 나왔던 어휘를 복습하고, 불합리(absurdities), 기술(descriptions), 정의(definitions), 복수 범주화(multiple classification), 유추(analogies)와 같은 좀 더 복잡한 추리 과제를 제시한다.

기존 교육과정에의 적용

현재 사용하고 있는 읽기 프로그램의 어휘 수업 부분 평가하기

1. 유치원 프로그램의 초반, 중반, 후반부 그리고 초등학교 1학년 프로그램의 초반에서 어휘 하나씩을 각각 선정한다. 선정한 각 어휘에 대해 다음을 평가한다.
   a. 각 단어를 가르치기 위해 어떠한 절차/전략이 사용되고 있는가?
   b. 그 절차/전략이 명시적인가?
   c. 교사 설명 부분에서 사용된 언어가 분명한가?
   d. 의미를 분명하게 의사소통하기 위해 긍정적인 예와 부정적인 예의 양이 충분한가?
   e. 여러 차시에 걸쳐 충분한 연습 기회가 주어지고 있는가?
2. 위의 분석에 따라 어떠한 수정을 가하고 싶은가?

제 16 장

초등 저학년 동안의 어휘 수업

이 장에서는 초등 1학년 후반부에서 3학년 기간까지의 어휘 교수 전략을 다룬다. 이 장에서는 학생들이 혼자서 책을 읽을 때 접하게 될 새로운 단어의 의미를 알게 해 주는 데 사용할 수 있는 전략뿐만 아니라 특정 단어의 의미를 직접 가르치는 전략도 제시하고자 한다. 아울러, 이미 가르쳤던 단어를 포함하고 있는 텍스트 이해를 촉진시키는 어휘 수업 요소를 강조하고자 한다.[1)]

초등 1학년 초기 단계에서 사용할 어휘는 이야기 속의 단어들 대부분이 학생들이 이야기할 때 흔히 사용하는 단어들이게끔 조절한다. 초등 1학년 중반부터는 학생들이 점점 더 모르는 단어를 접하게 된다. 이야기에 처음에 나오는 단어들은 아직 학생들이 말할 때 잘 쓰지 않는 어려운 단어일 수도 있다. 따라서 교사는 어휘를 가르칠 시간을 준비해야 하고, 특히 제한된

1) 저자 주: 이 장은 『읽기 직접교수법(*Direct Instruction Reading*)』에 나왔던 내용으로, Carrie Beck-Thomas 박사가 쓴 어휘 관련 장의 내용에 근거한 것이다.

언어 배경을 가진 학생들에게는 더욱 그러하다. 교사는 향후 읽기 과제에 나올 특정 단어에 대한 지식뿐만 아니라 일반적인 어휘에 대해서도 학생들의 지식을 향상시키기 위해서 노력해야 한다.

명시적 교수를 통한 특정 단어 의미 가르치기

1주일에 약 8~10개 정도의 단어를 철저하게 가르치는 것이 적절하다(Armbruster, Lehr, & Osborne, 2001). 어떤 단어를 가르칠 것인지 그리고 어떤 순서로 이를 소개할 것인지는 주로 학생들이 읽게 될 텍스트에 따라 달라질 것이다. 교사는 다가올 수업을 미리 살펴보고, 중요하고 유용하며 그러면서도 어려운 단어를 선정해야 할 것이다.

중요한 단어란 이야기를 이해하는 데 핵심이 되는 단어를 말한다. 유용한 단어란 학생들이 다양한 맥락에서 유용하게 사용할 수 있는 단어를 말한다. 학생들이 반복해서 접하고 사용하게 될 단어에 우선순위를 둔다. 예를 들어, void(공허한 혹은 …이 없는)란 단어보다는 increase(증가시키다) 혹은 decrease(감소시키다)란 단어를 학습하는 것이 학생들에게는 더 유용할 것이다. 향후 학생들이 접하게 될 가능성이 더 높은 단어일수록 이를 가르치는 것이 더 중요하다.

직접 가르칠 단어를 선정할 때에는 학생들이 그 단어를 알거나 모르거나 둘 중 하나가 아니라 다양한 정도나 수준으로 그 단어를 알고 있다는 것을 명심하는 것이 중요하다(Beck, McKeown, & Kucan, 2002). Beck과 그 동료들은 세 가지 수준—전혀 모름(unknown), 어느 정도 앎(acquainted), 확실히 앎(established)—의 단어 지식이 있음을 알아냈다(Beck, McKeown, & Omanson, 1987). 전혀 모르는 수준에서는 단어의 의미가 완전히 낯설다. 어느 정도 아는 수준에서는 어느 정도 가르친 후에 단어의 기본적인 의미를 인식할 수 있다. 확실히 아는 수준에서는 단어의 의미를 쉽게, 빠르게 그리고 자동적으로 인식할 수 있다. 어떤 단어들은 학생들이 피상적으로만 어느 정도 알고 있어도 충분하지만, 대부분의 단어—그리고 모든 중요한 단어—에 대해서는 자신들이 읽은 바를 이해할 수 있으려면 이를 확실히 알고 있어야 한다(Nagy, Herman, & Anderson, 1985).

가르칠 어휘를 선정하기 위해 상업용 읽기 프로그램에서 제시하는 지침에 의존할 때에는 신중해야 한다. 대부분의 프로그램들이 가르칠 어휘 목록을 포함하고 있지만 이 목록들은 믿을 만하지 못하다. 어떤 경우에는 이 목록들이 이미 학생들이 알고 있는 것들이다. 학생들이 그 의미를 알지 못하는 중요한 단어들은 정작 가르칠 단어 목록에 포함되어 있지 않은 경우가 있다. 만약 읽기 프로그램이 어휘 교수와 관련해서 믿을 만한 지침을 제공해 주지 않으면 교사들, 특히 읽기 부진 및 부진 위험을 안고 있는 학생을 가르치는 교사들은 교재 선정 전에 미리 살펴서 학생들이 확실히 알지 못하는 중요하면서도 유용한 단어들을 미리 확인해 놓을 필요가 있다.

단어에 대한 지식의 또 다른 측면은 표현적(expressive) 사용인가 아니면 수용적(receptive) 사용인가와 관련이 있다. 표현적 어휘는 학생들이 구어나 문어 형태로 다른 사람과 의사소통을 하기 위해서 그 어휘를 어떻게 사용하느냐 하는 것을 가리킨다. 수용적 어휘는 다른 사람이 말한 단어를 학생이 이해하는 것을 가리킨다. 수용적 어휘는 또한 인쇄된 단어를 인식하는 것도 포함한다. 표현적 사용(단어를 적절하게 사용하는 것)이 수용적 사용(단어를 이해하는 것)보다 훨씬 더 어렵다.

학생이 특정 단어에 대해 현재 어느 정도 알고 있는가에 따라 그 단어를 어떻게 가르칠 것인가를 결정한다. 연구에 따르면, 네 가지 정도의 단어 학습 유형이 있다. (a) 알고 있는 단어의 새로운 의미를 학습하기, (b) 이미 알고 있는 개념을 의미하는 새로운 단어의 의미 학습하기, (c) 아직 모르는 개념을 의미하는 새로운 단어의 의미 학습하기, (d) 알고 있는 단어의 의미를 명료화하고 심화시키기 등이 그것이다(Graves, Juel, & Graves, 1998). 이러한 단어 학습 유형은 난이도에 따라 다양하다. 각 단어 학습 유형별로 서로 다른 수업 접근이 필요하다. 다음 절에서는 각 단어 학습 유형을 논하고 그 유형에 적합한 수업 절차를 구체적으로 기술한다.

이미 알고 있는 단어의 새로운 의미 학습하기

어떤 경우에는 학생들이 어떤 단어를 일상적으로 말하는 데 사용하고 있지만 그 단어의 새로운 뜻을 배워야 하는 경우가 있다. 예를 들어, 나뭇가지(tree branch)가 무엇인지를 아는 어떤 학생이 사회 교과목에서 정부 조직(branches of government)에 대해서 학습하고 있을 수 있다. 알려진 바에 따르면, 우리가 사용하는 단어의 80%는 복수의 의미를 가지고 있다. 이 단어들을 다의어(多意語, polysemous)라고 하며, 여기에는 bank, run, bay, shot, coach 등이 있다. 다음 문장의 의미를 생각해 보기 바란다. "Coaches not admitted unless booked in advance."(Irvin, 2001) 이 문장에는 네 개의 다의어(coaches, admit, book, advance)가 포함되어 있다. 독자들은 처음에 '운동선수를 훈련시키는 사람들은 미리 예약을 하지 않으면 들어갈 수 없다.'고 해석할 것이다. 하지만 문장에서 coaches는 실제로는 개인을 지칭하는 것이 아니라 버스들을 지칭하고 있다.

어떤 단어의 새로운 의미를 이해해야만 읽을 수 있는 자료를 학생들이 접하기 전에 그 단어의 새로운 의미를 직접 가르쳐야 한다. 단어의 새로운 의미를 가르치는 한 가지 방법은 사전을 활용하는 것이다. 새로운 의미를 가르치기 위해 교사는 해당 단어가 들어 있는 문장을 제시하고 학생으로 하여금 그 단어의 뜻을 사전에서 찾아보도록 한다. 교사는 해당 단어의 뜻이 여러 개가 있음을 지적한다. 그 뜻들을 한 번에 하나씩 소리 내어 읽어 준 다음, 그 여러 가지 뜻 중에서 어느 것이 가장 문장의 맥락에 적합한 것인지를 토론하게 한다. 학생들은 부적절한 정의를 하나씩 제거해 나간다. 가장 적절한 정의를 단어 대신 넣어서 처음 문장을 읽어 보게 하여 그 정의가 주어진 문장에 적절한지 여부를 확인해 보게 한다. 추수 활동으로서 다의어의 여러 가지 뜻을 이용하여 자신들이 직접 문장을 만들어 보게 할 수 있다. 예를 들어, 다음 문장에서 booked란 단어의 뜻을 생각해 보자.

> The criminal was *booked* downtown at the police department.
> (그 범인은 시내 경찰서에 수감되었다.)
> He *booked* a ticket from San Francisco to Washington, DC.
> (그는 샌프란시스코에서 워싱턴 DC까지 비행기표를 예약했다.)

학생들이 노련해질수록 지침을 점점 더 줄여 갈 수 있다. 나중에는 스스로 새로운 의미를 찾을 수 있을 것이다.

많은 단어들이 내용 영역에 따라 서로 다른 의미를 갖는다. 예를 들어, division이란 단어는 수학, 과학, 사회에서 매우 다른 의미를 갖는다. 학생들은 수학에서 '긴 나눗셈(long division)'을 배우고, 과학에서는 '세포 분열(cell division)'을 배우며, 사회에서는 '군대의 사단(divisions)'에 대해서 논의할 수 있다. 학생들에게 현재 단어의 의미는 여러 가지 의미 중 하나에 불과하며, 다른 여러 개의 의미가 있음을 분명하게 가르침으로써 학생들에게 교과 영역별로 단어의 서로 다른 의미를 강조한다.

이미 알고 있는 개념을 의미하는 새로운 단어의 의미 학습하기

이 유형의 어휘 학습에서, 학생들은 개념에는 친숙하지만 그 개념에 해당하는 특정 단어는 알지 못한다. 예를 들어, 학생들은 leaves에 대해 알지만 야자수의 잎을 frond라고 부른다는 것은 모른다. 이러한 유형의 단어들은 유사어나 정의를 사용하여 제시할 수 있다. 15장에서는 학생들이 새로운 단어와 유사한 의미를 가진 단어를 알고 있을 때 이 유사어를 이용하여 어휘를 가르치는 것에 대해 논의했었다. 유사어를 이용한 어휘 교수는 모든 학년 수준에서 계속 실시할 수 있다. 유사어를 사용하여 가르칠 수 있는 약간 희귀한 단어의 예로는 다음과 같은 것들을 들 수 있다.

- merge–join
- exterior–outside
- amity–friendship
- assault–attack
- secure–safe
- brief–short
- vary–change
- mentor–teacher

학년이 높아지고 단어의 의미가 점점 복잡해짐에 따라 유사어보다는 정의를 사용한 수업을 더 많이 한다. 단어를 정의하는 주요 방법에는 다음과 같이 새로운 단어를 특정 범주에 넣은 다음, 동일한 범주 내의 다른 단어들과 다른 새로운 단어의 독특한 특성을 구체화시키는 방법이 있다.

- decathlon–10개의 트랙 및 운동장 경기를 포함하는 운동 경기
- pediatrician–아이들을 치료하는 의사
- slander–어떤 사람의 나쁜 것에 대한 거짓된 보고
- cutlery–먹는 데 사용되는 도구
- nonentity–중요하지 않은 것

이미 알고 있는 개념을 의미하는 새로운 단어는 두 단계에 걸쳐 가르친다. 첫째, 유사어나 정의를 제시함으로써 단어의 의미를 전달한다. 둘째, 긍정적인 예와 부정적인 예를 제시하고 학생들에게 그 예들이 새로운 단어의 예인지 아닌지를 묻는다. 이 단계는 학생들이 단어의 의미를 정말로 알

고 단순히 단어의 정의를 기계적으로 암기하지 않도록 해 준다. 이러한 수업 절차가 〈표 16-1〉에 나와 있다. 이 수업 형식에서 교사는 respite란 단어를 유사어(a short rest)를 사용하여 제시한 다음, 일단의 긍정적인 예와 부정적인 예를 대상으로 학생들을 검사한다. 새로운 어휘를 검사할 때 교사가 각 질문(예컨대, "곰은 겨울 내내 잠을 잡니다. 이것은 respite입니까? 어떻

〈표 16-1〉 새로운 어휘(respite) 수업 형식

교사	학생
1. respite 단어의 발음을 시범 보이고 그 의미를 알려 준다.	
a. "잘 들으세요. respite. 따라해 보세요." (신호)	"Respite."
b. "respite는 짧은 휴식을 말합니다. respite가 무엇이라고요?" (신호)	"짧은 휴식입니다."
2. 정의를 검사한다.	
a. "존이 오늘 열심히 공부했어요. 그는 집에 가서 밤 늦게까지 공부했어요. 그가 respite를 가졌나요?" (신호)	"아니요."
"어떻게 알죠?"	"그는 휴식을 취하지 않았습니다."
b. "앤은 아침 내내 열심히 공부했어요. 12시에 앤은 공부를 마치고 잠시 긴장을 풀었어요. 그런 다음 다시 공부를 했어요. 앤은 respite를 가졌나요?" (신호)	"예."
"어떻게 알죠?"	"그녀는 짧은 휴식을 가졌습니다."
c. "슈는 50회의 팔굽혀펴기를 했습니다. 그리고 나서 그녀는 차가운 물에 그녀의 얼굴을 담그고 나서 5분 동안 누웠습니다. 그런 후 25회 더 팔굽혀펴기를 했습니다. 그녀는 respite를 가졌나요?" (신호)	"예."
"어떻게 알죠?"	"그녀는 5분 동안 쉬었습니다."
d. "빌은 오늘 아침 팔굽혀펴기를 50회 하고 나서 침대에 누워 밤까지 잤습니다. 그는 respite를 가졌나요?" (신호)	"아니요."
"어떻게 알죠?"	"그는 너무 오래 잤습니다."
3. 최근에 가르친 단어들을 복습시킨다.	

게 알죠?") 후에 "어떻게 알죠?"라고 묻고 있는 것에 주목하기 바란다. "어떻게 알죠?"라고 물음으로써 새로운 단어와 이미 알고 있는 유사어 혹은 정의와 연결하는 연습을 추가로 하게 해 준다. 새로 학습한 단어는 수일 동안 매일 복습하도록 하고 이후에는 약간 뜸하게 연습시킨다.

모르는 개념을 의미하는 새로운 단어 의미 학습하기

각 내용 교과를 학습할 때 많은 경우 학생들은 개념을 모르는 새로운 단어를 학습해야 한다. 이러한 상황에서는 개념이나 그 개념의 단어 모두에 익숙하지 않을 것이다. 그렇기 때문에 이 둘을 모두 학습해야 한다. 예를 들어, evaporation(증발)과 photosynthesis(광합성)에 대해서 학습할 때 학생들은 새로운 개념과 새로운 단어를 모두 학습하게 될 것이다. 마찬가지로, 중간 단계 학년에서의 읽기 자료에는 종종 altruism(이타주의), pragmatism(실용주의), homage(존경) 등과 같은 어려운 새 단어들이 나온다.

모르는 개념을 의미하는 새로운 단어를 학습하는 것은 가장 어려운 단어 학습 유형 중 하나이며 가장 정교한 수업을 필요로 한다. 정의를 이용하여 새로운 단어의 의미를 직접 제시할 수 있지만, 좀 더 복잡한 개념일 경우 단순히 단어의 정의를 제시하는 것만으로는 불충분하다. 학생들은 좀 더 심화된 이해를 필요로 한다. 의미망이나 개념 정의 지도 등은 새로운 개념을 더욱 철저히 가르치는 데 사용할 수 있는 기법이다. 이 두 기법에서는 그림표상(graphic organizers)을 이용한다.

의미망 그리기 의미망 그리기(semantic mapping)는 그림으로 단어들의 특성을 범주별로 시각화하고 그들이 서로 어떻게 관련되어 있는지를 보여 준다. 도표를 준비하고, 새로운 단어를 그 도표의 중앙에 적는다. 그리고 그 단어에 관한 정보를 나열할 범주들을 제시한다. 예를 들어, osprey(물수리, 조류의 일종)라는 단어를 제시했다면, '생긴 모양', '잡는

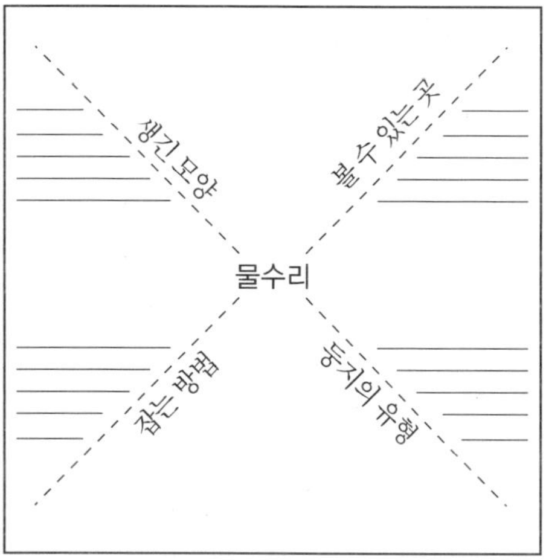

[그림 16-1] 단어 Osprey의 의미망

방법', '볼 수 있는 곳', '둥지의 유형' 등의 범주들을 작성할 수 있을 것이다. [그림 16-1]은 단어 osprey를 보여 주는 데 사용할 수 있는 도표를 나타낸 것이다.

교사는 학생들로 하여금 새로운 개념에 대한 문단을 읽게 하거나, 새로운 개념에 대해 강의를 하거나, 혹은 (그 개념이 어떤 학생들에게 익숙한 것이라고 생각되면) 집단 토론을 하게 하여 새로운 개념에 대한 정보원을 제공한다. 교사와 학생은 텍스트나 토론을 통해서 제공된 정보를 활용하여 도표를 채울 수 있을 것이다.

의미망 그리기는 관련된 단어들이 어떻게 다르거나 같은지를 또한 보여 줄 수 있다. 예를 들어, whales(고래)에 대해 보여 줄 때 교사는 모든 고래들을 묘사하는 범주들로 도표를 그리고 특정 고래의 특성을 말하기 위한 공간을 따로 마련해 놓을 수 있다. 의미망을 그리게 하면 학생들은 더욱 활발히 사고하고 토론할 것이다.

알고 있는 단어의 의미 명료화와 심화

어휘 학습의 네 번째 유형은 학생들이 이미 알고 있는 단어의 좀 더 정확한 의미를 학습하는 것을 말한다. 많은 경우 학생들은 어떤 단어의 기본적인 의미는 어느 정도 알고 있지만, 의미와 용례를 좀 더 세밀하고 미묘하게 구분할 필요가 있다. 예를 들어, jogging, trotting, dashing, sprinting이 단어 running과 모종의 관계가 있다는 것은 알지만, 각 단어의 구체적인 의미는 잘 모를 수 있다.

단어 의미를 명료화할 때에는 유사한 범주 내에서 단어 사이의 차이를 설명한다. 수업에서는 해당 단어의 좀 더 정확한 정의와 설명을 제시한다. 예를 들어, 앞의 예에 대해서 다음과 같이 설명할 수 있다. "Sprinting은 할 수 있는 한 가장 빠르게 달릴 때 쓰는 단어다. Jogging은 자신이 달릴 수 있는 가장 빠른 속도보다 훨씬 느리게 달릴 때 쓰는 단어다."

단순히 단어의 정의만을 말해 주는 것으로는 충분하지 않다. 그 정의를 적용하는 연습을 또한 제공해야 한다. 이러한 적용을 구조화하는 한 가지 방법은, 문장을 제시하고 적절한 단어를 채워 보도록 하는 것이다. 예를 들어, 'Jason __________ down the street when he saw the school bus closing.'이란 문장을 주고 학생들에게 "Sprinted와 jogged 중 어느 단어가 빈칸에 가장 적절할까요?"라고 묻는다.

단어에 대한 학생들의 이해를 심화시키는 방안 중 하나는 다양한 맥락에서, 특히 그 단어가 처음으로 나왔던 이야기 이외의 맥락에서 그 단어가 사용되는 예를 제공해 주는 것이다. 만약 어떤 단어의 의미를 좁은 정의로만 알고 있거나 한 가지 맥락으로만 이해하고 있으면〔예: stern(엄격한)을 항상 십대들의 아버지와 관련지어서만 사용함〕 그 단어의 다양한 적용 예를 이해하지 못할 수 있고 말할 때나 글을 쓸 때 그 단어를 제한적으로만 이용할 수밖에 없을 것이다(Beck, McKeown, & Kucan, 2002). 다양한 맥락에서 어떤 단어가 사용되는 예를 제시함으로써 학생들에게 해당 단어의 다양한 의미를 보여 줄 수 있다. 예를 들어, stern의 의미를 심각하며 요구를 많이 하는 사람으로 심화시켜 주기 위해 stern의 예로 어떤 사람의 특징을 다음과 같이 다양하게 제시해 줄 수 있다.

> We had a stern teacher. He was very strict. He never smiled. He demanded that all our work be perfect. If we made any errors at all on our work, he would make us do the whole assignment over again(여기 아주 stern한 교사가 있다. 그는 매우 엄정했다. 그는 절대 웃지 않는다. 그는 우리의 모든 일이 완벽해야 한다고 요구했다. 우리가 조금이라도 실수를 하면 그는 우리로 하여금 과제 전체를 다시 하도록 할 것이다).
>
> Our basketball coach was very stern. She made us practice our plays over and over again until we did them perfectly. She never seemed to be satisfied(우리 농구 코치는 매우 stern하다. 그는 우리가 아주 완벽해질 때까지 연습을 계속 시킨다. 그녀는 절대 만족하지 않는 것 같다).

완전히 아는 수준까지 도달하도록 연습 제공

어휘 수업의 주요 목적은 학생들이 완전히 아는 수준(단어의 의미를 쉽게 그리고 즉시 이해하는 단계)의 단어 수를 늘리는 것이다. 단어와 단어의 정의를 다양한 상황에서 적용해 보는 것은 단어 지식을 확실히 아는 수준에까지 이르게 하는 데 도움이 될 수 있다. Beck, McKeown, 그리고 동료들은 학생들의 어휘 지식을 풍부하게 해 줄 많은 활동들을 개발해 왔다(Beck et al., 2002). 이 연구자들은 학생들에게 단어가 의미할 수 있는 상황을 토론하도록 시켜 볼 것을 권장했다. 그런 활동 중 하나는 "이전에 이런 적이 있었나요?"라는 질문에 대해 학생들이 새로 학습한 단어를 자신들이 경험한 맥락과 관련짓는 것이다. 예를 들면, 단어 covertly(은밀히)와 impressed(인상적인)의 의미를 가르친 후에, 학생들에게 자신들이 covertly하게 행동했던 때를 기술해 보게 하거나, 혹은 언제 교사에게 impressed했는지를 말해 보게 한다. 단어 사용을 촉진하는 또 다른 방법은 상황을 설명하기 위해서는 단어의 의미를 맥락과 통합시켜야 하는 문장을 제공하는 것이다. 예를 들면, "그 남자는 covertly하게 버스에 올라탔다. 왜냐하면…." 혹은 "낸시의 선생님은 매우 impressed했다. 왜냐하면…." 학생들로 하여금 "항상 TV를 보는 친구가 있다면 그를 어떻게 운동을 하도록 coax(구슬리다)시킬 것인가?" 등과 같이 질문을 스스로 만들어 보게 할 뿐 아니라 이 문장들에 반응하도록 하고 예들을 설명해 보도록 한다.

단어 사용 연습을 더 제공하기 위해서 학생들에게 어느 경우에 해당 단어를 사용하는 것이 적절한지 여부를 물어본다(Beck et al., 2002). 예를 들면, 다음과 같다.

> 다음 두 셔츠 중 어떤 것이 예외적(extraordinary)인가?
> 어째서 그런가 혹은 그렇지 않은가?
>
> 착용감이 좋은 셔츠와 스스로 세탁이 된 셔츠.

또한 두 가지 상황 설명을 해당 단어의 예인지 혹은 비예인지 구분해 보도록 한다(Beck et al., 2002).

> 내가 말하는 것이 느긋하게(leisurely) 들리면 "느긋하게(Leisurely)"라고 말하세요. 급한 것 같으면 "매우 급함(Hurry)"이라고 말하세요.

- 공원에서 산책하고 있는 사람들
- 불에 접근하고 있는 소방관들
- 달리기 시합에서 달리고 있는 선수들
- 친구와 앉아서 이야기하고 있는 사람들
- 햇볕 아래 누워 있는 강아지

조롱(Banter)

- 남편과 아내가 저녁으로 무엇을 먹을지 큰 소리로 다툰다.
- 남편과 아내가 누가 저녁을 더 먹었는지 서로 놀린다.

Beck과 동료들은 단어들을 6~10개씩 의미가 서로 관련된 집단으로 묶어 제시할 것을 제안했다. 예를 들어, 서로 의미가 관련된 단어들의 묶음으로 어떤 사람의 특징을 묘사할 때 쓰는 단어들로는 covert(은밀한), peculiar(독특한), raucous(무질서하고 소란한), stern(엄격한), glum(무뚝뚝한), impatient(참을성 없는) 등을 들 수 있다. 이 연구자들은 학생들의 단어 지식이 서로 연결된 아이디어 망에 저장되어 있다는 것을 강조한다. 단어 간 연결을 보다 분명하게 함으로써 그 단어들을 더 잘 알게 할 수 있다. 새로운 단어와 기존 단어 간의 연결을 확립하는 한 가지 방법은 학생들에게 새로운 단어(예: peculiar, raucous, covert, stern) 중 하나를 제시된 단어나 구〔예컨대, "스파이와 가장 잘 어울릴 만한 단어는?" (covert)〕와 연합시켜 보도록 요구하는 것이다. 또 다른 활동으로는 "Could a raucous presenter covertly leave the room?(소란스러운 발표자가 방을 조용히 나갈 수 있을까요?)" 등과 같이 두 개의 새로운 단어를 이용하도록 하는 질문을 제시하는 것이다. 이 활동의 목적은 단어들 사이에 관계가 성립하는지를 생각해 보도록 하기 위함이다. 이 활동을 할 때에는 대부분의 경우 학생들에게 자신들의 대답에 대해 그 근거를 대도록 요구해야 한다.

종합적인 활동의 하나로서 학생들에게 일련의 서로 관련된 단어들을 연속선상에 나타내 보도록 할 수 있다. 이를 위해 서로 관련된 단어를 4~8개 학생들에게 제시한다. 학생들은 이 단어들을 연속선상에 의미의 강도에 따라 순서를 매긴다. 이 활동의 목적은 학생들로 하여금 가르치고자 하는 단어의 의미를 설명해 보도록 하기 위함이다. [그림 16-2]를 참조하기 바란다.

의미의 강도에 근거하여 연속선상에 단어 순서 매기기

드잡이(scuffle)	싸움(fight)	격론(altercation)	폭동(riot)
논쟁(argument)	이견(disagreement)	말다툼(brawl)	충돌(conflict)

[그림 16-2] 단어 의미 연속성: 의미의 강한 정도

Developed by MaryBeth Munroe, Southern Oregon ESD.

단어 학습 전략 가르치기

잘 읽기 위해서는 단어를 많이 알아야 할 뿐 아니라 모르는 단어를 효과적으로 다룰 수 있어야 한다. 학생들에게 독자적인 단어 학습을 촉진시킬 수 있는 전략을 가르쳐 줄 필요가 있다. 그와 같은 전략에는 (a) 단어 내의 부분(within-word parts) 가르치기, (b) 맥락으로부터 단어의 의미를 알아내는 데 더 능숙해지도록 가르치기, (c) 모르는 단어의 의미를 알기 위해 사전을 사용하는 방법 가르치기 등이 있다. 다음에는 각 전략에 대해 보다 상세하게 설명한다.

단어 부분

단어 내의 부분을 가르치는 것은 생산적인 단어 수업 방법 중 하나다. 모든 단어는 언어의 가장 작은 의미 단위인 의미소(morphemes)들로 구성되어 있다. 의미소는 자유로울 수도 있고(단어 전체가 하나의 의미소인 경우) 구속되어(단어의 접두사, 접미사, 비단어 기반 등 어느 한 부분으로서만 나타나는 경우) 있을 수도 있다. 단어 학습을 돕기 위해 의미소를 분석할 때에는 단어를 각 구성 의미소로 각각 분리한 다음, 각 의미소의 의미를 이용하여 단어 전체의 의미를 파악한다. 의미소 분석의 예는 unworkable 단어에서 찾아

볼 수 있다. 이 단어는 un('-이 아니다'의 의미), work 그리고 able('-을 할 수 있는'의 의미) 등 세 개의 의미소를 가지고 있다. 의미소 분석을 통해 'unworkable'이란 단어는 '일을 할 수 없는'이란 의미로 번역될 수 있다. 학생들에게 의미소를 가르침으로써 모르는 단어의 일부에 대해 분석할 수 있는 한 가지 전략을 제공해 줄 수 있다. 이 전략은 내용 교과 영역의 읽기에 특히 중요할 수 있다. 내용 교과 영역의 경우 많은 단어들이 다른 단어에서도 동일한 의미를 갖는 부분들을 포함하고 있기 때문이다.

하지만 의미소 분석에는 한계가 있다는 점도 고려해야 한다. 세 가지 요인이 의미소 분석의 유용성에 제한을 가한다. 첫째, 각 의미소를 원래 단어의 뜻에 맞게 전환시키는 것이 어렵다. 예를 들어, accurate(정확한) 단어는 ac('-에로'를 의미), cure('돌보다'를 의미), ate〔'(-이 되게) 하다' 혹은 '-이다'의 의미〕 등 세 가지 의미소를 포함하고 있다. 따라서 글자 그대로의 accurate의 의미는 '돌보고자 하는 어떤 것(that which is toward care)'이 된다. 상위 수준의 학생들에게는 이 정의도 도움이 되겠지만, 그렇지 않은 학생들에게 위의 정의는 사용하기에 어려울 것이다.

둘째, 많은 의미소들이 복합적인 의미를 가지고 있다. 예를 들어, 의미소 dia는 어떤 경우에는 diameter에서처럼 '관통하는(through)'의 의미를 가지고 있지만 또 다른 경우에는 dairy에서처럼 '날, 하루(day)'의 의미를 가지고 있다.

셋째, 학생들이 종종 단어를 구성하고 있는 의미소를 찾아내지 못한다. 예를 들어, 단어 recognition은 re+cogno+ite+ion 등 네 개의 의미소로 구성되어 있다.

교사는 어느 의미소를 가르치는 것이 그럴 가치가 있을 것인지를 결정해야 한다. 〈표 16-2〉는 비교적 단어 전체 의미로 쉽게 전환할 수 있는 의미소 일부를 나타낸 것이다. 각 의미소 옆에는 해당 의미소의 사용 예를 보여주는 단어와, 해당 의미소의 가장 전형적인 의미가 제시되어 있다. 여기에

〈표 16-2〉 의미소 의미*

의미소	단어 예	대략적인 의미
able	portable	able to be
bi	bicycle	two
dis	dishonest	not
	disappear	opposite of
est	biggest	the most
ful	hopeful	full of
il	illegal	not
inter	interstate	between
intra	intrastate	inside
less	fearless	without
pre	preschol	before
re	repay	again
sub	submarine	below
tri	tricycle	three
un	unable	not
	untie	opposite of

*좀 더 많은 의미소 의미에 대해서는 『*Dictionary of English Word-Roots*』(R. Smith, 1966)을 참조하기 바람.

제시된 의미는 기술적으로 정확한 의미라기보다는 기능적이도록(즉, 단어 전체의 의미를 쉽게 파악하도록) 고안되었다는 점에 주목하기 바란다. 이 책에서는 의미소 분석이 학생들에게 쉽게 여겨지도록 단어의 정의를 구성하였다.

의미소를 소개하는 순서와 관련해서는 다음 두 가지 규칙이 있다. 첫째, 가장 기능적인 의미소를 먼저 소개한다. 둘째, 혼동을 줄 수 있는 의미소는 분리하여 제시한다.

의미소들은 학생들이 그 의미소에 관한 지식이 없이는 이해할 수 없는 단어를 이해하게 해 줄 때 효과적이다. re는 again(다시)을 의미하는 아주 유용한 의미소의 한 예다. inter와 intra는 서로 혼동될 수 있는 가능성이 큰 의미소들이다. 이 의미소들은 최소한 5개의 의미소를 사이에 두고 서로 분리하여 소개해야 한다.

〈표 16-3〉은 새로운 의미소의 의미를 가르치고 이전에 가르쳤던 의미소의 의미를 복습하는 수업 형식을 나타낸 것이다. 〈표 16-4〉는 복습용으로 활용될 수 있는 학습지의 예다. 새로운 의미소를 소개하는 속도는 학생들의 수행 정도에 달려 있다. 새로운 의미소는 학생들이 이전에 소개되었

〈표 16-3〉 의미소 소개 수업 형식

교사	학생
1. 새로운 의미소를 소개한다.	
a. "잘 들으세요. less는 보통 without(-이 없는)을 의미합니다."	
b. "less가 보통 무엇을 의미한다고요?" (신호)	"Without(-이 없는)"
"그렇기 때문에 careless는 care가 없는 것을 의미합니다."	
"careless가 무엇을 의미한다고요?" (신호)	"Without a care(돌봄이 없는)"
c. "less는 보통 무엇을 의미한다고요?" (신호)	"Without(-이 없는)"
"그렇다면 winless는 무엇을 의미합니까?" (신호)	"Without a win(승리 없는)"
d. "less는 보통 무엇을 의미합니까?" (신호)	"Without(-이 없는)"
"그렇다면 homeless는 무엇을 의미합니까?" (신호)	"Without a home(집이 없는)"
2. 의미소를 복습한다.	
a. "pre는 무엇을 의미합니까?" (신호)	"Before(전에)"
b. "un은 무엇을 의미합니까?" (신호)	"Not(아닌)"
c. "tri는 무엇을 의미합니까?" (신호)	"Three(셋)"
d. "less는 무엇을 의미합니까?" (신호)	"Without(-이 없는)"
e. "able은 무엇을 의미합니까?" (신호)	"Able to be(-을 할 수 있는)"
3. 의미소를 적용하여 의미를 알아내는 것을 보인다.	
a. "잘 들으세요. Careful. careful 단어의 첫 의미소를 말해 보세요." (신호)	"Care(돌봄)"
"careful의 다음 의미소는 무엇입니까?" (신호)	"Ful."
b. "ful은 무엇을 의미합니까?" (신호)	"Full of(-이 가득한)"
c. "careful은 무엇을 의미합니까?" (신호)	"Full of care(돌보는)"
d. 다음 단어를 대상으로 3(a~c)단계를 반복한다. preschooler(학령기 이전 학생), triangle(삼각형), winless(승리 없는)	

던 의미소들을 오류 없이 대화나 읽고 쓰는 연습을 할 수 있을 때 소개한다.

〈표 16-3〉의 수업 형식에는 몇 가지 단계가 있다. 첫 번째 단계에서 새로운 의미소의 의미를 이야기해 주고, 그 의미소를 포함하고 있는 단어 몇 개의 의미에 대해 학생들을 대상으로 검사한다(예: 의미소 less를 win에 붙이면 '승리 없는'의 뜻을 가진 winless가 된다.). 두 번째 단계에서 새로운 의미소와 이전에 가르친 의미에 관해 연습을 제공한다. 세 번째 단계에서 학생들은 의미소에 관한 지식을 활용하여 단어의 의미를 알아낸다.

〈표 16-4〉에 소개되고 있는 의미소 분석 연습 활동지는 두 부분으로 나뉘어 있다. 1부에서는 각 의미소의 정확한 의미를 적는 활동을 한다. 2부에서는 문장을 완성하는 단어를 선정한다. 5~10개 정도의 문장을 대상으로 일단의 단어들이 들어 있는 보기를 이용하여 연습을 한다. 각 문장에 들어가야 할 단어를 단어 목록에서 선정하여 빈칸에 넣는다.

의미소 연습은 학생들에게 단어 일기를 쓰도록 하는 데까지 확장될 수 있다. 학생들은 한 의미소당 한 페이지를 적어 그 의미소를 포함하고 있는 단어를 만날 때마다 그 페이지에 그 단어를 적고 어디에서 그 단어를 접했

〈표 16-4〉 의미소 분석 활동지

1부: 각 의미소 옆에 정확한 의미를 적으시오.

un__________ less__________ re__________ mis__________

ful__________ able__________ est__________ er__________

2부: 다음 단어들을 사용하여 빈칸을 채우시오.

hopeful hopeless misspell winless preschool

a. Tom did not want to __________ any words on the test.

b. My brother is too young for this schol; he goes to a __________.

c. We are __________ our team will win.

d. After trying for 2 months to get his dog to sit, Tom thought it was __________ to continue.

e. The team was sad because it was __________.

는지 기록한다. 마찬가지로, 교사 역시 각 의미소 학습을 촉진하기 위해 벽에 단어 목록을 적어 놓을 수 있다. 학생들은 자신들이 배우고 있는 의미소를 이용하여 단어를 찾을 때마다 벽의 목록에 그 단어를 추가한다.

맥락 단서

맥락 분석은 문장 내에서 모르는 단어를 둘러싸고 있는 단어들을 이용하여 그 단어의 의미를 알아내는 것을 말한다. 맥락 분석은 초등학교 3학년 이상의 학생들에게는 필수적인 기술이다. 왜냐하면, 맥락 분석을 통해 많은 수의 모르는 단어 의미를 알 수 있기 때문이다. 글을 쓰는 사람들은 종종 스스로도 독자들이 알지 못할 것 같다는 느낌이 드는 단어들을 사용한다. 많은 경우, 다음의 예에서처럼 유사어나 혹은 문단 내에서 모르는 단어 바로 다음에 제시되는 단어의 정의를 담은 동격 구문을 사용하여 단어의 뜻이 제시된다.

1. The *drouge*, a small parachute for slowing down an object, shot out of the rear of the space capsule at 10,000 feet(물체의 떨어지는 속도를 늦추는 작은 낙하산인 drouge가 10,000피트 상공에서 우주선 뒤쪽에서 펼쳐졌다).
2. The *surplus*, that is, the amount of left over, was so great that the storage bins were full and grain was lying on the ground(남은 양인 surplus가 너무 많아서 저장고가 가득 차고 곡물이 땅으로 쏟아져 내렸다).

단어의 정의나 유사어는 또한 부정적으로 진술될 수 있는데, 학생들 입장에서는 이것이 이해하는 데 더 어렵다.

1. The older brother was quite *affable*, not argumentative(큰 형은

까다롭지 않고 매우 붙임성이 있었다).

2. Jamie was a *versatile* athlete, while Ann, who was not so versatile, was able to play only one sport(Jamie는 다재다능한 운동선수였던 반면, Ann은 오직 한 가지 스포츠만 할 수 있었다).

맥락 분석은 부정적인 예들이 사용될 때뿐만 아니라 유사어나 단어의 정의가 문단 속의 모르는 단어와 분리될 때에도 더 어려워진다. 위 첫 번째 문장에서 단어의 정의가 새로운 단어 바로 다음에 나온다. 하지만 두 번째 문장에서는 단어의 정의가 새로운 단어와 분리되어 제시되는데, 이 때문에 두 번째 문장이 첫 번째 문장보다 더 어렵다.

1. The food is *preserved*, or kept from spoiling, by special refrigeration cars(그 음식은 특별한 냉동차에 상하지 않도록 보관된다).
2. The food is *preserved* by special refrigeration cars. These specially made cars keep the food from spoiling(그 음식은 특별 냉동차에 보관된다. 이러한 특별 제작된 차들은 음식을 상하지 않도록 한다).

맥락 분석은 또한 단어의 의미를 유사어를 직접 제시하기보다는 문장 속에서 암시될 때 더욱 어려워진다. 종종 아래와 같이 문단이나 일련의 문장들에 학생들이 새로운 단어의 의미를 알아내는 데 근거로 사용해야 할 긍정적 혹은 부정적인 예들이 나오기도 한다.

1. Byron's muscles strained as he pulled at the door. He leaned back and pushed as hard as he could. He *exerted* all the force he could(Byron의 근육들은 그가 문을 잡아당길 때 수축했다. 그는 뒤로 기대서서 힘껏 문을 밀었다. 그는 사용할 수 있는 모든 힘을 다 쏟았다).
2. In the sea, bones and shells are not eaten away and harmed by the air. Objects are covered with protective layers of sand so

that years from now they will be undamaged. Life from the sea is being *preserved* for the future(바다 속에서는 뼈와 조개껍질들이 없어지거나 공기에 의해 손상되지 않는다. 사물들은 모래의 보호층에 덮여 지금부터 몇 년 동안 손상되지 않을 것이다. 바닷속 생명은 미래를 위해 보존되고 있다).

모르는 단어의 의미를 알아내기 위해 맥락 분석을 사용하도록 가르치는 한 가지 방법은 일련의 짧은 여러 개 문단을 이용하여 학생들을 안내하는 것이다. 각 문단별로 (a) 모르는 단어를 지적하고, (b) 모르는 단어의 의미를 말해 주는 단어를 찾도록 하며, (c) 모르는 단어 대신 유사어나 그 단어의 의미를 설명해 주는 구를 삽입하여 문장을 다시 말하도록 한다. 단어의 정의나 유사어는 맥락 분석을 통해 도출한다. 〈표 16-5〉는 초등 중간 학년 단계 학생들에게 문단에서 단어의 의미를 추론하는 것을 가르치는 수업 형식을 나타낸 것이다.

단어의 의미를 추출하도록 가르치는 좀 더 일반적인 방법 중 하나는 '생각 말하기 기법(talk-through technique)'이다(Stahl & Shiel, 1999). 이 기법을 사용할 때 교사는 먼저 자신이 맥락에서 단어의 의미를 알아낼 때 사용하는 과정을 말로 표현하면서 시범을 보인다. 그런 다음, 다음과 같이 단서를 제시하면서 몇 개의 단어 의미를 맥락에서 추출하도록 안내한다. "주변의 어떤 단어들이 단어 A에 대해 무엇인가를 말해 주고 있나요?"; "단어 A가 무엇을 의미한다고 생각하나요?"; "문장에서 단어 A 대신 B를 집어넣으면 문장이 말이 되나요?"

기억해야 할 중요한 사항은 효과적인 맥락 분석 수업이 수업의 목적에 대한 직접적인 설명, 시범 보이기, 안내된 연습에서 자율적인 연습으로의 신중한 이행, 구체적인 피드백과 함께 맥락에서 단어의 의미를 추출하는 집중적인 연습(Stahl & Shiel, 1999) 등의 요소를 포함하는 직접교수 절차를

〈표 16-5〉 맥락을 통한 어휘 가르치기 수업 형식

교사	학생
상위 수준의 연습에는 다음과 같은 문단을 4개에서 6개 정도 포함시킨다. Pioneers saw a dark, living cloud of birds. The cloud was so huge that it almost *eclipsed* the sun. It seemed like nighttime had suddenly started. People could hardly see.	
1. 학생 한 명을 불러 문단을 읽게 하고 모르는 단어를 찾아내도록 한다.	
a. "문단을 읽으세요."	
b. "새로운 단어에 밑줄을 쳐 놨어요. 그 단어가 무엇이죠?" (신호)	
2. 학생 한 명을 불러서 유사어나 해당 단어의 정의를 찾아보도록 한다.	"Eclipsed."
a. "새들이 태양을 가리면 무슨 일이 일어납니까?"	"어두워지고 사람들은 잘 볼 수 없습니다."
b. "밤이 갑자기 시작된 것 같아요. 일식이 태양에 어떤 작용을 한다고 생각합니까?" (신호)	"덮습니다."
c. "예, 태양을 덮어요."	
3. 학생들은 새로운 단어의 의미를 대체하여 문장을 말한다.	
a. "eclipse를 안에 넣어서 문장을 읽어 보세요." (신호)	"The cloud was so huge that it almost eclipsed the sun."
b. 학생을 한 명 불러서 다음과 같이 시킨다. "eclipse대신 다른 단어를 사용하여 문장을 말해 보세요." (신호)	"The cloud was so huge that it almost covered up the sun."
4. 몇 개의 문단을 대상으로 단계 1에서 3을 반복한다.	

포함하고 있다는 점이다. 맥락 분석 수업의 또 다른 중요 측면은 쉬운 것에서부터 어려운 것 순서로 예들을 계열화하는 것과, 개별 연습을 충분하게 제공하는 것이다. 다양한 유형의 맥락 구성—유사어나 정의(새로운 단어 바로 옆에 제시하거나 간격을 두고 제시함), 부정, 추론 등—을 충분히 연습하

고 복습을 한다면 학생들은 맥락 분석 기술을 배울 수 있을 것이다. 충분하고도 직질한 예를 제시하는 것은 수업 절차만큼이나 중요한 일이다.

사전 사용 단어의 뜻을 알기 위해 사전을 사용하는 것은 어른들과 달리 어린 학생들에게는 어려운 일이다. 첫째, 사전에 나와 있는 정의에는 학생들이 알지 못하는 단어들이 나올 수 있다. 가령, 사전에서는 habituate(습관을 들이다)를 to accustom으로 정의할 수 있다. 불행하게도 많은 학생들은 accustom이 무슨 뜻인지 모를 것이다. 교사는 학생들의 수준에 적합하게 제작된 사전을 선정해야 한다. 사전의 정의는 학생들에게 익숙한 단어들로 구성하여 쉽고 분명하게 해야 한다.

둘째, 많은 경우 사전에는 단어의 뜻이 하나 이상 열거되어 있다(예: bark라는 단어는 (a) 나무 껍질, (b) 개가 짓는 소리 혹은 (c) 작은 돛단배 등을 의미한다). 교사는 학생들이 스스로 단어의 적절한 뜻을 찾아낼 것으로 생각해서는 안 된다. 처음 연습은 각 뜻 간의 차이가 아주 선명한 단어들을 대상으로 시작해야 한다. 예를 들어, cold 단어의 두 가지 가능한 뜻은 low temperature(낮은 온도)와 unfriendly(쌀쌀한)다. 다음 문장에서 단어 cold의 뜻은 후자쪽이라는 것이 분명하게 드러난다. "I was surprised at how cold my friend acted toward me when we met yesterday."

학생들로 하여금 혼자 책을 읽을 때 모르는 단어가 나오면 사전을 찾아보도록 적극 격려해야 한다. 하지만 너무 많은 단어를 사전을 이용하여 찾도록 함으로써 결국에는 읽기가 싫어지게 해서는 안 된다. 모르는 단어가 나왔을 때 사전을 전혀 이용하지 않는 것도 읽은 것을 이해하지 못하는 결과를 초래할 수 있지만, 매번 사전을 찾는다는 것 또한 너무 힘든 일이다. 어떤 단어가 중요한가 아닌가는 문단을 읽는 학생의 목적에 달려 있다. 새로운 정보를 학습하기 위해 책을 읽을 때에 학생들은 대부분의 모르는 단어 뜻을 사전에서 찾아야 한다. 하지만 재미있게 책을 읽는 동안에는 모든 부사나 형용사를 사전에서 찾아볼 필요는 없다. 새로운 단어의 뜻을 언제 찾아봐야 하는지를 아는 것은 보통 직접 가르치지 않는 중요한 기술이다.

모르는 새로운 단어가 나왔을 때 학생들이 배워야 할 기본적인 전략은 모르는 단어가 들어 있는 문단을 계속 읽어서 맥락에서 그 단어의 뜻을 알아낼 수 있는지를 알아보는 것이다. 만약 맥락에서 모르는 단어의 뜻을 찾을 수 없으면 그 단어가 해당 문단을 이해하는 데 중요한가 아닌가를 결정하도록 한다. 중요하다면 단어를 사전에서 찾아본다. 언제 사전을 찾아보는 것이 필요한가를 보여 주기 위해 교사는 학생들이 맥락에서 모르는 단어의 의미를 제공해 주는지를 알아내도록 도우면서 여러 개의 문단을 가지고 연습을 실시한다. 만약 맥락이 적절한 의미를 제공해 주지 않으면 그 단어의 의미를 아는 것이 해당 문단을 이해하는 데 필수적인지 아닌지를 학생들에게 물어본다. 그런 다음, 모르는 단어의 뜻을 사전에서 찾아 제시된 의미 중 적절한 것을 선택하는 법을 시범 보인다.

기존 교육과정에의 적용

현재 사용하고 있는 주요 읽기 교재 내의 어휘 수업 평가하기

1. 2학년 혹은 3학년 읽기 교재 중에서 이야기를 두 개 선정한다. 그 이야기 중에 어떤 단어가 여러분의 학생들에게 새로운 단어일지를 알아본다. 교사용 지침서의 해당 수업과 그 이전 수업을 검토하여 그 단어들의 의미를 가르쳤는지를 확인해 본다.

2. 두 수업 차시에서 어휘 수업 활동을 찾아본다.

   a. 어휘를 가르치기 위해 어떠한 절차나 전략이 사용되고 있는가?

   b. 그 전략이나 절차가 명시적인가?

   c. 수업 진행 과정에 사용된 언어는 분명한가?

   d. 단어의 의미를 전달하는 데 예와 예가 아닌 것들이 사용되고 있는가?

   e. 새로운 단어들을 학습할 때 학생들은 여러 수업 차시에 걸쳐 충분한 연습을 제공받고 있는가?

   f. 위의 분석 결과를 고려해 볼 때 어떤 수정이 필요한가?

3. 단어의 의미를 알아내기 위해 어떻게 맥락을 분석할지에 대해 명시적으로 가르치고 있는가? 수업 진행 과정은 분명한가? 얼마나 많은 연습이 제공되고 있는가? 연습은 체계적인가? 여러분의 분석 결과를 고려해 볼 때 어떤 수정이 필요한가?

4. 단어의 의미를 알아내기 위해 의미소(어간, 어두, 어미) 활용하는 방법에 대해 가르치고 있는가? 가르치고 있는 의미소들을 열거해 보아라. 의미소를 이용하여 단어의 의미를 알아내는 방법에 대해 학생들은 명시적으로 수업을 받고 있는가? 학생들이 이러한 의미소들에 대해 능숙해지도록 충분하고도 체계적인 연습을 제공하고 있는가?

제 17 장

독해 수업 개관

독해란 무엇인가

독해(reading comprehension)는 읽는 법을 학습하는 과정에서 자연적으로 형성되는 능력으로 생각되곤 했다. 읽기 수업은 주로 학생들에게 글자를 읽는 법에 초점을 맞추었고, 독해는 대개 간단한 질문에 대답을 하거나 텍스트를 다시 이야기하거나 해석해 보는 등의 보다 복잡한 과제를 수행하는 방식으로 이루어져 왔다. 학생들은 독해연습을 많이 했지만 그에 관한 수업은 거의 받지 않았다.

하지만 이제 독해라는 것이 여러 학년에 걸쳐 교사가 적극적으로 가르치고 개발시켜야 할 매우 복잡한 기술과 전략의 집합체라는 것은 널리 알려진 사실이다. 최근 연구에서는 독해, 사전지식, 경험 그리고 어휘들이 상호의존적인 관계에 있음을 보여 주었다. 잘 읽는 사람들이 사용하는 기술과 전략을 명시적으로 가르치는 것은 읽기 동기와 읽기 즐거움을 높여 줄 뿐만 아니라 독해력을 향상시켜 준다. 상급 학년으로 갈수록 더 어렵고 복잡한 문단을 만남에 따라 다양한 독해 전략을 숙달하고 전략적으로 활용하는 것이 텍스트를 읽고 이해하는 데 있어서 필수적이다.

독해 수업이 왜 중요한가: 연구결과

독해 수업은 필연적으로 복잡하고 다차원적일 수밖에 없다. 좋은 독해 수업은 능숙한 독해를 촉진하고 독해 부진 문제를 예방하는 가장 강력한 수단이다(RRSG, 2002). 독해 수업과 관련해서 우리가 이미 알고 있는 것들을 2002년에 Rand 읽기 연구단(Rand Reading Study Group)에서 요약했다. 이 내용은 읽기위원회의 독해에 관한 연구결과에 근거한 결론과 일치한다.

두 보고서에서 강조하는 사항은 다음과 같다.

- 학생이 텍스트를 이해하는 데 필수적인 배경 지식과 어휘를 교사가 결정하고 이를 형성시켜 주는 것이 중요하다.
- 교사가 전략을 분명하게 설명하고, 그 전략을 시범 보이며, 학생들이 그 전략을 배우고 적용할 때 이들을 안내하고, 학생들이 혼자서 스스로 그 전략을 적용할 수 있을 때까지 연습을 제공하는 등의 구체적인 독해 전략을 명시적으로 가르쳐야 한다.
- 다양한 전략을 조합하여 어떻게 사용할 것인가에 관해 명시적으로 가르쳐야 한다.
- 유형이 다른 텍스트에 전략들을 어떻게 적용할 것인가에 관해 명시적으로 가르쳐야 한다.

읽기위원회(2002)는 독해를 향상시키는 가장 효과적인 전략 여섯 가지를 다음과 같이 제시했다.

1. 질문에 답하기
2. 질문 생성하기
3. 이야기 구조 인식하기
4. 요약하기
5. 그림 표상(graphic organizers) 혹은 의미 연결망(semantic mapping) 사용하기
6. 이해 점검하기

초기 읽기 단계의 독해 수업 개관

초기 읽기 단계 동안의 독해 수업은 구두 활동과 같이 시작한다. 독해는 이야기 읽기 활동을 통해서 가르치는데, 다양한 이야기와 책을 읽어 주고 학생들로 하여금 독해 활동을 하도록 한다. 이 장에서는 네 가지 초등 저학년 주요 독해 기술—문장 이해, 사실적 이해, 계열화하기, 기본적인 이야기 문법—에 대해 수업을 따라오기 어려워하는 학생이 초기 학습 단계에서 성공할 수 있도록 해 주는 구체적인 지침을 특히 중점적으로 논의할 것이다. 학생들이 읽는 법을 배우고 간단한 이야기를 쉽게 읽을 수 있을 만큼 단어를 충분히 잘 읽을 수 있을 때 간단한 사실적 이해 활동을 텍스트 읽기 활동에 포함시킨다.

초등 중반 이후의 독해 수업 개관

초등학교 단계 동안 독해 수업은 사실적 이해에서 추론적 이해로 확장된다. 학생들은 이야기 구조에 관해 배우게 된다. 텍스트 구조에 관한 지식은

독해를 촉진한다. 읽기위원회는 이야기 구조에 관한 수업이 학생들이 질문에 대답하고 읽은 바를 회상하는 능력을 향상시킨다고 보고했다. 또한 문단에 직접적으로 나와 있지는 않은 관계를 자신들의 사전지식, 경험, 어휘 기술 등에 근거하여 알아내야 하는 추론적 독해도 제시된다. 이야기 구조 연습 활동에는 이야기 지도 그리기, 주제, 독해 점검하기 등의 활동이 포함된다.

제 18 장

초기 읽기 단계의 독해 수업

초기 읽기 단계 동안 아이들이 긴 이야기를 읽을 수 없을 때에는 교사가 다양한 구어 이해 활동을 제시할 수 있다. 아이들은 이러한 구어 이해 활동과 더불어 구두 어휘 및 언어 수업을 통해 상급 학년에서 텍스트를 읽고 이해할 준비를 갖추게 될 것이다.

문장 독해

의문사 소개하기

구두 문장 독해는 학생들에게 간단한 문장에서 무슨 일이 일어났는지, 누가 관여하고 있는지, 사건이 언제 일어났는지, 어디에서 일어났는지 그리고 왜 그 사건이 일어났는지 등을 알아내는 방법을 가르치는 것으로 시작한다. who(누가), what(무엇을), when(언제), where(어디에서) 그리고

why(왜) 등을 의문사(question words)라고 한다.

새로운 의문사를 소개하는 속도는 학생들이 얼마나 잘하느냐에 달려 있다. 학생들이 이전에 소개한 의문사가 들어 있는 질문에 숙달되기 전까지는 새로운 의문사를 소개하지 않는다.

계열화

who 그리고 when 관련 질문(〈표 18-1〉 참조)을 먼저 제시한다. 왜냐하면, 다음 예처럼 이 질문들이 가장 쉽기 때문이다. "John went to the

〈표 18-1〉 의문사 who와 what을 소개하는 수업 형식

교사	학생
1. 다음과 같이 시범을 보인다. "존이 공원에서 달렸다. 누가(who) 공원에서 달렸나요? 존. 존이 무엇을(what) 했나요? 공원에서 달렸다."	
2. 연습을 제공하고 검사를 실시한다.	
a. "잘 들으세요. 톰은 자기 침대에 쓰러졌다. 이 문장을 말해 보세요." (신호)	"톰은 침대에 쓰러졌다."
b. "누가(who) 침대에 쓰러졌나요?" (신호)	"톰"
c. "톰은 무엇을(what) 했나요?" (신호)	"침대에 쓰러졌다."
3. 2(a~c)단계를 다음 문장과 질문들을 가지고 반복한다.	
a. "앤이 공을 쳤다. 이 문장을 말해 보세요." (신호)	"앤이 공을 쳤다."
"누가(who) 공을 쳤나요?" (신호)	"앤."
"앤이 무엇을(what) 했나요?" (신호)	"공을 쳤다."
b. "고양이가 음식을 먹었다. 이 문장을 말해 보세요." (신호)	"고양이가 음식을 먹었다."
"누가(who) 그 음식을 먹었나요?" (신호)	"고양이."
"고양이가 무엇을(what) 먹었나요?" (신호)	"음식을 먹었다."
c. "개가 펄쩍펄쩍 뛰었다. 이 문장을 말해 보세요." (신호)	"개가 펄쩍펄쩍 뛰었다."
"누가(who) 펄적펄쩍 뛰었나요?" (신호)	"개."
"개는 무엇을(what) 했나요?" (신호)	"펄쩍펄쩍 뛰었다."

store. Who went to the store?(존은 가게에 갔다. 누가 가게에 갔다고요?)" "John(존입니다)." "What did John do?(존이 무엇을 했나요?)" "Went to the store(가게에 갔습니다.)"

Where를 말해 주는 구(phrase)나 질문들, 그리고 where와 관련된 질문들을 그 다음에 소개할 수 있다. where를 말해 주는 구를 각 문장에 삽입하고, where에 관한 질문을 who와 what에 관한 질문에 덧붙여 제시한다.

예:

문장: A girl played soccer in the park(한 소녀가 공원에서 축구를 했다).

질문: Who played soccer?(누가 축구를 했는가?)

What did a girl do?(그 소녀는 무엇을 했는가?)

Where did the girl play soccer?(그 소녀는 어디에서 축구를 했는가?)

〈표 18-2〉 의문사 when과 where 소개 수업 형식

교사	학생
1. 다음과 같이 시범을 보인다.	
a. "내가 when을 말해 주는 구를 말해 볼게요. '어제 아침'은 when을 말합니다. '지난 밤'은 when을 말합니다. '어두워지기 전에'는 when을 말합니다. '저녁 후에'도 when을 말합니다."	
b. "이제 where를 말하는 구를 말해 볼게요. '공원에서'는 where를 말합니다. '해변에서'는 where를 말합니다. '내 의자 위에'는 where를 말합니다. '쇼파 밑에'도 where를 말합니다."	
2. 학생들을 대상으로 검사를 한다. "내가 구를 말할테니 여러분은 그것이 when을 말하는지 where를 말하는지 말해 보세요."	
a. "공원에서." (신호)	"where"
b. "저녁 후에." (신호)	"when"
c. "어제 아침." (신호)	"when"
d. "내 의자 위에." (신호)	"where"
e. "해변에서." (신호)	"where"
f. "지난 밤." (신호)	"when"

학생들이 who, what, 그리고 when 질문에 큰 어려움 없이 대답할 수 있으면, when 구를 소개할 수 있다. 〈표 18-2〉는 when과 where에 관한 구를 제시하는 데 사용할 수 있는 수업형식을 나타낸 것이다.

학생들이 when과 where 구를 구별하고 나면 when과 where 질문을 소개할 수 있다. 이를 위해 네 가지 의문사를 모두 사용한다(〈표 18-3〉 참조).

다음 단계는 how(어떻게)를 소개하는 것이다. 그 소개 절차는 하나 또는 두 개의 how 질문에 대한 답을 시범 보이고, 학생들을 대상으로 일련의 문장을 가지고 검사를 해보는 것이다(〈표 18-4〉 참조).

마지막 단계는 why를 소개하는 것이다(〈표 18-5〉 참조). why를 가르치

〈표 18-3〉 네 가지 의문사 사용 수업 형식

교사	학생
1. 다음과 같이 말한다.	
"존은 어제 아침 공원에서 놀았다. 이 문장을 다시 말해 보세요." (신호)	"존은 어제 아침 공원에서 놀았다."
a. "누가(who) 공원에서 놀았나요?" (신호)	"존."
b. "존이 공원에서 무엇을(what) 했나요?" (신호)	"놀았다."
c. "존은 어디에서(where) 놀았나요?" (신호)	"공원에서."
d. "존은 언제(when) 놀았나요?" (신호)	"어제 아침."

〈표 18-4〉 단어 How 소개 수업 형식

교사	학생
1. 다음과 같이 시범을 보인다.	
"그녀는 사슴처럼 달렸다. 그녀는 어떻게(how) 달렸나요? 사슴처럼."	
2. 다음과 같이 학생들을 검사한다.	
a. "그는 빠르게 일했다. 그는 어떻게(how) 일했나요?" (신호)	"빨리."
b. "그는 신중하게 글을 썼다. 그는 어떻게(how) 글을 썼나요?" (신호)	"신중하게."
c. "그들은 개처럼 일했다. 그들은 어떻게(how) 일했나요?" (신호)	"개처럼."

는 절차는 이전의 의문사를 가르칠 때의 순서와 비슷하다. why가 들어 있는 예들을 제시하고 변별 연습을 시킨다. why가 들어 있는 질문에 대한 반응 문장에 항상 because 단어를 사용해서는 안 된다. 왜냐하면, 그럴 경우 학생들은 because란 단어만이 why에 대해 말해 주는 것이라고 잘못 이해할 수 있기 때문이다. 학생들이 이렇게 잘못 알지 않도록 하기 위해 교사는 to〔He went home to get his coat(그는 자기 코트를 가지러 집으로 갔다.)〕, since〔He ran home since it was late(그는 늦었기 때문에 집으로 달려갔다.)〕, and〔He fell down and cried(그는 넘어져서 울었다.)〕 등이 들어 있는 예문을 사용한다.

〈표 18-5〉 단어 Why 소개 수업 형식

교사	학생
1. 다음과 같이 시범을 보인다. "그녀는 배고파서 울었다. 그녀는 왜(why) 울었나요? 배고파서."	
2. 다음과 같이 학생들을 검사한다.	
a. "그녀는 학교에 지각했기 때문에 뛰었다. 그녀는 왜(why) 뛰었나요?" (신호)	"지각했기 때문에."
b. "그는 자기 코트를 가지러 집에 갔다. 그는 왜(why) 집에 갔나요?" (신호)	"자기 코트를 가지러."
c. "그녀는 최선을 다했고, 경기에서 이겼다. 그녀는 왜(why) 경기에서 이겼나요?" (신호)	"최선을 다했기 때문에."
d. "그들은 실수를 저질렀기 때문에 졌다. 그들은 왜(why) 졌나요?" (신호)	"실수를 저질렀기 때문에."

Why가 포함된 질문을 수일 동안 연습한 다음에는 다른 의문사를 포함하는 문항을 연습한다.

이야기 독해: 교사가 크게 읽기

초기 읽기 단계 동안 교사가 구두로 이야기 책을 읽어 주는 것은 나중에 아이들에게 인쇄된 글의 독해 활동을 준비시키는 데 중요한 역할을 할 수 있다. 이야기 구조, 계열화하기, 추론하기, 예측하기 등과 같은 중요한 여러 가지 독해 기술을 이야기 읽기 연습에 포함시킬 수 있다.

이야기 문법

서술적인 이야기의 상당수는 종종 이야기 문법(story grammar)이라 불리는 비슷한 텍스트 구조를 가지고 있다. 이야기들은 대개 등장인물들과 배경을 기술하는 것으로 시작되어 등장인물 중 한 사람이 당면하는 특정 문제를 지적하는 것으로 전개된다. 이후 이야기는 그 문제가 어떻게 해결되는가를 기술하고, 등장인물들이 그 사건에 의해 어떻게 영향을 받는가를 기술함으로써 결말을 맺게 될 것이다. 이야기를 제시할 때는 학생들이 이야기 문법을 이해하도록 노력한다.

이야기 제시

구두 이야기 읽기의 기본적인 전략은 이야기를 여러 번 읽어 주는 것이다. 첫 번째는 즐기고 예측하기 위해 읽어 준다. 그런 다음, 다음날이나 수일 후에 다시 읽어 준다. 이때에는 다른 기술들(처음, 다음, 마지막에 무슨 일이 일어났는지 계열화하기; 누구에 관한 이야기인지, 어디에서 이야기가 일어나는지, 문제가 무엇인지 등에 관한 이야기 문법)을 다룬다.

이야기 읽어 주기 수업 효과를 증대시키기 위해 다음과 같은 여러 가지 기법들을 사용할 수 있다.

1. 이야기를 이해하는 데 필요한 문장의 구조, 어휘 수준, 배경 지식 등이 학생들에게 너무 어렵지 않은 이야기를 선정한다. 그렇다고 아이들에게 읽어 줄 모든 이야기들이 단순하거나 지루해야 한다는 것은 아니다. 적절한 어휘 수준을 갖추고 언어 사용이 잘 조절된 재미있는 이야기들이 많이 있다.
2. 학생들이 잘 알지 못할 것 같지만 이야기 이해에 매우 중요한 어휘, 비유적 언어, 배경 지식 등이 어느 정도인지 알기 위해 이야기를 먼저 훑어본다.
3. 이야기를 읽어 주기 전에 이야기를 이해하는 데 중요한 배경 지식이나 어휘를 미리 가르친다.
4. 이야기를 여러 번 읽어 준다. 그 중 한 번은 중간에 거의 끊지 말고 읽기 자체가 아주 재미있는 경험이 되도록 한다. 나머지 읽기 시간 동안에는 다양한 질문을 제기하고 학생들에게 예측을 해보도록 물어본다.
5. 인과관계를 가르치고 예측을 어떻게 하는지 가르치기 위해 생각 크게 말하기 시범을 사용한다. 예를 들어, 이야기를 읽어 주는 동안 교사는 다음에 무슨 일이 일어날 것으로 자신이 생각하는지를 등장인물에 대한 설명 부분을 언급하면서 예측한다. "내 생각에는 그 원숭이들이 우리를 빠져나올 것 같다. 동물원 관리원이 문을 잠그는 것을 하루 종일 잊었다."
6. 특정 기술에 대해 자주 가르침으로써 학생들이 그 기술을 숙달할 수 있도록 한다. 예를 들어, 이야기 서두, 중간, 끝에 무슨 일이 일어났는지를 기술하도록 가르치는 일은 많은 연습이 필요한 매우 어려운 기술이다. 오랜 시간 동안 가르치고 복습해야 할 기술이다.
7. 이야기 읽기를 아주 상호작용적으로 진행한다. 소수 학생들만을 불러 대답을 해보도록 하지 않는다. 모든 학생들을 참여시킨다. 답이 구체적인 질문을 집단에게 제시한다.

다시 말해 보기

다시 말해 보기는 이야기의 배경과 등장인물을 기술하도록 하고 이야기 내 사건을 요약하고 계열화시키는 활동을 말한다.

다시 말해 보기 연습은 학생들에게 이야기를 몇 번 읽어 준 후 실시한다.

다시 말해 보기를 하기 전에 이야기의 서두를 다시 한 번 읽어 준 후, 학생들에게 자신이 몇 가지 질문을 하려 한다고 다음과 같이 말해 준다. "이야기의 서두를 다시 읽어 주겠어요. 그런 후 여러분들에게 이야기의 서두에 대한 질문을 몇 가지 하겠어요."

- 이 이야기는 누구에 관한 것입니까? (등장인물)
- 이 이야기는 어디에서 발생합니까? (배경)
- A에게 무슨 일이 일어났습니까? 혹은 A는 어떻게 하려고 했습니까? (문제)

학생들에게 질문을 한 후 이야기 초반에 일어났던 일을(주인공, 배경, 문제 등을 알려 주며) 요약해 준다. 그러고 나서 몇 명의 학생들을 불러 이야기 초반에 무슨 일이 일어났는지를 물어본다. 이때에는 학생들이 등장인물, 배경, 문제에 대해 제대로 이야기하는지를 검사한다. 만약 학생이 중요한 정보 중 어느 하나라도 빠뜨리면 그 요소에 관한 질문으로 신호를 줄 수 있다.

다음 단계에서는 이야기의 중간을 읽어 준 다음, 동일한 기본 절차에 따라 학생들에게 질문을 던지고 정보를 요약하며 몇 명의 학생들을 불러 이야기를 다시 말해 보게 한다. 마지막으로, 이야기의 나머지 끝 부분을 동일한 절차에 따라 제시한다.

학생들이 능숙하게 이야기를 다시 말할 정도가 되면 같은 질문을 하는 것으로 그 과제를 종결지을 수 있다. 처음에 무슨 일이 일어났지요? 이야기 중간에는 무슨 일이 있었지요? 이야기 끝에서는 무슨 일이 있었지요? 이러한 질문들에 대한 대답에서 등장인물, 배경 그리고 문제들이 도출되어야 한다. 그 다음 질문은 이야기에서 중요한 사건을 언급하고, 마지막 질문은 이야기의 결말에 초점을 맞추어야 한다.

만약 질문에 정확하게 답하지 못하면 좀 더 구체적인 질문으로 단서를 제공해 준다. 예를 들어서, 이야기 서두에서 무슨 일이 있었는지 말하지 못하면 "그 이야기는 누구에 관한 것입니까?" 그리고 "주인공이 하려는 것이 무엇이었습니까?" 등과 같은 질문을 제시한다. 이 질문들에 대한 답을 확인시켜 준 다음("맞아요. 이 이야기는 자신의 곰 인형을 잃어버린 작은 소녀에 관한 것입니다.") 다음 질문을 다시 제시한다. "이야기 서두에서 무슨 일이 있었죠?"

이러한 질문들은 개방형이기 때문에 학생들은 이야기 속의 중요한 사건보다는 이야기 내 세부적인 사항들을 찾으려 할 것이다. 교사는 특정 정보가 이야기 속에 있다는 것을 확인시켜 준 후 학생들에게 '가장 중요한' 사건을 기술하게 하고 학생의 정확한 반응을 확인시켜 준다.

네모 상자 몇 개로 이야기 지도를 그려 이야기 속의 사건 흐름을 나타내도록 하면 이야기 속 사건을 요약하고 계열화하는 것을 학습하도록 하는 데 도움을 준다. 학생들이 정확하게 이야기 속에서 무슨 일이 일어났는지 말을 하면 그 정보를 네모 상자 속에 적는다.

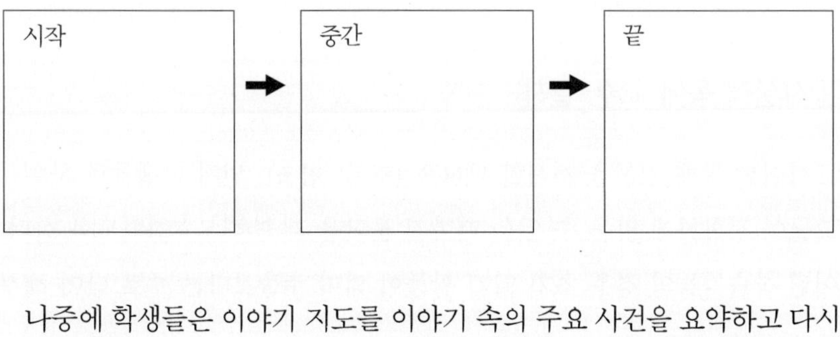

나중에 학생들은 이야기 지도를 이야기 속의 주요 사건을 요약하고 다시

진술하는 데 사용할 수 있다.

사실적 독해

사실적 독해(literal comprehension)는 읽기 프로그램에서 가장 먼저 나오고 가장 단순한 텍스트 관련 독해다. 사실적 독해 연습 시 해답은 문단에 바로 직접적으로 나와 있다. 사실적 독해와 추론적 독해의 차이는 다음 문단과 질문에 설명되어 있다.

■ 문단

고양이가 햇볕 아래 자고 있다. 개가 지나갔다. 고양이가 벌떡 일어나 쓰레기통 뒤로 숨었다.

사실적 독해 질문: 고양이가 어디에서 자고 있었나요? (햇볕 아래)

추론적 독해 질문: 왜 고양이가 숨었나요? (개를 무서워했기 때문에)

첫 번째 질문은 그 해답이 문단에 직접 나와 있기 때문에 사실적 독해 질문이다. 이와 대조적으로, 두 번째 질문은 그 해답이 문단에 나와 있지 않기 때문에 추론적이다. 두 번째 질문에 대해 학생들은 고양이가 개에게서 도망쳐서 쓰레기통 뒤로 숨었기 때문에 고양이가 개를 두려워했다는 것을 추론해야만 한다.

사실적 독해 교수 절차

사실적 독해 질문을 제시할 때(〈표 18-6〉 참조), 먼저 학생들로 하여금 그들이 정확하게 읽을 수 있을 때까지 문단을 계속 해부호화하도록 한다. 어린 학습자들의 경우 초기 읽기 활동이 의미 추출보다는 주로 단어 해부

〈표 18-6〉 사실적 독해 수업 형식

문단:

벌레 한 마리가 조그만 집에 살았다. 그 집은 진흙으로 만든 집이었다. 어제, 비가 계속 내렸다. 벌레의 집은 젖어서 무너져 내렸다. 벌레는 매우 슬펐다. 그 벌레는 자신의 집을 수리해야만 했다.

1. 정답에 밑줄을 그으시오.	무엇이 젖어서 무너져 내렸나요? 벌레 집 비
2. 정답에 동그라미를 치시오.	누가 그 집을 고쳐야만 하나요? 벌레 집 비
3. 빈칸을 채우시오.	언제 비가 왔나요?__________

교사	학생
1. 읽기 유창성에 초점을 맞춘다. "첫번째 단어를 짚으세요." 학생들이 제대로 짚었는지 확인한다. 학생들이 정확하게 위 문단을 읽을 수 있을 때까지 개인적으로 그리고 집단적으로 번갈아 가며 읽기를 시킨다.	문단을 읽는다.
2. 하나 혹은 두 개의 문장마다 사실적 독해 질문을 던진다.	
3. 학생들이 문항의 지시시항을 얼마나 이해하고 있는지를 검사한다. 종종 초기 독해 활동을 다루는 수업은 구두로 진행한다. 왜냐하면, 학생들이 그 수업에 나오는 단어들을 읽을 수 있는 필수적인 읽기 기술을 가지고 있지 않기 때문이다. 수업을 구두로 하든 아니면 학생들이 그 지시사항을 읽든 다음과 같이 묻는다. "이 질문에 어떻게 대답할 생각인가요? 어떻게 할 것인가를 말해 보세요. 어디에 정답을 넣는지 보여 주세요."	
4. 학생들은 첫 번째 질문을 읽고 답에 표시를 한다. 필요하다면 질문에 대한 답을 포함하고 있는 이야기 속의 적절한 문장을 찾는다.	질문을 읽는다.
a. "첫 번째 질문을 짚으세요." 교사는 학생 한 명을 불러 질문을 읽도록 시킨다.	
b. "그 질문에 대한 답을 아는 사람은 손을 드세요." 만약 질문에 대한 답이 하나만 있으면 집단 전체로 하여금 답을 하게 한다. 정답이 여러 개가 가능하면 학생들을 개별적으로 불러 다음과 같이 질문한다. "답이 무엇이죠?"	답을 말한다.
c. 어떤 학생이 대답을 하지 못하면 다음과 같이 말한다. "이야기 속에서 답을 찾아봅시다. '젖었다'라는 말과 '무너져 내렸다'는 말을 찾아보세요." 학생들이 문장을 찾으면 질문을 다시 한다. "무엇이 젖어서 무너져 내렸나요?" "맞아요. 집이에요. 답에 동그라미를 치세요."	정답을 쓴다.
d. 단계 4의 절차를 학생들이 모든 문항을 마칠 때까지 반복한다.	

호화에 집중되는 만큼 이 과정은 중요하다. 이후 적절한 곳에서 멈추어 가면서 문단을 다시 읽도록 한 다음, 질문을 던진다. 만약 학생들이 답을 하지 못하면 해답이 포함되어 있는 구절을 다시 읽도록 지도한다. 그러고 나서 질문을 다시 던진다. 이후 학생들이 질문지에 나와 있는 질문에 답할 수 있도록 준비시킨다. 학생들이 스스로 문제를 풀기 전에 교사는 먼저 질문과 지시사항들을 훑어본다.

사실적 독해 질문 문항의 난이도 사실적 독해 질문 문항의 난이도에 영향을 미치는 변인들로는 (a) 문단 길이, (b) 질문 순서, (c) 반응의 복잡성, (d) 대명사의 사용 등이 있다.

■ **문단 길이**: 긴 문단에 대한 질문에 답하는 것이 더 어렵다. 읽기 프로그램에서는 종종 문단이나 이야기 전체를 읽고 난 후 교사가 제시할 수 있는 문항들을 구체적으로 제시하기도 한다. 읽기 부진 및 부진 위험 학생이 그 질문에 잘 대답하지 못하면 해답이 들어 있는 문단 다음에 질문을 던지는 방향으로 문단 읽기 수업 구조화가 가능하다. 문단 후반부에 가서 교사는 다시 그 질문을 제시하고 학생들로 하여금 이에 대답하게 하며, 정보를 잘 기억해서 정확하게 대답하면 이를 칭찬한다. 학생들이 문단 끝에 가서 질문들에 정확하게 대답할 수 있을 때까지 질문을 던지기 전에 읽기 양을 점진적으로 증가시켜야 한다.

■ **질문 순서**: 문단 속에서 사건이 일어난 순서대로 제시되는 독해 질문이 그렇지 않은 질문보다 더 쉽다. 질문이 문단 속의 사건들이 전개된 순서대로 제시될 경우 학생들은 문단의 처음부터 사건이 일어난 순서대로 생각을 할 수 있다.

읽기 프로그램에서 문단 속의 사건이 전개된 순서대로 독해 질문이 제시되지 않았으면 학생들이 이야기 속의 중요한 정보를 기억하고 계열화하는 데 도움을 줄 수 있도록 질문의 순서를 바꾸어 제시할 수 있다.

■ **반응의 복잡성**: 학생들이 어떻게 답을 해야 하는지에 대한 지시사항은 단어 하나를 적거나 혹은 빈칸에 들어갈 단어에 표시를 하는 것과 같이 간단한 것에서부터 학생들이 신중하게 지시사항을 따라서 이행해야 하는 복잡한 것(예: "그 소년이 무엇을 했는지 말하고 있는 단어에 동그라미를 치시오. 그 소녀가 무엇을 했는지 말하고 있는 단어에 밑줄을 그으시오.")까지 다양하다.

교사는 학생들이 무엇을 해야 하는지 알고 또 질문 속의 모든 단어를 읽을 수 있도록 해야 한다. 초기 읽기 단계의 많은 학생들에게는 필기된 질문에 어떻게 답해야 하는지 가르쳐야 한다. 학생들에게 스스로 해보도록 하기 전에 학생들과 같이 지시사항을 검토해 보아야 한다. "문항 1번을 읽어 보세요…. 소년이 무엇을 했는지 말하고 있는 단어에 어떻게 해야 하지요?… 어떻게 할 것인지 나에게 보여 주세요…." 연습을 할 때 어려움을 가장 많이 겪을 것으로 예상되는 학생들을 우선적으로 주목하면서 즉각적인 피드백을 제공해 주어야 한다.

■ **대명사**: 대명사는 학생들이 질문에 답하기 전에 이전에 나왔던 명사를 찾아내야 하기 때문에 독해 질문을 더 어렵게 만든다. 다음 예에서 수업을 잘 따라오지 못하는 학생들이나 영어가 모국어가 아닌 학생들은 대명사 '그것'이 가리키는 것이 무엇인지 잘 모를 경우 틀리게 답을 할 가능성이 많다.

톰은 차를 샀다. 그것은 더러웠다.
질문: 무엇이 더러웠나요?

학생들이 대명사 때문에 어려움을 겪으면 문단 읽기 도중 질문을 통해 수업을 더 구조화할 수 있다.

아래와 같은 간단한 문장을 예로 들어 보자.

■ 문단

톰과 리사는 아팠다. 그들은 주말 내내 집에 머물러 있어야 했다. 그는 울었다. 그녀는 화가 났다.

■ 질문

a. 누가 아팠나요?

b. 리사는 주말 내내 집에 머물렀나요?

c. 누가 울었나요?

d. 톰이 화가 났나요?

교사나 학생이 문단을 읽는다. 문단마다 다음과 같이 질문을 한다.

"톰과 리사는 아팠습니다. 누가 아팠습니까?"

"그들은 주말 내내 집에 머물러야 했습니다. 톰은 집에 머물러야만 했습니까?"

"리사는 집에 머물러야만 했습니까?"

"그는 울었습니다. 톰은 울었습니까?" "리사는 울었습니까?"

"그녀는 화가 났습니다. 톰은 화가 났습니까?" "리사는 화가 났습니까?"

학생들이 오류를 범하면 대명사에 해당하는 명사를 일러 준다(예: "그녀는 화가 났습니다. 그녀는 여자를 의미합니다. 톰은 여자입니까?").

▶ 기존 교육과정에의 적용

초기 읽기 독해 수업 교재 평가하기

1. 읽기 프로그램 내용 중 유치원이나 초등학교 1학년용 초기 읽기 독해 활동 부분을 검토한다. 어떤 독해 기술을 가르치고 있는가? 그러한 기술을 교사가 어떻게 가르치면 되는지 충분한 안내가 나와 있는가? 수업은 명시적인가? 프로그램에서는 학생들이 그 기술을 숙달할 수 있도록 충분한 연습을 제공하고 있는가? 소개되었던 기술에 대해서는 복습을 시키고 이후 읽기 수업 차시에 포함시키고 있는가? 이야기를 이해하는 데 필요한 배경 지식을 미리 가르치고 있는가?

2. 독해 질문이 이야기 읽기 문단에 적절한가? 독해 질문들이 문단의 초기, 중간, 끝 무렵에 모두 제기되고 있는가? 학생들은 이들 질문에 모두 제대로 대답하는가?

3. 독해 활동에 대한 평가 결과에 비추어 볼 때 현재 읽기 프로그램을 어떻게 수정하고자 하는가?

제 19 장

초등 저학년 이후의 독해 수업

독해는 수많은 기술과 전략을 포함하고 있는 복잡한 인지 활동이다. 잘 읽는 사람은 텍스트를 이해하기 위해서 다양한 읽기 전략을 구사한다. 하지만 모든 사람이 이러한 전략을 스스로 발달시키지는 못한다. 명시적이고 체계적인 수업을 통해 학생들이 다양한 독해 전략을 배우고 활용할 수 있도록 도울 수 있다.

초기 읽기 단계에서는 교사가 이야기를 읽어 주는 것과 학생이 읽는 것을 조합하여 주로 질문에 답하기, 사실적 독해, 계열화하기, 기본적인 이야기 문법을 인식하는 것 등에 가르칠 기술과 전략의 초점을 맞추었다. 초등 저학년 이후 단계에서는 추론적 독해, 요약하기, 독해 점검하기, 주제 파악하기, 좀 더 정교한 이야기 문법 전략 등에 가르칠 기술과 전략의 초점을 맞춘다.

독해를 위한 사전 수업

주제와 관련된 정보를 학습하거나 이야기를 읽기 전에 미리 훑어보는 것은 독해를 향상시키며 종종 추론적 독해의 핵심이다. 학생들이 이와 같은 사전 활동을 통해 획득하는 일반적인 지식은 이야기나 문단을 좀 더 잘 이해하고 파악할 수 있도록 해 주는 일종의 '사전지식'이다.

배경 지식

일부 읽기 프로그램은 이야기를 소개하기 전에 배경 정보를 제공한다. 종종 이 정보들은 이야기 앞부분에 나오는 짧은 문단 형태로 제시된다. 일부 학생들, 특히 수업을 소화하기 어려워하는 학생이나 학습 부진 위험이 있는 학생들의 경우 몇몇 주요 읽기 프로그램에서 제시되고 있는 사전 수업으로는 충분하지 않을 수 있다. 이들 수업에서는 중요한 정보를 아예 가르치지 않거나 불명료하게 가르치거나 혹은 불충분하게 가르칠 수 있다. 교사는 다가올 독해 활동에 필수적인 지식을 확인하여 학생들이 독해 활동 중에 필요로 하게 될 어휘나 배경 지식은 어떤 것이든지 미리 가르쳐야 한다.

예를 들어, 학생들이 골드러시 기간 동안의 알래스카에 대한 이야기를 읽으려 할 경우, 알래스카의 지리학적 정보, 환경, 골드러시의 역사적 정보 등을 미리 가르쳐서 이야기의 중요한 사건이나 요소에 관한 맥락을 이해할 수 있도록 해 주어야 한다. 이러한 사전지식의 양은 학생들이 이미 얼마나 알고 있는지에 따라 결정해야 하고 또 이야기 독해를 향상시키는 것에만 한정해야 한다. 선정한 텍스트를 읽기 전에 짧은 수업을 통해 이러한 배경 지식을 제공한다.

텍스트 미리 읽기: 예측하기

이야기를 읽기 전에 학생들에게 텍스트를 미리 읽어 보도록 가르친다. 생각 말하기 절차를 사용하여 제목을 읽는 방법, 그림이나 삽화(설명문의 소제목이나 도표)를 검토하는 방법, 다음에 무엇이 일어날 것인가를 예측하는 방법 등을 시범 보인다. 선택한 이야기를 읽어 나가면서 교사는 예측한 것을 확인하거나 수정한다. 몇 개의 이야기를 대상으로 시범을 보인 후에 학생들에게 그들이 이야기를 읽기 전에 무엇을 해야 하는지를 묻고, 사전 검토와 예측 단계에 관한 단서를 제공하면서 과제 수행에 관한 지원을 점진적으로 감소시킨다. 이야기를 읽고 나면 학생들에게 자신들이 예측했던 것을 검토하도록 단서를 주고 그 예측한 바를 확인하거나 수정하게 한다. 학생들이 사전검토와 예측하기 각 단계를 혼자서 할 수 있을 때 이러한 일련의 활동들은 읽기 수업의 정례적인 한 부분이 되어야 한다.

요약하기

요약하기는 읽었던 것에서 중요한 정보를 기억하게 도와주는 중요한 독해 기술 중 하나다. 요약하기를 가르치는 첫 단계는 독해를 점검하는 것이다. 학생들이 주제나 주요 사건을 이해했는지는 주제나 사건들을 자신들의 말로 다시 말해 보게 함으로써 확인할 수 있다.

학생들이 좀 더 긴 이야기를 읽을 때에는 일정한 간격을 두고 중단을 시킨 후 그때까지 읽었던 것을 요약해 보도록 촉구한다. 처음에는 이 절차들을 교사가 시범 보인다. 예를 들어, 주인공과 배경이 소개된 이후, 그 이야기가 누구에 관한 것이고 그 이야기가 어디에서 일어났는지를 요약한다. 다른 사건이 전개됨에 따라 이 사건들을 요약하는 것도 시범 보일 수 있다.

교사에 의한 요약의 중요한 특징 중 하나는 세부적인 사항이 아닌 주제와 이야기의 핵심 사건에 초점을 맞춘다는 것이다. 필요하다면, 요약하는 것의 긍정적인 예와 부정적인 예를 제공하고, 학생들로 하여금 특정 요약이 좋은 요약인지(왜냐하면, 주제에 초점을 맞추고 있기 때문에) 아닌지(왜냐하면, 이야기의 세부적인 사항에 초점을 맞추고 있기 때문에)를 결정하도록 할 수 있다. 몇 번의 시범을 보인 후 학생들을 개별적으로 호명하여 이야기의 주요 특징과 사건들을 요약해 보라고 시켜 본다. 집단 전체에게 특정 학생이 말한 요약이 주제를 말하고 있는지를 물어본다. 학생들이 이야기의 중요한 정보를 요약할 수 있으면 이 연습 활동은 읽기 수업의 정례적인 한 부분이 되어야 한다.

독해 점검하기

앞에서 이야기한 것처럼 요약하기는 독해 점검의 중요한 첫 단계다. 자신의 독해 정도를 점검하는 데 뛰어난 학생들은 읽은 것을 언제 이해하는지 그리고 이해하지 못하는지를 잘 안다. 교사는 이야기 사건에 대해 잘 아는 것이 독해에 중요하다는 것과, 잘 읽는 사람은 읽었던 것들이 이해가 잘 안 되거나 납득되지 않을 때 읽은 부분을 다시 읽는다는 것을 강조해야 한다. 학생들의 대답을 통해 읽은 것을 이해하지 못했음을 알았을 때에는, 빠진 정보와 납득이 가지 않는 부분을 찾아내도록 안내하여 다시 읽어야 할 이유를 제공해 준다. 그런 다음, 이야기의 사건을 좀 더 잘 이해하기 위해서 문단 속에서 다시 읽어야 할 부분으로 학생들을 안내한다.

이야기의 주요 사건을 읽고 요약할 때, 이해를 못할 때면 언제든지 다시 읽도록 안내해야 한다. 나중에 이야기의 특정 부분이 명료하지 않을 때에는 무엇을 해야 하는지를 말해 보도록 함으로써 전략에 대한 단서를 제공해 준다. 학생들을 안내하여 문단의 어느 부분을 다시 읽어야 하는지뿐만 아니라 왜 (이해가 가지 않거나 빠져 있는 부분을) 다시 읽는지를 찾아내도록 한다.

추론적 이해

추론적 독해를 위해서는 이야기에 직접적으로 나오지 않은 내용을 말할 수 있어야 한다. 질문에 답하기 위해서 이야기에 나와 있는 정보로부터 혹은 자신의 사전지식에 근거해서 단서를 이용해야만 한다. 예를 들어, 쥴리의 어머니를 건축가로 묘사한 텍스트가 있는데 그녀의 어머니가 일을 할 때 무슨 도구를 사용할 것인지를 물었다고 하자. 이 질문에 답하기 위해 학생들은 건축가가 하는 일에 대해 알아야 하고 건축가들이 일을 할 때 사용하는 도구에 대해서도 알아야 한다.

초기 읽기 단계에서는 먼저 이미 이야기에서 일어났던 사건들에 근거해서 예측을 하도록 하는 간단한 질문들을 던지는 것으로 추론적 독해를 소개한다. 초등학교 중간 학년부터는 읽은 것에 대해 더 어려운 추론을 하고 비평적으로 판단할 수 있도록 체계적으로 수업을 받아야 한다.

추론적 질문의 유형

어떤 이야기를 이해하기 위해 알아야 할 배경 지식의 양은 이야기마다 매우 다를 것이다. 이야기를 이해하는 데 있어서 읽은 사람의 배경 지식이 그렇게 크게 필요하지 않을 때, 혹은 텍스트에 나와 있는 두 가지 정보 사이의 관계를 이해하면 충분할 때 독해는 본문 함의적(textually implicit)이 된다. 텍스트에 나와 있는 정보보다는 읽는 사람의 배경 지식을 많이 필요로 하는 독해 질문을 활자(活字) 함의적(scripturally implicit)이라고 부른다. 필요한 사전지식이 부족하거나 관계 이해에 어려움을 겪는 학생들에게는 이 두 가지 유형의 텍스트를 이해하는 데 필요한 전략들을 직접 가르쳐야 한다.

추론적 독해 수업 절차

추론적 질문을 제시할 때 교사는 이를 탐정(detective) 문제 형태로 소개할 수 있다. 학생들은 질문에 대한 답을 생각해 내기 위해 정보나 단서들을 끄집어낼 수 있어야 한다.

이야기를 읽으면서 교사는 질문을 던지고 학생들에게 답을 알아내기 위해 문단에 나와 있는 단서를 사용할 수 있다고 말해 준다. 만약 학생들이 관련된 정보를 찾아내지 못하면 질문에 답하는 데 필요한 정보로 안내하고 질문을 제시한다.

예를 들어, 다음 문단은 조키라는 이름을 가진 살찐 사냥개에 관한 것이다.

> 다음날 조키는 온수 목욕탕으로 갔다. 이 목욕탕은 슈퍼마켓에서 가까웠지만, 조키는 쓰레기통들을 뒤지기 위해 슈퍼마켓 뒤에서 멈추지 않았다. 그는 목욕탕으로 곧바로 갔다. 목욕탕을 운영하던 개들은 탕에서 머리를 공중으로 들고 뒷발로 뛰어다녔던 푸들이었다. 이들은 마치 발끝으로 걷는 것처럼 보였다. 그들 중 한 마리가 조키에게 뒷발로 뛰어올라 그를 보며 물었다. "당신 같이 뚱뚱하고 못생긴 개를 도와 줄 수 있을지 모르겠지만 노력해 보겠다." 그러고 나서 그 푸들은 "나를 따라와."라고 하면서 춤을 추며 복도를 따라 내려갔다.

추론적 독해 전략을 가르치는 초기 단계에서는 관련 정보를 제공해 주는 문장 바로 후에 추론적 질문을 던진다. 예를 들어서 앞 문단의 첫 문장을 읽고 나서 다음과 같이 묻는다. "조키는 슈퍼마켓 가까이에 가면 보통 무엇을 했습니까? 이 문장을 잘 듣고 이 질문에 대한 대답의 단시를 찾을 수 있는지 보기 바랍니다. '하지만 조키는 쓰레기통을 뒤지기 위해 슈퍼마켓 뒤에서 멈추지 않았다.' 따라서 조키는 그때 멈추지 않았습니다. 여러분은 그가 보통 무엇을 한다고 생각합니까?"

■ 학생들:

"그는 보통 쓰레기통을 뒤집니다."

그러고 나서 다음과 같이 묻는다. "왜 그는 쓰레기통을 뒤지려 할까요?" 학생들은 슈퍼마켓 뒤의 쓰레기통에는 대개 음식이 있고 조키는 음식을 원했다는 것을 알아야만 한다.

텍스트를 읽는 동안 학생들이 이와 같은 유형의 질문에 능숙하게 대답을 하게 되면 이야기 끝에 가서 질문들을 제시하고 이야기 속에서 대답하는 데 도움이 될 단서를 스스로 찾아보도록 한다. 만약 질문에 답을 하지 못하면 전략 수정 일환으로 이전의 절차를 사용하여 질문에 답하는 데 도움이 될 필요한 정보들을 확인하도록 요구한다.

많은 추론적 독해 질문들은 학생들이 질문에 답하는 데 필요한 선수정보와 지식을 갖고 있는 것으로 가정한다. 예를 들어,

■ 교사:

"왜 조키가 목욕탕에 가려고 했을까요?"

만약 학생들이 목욕탕(spa)라는 용어에 익숙하지 않으면 조키가 살이 찐 것과 그가 목욕탕에 가려는 것 간의 관계를 추론할 수 없을 것이다. 경우에 따라서는 어휘 spa를 먼저 가르치고, 학생들이 이 정보를 활용하도록 돕기 위해 점진적으로 지원을 줄인다.

■ 교사:

"우리가 지난 시간에 spa에 대해 배운 것을 잘 기억하세요. 사람들은 spa에서 무엇을 하나요?" (운동, 몸 단련하기, 체력운동) "조키는 어떻게 생겼나요?" (그는 살이 쪘다.) "따라서 왜 조키가 spa에 가고자 했다고 생각하나요? (운동을 해서 살을 빼려고)

평가적 질문　추론적 질문의 또 다른 유형은 학생들로 하여금 판단을 내리거나 이야기의 정보를 자신들의 관점이나 의견과 관련짓도록 요구하는 것이다.

■ 교사:

"만약 조키가 여러분의 개라면 그를 돕기 위해 무엇을 하겠습니까?"

학생들은 위 문제를 풀기 위해서 조키의 문제에 관해서 문단에 나와 있는 지식뿐만 아니라 자신들의 능력과 자신이 알고 있는 바를 이용해야 할 것이다.

하나의 수업 형식으로 학생들이 모든 추론적 독해 질문을 다룰 수 있도록 준비시킬 수는 없지만 학생들에게 추론적 질문에 대답하기를 소개하기 위한 일반적인 수업 방법 중 하나는 다음과 같이 교사의 생각 크게 말하기를 이용하는 것이다.

1. 질문을 제기한다.
2. 생각 크게 말하기 절차를 이용하여 어떻게 관련 정보를 질문에 대답하는 데 사용하는지를 시범 보인다.
3. 학생들을 불러 답을 어떻게 알아낼 수 있는지를 설명해 보도록 한다.

다음 단계는 단서 주기 형식으로 학생들이 질문에 답하는 데 필요한 관련 정보를 찾아내고 이용할 수 있도록 필요한 지원을 점진적으로 줄이는 것이다.

1. 질문을 제기한다.
2. 학생들에게 질문에 답하는 데 필요한 관련 정보를 문단으로부터 찾아내도록 단서를 제공한다.
3. 학생 한 명을 불러 답을 말해 보도록 한다.

학생들이 이러한 정도의 지원하에서 능숙해지면 지원을 줄여서 본문 함의적이면 필요한 정보를 찾아보도록 하고, 활자 함의적이면 어떤 다른 정보가 필요할지를 결정하도록 한다.

1. 질문을 제기한다.
2. 학생들에게 질문에 답을 하거나 참조하기 위해 (그들의 사전지식으로부터) 어떠한 정보가 필요할지를 말해 보도록 한다.
3. 학생들을 개별적으로 불러 답을 말해 보도록 한다.

주 제

이야기나 읽기 자료에서 주제를 찾는 것은 학생들에게 어려운 일이다. 주제를 하나의 문장으로 압축하는 것은 더 어려운 일이다.

주제 찾기 수업 절차

일련의 긍정적인 예와 부정적인 예들을 통해서 주제를 가르치는 것이 가능하다. 이야기를 읽은 후 세 개의 가능한 주제 문장을 제시하고 그중 하나의 문장이 해당 문단의 좋은 주제 문장이라고 말해 준다. 그런 다음 각 문장을 읽고 그것이 주어진 문단에 좋은 주제 문장인지를 이유를 들어 말해 보도록 한다.

수업에서 점진적으로 지원을 줄이기 위해서는 문단을 신중하게 선택해야 한다. 처음에는 주인공이 특별한 행동을 하는 문단("니콜라스는 새로운 학교에서 친구를 사귀려고 노력한다." "사라는 스케이트 타는 법을 배운다.")처럼 주제 찾기가 비교적 쉬운 문단을 선택한다. 부적절한 주제문은 주요 사건을 다루기보다는 세부적인 사항에 초점을 맞추어야 한다("다른 소년들이 점심시간에 니콜라스를 놀렸다." "사라는 얼음판 위에서 도는 동작을 시도할 때마다 넘어졌다.").

나중에 주제가 수업이나 이야기 주제와 관련된 문단을 소개할 수 있다(프랭클린은 힘든 일에는 보상이 따른다는 것을 안다). 이때에도 학생들이 어느 주제문이 가장 좋은 것인지를 평가하고 결정할 수 있도록 적절한 예와 부적절한 예를 모두 제공한다.

일단 학생들이 주제문을 찾아낼 수 있으면, 다음과 같이 물으면서 주제문을 찾아보도록 물어본다. "문단이 누구 혹은 무엇에 관해서 말하고 있나요?" "그들이 주로 한 일이 무엇이죠?" 혹은 "발생한 것 중 중요한 것은 무엇인가요?" 몇 번의 연습 동안에 주제를 한 문장으로 나타내는 시범을 보인 다음, 학생들로 하여금 연습 후반부에 가서 주제를 한 문장으로 나타내보도록 도전적인 과제를 제시한다. 이러한 요약 기술에 관해서는 아주 많은 양의 연습이 필요하다.

서술문 독해 전략: 이야기 문법

대부분의 상업용 읽기 프로그램들이 설화문과 설명문 독해 문단을 모두 포함하고 있긴 하지만, 많은 읽기 자료들은 대개 설화체 이야기들이다.

앞 장에서도 말한 바와 같이 설화체 이야기는 이야기 문법이라 불리는 그 자체의 텍스트 구조를 갖고 있다. 이 구조는 종종 이야기 주인공이 당면하는 갈등이나 문제들과 등장인물들의 문제 해결 시도를 중심으로 전개된다. 이야기 문법 구성요소들에는 (a) 갈등, (b) 목표, (c) 갈등의 해소, (d) 구성, (e) 등장인물들의 생각과 감정 등이 있는데, 이들 요소들은 많은 이야기들에서 공통적으로 나타난다. 이러한 이야기들의 구성요소에 초점을 기울임으로써 이야기를 더욱 잘 이해할 수 있게 된다. 이야기의 구조는 단순할 수도 있고(예컨대, 이야기 구성요소 수가 적고 이야기가 예측 가능한 순서로 전개됨) 복잡할 수도 있다(예컨대, 이야기 구성 요소 수가 많고 이야기 전개 순서를 예측하기 어려움).

사실적 독해에 별 문제가 없는 학생이라도 이야기 구조에 관한 질문에 대답하는 데 어려움을 겪을 가능성이 있다. 예를 들어서, 이야기 속의 등장인물을 찾아내지만, 그 등장인물의 목표, 동기, 그 목표를 성취하기 위한 행동은 찾지 못할 경우가 있다. 이러한 학생들에게는 이야기의 전체적인 내용을 이해시키기 위해 이야기 문법의 서로 다른 구성요소들을 찾아내고 이해하며 서로 관련시키는 전략을 시범 보일 필요가 있다.

앞 장에서도 이야기한 바와 같이, 이야기 문법 관련 초기 수업은 유치원에서 텍스트가 분명하고(즉, 배경 지식이 거의 혹은 아주 조금 필요한 경우) 구조가 단순한 이야기를 읽을 때 소개할 수 있다. 등장인물 수가 많지 않고, 갈등, 행위, 목표, 해결 등이 분명해야 한다. 초등학교 중반에 접어들면 학생들은 좀 더 길고 복잡한 이야기를 읽기 시작한다.

이야기를 소개하는 순서는 단순한 이야기에서 복잡한 이야기로 진행한다. 이때 고려해야 할 요인으로는 (a) 등장인물, 구성, 목표, 하위 목표들의 수, (b) 등장인물들이 목표를 성취하기 위해 시도한 행위의 수, (c) 이야기 문법 구성요소(주인공, 목표, 갈등)의 명료한 정도, (d) 이야기 길이, (e) 이야기의 읽기 편한 정도(문장의 구조, 다음 절 단어의 수), (f) 학생들에게 요구되는 배경 지식의 양 등이다.

수업 절차

이하 수업 절차는 학생들이 이야기 속의 단어를 해부호화할 수 있고 기본적인 사실적 독해 질문에 답할 수 있다는 가정에 기반한 것이다. 이야기 문법 수업을 시작할 때 교사는 다음과 같은 기본적인 이야기 문법 질문 네 가지로 구성된 촉진적 질문 전략을 사용할 수 있다. (a) 누구에 관한 이야기인가? (b) 그 사람은 무엇을 하려고 하는가? (c) 그 사람이 그 일을 하려고 했을 때 무슨 일이 일어났는가? (d) 마지막에는 무슨 일이 일어났는가? 학생들이 각 이야기의 핵심 부분에 주의를 기울이도록 하는 데 이러한 핵심적인 질문들을 사용한다. 이 질문들은 다음과 같은 이야기 문법의 중요한 구성요소들과 대응된다. (a) 이야기의 등장인물들을 확인하기, (b) 등장인물들의 목표와 그것을 달성하는 것에 관련된 행위와 장애물들 확인하기, (c) 해결, 그리고 등장인물의 목표 관련 행동을 둘러싼 최종적인 환경, (d) 이야기 종결 등이다. 이 네 가지 질문은 최종적으로는 학생들이 이야기를 구두나 서면으로 재진술하고 요약할 수 있도록 해 주는 하나의 틀로 사용될 수 있다.

〈표 19-1〉은 이야기 문법을 소개하는 수업 형식을 제시하고 있다. 이 수업 형식에서 학생들이 이야기를 읽을 때([그림 19-1] 참조) 교사는 이야기의 적당한 곳에서 학생들을 중지시키고 각 이야기 문법 질문들을 던진다. 교사는 학생들이 책을 읽으면서 대답하게 될 네 가지 핵심적인 질문을 제시하는 것으로 수업을 시작한다. 학생들은 구두로 이야기를 읽되, 한 명당 한 번에 여러 개의 문장을 읽는다. 이야기 읽기 도중 교사는 이야기의 적절한 부분에서 이야기 문법 질문을 한다. 아울러, 교사는 글 읽기를 멈추고 이전에 대답한 질문들을 누가적으로 검토한다. 이 수업 형식의 마지막 단계에서 교사는 네 가지 질문을 다시 제기하면서 이야기를 요약한다. 네 가지 질문에 대한 학생들의 구두 반응 이후에 학생들에게 유사한 독해 질문에 답을 하거나 이야기 구조를 채우도록 한다.

〈표 19-1〉 이야기 문법 독해 소개 수업 형식

교사	학생
칠판에 다음과 같이 적는다. 누구에 관한 이야기인가? 주인공은 무엇을 하려고 하는가? 주인공이 그 일을 하려고 할 때 무슨 일이 생겼는가? 마지막에는 무슨 일이 생겼는가?	
1. 다음과 같이 이야기 문법 질문을 소개한다. "이 이야기를 읽을 때 다음 네 가지 질문을 제기할 것입니다." 칠판의 네 가지 질문을 각각 읽으며 가리킨다.	
a. "첫 번째 질문이 무엇이죠?" 학생 한 명을 불러 물어본다.	"누구에 관한 이야기인가?"
b. "그다음에 우리가 이야기에 관해 제기할 질문이 무엇이죠?"	"주인공은 무엇을 하려고 하는가?"
c. "그다음 질문은 무엇이죠?"	"주인공이 그 일을 하려고 할 때 무슨 일이 생겼는가?"
d. "마지막 질문은 무엇이죠?"	"마지막에는 무슨 일이 생겼는가?"
2. 학생들을 개별적으로 호명하여 제목을 읽게 한다.	
a. "여러분이 이 이야기를 읽는 도중에 내가 읽기를 멈추게 하고 네 가지 질문 중 하나를 하겠습니다. 질문에 대한 답은 이야기 속에서 찾을 수 있습니다. 이야기 제목부터 읽어 봅시다." 학생 한 명을 불러 이야기 제목을 읽게 한다.	"쥐와 매입니다."
b. "맞아요. 제목으로부터 우리는 이 이야기가 쥐와 매에 관한 것이라는 것을 알 수 있어요. 그러면 이야기 주인공들은 누구일까요?" 학생을 불러 물어본다.	"쥐와 매"
3. 학생들을 개별적으로 호명하여 이야기를 읽게 한다. 이야기의 각기 다른 부분에서 학생들의 읽기를 멈추고 질문들을 한다.	
a. 두 번째 문단까지 읽은 후 읽기를 중단시키고 학생들을 개별적으로 호명하여 다음 질문을 던진다.	
"매는 무엇을 하려고 하죠?"	"모든 닭들을 잡아먹으려 합니다."
"쥐는 무엇을 하려고 하죠?"	"마을 사람들을 도우려 합니다."
b. 학생들이 다음 두 문단을 읽으면 읽기를 중단시키고 다음과 같이 물어본다.	
"쥐는 무엇을 하려고 하죠?"	"매가 날카로운 막대기로 날아 내려오도록 함으로써 매를 죽이려고 합니다."

c. 마지막 문단을 읽고 나면 나머지 두 질문을 한다.

"매가 쥐를 잡으려고 할 때 무슨 일이 일어났나요?"	"매가 날카로운 막대기로 날아 내려와 찔려 죽었습니다."
"마지막에는 무슨 일이 일어났나요?"	"쥐는 영웅이고 사람들은 쥐에게 고맙다고 했습니다.

4. 네 가지 질문을 이용하여 이야기를 요약해 보도록 한다.

"먼저, 누구에 관한 이야기인가요?"	"쥐와 매"
"매와 쥐는 각각 무엇을 하려고 하나요?"	"매는 닭을 잡아먹으려 하고 쥐는 매를 제거함으로써 마을 사람들을 도우려 합니다."
"그들이 그 일을 하려고 했을 때 무슨 일이 생겼나요?"	"쥐는 매를 제거하고 닭들은 안전해졌습니다."
"마지막에는 무슨 일이 생겼나요?"	"쥐는 영웅입니다."

쥐와 매

아주 오래전에 서쪽의 작은 마을에 매가 한 마리 살고 있었는데, 그 매는 마을 전체의 모든 닭들을 공격했습니다. 그 매는 닭들을 한 마리씩 잡아먹어 마침내 두 마리만 남게 되었습니다.

마을의 어느 누구도 매를 잡을 수 없었습니다. 마을 사람들이 큰 천막 안에서 이에 관해 이야기를 하고 있었을 때 작은 쥐 한 마리가 이 소식을 듣게 되었습니다. 그 작은 쥐는 매우 용감했고 사람들을 돕는 것을 좋아했습니다. 그 생쥐는 마을 사람들을 돕고 싶었고, 그래서 한 가지 계획을 마련했습니다.

첫째, 그 쥐는 천막 꼭대기에 조그만 구멍을 하나 뚫었습니다. 그러고 나서 막대기 한 쪽 끝을 매우 날카롭게 만들었습니다. 그 쥐는 그 막대기를 그 조그만 구멍에 꽂았습니다. 그런 다음, 그 쥐는 천막 밖으로 나가 그 날카로운 막대기 바로 옆에 앉았습니다.

그 쥐는 매가 작은 쥐를 발견하고는 그를 잡기 위해 하늘에서 내려올 것이라는 것을 알았습니다. 비록 그 쥐는 매가 자신을 죽일 수도 있을 것이라는 생각에 두려움이 앞섰지만 그곳에서 계속 앉아서 매를 기다렸습니다.

마침내, 매가 용감한 쥐를 발견하고는 공격하기 위해 날아 내려왔습니다. 쥐는 매가 거의 자신을 잡을 때까지 움직이지 않고 기다렸습니다. 그리고는 마지막 순간에 옆으로 펄쩍 뛰어 달아났고, 매는 날카로운 막대기로 날아가 찔려 그 자리에서 죽었습니다.

쥐는 영웅이 되었고 모든 마을 사람들이 큰 천막으로 와서 그 쥐를 칭찬하고 고맙다고 했습니다.

[그림 19-1] 본문 함의적 글의 예

상위 수준의 이야기 독해 전략

초등학교 2학년 후반부터 중간 학년 단계에서의 이야기 읽기는 이야기가 더 복잡해짐에 따라 추론적 독해를 더 많이 필요로 한다. 그 결과, 이야기 문법 요소를 확인하고 이해하는 데 필요한 독해 전략도 앞에서 언급했던 것보다 더욱 정교해질 필요가 있다. 복잡한 이야기를 이해하기 위해서는 더 많은 배경 지식이 필요하다. 이와 유사하게, 이야기 자체에도 문장들의 의미를 이해하는 데 중요하지만 학생들이 아직 그 뜻을 알지 못하는 단어가 더 많이 포함되어 있을 가능성이 크다. 이야기를 제시하기 전에 학생들이 알아야 할 정보나 어휘가 있다면 이를 모두 미리 가르쳐야 한다.

이 절에서는 Gurney(1987)와 Dimino(1988)의 연구에 근거하여 짧은 이야기 독해를 가르치는 절차를 제시한다. 이 절차를 통해 이야기 속에 나오는 다양한 유형의 등장인물, 행위, 사건, 상황 절차를 확인하고 해석하는 것을 가르치기 위한 기본 틀을 제시하고자 한다.

상업용 읽기 교재에 나오는 이야기들은 잘 알려진 고전에서 발췌한 것부터 현대 아동문학에서 발췌한 것까지 다양하다. 비록 이러한 이야기들이 구조, 이야기 문법, 이야기 전개 측면에서 매우 다양하지만, 이 절에서 제안된 독해 전략들은 비교적 쉬운 이야기의 독해를 위해 가르쳤던 네 가지 핵심적인 이야기 문법 질문들에 근거하고 있다. 좀 더 복잡한 이야기를 소개할 때에는 이 네 가지 질문들을 Dimino(1988)가 분류한 다음 네 범주로 확장한다.

■ **범주 1: 등장인물 정보.** 교사는 첫 번째 질문 "누구에 관한 이야기인가?"를 등장인물이 누구인지 묻는 것으로 확장한다. 주어진 정보에 근거해서 등장인물이 무엇을 할지를 예측해 보도록 한다. 등장인물에 관해 다음과 같은 특징에 대한 질문을 제기한다.

a. 행위: 등장인물이 하는 것
b. 대화: 등장인물들이 자신에게 그리고 다른 사람에게 하는 말
c. 생각: 등장인물이 생각하고 있는 것
d. 신체적 특징: 등장인물의 모습

■ **범주 2: 갈등 혹은 문제.** 두 번째 질문 "등장인물들이 무엇을 하려고 하는가?"는 이야기에 존재하는 갈등이나 문제에 관해 묻는 것으로 확장시킨다. 어떤 갈등이나 문제에 대해 다음과 같은 것들을 묻는다.

a. 의견 불일치: 두 등장인물 사이에서 문제가 발생한다. 예를 들어, 부모와 자식은 그 차 사용에 관해 의견이 달랐다.
b. 어려운 결정: 등장인물이 두 가지 어려운 선택에 직면해 있다. 예를 들어, 등장인물이 조용히 있어야 하는지 아니면 친구의 범죄를 알려야 하는지에 대해 결정해야만 한다.
c. 생존을 위한 몸부림: 등장인물이 자연의 힘을 극복하려고 애를 쓴다. 예를 들어, 한 등장인물이 아주 추운 기간 동안 자연의 황량함 속에서 생존하려고 노력한다.

■ **범주 3: 시도/해소/반전.** 세 번째 질문 "등장인물이 그것을 시도할 때 무슨 일이 일어났는가?"는 등장인물들이 갈등이나 문제를 해결하기 위해 어떤 시도를 했는지에 관한 질문으로 확장한다. 다음에 관해 질문을 던진다.

a. 시도: 등장인물이 갈등이나 문제를 해결하기 위해 무엇을 하는가?
b. 해소: 문제를 해결하거나 해결하지 못한 최종적인 시도
c. 반전: 문제를 예상하지 못한 방향으로 해결하게 만드는 예상치 못한 복잡한 상황

■ **범주 4: 반응과 주제.** 마지막 질문 "최종적으로 무슨 일이 일어났는가?"는 다른 방식으로 확장한다. 이야기 끝에 실제로 무슨 일이 일어났는가에 초점을 기울이기보다는 저자의 메시지가 주는 의미에 초점을 기울이도록 요구한다. 다음에 관한 질문들을 제기한다.

a. 반응: 이야기 속의 사건에 대한 등장인물의 반응은 무엇이었는가?
b. 주제: 이야기의 숨은 의미는 무엇인가? 이야기의 저자가 독자들에게 이야기하고자 하는 바는 무엇인가? 이 이야기의 교훈은 무엇인가?

글의 주제를 파악하도록 하는 것은 아마도 수업의 가장 어려운 측면일 것이다. 학생들은 이야기 속의 사건들을 소화하고 메시지에 담긴 것을 보통의 문장으로 진술하는 데에 어려움을 겪을 수 있다. 교사는 주제를 찾기 위해 이야기 속의 사건들을 어떻게 사용할 수 있는가를 설명하기 위해 이전에 읽었던 이야기들의 주제를 검토하며 주제 진술 방법을 시범 보인다.

이야기 지도와 기록지 사용하기

이야기 지도와 같은 그림 표상이나 기록지를 사용하여 학생들이 이야기 정보를 의미 있는 관계망으로 구축하는 것과 오랫동안 기억하는 것을 돕는다. 이야기 지도와 기록지는 학생들이 짧은 이야기를 읽는 동안 이야기 문법 요소들을 요약하고 분명히 하는 데 도움을 준다. 〈표 19-2〉에는 이야기 지도가, 그리고 〈표 19-3〉에는 개요 작성용 노트 용지가 나와 있다. 학생들이 이야기를 읽어 가면서 이야기 지도 기록지를 작성하도록 가르친다.

수업 절차 이야기 지도 그리기를 소개할 때 요약을 어떻게 하며 어떻게 이야기 문법 질문을 예측하는지를 지적해 주기 위해 생각 크게 말하기 절차를 사용한다.

학생들에게 기록 용지를 나누어 주는 것으로 수업을 시작한다. 이야기 읽기 도중 지정된 지점에서 읽기를 멈추게 하고 적절한 이야기 문법 질문에 답하도록 한다. 학생들이 자신의 기록 용지에 각 질문에 대한 답을 적는 동안 교사는 OHP 기록 용지에 정보를 기록한다. 학생들에게는 OHP 기록 용지를 보고 베낄 수 있지만 스스로 해 보라고 권장한다. 몇 개의 이야기를 가지고 연습이 끝나면 교사의 OHP 기록 용지나 다른 사람과의 토의 없이 스스로 적절한 정보를 결정하여 기록 용지를 채워 보도록 한다.

〈표 19-2〉 이야기 지도

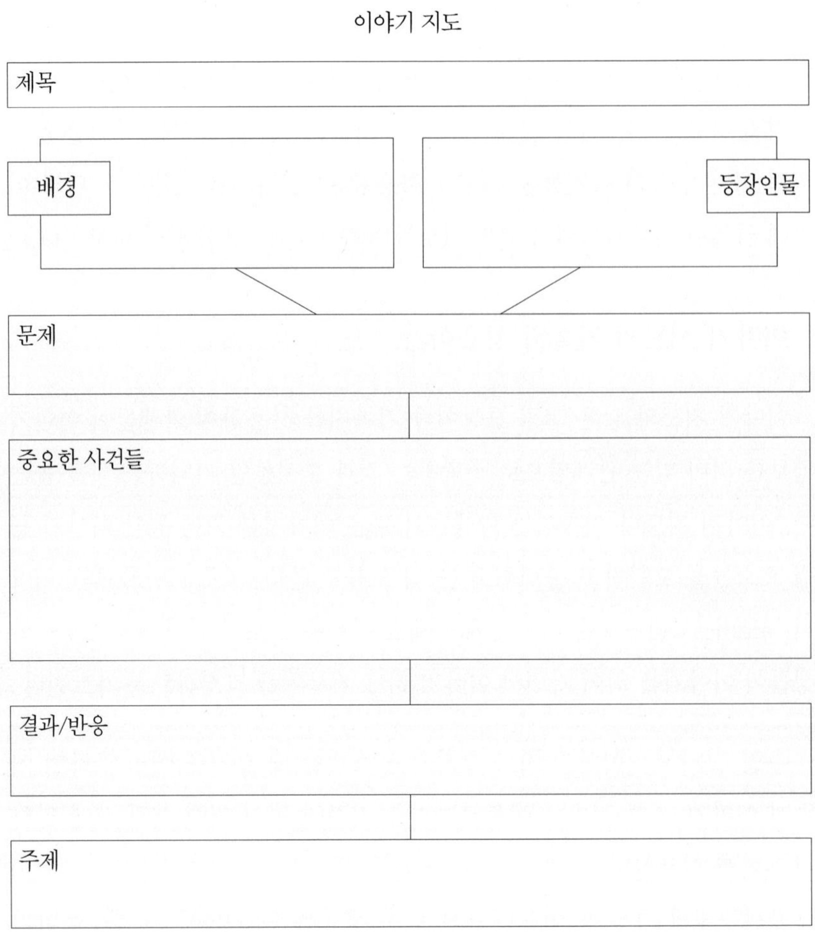

〈표 19-3〉 짧은 이야기 독해 전략을 위한 기록지

학생 기록지	
이름 ______________	날짜 ______________

이야기 ______________

1. 문제나 갈등을 말하시오. ______________

2. 주인공을 확인하고 그들에 관해 말하시오. ______________

3. 등장인물들이 문제를 해결하기 위해 어떻게 노력하는지 말하시오. ______________

4. 문제가 어떻게 해결되었는지 혹은 해결되지 못했는지 말하시오. ______________

5. 이야기 끝에 첨가된 반전 혹은 복잡한 사건이 있습니까? ______________

6. 이야기의 주제는 무엇인가요? 이야기 저자가 말하고자 하는 바는 무엇인가요?

____

이야기 읽기 수업 첫 며칠 동안에는 질문하고 대답하는 시범을 보인다. 몇 차시가 끝난 후에는 학생들을 호명하여 질문에 답하게 한다. 예를 들어, 이야기 속에 문제가 진술되었으면 다음과 같이 묻는다. “문제가 나와 있나요?”

교사 중심 연습이 몇 주 지나고 나면 학생들은 협동집단 형태로 이야기 요소를 서로 토의하고 기록 용지를 채우며 자신들의 답을 서로 검토해 볼 수 있다.

학생들이 이야기 지도 그리기에 익숙해지면 개인적인 연습 기회를 제공한다. 개인 연습 단계에서 학생들이 정보를 자신의 기록용지에 채워 넣을 수 있을 때까지는 이야기 문법 요소를 확인하고 토론하는 것을 다루지 않는다. 기록 용지상의 학생들의 반응을 검토하고, 각 이야기 문법 요소를 토론한 후에는 틀린 답을 고칠 시간을 할당한다. 질문에 대한 답을 더 이상 OHP 기록 용지에 기입하지 않기 때문에 학생들이 기록한 답을 신중하게 검토해야 한다.

독해 수업 종합

이 장의 첫 부분에서 언급한 바와 같이 독해는 글을 읽은 사람이 읽은 것을 이해하기 위해 다양한 전략을 사용하는 복잡한 인지 과정이다. 이러한 다양한 전략을 가르치는 수업은 명시적이고 체계적이어야 하며, 학생들이 다양한 독해 전략을 숙달해 감에 따라 언제 어디에서 특정 전략을 사용해야 하는지를 가르쳐야 한다. 교사의 어려움은 학생들이 매일 필요로 하는 것에 맞추어, 그리고 읽으려는 텍스트에 적절하게 다양한 전략들을 통합해야 한다는 점이다. 이러한 매일매일의 수업은 학생들에게는 활기차고 투명해야 한다. 어느 경우에도 학생들이 읽은 것을 이해한다거나 은밀하게 독해 전략을 활용할 것이라고 가정해서는 안 된다. 학생들이 이야기 저자가 독자들에게 전달하고 있는 아이디어, 관계 그리고 주제들을 아주 잘 이해할 수 있도록 전략과 과정들을 명시적으로 제시해 주어야 한다.

기존 교육과정에의 적용

현재 사용하고 있는 읽기 프로그램의 독해 수업 평가

1. 현재 사용하고 있는 읽기 프로그램의 1학년 후반부터 3학년 수준까지의 내용 중에서 세 개의 연속적인 이야기를 선정한다. 이야기를 읽기 전, 읽는 도중 그리고 읽은 후 단계별로 어떠한 독해 전략을 가르치고 있는지 확인한다. 이 전략이 학생들이 텍스트를 이해하는 데 충분한지 여부를 확인한다. 충분하지 않다면 필요한 수정이 어떤 것인지 지적한다.

2. 현재 교재에서 가르치고 있는 구체적인 독해 기술이나 전략을 찾아낸다. 이 전략을 가르치기 위한 교사의 안내는 분명하고 명시적인가? 이 수업은 읽기 부진 및 부진 위험이 있는 학생들도 이 전략을 획득할 수 있을 만큼 충분하고 체계적인가? 학생들이 전략들을 숙달하고 향후 읽을 이야기에 이 전략을 지속적으로 사용할 수 있을 만큼 연습과 복습이 충분한가? 필요한 수정 사항을 지적한다.

3. 세 차시 연속하여 필기 독해 연습 부분을 찾아본다. 이러한 활동들이 이야기 읽기 활동과 다른 독해 수업과 어떻게 관련되는지를 지적하라. 필기된 연습이 적절한 연습을 제공하는지 그리고 이전에 가르쳤던 독해 기술을 강화하는지 등을 결정한다. 아이들이 성공하는 데 필요한 선수기술을 갖고 있는지 지적한다. 필요한 수정 사항을 지적한다.

제3부 읽기 수업을 위한 교실과 학교 조직하기

제 20 장
개 관

이 장에서는 학교 읽기 프로그램의 다섯 가지 중요한 요소(평가 사용하기, 수업시간 할당하기, 수업을 위한 학생 집단 구분하기, 자료 선정하기, 학년 수준에 심각하게 미달되는 학생을 위한 프로그램 개발하기)를 개관한다.

평 가

지속적인 평가는 학생들의 학습 향상을 최대화하고 이들에게 성공적인 학습 경험을 제공하는 데 필수적이다.

학년 초 평가

학년 초의 평가는 아동의 수업 수준을 결정하는 데 도움을 주고 교사와 교육행정가들에게 학년 수준, 학년 수준 이하, 학년 수준 이상의 성취를 보이는 학생들의 수에 관한 정보를 제공하는 데 사용된다. 학년 초 평가는 대개 한 학생당 5~10분 이내로 끝나도록 설계한다. 이 평가는 또한 학년 중간에 새로 들어오는 학생들을 평가할 때도 사용 가능하다. 여기에는 교육과정 중심 평가와 프로그램별 배치 평가 등 두 가지 종류가 있다.

교육과정 중심 평가 교육과정 중심 선별 평가는 특정 상업용 읽기 프로그램과는 관련이 없지만 특정 학년에 중요하다고 알려진 특정 기술과는 관련이 있다. 예를 들어, 초등 1학년 학생을 대상으로 한 선별 평가는 글자-소리 대응에 관한 지식과 독자적인 소리를 혼합하여 단어를 생성하는 능력을 검사할 것이다. 초등 3학년을 대상으로 한 검사에는 구두 읽기 유창성 검사를 포함할 수 있다. 평가지를 선정할 때에는 이들 평가들이 과학적인 근거를 가진 읽기 연구결과와 일치하는지 신중하게 검토해야 한다.

미국 연방정부의 읽기 우선시 운동의 한 부분으로 일단의 평가 전문가들이 신뢰도와 타당도를 포함하여 검사의 기술적 충실도를 확인하기 위해 널리 사용되고 있는 교육과정 중심 평가를 검토하였다. 그 검토 결과는 오리건 대학교의 교육성취계발기구(Institute for the Developement of Educational Achievement: IDEA) 웹사이트(http://idea.uoregon.edu/)에 제시되어 있다.

프로그램별 배치 평가 특정 프로그램별 배치 평가 패키지에는 교사에게 아동을 읽기 프로그램의 어떤 수준이나 차시에 배치해야 할 것인가를 알려 주기 위해 고안된 일련의 평가들이 포함되어 있다. 일부 상업용 읽기 프로그램들이 중요한 부분으로 배치 검사를 신중하게 고안하긴 했지만, 아주 적은 수의 읽기 프로그램만이 분명한 배치 절차를 포함하고 있다. 그러한 경우에 각 학년별로 어떻게 해야 하는가에 대한 제안사항이 다음 장에 제시되어 있다. 불행하게도 대부분의 종합적인 읽기 프로그램들은 체계적인 진전도 평가와 교정 절차를 포함하고 있지 않다. 그러한 경우에 어떻게 해야 하는지에 대한 제안사항들이 다음 장에 학년별로 제시되어 있다.

학년 초 평가자료의 사용 학년 초 평가자료를 분석할 때에는 신중해야 한다. 일부 어린 아동들은 잘 모르는 어른 앞에서는 무엇을 하기를 꺼려하거나 수줍어할 수 있다. 또 다른 아동들은 학교 첫날 실시된 시험에서 잘못할 수 있다. 하지만 며칠 동안의 수업 후에는 초기 선별 검사에서 보여줬던 것보다 훨씬 더 잘할 수 있다. 학년 초 평가는 그저 해당 아동의 적절한 수업 수준이 무엇이어야 할 것인가를 가늠할 수 있는 도구에 불과하다는 것을 교사는 명심해야 한다. 학년 초 첫 몇 주 동안에는 아동들의 수행 정도에 관한 보다 많은 정보가 수집됨에 따라 수업이 수정될 수 있음을 예상해야 한다. 부진 학생뿐만 아니라 현재보다 훨씬 더 잘할 수 있는 학생들도 주의 깊게 살펴봐야 한다.

진전도 점검 평가

진전도 점검 평가에는 교육과정 중심 평가와 프로그램별 평가 등 두 가지 유형이 있다

교육과정 중심 진전도 점검 평가 교육과정 중심 진전도 점검 평가는 특정 상업용 읽기 프로그램에서 가르치는 특정 내용과 관련되어 있다기보다는 검사 개발자들이 해당 학년도 특정 시점에서 학생들이 학습했어야 할 것으로 생각하는 필수적인 내용에 근거하고 있다. 다시 한 번 강조하거니와, 평가를 선정할 때 이것들이 과학적인 읽기 연구결과에 근거하고 있는지, 그리고 타당도와 신뢰도를 갖고 있는지 신중해야 한다. 교육성취계발기구(IDEA) 웹사이트(http://idea.uoregon.edu/)의 평가 검토란에서는 다양한 검사들이 진전도 점검 도구로서 어느 정도의 적절성을 갖고 있는지

제시하고 있다.

프로그램별 진전도 점검 평가 프로그램별 진전도 점검 평가 패키지에는 학생이 특정 읽기 프로그램에서 가르치고 있는 내용들을 실제로 학습하고 있는지를 알려 줄 목적으로 설계된 일련의 평가들이 포함되어 있다. 어떤 출판업자들은 학생들이 평가를 통과하지 못하면 어떻게 해야 하는지에 대한 구체적인 지침이 딸린 아주 신중하게 제작된 진전도 점검 평가 패키지를 제공하기도 한다. 하지만 불행하게도 대부분의 주요 읽기 프로그램들은 체계적인 전전도 점검 평가와 교정 절차를 포함하고 있지 않다. 그럴 경우 어떻게 해야 하는지에 대해서는 다음 장에서 학년별로 구체적으로 제시하고자 한다.

평가 실시 빈도 진전도 점검 평가 실시 빈도는 부분적으로 학생들의 성취 정도에 달려 있다. 학년 수준 이하로 성취를 보이는 학생들의 경우에는 진전도 점검을 위한 평가를 더욱 자주 실시해야 한다. 해당 학년 수준보다 심각하게 낮은 성취를 보이는 학생들에게는 매주 진전도 점검 평가를 실시하고, 해당 학년 수준보다 약간 낮은 성취를 보이는 학생들에게는 2주에 한 번씩, 그리고 해당 학년 수준 이상을 보이는 학생들에게는 4~6주에 한 번씩 진전도 점검 평가를 실시한다.

구두 읽기 유창성 측정 구두 읽기 유창성은 특히 초등학교 단계에서 읽기에서의 학생의 성공 여부를 알려 주는 매우 강력한 지표 중 하나로 알려져 왔다. 학생들이 텍스트와 관련된 읽기를 시작하는 시점(대개 초등학교 1학년의 1/3 시점)부터 진전도 점검 평가에 아동들이 구두로 문단을 읽는 부분을 포함시키는 것이 좋다. 검사자는 특정 시간 안에 발생한 오류의 수와 정확하게 읽은 단어의 수를 기록한다.

진전도 점검 평가로부터의 정보 사용하기 진전도 점검 평가로부터 얻은 자료는 평가 실시 후 바로 검토해야 한다. 평가가 실시된 이후 개최되는 학년 단위 회의에서 평가자료를 검토하는 것이 이상적이다. 교장과 모든 교사들이 이 회의에 참석해야 한다. 진전도 점검 평가에서 얻은 자료는 세 가지 방식으로 활용할 수 있다.

첫째, 진전도 점검 평가자료는 몇몇 학생들에게서 공통적으로 발견할 수 있는 구체적인 기술 결함을 교정하기 위한 수업을 계획하는 데 사용할 수 있다. 학급 내 1/3 이상의 학생들이 특정 기술에 대해 오류를 범하면 그 기술에 초점을 맞추어 몇 차시 수업을 더 제공해야 한다. 진전도 점검 평가 결과 많은 수의 학생들이 부진한 것으로 나타나면, 이는 결국 교사가 수업을 더욱 명시적이게 하고, 학생들이 중요한 기술을 숙달할 수 있도록 충분한 연습을 하는지 확인하기 위해 신중하게 점검하고 교정하는 등 수업 진행 방식을 개선해야 한다는 것을 의미한다.

둘째, 비형식적인 진전도 점검 평가 결과는 수업을 더 필요로 하는 학생을 찾아내는 데 사용할 수 있다. 진전도 점검 평가에서 낮은 성취를 보이는 학생들은 평가 대상 특정 기술을 가르친 프로그램의 앞 부분에서 나왔던 특정 과제에 대해 수업을 더 받아야 한다. 교정 연습 후에도 여전히 낮은 성취를 보이면 교사는 구체적으로 문제를 파악하기 위해 보다 심층적인 평가를 실시해야 한다. 예를 들어, 어떤 학생이 1학년 진전도 점검 평가에서 5개 소리 중 2개 소리와 5개 단어 중 2개 단어에서 오류를 범하면 교사는 먼저 소리와 단어 읽기를 포함한 최근 과제를 다시 가르쳐야 할 것이다. 그래도 학생이 어려움을 보이면 이전에 가르쳤던 모든 글자-소리 대응과 모든 단어 유형 읽기 과제에 대해 검사를 해야 할 것이다. 그런 후 이전에 가르쳤던 것 중에서 학생이 알지 못했던 것을 모두 다시 가르쳐야 할 것이다. 만약 이렇게 다시 가르치는 것도 효과가 없으면 그 학생을 저성취 반에 배치해야 할 것이다. 이와 반대로, 다른 학생보다 두드러지게 높은 성취를 보이는 학생에 대해서는 우수 성취 반에 배치해야 할 것이다.

셋째, 진전도 점검 평가자료는 학급 전체가 수업을 다시 받아야 하는지 혹은 좀 더 진도를 나가도 되는지를 결정하기 위해 사용할 수 있다.

기본적인 초기 식자 기술의 역동적 지표 기본적인 초기 식자 기술의 역동적 지표(Dynamic Indicators of Basic Early Literacy Skills: DIBELS)는 교육과정 중심 평가로서 이 책이 쓰여질 즈음에 읽기 우선 프로젝트에서 초등학교 1학년에서 3학년을 대상으로 가장 많이 사용되고 있었던 평가 도구다. DIBELS는 문자 관련 결함 때문에 읽기 부진 위험이 있는 학생들을 찾아내기 위한 선별 평가 도구와 진전도 점검 평가 도구로 사용할 수 있다. DIBELS은 오리건 대학교 웹사이트(http://dibels.uoregon.edu)에서 무료로 제공되고 있다. DIBELS은 학생들의 현재 성취 수준과 향후 상급 학년에서의 성공 정도 간의 관계를 보여 주는 자료에 근거하여 학생들의 성취 수준을 분류한다. DIBELS는 어떤 아동의 현재 성취 수준이 해당 학년 수준 이하인지 이상인지를 결정하는 효과적인 지표로 사용할 수 있고, 또한 그 학생이 해당 학년 표준에 도달하는 데 충분한 진전을 보이고 있는지를 결정하는 데 사용할 수도 있다.

수업시간표 짜기

하루 읽기 수업시간을 짜기 위한 첫 번째 고려 사항은 해당 학년 표준에 도달하기 위해 학생들이 얼마나 많이 학습을 해야 하는가다. 어떤 학생이 학년 초에 해당 학년 규준보다 심각하게 낮은 성취를 보였다면 아주 많은 읽기 수업시간을 필요로 한다. 각 학교에서는 별도의 읽기 수업시간을 우선적으로 할당하는 것이 좋을 것이다. 왜냐하면, 읽기는 다른 모든 교과 영역을 학습하기 위해 일종의 통과해야 할 관문이기 때문이다. 읽기를 잘 못하는 학생은 학교생활 내내 어려움을 겪을 가능성이 있다. 해당 학년 수준에 오르기까지 읽기에 초점을 기울임으로써 교사는 그 학생이 나중에 성공할 수 있도록 준비시킬 수 있다. 이것은 일찍 시작할수록 더 좋다.

읽기 부진 위험이 있는 학생들은 유치원 초기에(혹은 이상적으로는 유아원 때) 진단할 필요가 있다. 유아원이나 유치원 단계에서의 집중적인 읽기 프로그램은 학생들의 학업 생활 전반에 강력한 효과를 발휘할 수 있다.

학년별로 구체적인 제안사항들이 다음 장에 제시될 것이다.

집단 구성과 배치

효율성은 읽기 부진 위험이 있는 아동에게는 중요한 요인이다. 읽기 부진 및 부진 위험이 있는 학생이 좀 더 빠른 속도로 향상하려면 이들에게 제공되는 모든 수업이 아주 효율적이어야 한다. 가장 효율적인 경우는 자신의 수준에 맞는 수업 수준에 배치될 때다. 자신의 수준에 맞는 수업에 배치되면, 이전에 배운 내용에 대해 충분한 지식을 갖고 있어 수업 도중에 적절한 성공률을 유지하면서도 별 어려움 없이 새로운 내용을 숙달할 수 있게 된다. 자신에게 맞는 수업 수준이란 수업 도중 모든 과제에 대해 85%의 성공률을 보이고 수업 후반부에 가서는 모든 과제에 대해 100%의 정확성을 보이는 경우다.

수준에 맞는 수업반에 배치하는 것 이외에 읽기 부진 위험이 있는 학생들을 수준이 동일한 학생들과 같은 반에 배치할 것을 강력히 제안한다. 그러한 학급 구성을 수업을 위한 동질적인 학급 구성하기로 부를 수 있다. 학급을 동질적으로 구성해야 하는가 여부는 오래전부터 큰 논쟁거리였다. 잘못 사용할 경우 동질적인 학급 구성은 자칫 저성취 학생들을 그들의 학습 잠재력을 충분히 끌어내지 않는 환경에 지속적으로 배치하는 결과를 초래할 수 있다. 반대로, 잘 사용할 경우 동질적인 학급 구성은 학생들의 향상을 촉진하고 상위 수준의 학생들의 성취 수준을 가속시킬 수 있다. 성취를 가속화시키는 것이 가능한 이유는 수업 도중 교사가 고성취 학생과 저성취 학생의 요구를 모두 만족시켜 주기 위해 많이 타협해야 할 필요가 없기 때문이다.

효과적인 동질적 학급 구성하기에 꼭 필요한 중요한 여건 중 하나는 학급 구성이 신축적이어야 한다는 점이다. 이는 특정 학년도 기간 내내 특정 학급에의 배치가 고정된 것이 아니라 학생의 성취 정도에 따라 바뀔 수 있고 바뀌어야 한다는 것을 의미한다. 만약 특정 아동의 성취 수준이 높다면, 그 아동은 상위 수준 학급으로 배치되어야 하며 그 반대의 경우에는 하위 수준 학급에 배치되어야 한다. 이러한 신축적인 운영을 촉진하기 위해서 학교 수업시간표는 학생들이 이 학급에서 저 학급으로 옮겨갈 수 있도록 신축적으로 조정될 필요가 있다. 학교 수업시간표를 작성할 때에는 학생들의 학업적 필요를 만족시키는 것이 최우선 순위가 되어야 한다.

한 학급당 인원 수는 그 학생들의 수업 소화 능력에 달려 있다. 수업을 제대로 잘 소화하고, 교사 수업에 집중을 잘하며, 쉽게 혼동을 하지 않는 학생들이라면 상대적으로 더 많은 학생들로 한 학급을 구성할 수 있다. 반대로 교사의 수업에 잘 집중을 하지 않고, 쉽게 주의가 산만해지며 내용을 숙달하기 위해서 더 많은 연습을 필요로 하는 학생들의 경우에는 좀 더 적은 수의 학생들로 학급을 구성해야 한다. 학생들이 읽기 프로그램 초기 단계에 있을 경우 소규모 집단 수업이 적절하다. 왜냐하면, 교사가 각 학생들에게 즉각적인 피드백을 줄 수 있어야 하기 때문이다. 학생들의 기술 수준이 향상됨에 따라 수업 집단 내 학생들의 수도 늘릴 수 있다.

효과적으로 학급을 구성하는 것은 읽기 프로그램의 모든 측면에서 중요하다. 종종 어떤 학교에서는 특정 학년의 모든 저성취 학생들을 한 명의 특수 읽기 교육 교사에게 보내려 할 수 있다. 이러한 배치는 효율적이지 않다. 왜냐하면, 학생들 사이에 수업 수준이 매우 다양할 수 있기 때문이다. 동일한 수준의 학생들이 같이 수업을 받을 수 있도록 수입시간표를 짜고 학급을 구성하는 것이 좋다. 만약 학생들을 읽기 전문가에게 보낼 경우에는 여러 학급에서 동일한 수업 수준을 가진 학생들을 보낼 수 있도록 수업 시간표를 작성해야 한다.

수업 자료 선정

상업용 읽기 수업 자료를 선정할 때 신중하고 현명해야 한다. 출판업자들이 자신들의 프로그램이 연구에 기반하였고 효과적이라고 주장하는 것에 대해서는 일단 의심해 보아야 한다. 수업 자료가 실제로 과학적인 읽기 연구결과와 일치하는지는 검토해 보아야 한다. 이와 동등하게 중요한 것은 그 읽기 프로그램이 읽기 부진 및 부진 위험이 있는 학생들의 요구를 얼마나 충족시켜 줄지를 검토하는 것이다.

읽기 프로그램이 연구결과에 근거하고 있는지 여부 확인하기

과학적인 읽기 분야 연구결과를 반영하고 있는 초기 읽기 프로그램과 그렇지 않은 읽기 프로그램 간의 주요 차이는 초기 읽기 단계에서 음소 인식과 음성 수업이 어떻게 제시되어 있는가에서 찾아볼 수 있다.

연구결과에 근거한 읽기 프로그램에서는 일단의 글자-소리 관계를 분명한 순서에 따라 직접 가르친다. 그러한 관계들에는 주요 자음과 모음의 소리/철자 관계 등이 포함된다. 이 자료들을 이용하여 단어 읽기 연습을 개별로, 그리고 텍스트 속에서 많이 할 수 있다. 또한 이들 프로그램에서는 음소 인식 수업과 음성 수업이 조화를 이룬다.

어떤 초기 읽기 단계 프로그램이 연구결과에 기반하고 있는지 아닌지는 단어 읽기 수업과 관련된 그 프로그램의 첫 15 내지 30개 차시 수업을 검토하고 평가해 봄으로써 알 수 있다. 만약 그 프로그램이 연구결과에 근거하고 있다면 다음의 모든 질문에 대해 긍정적으로 대답할 수 있어야 한다.

1. 글자-소리 대응관계를 명시적으로 가르치고 있는가? 학생들이 이를 숙달할 수 있도록 충분한 연습을 제공하고 있는가? 자음과 모음을 모두 소개하고 있는가? 모음도 자음과 같은 정도로 강조하고 있는가?
2. 단어 읽기 주요 전략으로서 특정 단어 속의 각 글자에 해당하는 소리들을 혼합하는 방식(예: 혼합 전략)의 단어 읽기 전략을 사용하도록 학생들을 가르치고 있는가? 해당 읽기 프로그램에서는 모르는 단어를 읽을 때 사용할 수 있는 전략의 하나로 맥락이나 그림을 단서로 의존하지 않도록 하고 있는가?
3. 제시되는 단어 목록과 이야기를 읽기 위해 단어 읽기 전략을 적용하는 데 충분한 연습을 제공하고 있는가?
4. 이야기 속의 많은 단어들은 학생들이 읽을 수 있는 것들인가(해독 가능한 단어에는 학생들이 그것의 글자-소리 대응을 이미 배운 철자만 들어 있다)? 연구결과에 기반하지 않은 프로그램에서는 이야기 속의 단어들이 글자-소리 대응의 규칙성에 근거하여 선정되지 않는다. 그 대신, 단어들은 인쇄매체에 자주 나오기 때문에 선정된다. 자주 접하는 단어 중 많은 수는 불규칙 단어다. 그렇기 때문에, 의미 강조 프로그램에서는 예를 들어 처음으로 소개되는 50개 단어 속에 done, to, not, book 등이 포함되어 있는 것을 어렵지 않게 볼 수 있다. 이 단어들 속에서 o는 각기 다른 소리로 발음되는 것에 주목하기 바란다.

읽기 부진 및 부진 위험이 있는 학생에게 효과적일지 여부 결정하기

2000년대 초반에는 초기 읽기 프로그램 관련 출판물에서 큰 변화를 분명하게 볼 수 있었다. 2000년의 읽기위원회 보고서, 낙오생 방지법(NCLB)에의 이 보고서 내용 반영, 책무성 운동의 압박, 캘리포니아, 텍사스, 플로리다 주에서의 새로운 변화 시도 요구 등이 많은 출판사로 하여금 연구결과와 더욱 일치하는 자료들을 출판하도록 주도했다. 2002년 이후 종합적인 읽기 프로그램 관련 주요 출판사들은 모두 연구결과를 더욱 많이 반영한 새로운 프로그램들을 출판해 왔다. 하지만 수업과정의 명시성(explicitness), 강조하는 정도 그리고 읽기 기술을 명시적이고 체계적으로 가르치는 정도에 있어서는 프로그램마다 여전히 큰 차이가 있다. 교육자들은 이러한 차이를 잘 인식해서 자신의 학생들에게 가장 유익한 프로그램을 고를 수 있어야 한다. 다음 항목들은 읽기 프로그램이 읽기 부진 및 부진 위험이 있는 학생들에게 효과적일 수 있는 특징들을 나타낸 것이다.

음소 인식 수업에 포함되어야 할 요소들

- 구어와 소리들의 분리와 혼합을 시범 보이는 방법에 대한 명료한 시범
- 교사가 구어의 소리를 분리하고 혼합하는 시범을 보이고, 학생들이 소리의 분리와 혼합 연습을 할 수 있도록 안내하며, 개별 학생들에게 스스로 과제를 수행해 보도록 하면서 검사하는 등 매우 상호작용적인 수업
- 구어의 혼합과 분리에 관한 충분한 연습
- 구어의 소리 혼합과 분리가 동일한 소리로 구성되는 문어를 소리 내어 읽는 것보다 선행하는 방식으로 음성 수업과 조화를 이루는 음소 인식 연습
- 너무 많은 서로 다른 유형의 음소 인식 기술을 동시에 가르치려 하지

않는 수업 구성

글자-소리 대응 수업에 포함되어야 할 요소들

- 글자-소리 대응에 관한 단순하면서도 비언어적인 시범
- 교사가 소리를 시범 보이고, 학생들이 그 소리를 발음하는 것을 점검하며, 학생들이 그 소리를 어떻게 발음하는지 검사하는 등의 매우 상호작용적인 수업
- 유사한 글자로 인해 혼동을 일으킬 수 있는 글자-소리 대응 순서 회피
- 새로운 글자-소리 대응관계를 적절한 속도로 소개: 학생들이 글자 이름을 모른다고 가정할 때에는 새로운 소리를 이전의 새로운 소리를 가르친 지 3~4일 후에 소개한다. 학생들이 글자 이름을 안다고 가정할 때에는 새로운 소리를 이전의 새로운 소리를 가르친 지 2~3일 후에 소개한다.
- 이전에 소개한 글자-소리 대응을 날마다 누가적으로 복습

단어 읽기 수업에 포함되어야 할 요소들

- 규칙 단어를 읽기 위해 소리를 혼합하는 시범을 어떻게 명료하게 보일 수 있는지에 관해 교사에게 구체적인 지침 제시
- 학생들이 모든 글자에 대해 소리를 혼합하고 교사는 이에 대해 즉각적으로 피드백을 제공하는 등 매우 상호작용적인 수업
- 단어를 단어 단위로 혹은 텍스트 속에서 읽을 수 있도록 각 글자 소리내기 전략을 적용하는 것을 매일 충분히 연습하기
- 쉬운 단어부터 어려운 단어 순서로 논리적인 계열화. 좀 더 어려운 유형의 단어를 소개하기 전에 좀 더 쉬운 유형의 단어를 가지고 충분히 연습
- 불규칙 단어의 신중하게 조절된 소개와 복습

이야기 읽기 수업에 포함되어야 할 요소들

- 학생들이 글자-소리 대응을 모두 아는 규칙 단어 구성비율이 매우 높은 초기 읽기 자료용 이야기
- 단어 내의 모든 글자를 검토하는 것에 초점을 맞춘 전략을 사용할 때 안내된 연습
- 모든 학생들을 적극적으로 학습에 참여하게 하는 수업 절차
- 교사가 즉각적으로 피드백을 제공하는 매우 상호작용적인 수업
- 이야기 읽기의 매일 연습

철자 수업에 포함되어야 할 요소들

- 학생들이 단어를 철자로 말할 때 음성학을 적용하는 연습을 충분히 제공
- 철자 연습하기에 나왔던 단어를 철자하는 데 필요한 글자-소리 대응을 학습하도록 하기 위해 음성학과 철자 수업을 신중하게 조화시킴

자료에 근거하기

초기 읽기 프로그램의 잠재적인 효과를 평가하기 위한 구체적이고 과학적인 공식이 개발된 것은 아니다. 교직원들에게 있어서 효과적인 수업 도구로서의 읽기 프로그램의 잠재적 효과에 관한 가장 믿을 만한 증거는 비슷한 학생들에게 그 프로그램을 적용했던 학교와 교사들의 성공 경험이다. 비슷한 학교에서 지속적으로 높은 성취 수준을 보였던 프로그램들을 채택할 것을 신중하게 고려해 보아야 한다. 특히 사회경제적 지위가 낮은 학생들을 가르치는 학교에서는 비슷한 학생들을 가르치는 학교에서 매우 효과적이었던 것으로 증명된 프로그램을 선택해야 한다. 종종 비슷한 학생 집단을 가르치는 학교에서 높은 수준의 성취를 보인 프로그램을 찾을 수 있지만, 이들 프로그램이 주 정부의 표준에 포함된 모든 항목들을 다 다루지

않았을 수 있다. 그럴 경우에는 결과를 보인 프로그램을 채택하고, 그 프로그램에서 다루지 않은 주 정부의 표준 관련 내용을 가르치는 자료를 새로 구성하거나 보완하여 사용할 것을 심각하게 고려하는 것이 좋을 것이다.

뒤처진 학생들을 위한 종합적인 읽기 프로그램 구축 지침

다음의 지침들은 특정 학년 규준에 미치지 못하는 성취를 보이는 모든 학년의 학생들을 대상으로 읽기 프로그램을 구축하기 위한 것들이다. 어느 표준검사가 되었든 백분위 40 이하의 성취를 보이는 학생들은 해당 학년 수준의 자료를 학습하는 데 어려움을 겪을 가능성이 많다. 백분위 25 이하의 성취를 보이는 학생들은 해당 학년 수준보다 심각하게 낮은 수준의 성취를 보이는 학생들로, 가장 체계적이고 명시적인 수업, 가장 많은 수업시간 그리고 전반적으로 신중하게 계획된 프로그램을 필요로 한다. 불행하게도 많은 경우 해당 학년 수준 이하의 성취를 보이는 학생들은 자신의 수준에 맞지 않은 수업을 받고 정작 자신의 수준에 맞는 수업은 별로 받지 못한다. 이러한 학생들에게는 학교 차원의 수업을 계획하는 것이 필요하다. 이 수업계획의 요소들이 아래에 제시된다.

조기 중재

이상적으로는 읽기 부진 위험이 있는 아동들을 대상으로 한 집중적인 종합 읽기 프로그램을 유아원이나 유치원 때부터 시작하는 것이다. 하지만 어느 학년 수준에서건 해당 학년 수준 이하로 성취를 보이는 학생들을 대상으로 해서는 가급적 빨리, 이상적으로는 첫 주 동안에 집중적이고 종합적인 읽기 프로그램을 시작해야 한다.

별도의 읽기 수업시간 제공

해당 학년 수준 이하로 성취를 보이는 학생들이 해당 학년 동안의 평균적인 연간 향상 정도보다 훨씬 많은 향상을 이루기 위해서는 수업시간의 양이 충분해야 한다. 해당 학년 수준보다 심각하게 낮은 성취를 보이는 학생들의 경우 적어도 하루에 2차시의 온전한 읽기 수업을 받아야 하고 언어적 결함이 있을 경우에는 적어도 한 번의 온전한 언어 수업을 받아야 한다. 어떤 경우에는 정규 학교 수업 이외에 매일 방과 후 수업이 필요할 수도 있다.

소집단 수업 활용

모든 아동들이 동일한 수업 수준을 갖도록 학급을 구성한다. 학급 내 학생들의 수준이 동일할 때 가장 효율적으로 성취 정도를 향상시킬 수 있다. 학급 구성을 신축적으로 운영하여, 아동들이 자신의 성취 수준 결과에 따라 상위 성취 반이나 하위 성취 반으로 융통성 있게 옮겨갈 수 있도록 한다. 이러한 신축성을 촉진시키기 위해서는 학교 수업시간표를 잘 조정해야 한다. 학교 수업시간표를 작성할 때 학생들의 학업적 요구를 충족시켜 주는 것이 첫 번째 고려 사항이 되어야 한다.

효과적인 수업 자료 사용

특별히 해당 학년 수준 이하의 성취를 보이는 학생들의 성취 정도를 가속화시킬 목적으로 구안된 자료를 선택하는 데 집중한다. 이러한 프로그램들은 (a) 아주 명시적이고 체계적이어야 하며, (b) 많은 내용을 얇게 피상적으로 다루기보다는 필수적인 읽기 기술을 집중적으로 가르쳐야 하고, (c) 학생들이 적절하게 배치되고 갈수록 더 빨라지는 패턴으로 향상을 보이는가를 확인하기 위해 배치 검사와 진전도 점검 평가를 포함해야 한다.

개별적인 기술들을 대상으로 한 많은 수의 프로그램들을 사용하기보다는 읽기의 모든 영역을 신중하게 포함하는 종합적인 읽기 프로그램을 찾아보도록 노력한다.

가장 중요한 것은 해당 프로그램이 비슷한 유형의 아이들에게 효과가 있었는지를 확인하는 일이다.

특별히 주의해야 할 사항이 하나 있다. 종합적인 읽기 프로그램 출판자들은 수행 정도가 뒤처지는 학생들을 위해 고안된 중재 자료를 포함하고 있을 것이다. 불행하게도 이러한 중재 자료 중 그 어느 것도 해당 학년 평균보다 심각하게 낮은 성취 수준을 보이는 학생들에게 이 책에서 제시되고 있는 수준으로 체계적인 수업을 제공하고 있지 않다. 이들 출판업자들이 제공하고 있는 중재 자료들은 정규 수업보다 약간 단순한 방식으로 약간의 추가 연습을 제공하고 있을 뿐이다. 심각하게 낮은 성취를 보이는 학생들에게 이러한 자료는 충분하지 않다.

우리는 연방정부의 읽기 우선 프로젝트를 통해 주정부에 기술적인 지원을 제공하도록 재정 지원을 받은 몇 개의 대학 연구소들이 상업용 프로그램들을 검토하고 중재 프로그램으로서의 그 프로그램들의 수업설계와 잠재적 효과에 관해 보고서를 준비했다. 오리건 대학교의 오리건 읽기 우선 웹사이트(http://oregonreadingfirst.uoregon.edu/SIreport.php)에 가서 이 중재 프로그램에 관한 정보를 참조하기 바란다.

종합적으로 조화를 이룬 프로그램 만들기

아이들에게 수업을 제공하는 모든 사람들은 내용을 동일한 순서로 소개하는 자료뿐만 아니라 동일한 수업 전략을 사용해야만 한다. 동일한 학생을 지도하는 모든 교원들은 자주 만나 진전도 점검 자료를 검토해야 한다.

진전도 점검 평가의 빈번한 실시

학생들이 충분히 향상을 보이고 있고 가르친 것을 학습하고 있다는 것을 확인하기 위해 진전도 점검 평가를 자주 실시해야 한다. 평가 정보는 제때에 수업을 조정하고 아이들이 숙달하지 못한 기술을 다시 가르치며 필요하다면 학급 구성을 다시 조정하는 데 사용해야 한다.

잘 훈련된 교사 확보

과거에는 읽기 부진 학생들을 자원봉사자나 기타 별다른 지침도 없는 상태에서 해당 학생을 가르치라는 요구를 받은 비훈련자들에게 보내곤 했었다. 자원봉사자들과 보조원들은 학생들이 읽는 것을 주의 깊게 듣고 매우 처방적인 읽기 프로그램에 따라 잘 구조화된 소규모 수업 혹은 일대일 수업을 제공하는 등 유용하게 그 역할을 담당할 수 있다. 하지만 학생들의 향상 정도를 지속적으로 점검하는 것과 함께 보조원이나 자원자들을 신중하게 안내하고 지시하는 것이 필요하다. 자원봉사자나 보조원들이 어떤 읽기 프로그램을 사용하기 전에 이들의 전문성 발달이 선행되어야 한다. 초기 훈련 후에는 이들이 학생들을 가르치는 동안 관찰과 지도 조언을 제공해야 한다. 가장 심각하게 읽기 학습이 필요한 학생들은 대체로 자원봉사자들에게 배정해서는 안 된다.

제 21 장

유치원에서의 교실 수업

유치원에서 얼마나 많이 그리고 어떤 종류의 읽기 수업을 제공해야 할 것인가 하는 물음은 중요하다. 특히 식자 관련 기술이나 언어 기술의 결함으로 읽기 부진 위험이 있는 아이들이 많은 학교에서는 더욱 중요하다.

대부분의 미국 내 각 주 성취 표준에서는 유치원에서 아동들이 글자 이름, 글자-소리 대응 그리고 음소 인식 기술을 학습할 것을 요구하고 있다. 아이들이 유치원에서 단어와 문장을 읽을 것을 요구하고 있는 주의 수는 아주 적다. 하지만 유치원에서 구조화된 읽기 수업을 하는 것이, 특히 읽기 부진 및 부진 위험이 있는 아동들에게는 더욱 효과가 있다는 연구결과가 있다.

볼티모어와 휴스턴 지역의 빈곤 정도가 심한 학교에서 아주 체계적이고 명시적인 읽기 프로그램인 『읽기 숙달(*Reading Mastery*)』 프로그램을 여러 학교에서 적용한 바에 따르면, 유치원에서부터 이 프로그램을 시작한 심각하게 낮은 성취를 보였던 아동들은 1학년 말쯤에 가서 해당 학년 수준 혹은 그 이상의 성취 수준을 보였다(Berkeley, 2002; Carlson & Francis, 2002).

학습 부진 위험 학생과 상위 수준 학생들 간의 간격을 좁히려면 유치원에서 효과적이고 효율적인 수업을 제공하는 것이 필수적이다. 일찍부터 읽기를 배운 학생들은 읽기를 새로운 정보와 어휘를 학습하는 수단으로 사용할 수 있다.

유치원에서의 수업 자료

가장 최근에 나온 유치원 단계용 읽기 프로그램들은 음소 인식, 글자-소리 대응, 단어 읽기 등에 관한 수업을 포함하고 있다. 하지만 이들 프로그램 중 많은 수는 읽기 부진 및 부진 위험 학생들의 읽기 능력을 향상시키는 것과는 거리가 멀게 수업설계상 심각한 결함을 갖고 있다. 유치원 단계의 대표적인 읽기 프로그램들에서 흔히 찾아 볼 수 있는 문제들은 다음과 같다.

- **한 번에 너무 많은 정보 제시**: 한 차시에 너무 많은 수의 개념과 정보들을 제공한다. 예를 들어, 많은 경우 대문자, 소문자와 함께 글자 이름과 글자-소리 대응이 동시에 소개된다.
- **혼동을 야기할 수 있는 수업 계열화**: 아이들이 혼동을 할 수 있는 순서로 개념이나 정보를 소개한다. 예를 들어, 한 프로그램에서는 글자-소리 대응을 알파벳 순서로 소개하여 결과적으로 가까이 서로 잇달아 있는 b와 d, 그리고 m과 n을 소개하였다.
- **불충분한 연습과 복습**: 배운 기술을 숙달하고 이를 자동적으로 사용할 수 있도록 충분한 연습이 제공되지 않는다. 예를 들어, 특정 언어 개념이나 글자-소리 대응을 두 차시에 걸쳐 가르치고 난 다음에는 몇 주 동안 다시 다루지 않는다.
- **시범을 보이는 과정에서의 혼란스러운 언어**: 교사들의 설명 중 많은

부분이 너무 말이 많고, 언어 지식이 짧은 많은 학생들에게는 혼란스럽다. 예를 들어, 단어 samc과 diffcrent가 읽기 프로그램의 초반에 나오기도 한다. 우리가 검토했던 한 프로그램에서는 대체로 다음과 같은 방식으로 과제를 제시하고 있었다. "내가 두 단어를 말할 테니 잘 들으세요. 만약 두 단어가 pig와 동일한 소리로 끝나면 손을 들으세요(If both words end with the same sound as pig, raise your hand). Bug, dog." 하지만 사회경제적 수준이 낮은 학생들이 많은 학교에서는 많은 유치원 학생들이 end와 same이란 용어를 알지 못한다.

- **수업의 명시성 부족**: 프로그램들이 전략을 명시적으로 시범 보이지 않는 경우가 많다. 교사가 과제 수행하는 법을 시범 보이지 않고 학생들에게 스스로 과제를 수행하도록 요구한다.

비록 그 수는 적지만 일부 상업용 프로그램들은 유치원생들에게 명시적이고 체계적인 수업을 제공하도록 설계되어 있다. 제한된 언어 기술을 가지고 학교에 입학하는 학생들을 가르치는 교사들은 그러한 프로그램을 구입할 것을 강력히 권고하고 싶다. 저자들이 볼 때 가장 체계적이고 명시적인 읽기 프로그램은 『읽기 숙달(*Reading Mastery*)』 프로그램이다. 『읽기 숙달』 프로그램에서 제시하고 있는 교사의 수업 언어, 내용 제시의 명료성, 기술이 소개되는 속도, 충분한 연습 등은 이 책을 언어 능력과 식자 발달이 미흡한 아동들에게 가장 든든한 지원 도구로 만들어 주었다. 『읽기 숙달』 프로그램이 아주 빈곤한 도시와 시골 지역의 유치원생들에게 성공적이었다는 것에 관한 연구는 아주 많다(Engelmann & Adams, 1998). 하지만 이러한 성공을 거두려면 이 책의 제1부에서 언급한 모든 교수 기법을 사용하여 읽기 프로그램을 신중하게 투입해야 한다. 이 프로그램을 사용하기 전에 학급 내에서 프로그램 전문가로부터의 조언을 받는 것 이외에도 2~4일 동안의 집중적인 훈련이 필요하다. 12개의 '『읽기 숙달』 프로그램 훈련 시리즈'는 『읽기 숙달』 프로그램의 근거를 보여 주고 교수 기법을 시범 보인다. 이 비디오 시리즈는 과학연구연합회(Science Research Associate) (ISBN: 0-07-584122-3) 출판사에서 구입할 수 있다. 집중적이고 체계적인 훈련과 조언은 읽기 부진 위험 학생을 위해 사용할 목적으로 고안된 프로그램에는 모두 적용된다.

또 다른 프로그램인 『조기 읽기 수업(*Early Reading Instruction*)』 프로그램은 오리건 대학교 사범대학의 교육성취계발기구(Institute for the Development of Educational Achievement: IDEA)에서 유치원생들이 초등학교에 가서 좀 더 잘 적응하도록 돕는 것을 목적으로 개발되었다. 현재는 Scott Foresman 회사에서 출판되고 있는 이 프로그램은 음성 인식, 글자 이름, 글자 소리, 단어 읽기, 철자, 단순 문장 읽기 등을 집중적으로 가르친다. 이 프로그램은 음소 인식과 자모음 원리 이해를 전략적이고 체계적으로 가르치는 것을 강조하는 126개의 수업 차시로 구성되어 있다. 각 수업 차시는 두 개의 15분짜리 요소로 구성되는데, 이 요소들은 하루에 30분짜리 혹은 두 개의 분리된 15분짜리 수업으로 제공될 수 있다. 첫 번째 15분 동안에는 (a) 첫 소리와 마지막 소리 분리하기, (b) 소리 혼합하기, (c) 소리 분리하기 등의 음성학적 기술에 초점을 맞춘다. 아울러, 이 수업 동안에는 (a) 글자-이름 확인, (b) 글자-소리 확인, (c) 자음-모음-자음(CVC) 단어를 읽기 위해 글자 소리 혼합, (d) 선정한 불규칙 단어 읽기, (e) 단어 종류와 수준을 조절한 텍스트 내의 문장 읽기 등의 기본적인 자모음 기술과 전략들을 획득하고 적용하는 것을 강조한다. 두 번째 15분 동안에는 이전에 배운 음성 인식과 자모음 기술을 강화하고 이 기술을 철자 받아쓰기(글자 받아쓰고 스스로 글자 만들어 내기), 통합된 음성과 자모음 과제, 철자법 등을 가르침으로써 이 기술을 확장시킨다. 철자법은 이전에 배운 글자를 따라서 쓰고 혼자 써 보는 것으로 시작하여 단어의 첫 소리와 마지막 소리 쓰기, CVC와 CVCC(자음-모음-자음-자음) 단어들의 모든 소리와 글자를 차례로 체계적으로 분석하고 종합하는 순서로 진행한다.

유치원 교사는 읽기 기술뿐만 아니라 수용적 언어 개념과 기술 및 표현적 언어 개념과 기술도 가르쳐야 한다. 특히 읽기 부진 위험이 있는 아동을 위해서는 잘 설계된 언어 프로그램을 선정하는 것이 잘 설계된 읽기 프로그램을 선정하는 것만큼이나 중요하다. 왜냐하면, 이들은 기본적인 언어 기술에 대한 제한된 지식을 갖고 있기 때문이다.

언어적으로 심각하게 부족한 학생들을 가르치기 위해서는 대부분의 상업용 읽기 자료를 근본적으로 수정하는 것이 필수적이다. 프로그램의 어휘와 언어 요소를 수정하는 것이 읽기 프로그램의 해부호화 요소를 수정하는 것보다 훨씬 어렵다. 왜냐하면, 새로운 단어나 개념의 의미를 가르치기 위해서는 삽화나 사물이 필요할 것이기 때문이다. 우리가 제안하는 것은 불충분한 프로그램의 언어나 어휘를 수정하려 하지 말고 SRA의 『학습을 위한 언어(Language for Learning)』처럼 연구에서 그 효과가 증명된 아주 명시적이고 체계적인 프로그램을 구입하는 것이다.

유치원에서의 평가 활용

학년초 선별 평가

학년 초에, 가장 이상적으로는 첫 주에 식자 관련 결함이나 언어 관련 결함 때문에 읽기 부진을 보일 위험이 있는 유치원생을 가려내기 위해 각 학생들의 언어와 식자 수준을 평가해야 한다.

식자 관련 기술 식자 관련 기술을 평가하는 방법에는 두 가지 방법이 있다. 먼저 DIBELS 선별 평가를 유치원생들에게 실시할 수 있다. DIBELS 선별 검사는 5분 정도 걸리는데, 읽기 부진 위험아를 확인할 목적으로 사용한다.

두 번째로, 간단한 교사-제작 검사를 만들 수 있다. 아동에게 5개의 많이 쓰이는 자음(m, s, r, d, f)과 5개의 모음(a, i, o, u, e)의 이름과 소리를 말해 보게 한 다음 세 개의 간단한 CVC 단어(sad, rug, fit)를 읽어 보게 한다. 시험을 준비할 때 글자와 단어를 종이 위에 쓴 다음, 각 글자의 이름, 각 글자의 소리를 물어봄으로써 아동을 평가한다. 그리고 나서 그 아동에게 세 개의 단어를 읽어 보도록 한다.

언어 관련 기술 언어 관련 기술 선별 평가는 식자 관련 평가만큼은 많지 않다. 그 중에서도 많이 사용되고 있는 언어 평가들에 대한 검토 결과가 교육성취계발기구(IDEA) 웹사이트에 올려져 있다. 선별 평가는 대개 15분 이상 걸리는 것으로, 학급 내 교사들이 사용하기에는 너무 길어 실용적이지 않다.

제한된 구두 언어 관련 지식을 갖고 있는 아동들을 찾아내기 위해 이 책의 저자들은 비형식적인 선별 평가를 개발하였다(부록 B 참조). 이 검사는 10개의 과제로 구성되어 있는데, 각 과제는 조기 언어 개념을 검사하며 구두로 각 학생들에게 개별적으로 실시한다.

선별 평가 결과 자료의 활용 선별 평가자료는 어떤 아동들이 식자 및 언어 관련 결함 때문에 읽기 부진 위험이 있는지, 그리고 누가 아주 명시적인 프로그램을 제공받아야 하는지를 보여 줄 것이다. 7개 미만의 글자 이름과 소리만 아는 학생들은 읽기 부진 위험이 있다고 봐야 하며 아주 체계적이고 명시적인 프로그램에 배치해야 한다. 비형식적인 언어 평가에서 4개 이상의 문항에서 틀린 학생들은 집중적인 언어 수업을 받아야 하고 교사의 수업 전달 언어를 신중하게 조절한 읽기 프로그램에 배치해야 할 것이다.

유치원에서의 진전도 점검

교육과정 중심 진전도 점검 평가 선별 평가 도구의 하나인 DIBELS는 모든 유치원 학생들의 진전도 점검 평가 도구로도 사용될 수 있다. 이 검사는 구두 소리 분리, 글자-이름 지식, 그리고 단순하고 짧은 무의미 철자 단어 읽기를 평가한다. 검사 결과를 통해 학생들이 향후 상급 학년에서 성공할 것으로 예측되는 성취 수준에 비추어 현재 어느 정도 성취를 하고 있는지를 알 수 있다. 우리는 학년 초 선별 이외에 적어도 한 학년 동안 DIBELS를 두 번 정도 실시할 것을 권고한다.

프로그램별 진전도 점검 평가 진전도 점검 평가는 주요 읽기 프로그램 속에서 중요한 내용이 소개된 순서에 따라 하는 것이 좋다. 『읽기 숙달(*Reading Mastery*)』과 『조기 읽기 중재(*Early Reading Intervention*)』와 같은 프로그램 속의 지속적인 진전도 점검 평가는 신중하게 개발된 것들이다. 하지만 불행하게도 대부분의 주요 읽기 프로그램들은 진전도 점검 평가를 신중하게 개발하지 않았다.

만약 유치원 읽기 프로그램 속에 충분한 진전도 점검 평가 시스템이 없으면 학생들의 식자 관련 기술 학습 진전도 상태를 검사하기 위해 비형식적인 진전도 점검 검사를 만들어야 한다. 학생들의 성취 정도는 2주마다 측정할 수 있다. 각 진전도 점검 평가에는 다음과 같은 사항들이 포함되어야 한다. (a) 최소한 두 개의 모음을 포함하여 가장 최근에 배운 글자-소리 대응 중 대략 5개 정도를 소리 내어 보도록 물어본다. (b) 여러 개의 단어를 구두로 분리하고 혼합해 보도록 한다. (c) 일단 읽기 단어가 소개되었으면 여러 개의 규칙 단어와 불규칙 단어를 읽어 보도록 한다. 검사할 단어와 글자들은 가장 최근에 제시되었던 수업 내용 중에서 뽑아야 한다.

비형식적인 진전도 점검 평가에서 성취 수준이 낮은 학생들은 이전에 소개했던 모든 글자-소리 대응과 그때까지 소개했던 모든 유형의 단어들을 대상으로 검사를 받게 한다. 학생들이 특히 어려워하는 특정 기술에 대해서는 별도의 수업을 제공한다. 학급 전체 학생 중 1/3 이상이 특정 기술을 어려워하면 그 특정 기술에 초점을 맞추면서 이전의 수업을 반복한다.

언어 진전도 점검 평가를 개발하는 것이 식자 진전도 점검 평가를 개발하는 것보다 훨씬 더 어렵다. 왜냐하면, 언어 평가를 위해서는 종종 그림이 필요하기 때문이다. 언어 진전도 점검 평가의 예는 어휘 관련 장 서두에서 언급했던 『학습을 위한 언어(Language for Learning)』 프로그램에서 찾아볼 수 있다.

시간 할당

이 책의 저자들은 소득이 낮은 학생들이 많은 학교들과 많은 연구를 같이 하면서 읽기 부진 학생들을 해당 학년 평균 수준으로 끌어올리는 것이 예외가 아닌 보통의 일이 된 학교들을 방문한 적이 있었다. 이들 학교들에서는 제한된 언어 관련 지식을 가지고 학교에 입학했던 아이들에게 오전과 오후 모두 30분씩의 소규모 집단 읽기 수업과 소규모 집단 언어 수업을 제공하였다. 강력한 프로그램과 잘 훈련받은 교사들로 진행된 이 수업 분량(2시간의 소규모 집단 수업) 결과로 많은 학생들이 성공하여 소득이 높은 계층의 아이들과 동등한 성취 수준을 보였다(Berkeley, 2002). 학급 내 교사가 이 정도 분량의 수업을 제공하려면 학교 차원의 읽기 우선의 노력이 있어야 한다. 보충수업을 하거나 언어 지식이 낮은 학생들을 가르칠 수 있는 수업 보조원을 활용하면 프로그램의 집중도를 크게 높일 수 있다.

모든 읽기 부진 및 부진 위험이 있는 학생들에게는 하루에 최소한 30분 정도의 소규모 집단 수업을 읽기와 언어를 대상으로 실시하는 것이 좋다. 더불어, 연습이 더 필요한 학생들에게는 매일 15~30분 정도의 오후 수업을 더 제공해서 이들이 만족할 만한 성취 수준에 오르게 해야 한다.

유치원에서의 집단 구성과 시간표 짜기

유치원에서 읽기 부진 및 부진 위험이 있는 학생들에게는 소집단 수업으로 읽기와 언어 수업을 제공하는 것이 좋다. 그러한 학생들이 아주 많은 학급의 경우에는 상위 성취 집단, 중간 성취 집단, 하위 성취 집단 등 세 집단을 구성한다. 예를 들어, 20명으로 구성된 학급이 있다면, 집단 구성은 상위 성취 집단 8~10명, 중간 성취 집단 6~8명, 하위 성취 집단 4~6명으로 구성한다. 처음에 집단을 구성할 때에는 선별 검사 결과를 사용할 수 있다. 학기가 지나면서 처음에 별로 아는 것이 없이 학교에 입학했던 학생들 중 같은 집단의 다른 학생들보다 빨리 배우는 학생도 있기 때문에 교사는 각 집단의 학생들을 바꿀 준비를 해야 한다.

핵심 읽기 프로그램의 유치원 단계 이용하기

유치원 교사들이 현재 갖고 있는 읽기 프로그램은 자신들의 학급에 있는 학생들에게는 충분히 명시적이거나 체계적이지 않을 수 있다. 그럴 경우, 더 많은 연습을 제공하기 위해 과제를 추가하고 수업 진행 활동에 효과적인 수업 원리를 반영해야 한다. 다음 문단에서 이러한 수정을 어떻게 할 수 있을지 구체적으로 제안한다.

음소 인식 수업은 5장에서 제시되었던 절차들을 반영하여 더욱 명시적이고 체계적으로 수정할 수 있다. 음소의 혼합과 분리 기술은 아이들이 단어를 읽는 데 꼭 필요한 선수 기술이기 때문에 우선시해야 한다. 더구나 연구결과에 따르면 이 기술들은 가장 중요한 음소 인식 기술들이다. 〈표 5-1〉, 〈표 5-2〉, 〈표 5-3〉에 나온 수업 형식을 음소의 혼합과 분리를 가르치는 데 사용할 수 있다. 만약 프로그램이 음소를 혼합하고 분리하는 것 이외에 다른 많은 수의 음소 인식 과제를 동시에 포함하고 있으면, 그 과제 소개를 늦추어 너무 많은 음소 인식 과제가 동시에 제시되지 않도록 하고 음소의 혼합과 분리를 우선시하도록 한다. 학생들이 음소의 혼합과 분리를 숙달하면 음운 맞추기를 가르치기 위해 〈표 5-4〉의 수업 형식을 사용할 수 있다.

글자-소리 대응은 7장에서 구체적으로 언급했던 원칙을 사용하여 가르칠 수 있다. 글자-소리 대응 연습을 준비하는 데에는 많은 시간이 소요되는 것은 아니다. 단순히 글자를 칠판이나 OHP에 쓰고 수업을 진행하면 된다. 글자-소리 대응은 매일 연습시켜야 한다. 수업에서는 두 개의 글자-소리 대응 연습을 포함시키되, 하나는 수업 초반에 제시하고 나머지 하나는 수업 후반부에 제시한다. 〈표 7-3〉의 수업 형식은 새로운 글자-소리 대응을 소개할 때 사용할 수 있다. 〈표 7-4〉의 수업 형식은 글자-소리 대응을 연습할 때 사용할 수 있다.

계열화 원칙이 크게 벗어나지만 않았다면(b와 d 혹은 유사하게 소리가 나는 모음을 시간적으로 너무 근접하여 제시하는 등) 읽기 프로그램에 소개된 글자-소리 대응 순서에 따라 가르쳐도 무방하다. 계열화 원칙이 심각하게 위반되었다면 비슷한 글자 중 하나의 소개 시기를 늦춘다. 만약 대문자와 소문자가 동시에 소개되고 있으면 학생들이 대문자에 어려움을 겪고 있는 것으로 판단될 경우 대문자 소개 시기를 늦춘다.

- 단어 읽기: 학생들이 6~8개의 글자-소리 대응을 학습한 후에 규칙 단어 읽기부터 가르치기 시작한다. 처음에는 단어 목록상의 단어를, 이후에는 활동지 속의 단어를 대상으로 한 글자씩 단어 소리 내기 전략을 명시적으로 가르친다. 단어 목록 내 단어 한 글자씩 소리 내기를

가르치고 단어 통째 읽기로 전환하기 위해서는 9장에서 나왔던 절차를 사용한다. 단어 속의 각 글자가 가장 대표적인 소리로 발음되고 모든 글자-소리 대응이 이전에 가르쳤던 것이 되도록 단어 선정을 신중하게 한다.

- **불규칙 단어**: 많은 읽기 프로그램들은 유치원에서 매우 작은 수(20~30)의 불규칙 단어를 소개한다. 초기 음성 기술을 가르칠 때에는 불규칙 단어를 너무 빨리 소개하여 아이들을 압도하지 않도록 하는 것이 중요하다. 가급적 아이들이 불규칙 단어를 소리 내는 것에 익숙해질 때까지 불규칙 단어 소개를 늦춘다. 불규칙 단어를 소개할 때에는 9장에 제시된 절차를 이용한다. 학생들이 이전에 소개했던 불규칙 단어를 숙달하지 않았으면 새로운 불규칙 단어를 소개하지 않는다. 일단 불규칙 단어를 가르치고 나면 매일 복습시킨다.
- **이야기 읽기**: 주 읽기 프로그램들은 아이들이 읽을 이야기를 많이 포함하고 있을 것이다. 이 이야기들은 학생들이 읽을 수 있는 규칙 단어와 이전에 배운 불규칙 단어를 포함하도록 잘 조절되어 있어서 학생들이 읽을 수 있는 것들이라고 소개되어 있다. 하지만 여기에는 두 가지 큰 문제가 있다. 첫째, 프로그램들은 대개 학생들이 매일 읽는 연습을 할 수 있을 만큼의 충분한 이야기를 포함하고 있지 않다. 둘째, 많은 수의 읽기 프로그램들은 유치원 단계에서 나오는 이야기에도 많은 수의 불규칙 단어를 포함하고 있다. 만약 읽기 프로그램의 초기 이야기에도 불규칙 단어가 많이 들어 있다면 아이들이 소리내기 전략을 사용하여 연습하도록 규칙 단어로 구성된 문장과 짧은 이야기를 담은 활동지를 만들어 이것으로 기존 이야기를 대체할 것을 권장한다. 프로그램 속의 이야기를 사용할 때에는 학생들이 거기에 나오는 모든 불규칙 단어를 읽을 것이라고 기대하지 말라. 대신 가장 유용한 단어를 우선시한다. 이전에 가르치지 않은 단어가 나오면 그 단어를 읽어 준다.

이야기를 제시하고 단어 한 글자씩 소리 내어 읽기에서 단어 통째 읽기로 전환하기 위해서는 12장에 나왔던 절차를 사용한다.

- 어휘와 언어: 어휘와 언어 발달은 유치원 교육과정의 중요 부분이 되어야 한다. 제한된 어휘와 언어 기술을 가진 학생들을 가르치는 교사는 『학습을 위한 언어(*Language for Learning*)』와 같이 체계적이고 명시적인 프로그램을 매일 30분씩 가장 이상적으로는 4~10명의 소집단을 대상으로 1년 내내 가르쳐야 한다.
- 독해: 아이들이 긴 이야기를 읽을 수 있는 해부호화 기술을 갖고 있지 않기 때문에 유치원에서의 이야기 관련 독해 수업은 교사가 학생들에게 큰 소리로 읽어 주는 이야기에 초점을 둔다. 18장에 제시된 절차에 따라 간단한 질문에 답하고 계열화하며 기본적인 이야기 문법 관련 초기 독해 기술을 읽기 시간에 포함시킬 것을 권장한다.

매일 수업에 명시적 수업 포함시키기

이 장에서 권장한 사항들을 반영한 초기 식자 관련 기술에 관한 30분의 유치원 수업은 아마도 다음과 같은 과제들로 구성할 수 있을 것이다.

언어 수업을 위해서는 별도의 30분을 제공해야 한다. 독해 활동은 교사가 학생들에게 이야기를 읽어 주는 시간에 진행되어야 한다.

과제 1	글자-소리 대응	〈표 7-4〉	3~4분
과제 2	음소 분리와 혼합	〈표 5-3〉	2~3분
과제 3	글자-소리 대응	〈표 7-4〉	2~3분
과제 4	음운 맞추기	〈표 5-4〉	3~4분
과제 5	단어 목록의 단어 한 글자씩 소리 내어 읽기	〈표 9-2〉	5~7분
과제 6	활동지의 단어 한 글자씩 소리 내어 읽기	〈표 12-1〉	5~7분
과제 7	소리에 해당하는 글자 쓰기		3~4분

제 22 장

초등 1학년 교실 수업

초등 1학년 말까지 학생들이 유창하고 정확하게 읽도록 충분한 읽기 기술을 학습하는 것은 매우 중요하다. 특히 읽기 부진 및 부진 위험이 있는 학생들의 경우 1학년 말까지 읽는 법을 잘 배우는 것은 그들이 상급 학년에서 높은 수준의 성취를 거두게 하는 아주 중요한 첫 단계다. 이들 중 많은 학생들은 그 또래에 비해 더 적은 수의 어휘와 훨씬 제한된 배경 지식을 가지고 학교에 입학한다. 1학년 말까지 유창하게 읽는 학생들은 교사가 주도하는 수업에서뿐만 아니라 스스로도 새로운 지식과 어휘를 학습할 도구를 갖게 되는 셈이다.

1학년 말까지 거의 모든 학생들이 1학년 수준에 맞게 읽도록 하자는 목표는 가장 빈곤한 층의 아이들이 많이 다니는 학교에서도 다음과 같은 조건만 만족시킨다면 성취 가능할 것이다. (a) 잘 설계되고 연구결과에 기반한 수업 프로그램을 사용한다. (b) 교사가 충분한 훈련과 전문성 계발 훈련을 받아 왔다. (c) 학교의 강력한 행정적 지원이 있다(예컨대, 시간, 인적자원, 예산 등의 배정). (d) 수업을 조정할 때 학생 평가 결과를 사용한다. (e)

수업시간이 충분하다. 유치원때부터 읽기 수업을 시작하면 이 목표에 도달하는 것이 더욱 가능해진다.

1학년 말까지 아이들은 1학년 후반기 교재를 정확하고 유창하게 이해를 하면서 읽어야 한다. 최소한 1분에 50~60단어 정도를 적절히 느낌을 실어 글을 읽어야 한다. 모든 낱글자와 많이 쓰이는 글자 조합에 대해 글자-소리 대응을 알아야 한다. 또한 많이 쓰이는 접두사와 접미사를 알아야 하고 이 지식을 단어 읽기에 즉시 적용할 수 있어야 한다.

1학년에서의 성공적인 읽기 학습 경험은 학업적으로뿐만 아니라 아동의 자존감에도 매우 중요하다.

이 장에서는 1학년 말까지 학생들이 해당 학년 수준에 도달하게 해 주는 평가와 수업 절차를 기술한다.

1학년에서 평가 사용하기

학년 초 선별 평가

식자 관련 기술 교사는 1학년 첫 학기 첫 며칠 동안에 학급에서 사용할 읽기 프로그램에서 어떻게 아이들이 성공할 수 있도록 할 것인가를 알아내야 한다. 널리 보급되어 있는 대부분의 핵심 읽기 프로그램들에서는 새로운 음소 요소와 불규칙 단어들이 매우 빠른 속도로 소개된다. 이러한 속도는 아이들이 대부분의 글자-소리 대응을 알고 1학년에 들어갈 때쯤에는 그 단어를 소리 내어 잘 읽을 것이라는 것을 암묵적으로 가정하고 있음을 시사한다. 1학년을 시작할 때 이러한 기술을 갖지 못한 학생들은 집중적인 수업 없이는 많은 읽기 프로그램에서 실패할 위험이 크다.

1학년 초 식자 관련 평가에서는 글자-소리 대응을 모르고 규칙 단어를 읽지 못하는 학생들을 가려내야 한다. 불행하게도 아주 적은 수의 읽기 프로그램만이 이 기술에 대한 학년 초 검사를 포함하고 있다.

이 책에서는 교사들이 사용할 수 있는 두 가지를 제시하고자 한다. 첫째, 1학년 DIBELS 평가 시작 부분을 실시한다. DIBELS는 음소 분리, 발음이 규칙적인 무의미한 단어 읽기, 글자 이름에 관한 지식을 검사한다. 둘째, 글자-소리 대응 관련 학생들의 지식과 규칙 단어 읽기 능력을 측정할 수 있도록 비형식적인 검사를 개발하였다. 이 평가 도구는 '초기 발음 평가(Begining Phonics Assessment)'라 불리는데, 부록 C에 나와 있다. 부록에는 이 검사를 실시하는 지침을 먼저 제시하고 다음에 학생용 검사지와 개인 및 집단별 기록 용지를 제시하였다.

언어 관련 기술　　언어 기술 측면에서도 추가로 수업이 필요한 학생들을 확인할 필요가 있다. 이 책의 저자들은 제한된 언어 관련 지식을 갖고 있는 학생들을 판별해 내는 데 사용할 수 있는 비형식적인 판별 평가(부록 B 참조)를 개발했다. 이 평가는 10개의 문항으로 구성되어 있다. 1학년 학생 중 7개 미만만 정확하게 응답한 학생은 『학습을 위한 언어(*Language for Learning*)』 같은 구조화된 언어 및 어휘 학습프로그램에 배치하는 것을 고려해야 한다.

선별 평가자료 이용하기　　이러한 평가 결과들에 근거한 정보들은 수업시간 할당, 수업을 위한 학급 구성, 적절한 교육과정 자료를 선정하는 데 사용해야 한다. 이러한 평가 결과를 활용하는 방안에 관한 보다 자세한 정보는 이 장의 후반부에 나온다.

1학년에서의 진전도 점검

식자 관련 기술　　해당 학년 동안 평가를 자주 실시해서 학생들이 읽기 프로그램 시간에 가르쳤던 것을 학습하고 있는지를 확인해야 한다. 진전도 점검 평가는 읽기 프로그램 시간 중 중요한 내용, 특히 글자-소리 대응과 규칙 및 불규칙 단어 읽기와 같은 것들이 소개되는 순서에 맞게 구성해야 한다. 1학년 초기에는 2주마다 학생들의 성취 정도를 평가해야 한다. 그 이후에는 상대적으로 적게 오류를 범하는 학생들은 좀더 뜸하게 평가를 할 수 있다.

1학년 첫 2~3개월 동안에는 각 진전도 점검 평가에 (a) 그때까지 가르친 모든 모음을 포함하여 최근에 가르친 10개의 글자-소리 대응 소리내기, (b) 최근에 가르친 규칙 단어 유형 중 여러 개 읽기, (c) 여러 개의 불규칙 단어 읽기 등을 포함시킨다. 학생들이 일단 이야기 읽기를 시작하면 구두 이야기 읽기도 진전도 점검 평가에 포함시킨다. 학생들이 이야기를 읽으면 그 속도와 정확성을 정기적으로 기록한다.

1학년 동안 학생들이 얼마나 빨리 읽어야 할 것인가에 관한 기준을 점점 상향시켜 1학년 말에는 학생들이 1분에 최소한 60단어 정도는 읽어야 한다. 1학년 3개월째까지는 1분에 20단어 정도는 읽어야 한다. 읽기 속도는 매달 1분에 5단어씩 향상되어야 한다. 정확도는 항상 높아야 한다. 학생들은 최소한 95%의 정확도를 갖고 읽어야 한다.

일단 학생들이 텍스트를 읽으면 전전도 점검 평가에 그 이전 주 수업에서 공부했던 것과 유사한 필기 독해 문항도 포함시킨다.

일반적으로 『읽기 숙달(*Reading Mastery*)』, 『지평선(*Horizons*)』, 『잘 읽기(*Read Well*)』 등과 같이 더욱 체계적이고 명시적인 일부 상업용 프로그램에는 신중하게 개발한 진전도 점검 평가가 들어 있다. 불행하게도 더 많이 보급되어 있는 핵심 읽기 프로그램일수록 일반적으로 학생들이 구두로 소리를 확인하고 단어 읽기를 측정하는 평가를 포함하고 있지 않다. 교사는 자신들이 사용할 프로그램 안의 평가를 검토해야 한다. 만약 그 프로그램이 글자-소리 대응과 그 때까지 소개된 단어에 대해 자주 평가하지 않거나 정기적으로 구두 읽기 유창성을 평가하지 않으면 비형식적인 진전도 점검 평가를 개발할 필요가 있을 것이다. DIBELS 평가 패키지는 1학년 동안 학생들의 향상 정도를 점검하는 데에도 사용 가능하다.

교실 수업

교실 수업 관련 사항으로는 수업시간 할당, 학급 편성과 학생들의 배치, 해당 학년 수준보다 낮은 성취를 보이는 학생들을 위한 수업 자료 사용 등이 포함된다.

시간 할당

학생들이 1학년 말까지 학년 수준에 맞게 읽도록 만들기 위해서는 읽기 수업에 충분한 시간을 할당해야 한다. 식자와 언어 기술 측면에서 또래보다 낮은 수준의 배경 지식을 가지고 입학한 학생들을 가르치는 교사들은 읽기 수업에 별도로 아주 많은 시간을 필요로 할 것이다.

식자 기술이 거의 없이 입학한 학생들에게는 한 번에 최소 30분 동안의 소집단 언어 수업과 함께 매일 30~45분짜리 소집단 읽기 수업을 두 번 제공해야 한다. 아울러, 정규 수업시간에는 만족스러운 향상을 보이지 않았던 학생들을 위해서 방과 후와 여름 방학 동안에 추가로 시간을 계획해야 한다.

평균보다 약간 낮은 정도의 기술을 가지고 입학한 학생들을 위해서는 뒤처진 학생들을 위해 정규적으로 편성된 시간 이외에 추가로 30분 길이의 소집단 수업을 매일 제공해야 한다. 이 시간 동안 교사는 핵심 기술(글자-

소리 대응, 단어 목록 읽기, 이야기 읽기)에 초점을 맞추어야 할 것이다.

학급 편성과 학생들의 배치

학년 초 평가 결과에 따라 수준이 동일한 학생들끼리 같은 학급에 편성한다. 학급 편성은 매우 신축적이어서 수행 정도 검사 결과 현재의 학급이 적절하지 않다고 밝혀지면(아동이 집단 내 다른 학생들보다 훨씬 많거나 적은 오류를 범하거나 혹은 단어를 읽는 데 훨씬 더 많은 혹은 적은 시간을 필요로 하는 경우) 상위 수준 학급이나 하위 수준 학급으로 이동할 수 있어야 한다.

학급 내 적정 학생 수는 학생들의 기술 수준과 주의집중 정도에 달려 있다. 읽기 수업 초기 단계에서는 소집단 수업이 바람직하다. 왜냐하면, 교사가 구두 반응을 점검하고 즉각적인 피드백을 제공하는 것이 아주 중요한 수업의 특징이어야 하기 때문이다. 일단 학생들이 대부분의 글자-소리 대응을 숙달하고 정확하고 유창하게 이 지식을 구두 문단 읽기에 적용하면 학급 규모는 커질 수 있다. 유치원에서 읽기 수업을 받은 학생들로 구성된 학급의 경우 8~12명의 집단 규모가 적절하다. 글자-소리 대응 관련 지식이 거의 없이 1학년에 들어왔거나 단어를 읽을 능력이 별로 없는 학생들의 경우 그보다 적은 규모의 집단에 배치해야 할 것이다.

1학년 초기에 집단을 구성할 때 학생들이 알고 있는 글자-소리 대응의 수와 읽는 단어의 수를 고려해야 할 것이다. 학급을 구성할 때 해당 학급 내 학생들이 알고 있는 글자-소리 대응 수 차이가 서로 간에 4~5개 이내가 되도록 한다.

일부 읽기 프로그램은 학급 전체 단위로 수업을 먼저 하고 특정 기술에 어려움을 겪는 학생들을 대상으로 나중에 소집단 수업을 실시할 것을 요구한다. 그러한 경우에는 150분 짜리 수업을 위해 학년 단위의 동질적인 집단을 구성하여 상위 수준 집단, 중간 수준 집단, 하위 수준 집단으로 각 학급을 구성하는 것이 좋다. 그 중에서 하위 수준 학급은 가장 적은 수의 학생들로 구성해야 하고 보조원이나 다른 교사를 활용하여 별도의 지원을 제공해야 한다. 150분 길이의 수업이면 전체 집단을 가르치는 데 필요한 시간과 아직 숙달하지 못한 최우선순위 기술을 소집단 수업에서 가르칠 시간을 확보할 수 있을 것이다.

1학년 수업 자료

반드시 읽기 연구결과를 반영하고 있고 아주 명시적이며 체계적인 주요 읽기 프로그램만을 사용해야 한다. 2002년 이후 출판되어 가장 많이 보급되어 있는 주요 읽기 프로그램들은 대개 연구결과를 반영하고 있지만, 명료한 정도는 매우 다양하다. 2002년 출판된 프로그램들의 수정판(Reading Mastery, Horizons, Read Well, Open Court) 역시 읽기 연구결과를 반영하고 있다.

20장에는 읽기 프로그램이 읽기 연구결과를 반영하고 있는지 그리고 아주 명시적이고 체계적인지 여부를 확인할 때 사용할 기준들이 제시되어 있다. 무엇보다도 프로그램 선정의 주요 기준은 비슷한 학생들에게서 높은 수준의 성취를 보이는 것으로 그 효과가 증명된 것이어야 한다.

식자 관련 지식이 별로 없는 학생들을 위한 자료

이상적으로는 식자 관련 지식이 별로 없이(10개 미만의 문자-소리 대응을 알고 10개 미만의 규칙 단어를 읽을 수 있는 정도) 1학년에 입학한 학생들을 가르치는 교사는 해당 프로그램을 배우는 학생들이 식자 관련 기술이 거의 없다는 것을 가정하고 개발된 주요 읽기 프로그램을 사용하는 것이다. 이들 학생들에게는 새로운 기술을 현실적인 방식으로 소개해야 한다. 불행하게도 대부분의 널리 보급된 읽기 프로그램들에서는 1학년 초기에 글자-소리 대응과 규칙 및 불규칙 단어 읽기를 매우 빨리 소개한다. 일부 프로그램들은 유치원에서 배운 기술을 복습하는 부분을 포함하고 있다. 이들 복습을 검토해 본 결과, 불행하게도 그 어느 것도 초기 기술을 철저하게 가르치는 데 필요한 체계적이면서도 명시적인 수업을 포함하고 있지 않았다.

핵심 읽기 프로그램이 새로운 기술을 너무 빨리 소개하면 식자 기술이 별로 없는 학생들에게는 아주 체계적이며 명시적이고 현실적으로 설계된 집중적인 프로그램을 기존 프로그램 대체용으로 사용할 것을 제안한다. 이 책의 저자들이 권장하는 집중적인 프로그램—『읽기 숙달(*Reading Mastery*)』, 『지평선(*Horizons*)』, 『잘 읽기(*Read Well*)』—에서는 아주 적은 기술만 가지고 1학년에 입학한 학생들에게 읽기의 모든 중요한 요소들을 현실적인 속도로 가르친다.

기존 읽기 프로그램 대신 집중적인 프로그램을 사용할 수 없으면 읽기 부진 위험이 큰 학생들을 위해 별도의 읽기 수업시간에 집중적인 프로그램을 사용해야 할 것이다. 이러한 상황이 이상적이지는 않다. 왜냐하면, 필수적으로 학생들이 계열화가 같지 않은 두 개의 읽기 프로그램에 배치되어야 하기 때문이다. 하지만 이는 학생들을 그냥 헤매게 놔두는 것보다는 낫다. 집중적인 프로그램은 초기 읽기 기술을 필요로 하는 학생들에게 체계적인 수업을 제공해 줄 것이다.

이들 집중적인 프로그램의 어느 것도 구할 수 없다면 초기 발음과 음소 인식 기술을 가르치는 중재 방법이나 보조 프로그램을 구하도록 노력한다. 이 프로그램들에는 (a) 구두 혼합 및 분리, (b) 글자-소리 대응, (c) 규칙 단어와 불규칙 단어 읽는 법, (d) 글자-소리 대응과 단어 소개의 계열화에 맞추어진 읽을 수 있는 이야기 등을 포함하고 있어야 한다. 이들 중재와 보조 프로그램을 평가하기 위해서 앞에서 언급한 핵심 읽기 프로그램 평가 기준과 동일한 기준을 사용해야 한다. 핵심 읽기 프로그램을 가지고 수업을 시작하기 전인 학년 초에 중재 또는 보조 프로그램을 사용해야 할 것이다. 학생들이 15~20개의 글자-소리 대응을 숙달하고 이들 글자-소리 대응으로 구성된 규칙 단어를 읽으면 핵심 읽기 프로그램을 시작할 수 있다. 핵심 읽기 프로그램 이외에 매일 별도의 수업시간에 보조 프로그램이나 중재 프로그램을 지속적으로 사용해야 할 것이다.

중재 프로그램과 보조 프로그램에 관한 정보는 오리건 읽기 우선 웹사이트(http://oregonreadingfirst.uoregon.edu/SIreport.php)와 플로리다 주 읽기 연구 웹사이트(www.fcrr.org)에서 구할 수 있다. 이들 중재 프로그램과 보조 프로그램 중 하나를 선정할 때에는 비슷한 학생들에게 성공적으로 사용되었던 프로그램과 출판업자들이 전문적인 개발과 지원을 제공하는 프로그램을 찾아야 한다.

핵심 읽기 프로그램을 이용한 수업

모든 학생들에게 학교에서 채택하고 있는 핵심 읽기 프로그램(core reading program)을 사용해야 하는 교사는 읽기 기술에 어려움을 겪는 학생들에게 매일 30분의 별도 수업을 제공하는 것 이외에 이 프로그램을 더욱 체계적이고 명시적으로 수정할 준비가 되어 있어야 한다.

일일 수업의 제공

많은 교사들은 비록 연구결과를 반영하긴 했지만 그래도 수업설계에 문제가 있을 수 있는 핵심 읽기 프로그램을 사용해야만 하는 경우가 있을 것이다. 그 중에서도 특히 1학년 학생들에게 문제가 될 만한 문제 영역은 다음과 같다.

- 하루에 제시할 수 있는 것보다 더 많은 활동을 프로그램이 포함하고 있다. 많은 경우, 기술들을 어떻게 제시해야 할 것인지뿐만 아니라 제시되고 있는 것들이 무엇인지 불분명하다.
- 교사의 설명 부분에 학생들이 알지 못하는 언어개념이 너무 많이 들어 있다. 교사의 시범 부분이 분명하지 않다.
- 학생들이 읽을 수 있는 텍스트 이야기가 충분하지 않다. 날마다 이야기 읽기를 하는 데 사용할 수 있게 신중하게 조절된 이야기 수가 충분하지 않다.
- 불규칙 단어 소개 속도가 너무 빨라, 초기에 소개되는 이야기에 나오는 단어의 거의 절반이 불규칙 단어다.
- 글자-소리 대응이나 단어 읽기를 매일 누가적으로 복습하지 않는다.
- 수업 절차가 아주 상호작용적이지 않다. 학생들은 교사가 학생들이 해당 특정 기술을 숙달했는지 여부를 알 수 있을 만큼 충분히 반응하지 않는다.

학생들의 수행 정도에 따라 읽기 프로그램을 수정할 준비를 해야 한다. 세 가지 주요 수정이 가능하다. (a) 일일 수업을 구조화하여 중요한 기술을 매일 체계적으로 가르치도록 한다. (b) 교사의 수업 진행 내용과 절차가 명시적이 되도록 수정한다. (c) 혼동을 일으키지 않도록 기술들이 소개되는 계열화를 수정한다. 다음 항목들은 읽기 요소를 수정하기 위한 구체적인 제안사항들을 나타낸 것이다.

- **음소 인식 기술:** 음소 혼합과 분리를 충분히 가르치도록 명심한다. 학년 초에 음소 혼합과 분리 연습을 제공한다. 5장에 제시된 절차를 사

용한다.

- **글자-소리 대응**: 처음에는 개별 글자부터 시작하여 글자 조합으로 나아가면서 글자-소리 대응을 매일매일 연습시킬 필요가 있다. 아주 유사한 글자들을 시기적으로 근접하여 제시하는 것과 같은 심각한 오류가 없다면 읽기 프로그램의 순서와 동일한 계열화로 새로운 글자-소리 대응을 소개한다. 그런 오류가 있다면 두 개의 유사한 글자 중 하나를 나중에 제시한다. 7장과 8장의 수업 형식을 글자-소리 대응을 소개하고 연습하는 데 사용할 수 있다.
- **단어 목록 속의 규칙 단어 읽기**: 단어 읽기를 매일 연습시킨다. 프로그램의 순서를 따른다. 특정 유형의 단어에 충분한 연습이 할당되어 있지 않으면 그 단어 유형에 대해 별도의 연습을 마련한다. 흔한 문제 중 하나는 단절음으로 시작되는 단어를 학생들이 연속음으로 시작되는 단어를 충분히 연습하기 전에 소개하는 것이다. 이러한 문제가 있으면 학생들이 연속음으로 시작되는 단어를 쉽게 읽을 때까지 단절음으로 시작되는 단어 소개를 연기한다. 9장과 10장에 제시된 수업 절차를 사용한다.
- **불규칙 단어**: 불규칙 단어가 이야기에 나오기 몇 차시 전에 불규칙 단어를 소개한다. 불규칙 단어가 이야기에 나오기 며칠 전에 불규칙 단어 목록을 가지고 매일 연습을 한다. 프로그램에 불규칙 단어가 너무 많이 나오면 가장 유용한 단어를 먼저 가르치도록 우선시한다. 다른 단어를 소개하는 것을 연기한다. 9장과 10장에 제시된 수업 절차를 사용한다.
- **이야기 읽기**: 학생들이 매일 구두로 읽을 수 있도록 읽을 수 있는 단어들로만 신중하게 구성된 이야기 텍스트를 제공한다. 널리 보급된 읽기 프로그램 안에는 오직 규칙 단어와 이전에 학생들이 배운 불규칙 단어만 포함하도록 신중하게 조절된 '읽을 수 있는' 혹은 '발음 이야기' 소

책자들이 포함되어 있다. 각 학교에서 이러한 소책자들을 구입하여 교사들이 충분한 수의 이야기를 확보하게 하는 것이 중요하다. 읽을 수 있는 이야기를 대상으로 한 읽기 연습은 매일 제공되어야 한다. 만약 프로그램 안에 이야기가 충분치 않으면 별도의 이야기를 만들거나 이전의 이야기를 다시 사용해야 한다. 이야기 속에 모르는 불규칙 단어가 너무 많이 포함되어 있으면 해당 단어가 나올 경우 교사가 그냥 학생들에게 읽어 준다. 읽기 프로그램들이 어떻게 이야기 읽기를 해야 하는지에 대해 지침을 거의 제공해 주지 않으며 12장과 13장에 제시되었던 절차를 사용한다. 학년 내내 정확한 읽기에 초점을 두어야 한다.

- **읽기 유창성**: 학생들이 1분에 30단어 이상으로 이야기를 읽기 시작하면 유창성을 향상시키기 위해 반복 읽기를 시작한다. 읽기 유창성 평가 결과에 따라 더 많이 혹은 더 적게 1학년 동안 내내 반복 읽기 연습을 제공한다. 읽기 속도가 만족스러운 수준으로 향상되지 않는 학생들에 대해서는 별도의 연습을 제공해야 한다. 학생들이 느낌을 실어 글을 읽도록 연습을 시킨다. 이때에는 13장에 제시된 절차를 사용한다.
- **독해 활동**: 학생들이 이야기를 읽기 시작하면 교사는 사실적 질문부터 독해 질문을 제시해야 한다. 나중에는 이야기 문법 요소 관련 질문들을 포함시켜야 한다. 학생들이 더 긴 이야기를 읽게 되면 계열화하기, 요약하기, 이해 점검하기 등과 같은 다른 독해 기술들을 가르친다.

연구결과에 근거하지 않은 프로그램

2002년 이전에 대부분의 주요 출판업자들은 연구결과를 반영하지 않은 읽기 프로그램들을 출판했었다. 종종 의미 중심 혹은 문학 중심 프로그램으로 불리는 이러한 프로그램들은 글자-소리 대응을 체계적으로 가르치지 않았다. 학생들은 그림이나 맥락에 주로 의존하도록 가르침을 받았다. 이야기 속의 단어들은 글자와 소리 간의 관계에 따라 조절되지 않았다.

식자와 언어 관련 지식을 많이 가지고 입학하는 학생들과 가정환경으로부터 지속적으로 많은 지원을 받는 학생들은 이러한 의미 강조 프로그램 혹은 문학 중심 프로그램을 이용한 매우 혼동스러운 수업에서 생존할 것이다. 하지만 중·상류층 출신 학생들 중 상당히 많은 수가 연구에 의해 지지를 받지 않은 이러한 종류의 프로그램에서 어려움을 겪는 것을 보는 것은 그리 이례적인 일이 아니다. 저소득 계층 출신의 학생들은 상대적으로 훨씬 많은 수가 그러한 프로그램에서 어려움을 겪는다. 개별 글자-소리 대응에 관해 잘 알지 못하거나 구두 언어 능력이 충분히 발달하지 않았거나 혹은 발음적으로 규칙적인 단어에 나오는 글자가 나타내는 소리를 쉽게 혼합할 능력을 갖지 않은 채 초등학교에 입학하는 학생은 의미 강조 프로그램에 배치된다면 누구나 읽기 부진 위험에 심각하게 처해 있는 셈이다.

연구결과를 반영하고 있고 아주 명시적이며 체계적인 프로그램을 사용하는 것이 좋다. 아래는 연구결과에 근거하지 않은 프로그램을 사용하는 학교에 속해 있는 교사들을 위한 몇 가지 제안사항들이다.

첫 번째 단계로, 특히 읽기 부진 및 부진 위험 학생들에게는 연구결과를 반영한 초기 읽기 프로그램을 사용하는 것이 중요하다는 것을 교사들이 학교장에게 설득시킬 것을 권장한다. 교장에게 가기 전에 1학년 학생들에게 DIBELS를 실시한다. DIBELS는 무료로 다운 받아 사용할 수 있다(http://dibels.uoregon.edu). 현재 연구결과를 반영하지 않은 읽기 프로그램에서 아주 심각하게 어려움을 겪고 있는 학생들의 점수를 가리키면서 DIBELS 검사 결과를 교장에게 제시한다. DIBELS 검사에서 낮은 점수를 보인 학생들이 연구결과를 반영한 고도로 체계적이고 명시적인 프로그램에 배치될 필요가 있다는 것을 지적한 여러 개의 논문들이 플로리다 주 읽기 연구센터 웹사이트(www.fcrr.org/science/pulbications.html)에 나와 있다.

연구결과를 반영하지 않은 기존의 읽기 프로그램을 아주 명시적이고 체계적인 핵심 프로그램으로 대체하는 것이 가능하지 않다면 이 장의 앞부분에서 언급한 특화된 핵심 읽기 프로그램 또는 중재 프로그램 중 하나를 구입하여 사용할 것을 권장한다. 교사는 이 프로그램을 핵심 읽기 프로그램을 시작하기 전 수개월 동안 이용하고, 그 해 내내 하루에 30분 정도씩 추가로 중재 프로그램을 지속적으로 사용할 수 있다. 이 방법은 비록 이상적이지는 않지만 학생들의 읽기 성취 수준을 어느 정도 향상시킬 수 있다.

제 23 장

초등 2학년과 3학년 교실 수업

학교는 이전 학년에서 나왔던 내용을 숙달하지 않은 학생뿐만 아니라 이전 학년에서 모든 내용을 숙달하고 현재 학년에 잘 준비된 초등 2~3학년 학생들의 다양한 요구도 충족시켜 주도록 수업을 조직해야 한다. 2학년과 3학년 때 상대적으로 뒤처지는 학생들은 나중에 학업에서 실패할 위험이 매우 크다. 집중적이고 잘 계획된 학교 차원의 프로그램을 통해 모든 학생들의 요구를 충족시켜 줄 수 있다.

이 장에서는 평가의 사용, 시간 할당과 학급 편성과 같은 학교 조직화 사안, 학년 수준의 성취를 보이는 학생들을 위한 프로그램의 마련과 적용 방법, 해당 학년 수준보다 심각하게 낮은 성취를 보이는 학생들을 위한 프로그램의 마련과 적용 방법 등을 다룬다.

초등 2~3학년에서 평가 사용하기

학년 초 선별 평가

학년 초 선별 평가의 목적은 각 학생들의 수업 수준을 결정하기 위함이다. 일부 좀 더 체계적이고 명시적인 핵심 읽기 프로그램과 중재 읽기 프로그램에는 학생들의 수업 수준을 결정할 배치 검사가 포함되어 있다. 불행하게도 대부분의 읽기 프로그램들은 배치 절차에 이러한 정도의 구체성을 갖고 있지 못하다.

만약 사용하고 있는 프로그램에 학년 초 배치 검사 절차가 없다면 오리건 대학교 웹사이트(http://dibels.uoregon.edu)에서 무료로 사용 가능한 DIBELS를 사용할 것을 권장한다. 초등 2학년과 3학년 단계의 경우 DIBELS는 구두 읽기 유창성에 초점을 맞추고 1분 동안에 정확하게 읽은 단어의 수와 오류를 범한 단어 수를 측정한다.

DIBELS는 학생들을 그들의 수행 정도에 따라 기준 학생(benchmark student, 해당 학년 수준의 자료를 소화할 수 있는 수준), 전략 학생(strategic student, 추가 수업으로 해당 학년 자료를 소화할 수 있는 수준), 위험 학생(at-risk student, 해당 학년 수준 자료를 소화할 수 없는 수준)으로 분류한다.

선별 평가자료 이용하기

2학년 초기

- 기준 학생: 2학년 수준의 읽기 자료를 1분에 44단어 속도로 95% 정확하게 읽는 학생은 2학년 수준의 읽기 자료에 배치한다.
- 전략 학생: 2학년 수준의 읽기 자료를 1분에 26~43단어 속도로 95% 정확하게 읽는 학생은 1학년 후반기 읽기 자료를 가지고 굳히기 연습

을 필요로 하고, 그 연습 후에 2학년 수준의 읽기 자료에 배치한다.

- 위험 학생: 2학년 수준의 읽기 자료를 1분에 26단어 미만의 속도로 90% 미만의 정확도를 갖고 읽는 학생은 1학년 단계의 여러 가지 읽기 기술을 숙달하지 않았을 가능성이 크기 때문에 아주 명시적이고 체계적이며 심각하게 읽기 수행 수준이 뒤처진 학생들의 수행을 가속적으로 향상시키도록 고안된 읽기 프로그램에 배치할 것을 고려해야 한다.

3학년 초기

- 기준 학생: 3학년 수준의 읽기 자료를 1분에 77단어 속도로 95% 정확도를 갖고 편안하게 읽는 학생은 3학년 수준의 읽기 자료에 배치한다.
- 전략 학생: 3학년 수준의 읽기 자료를 1분에 53~76단어 속도로 95% 정확하게 읽는 학생은 2학년 읽기 자료를 가지고 굳히기 연습을 할 필요가 있고, 그 연습 후에 3학년 수준의 읽기 자료에 배치한다.
- 위험 학생: 3학년 수준의 읽기 자료를 1분에 53단어 미만의 속도로 90% 미만의 정확도를 가지고 읽는 학생은 1학년과 2학년 단계의 주요 읽기 기술을 숙달하지 않았을 가능성이 크기 때문에 아주 명시적이고 체계적이며 심각하게 읽기 수행 수준이 뒤처진 학생들의 수행을 가속적으로 향상시키도록 고안된 읽기 프로그램에 배치할 것을 고려해야 한다.

학년 수준보다 낮은 성취 수준을 보이는 학생들을 대상으로 해서는 좀 더 종합적인 평가를 실시해야 한다. 학년 수준에 근접한 성취 수준을 보이는 학생들은 이전 학년 단계에서 소개되었던 음소에 대한 검사를 해야 한다. 이 장의 후반부에서 이러한 목적을 위해 사용할 수 있는 평가에 관한 정보들이 제시된다. 학년 수준보다 심각하게 낮은 성취 수준을 보이는 학생들에게는 사용할 구체적인 자료에 해당하는 배치 검사를 실시해야 한다.

많은 학생들은 첫 1~2주 수업 후에는 학교에 들어올 때보다 훨씬 잘 수행할 것이다.

첫 1~2주 수업 후에는 잘못 배치된 것으로 보이는 학생들이 보다 높은 수준의 수행을 보이는지를 확인하기 위해 이들의 읽기 수행을 평가해야 한다. 이 때에는 다른 버전의 DIBELS을 실시하거나 학생들로 하여금 읽기 프로그램의 문단을 읽어 보게 한다. 첫 1~2주 수업 후에 학급 편성과 배치를 재검토하는 것은 아주 중요하다.

2학년과 3학년에서의 진전도 점검

2학년과 3학년 동안에 교사는 아이들이 교사가 가르치고 있는 읽기 프로그램을 제대로 학습하고 있는지를 확인하고 또한 현재 가르치고 있는 것들이 학년 말까지 학습할 것으로 기대되는 것들에 대해 준비를 시키고 있는지를 확인하기 위해 주기적으로 진전도 점검 평가를 실시해야 한다.

2학년과 3학년에서의 진전도 점검 평가에는 구두 읽기 유창성과 독해 두 부분을 포함시켜야 한다.

일부 아주 명시적이고 체계적인 읽기 프로그램들에는 구두 읽기 유창성 진전도 점검 평가가 포함되어 있다. 하지만 대부분은 그렇지 않다. 만약 어떤 읽기 프로그램이 구두 읽기 유창성 진전도 점검 평가를 포함하고 있지 않으면 DIBELS 평가를 실시한다.

구두 읽기 유창성은 학생들이 해당 학년 읽기 자료를 97%의 정확도를 가지고 1분에 135단어를 읽을 때까지 실시한다.

2학년과 3학년에서의 구두 읽기 유창성 평가의 빈도는 학년 초 아동들의 수행 정도에 달려 있다.

- 학년 초에 정확도와 속도 면에서 해당 학년 수준의 기준에 맞는 수행(학년 초 2학년 기준은 1분에 최소 44단어와 95%의 정확도이고 3학년 초의 기준은 1분에 최소 77단어와 95%의 정확도다.)을 보이는 학생들에게는

해당 학년 수준에 맞게 수행을 하고 있는지를 확인하기 위해 2~3개월마다 검사를 실시한다.

- 학년 초에 정확도와 속도 면에서 해당 학년 수준보다 약간 정도만 낮은 수행(2학년의 학년 초 수행 기준은 DIBELS 평가에서 1분에 26~43단어의 속도와 95%의 정확도고 3학년의 경우 최소 1분에 53~76단어에 95%의 정확도다.)을 보이는 학생들에게는 해당 학년 수행 수준의 읽기 속도를 보이는지 확인하기 위해 최소한 매달 한 번씩 검사를 실시한다.
- 학년 초에 정확도와 속도 면에서 해당 학년 수준보다 심각하게 낮은 수행을 보이는 학생들에게는 최소한 매주 한 번씩 검사를 실시한다(해당 학년 초기 수행 기준은 2학년의 경우 1분에 26단어 미만에 90% 이하의 정확도고 3학년의 경우 1분에 53단어 미만에 90% 이하의 정확도다).

독해 진전도 점검 평가는 읽기 프로그램에서 가르친 구체적인 기술들을 평가해야 한다. 이러한 평가들은 학생들이 특정 읽기 프로그램에서 치르는 문항과 주 단위 검사에서 나왔던 문항들과 유사한 필기 문항들로 구성한다.

학생들이 기대되는 진전을 보이고 있는지 결정하기

학생들이 학년 말까지 해당 학년 수행 기준에 도달하기 위해서는 유창성과 정확도를 충분히 발달시켜야 한다. DIBELS에 따르면 2학년 말 학년 수준의 문단에서 1분에 90단어를 읽어야 하고 3학년 말 학년 수준의 문단에서는 1분에 110단어 정도를 읽어야 한다.

교사는 학생들의 읽기 유창성을 지속적으로 점검하여 이들이 학년 기준을 향해 지속적으로 향상하고 있는지를 확인해야 한다. 연말 유창성 기준에서 연초 유창성 기준을 뺀 다음 이를 해당 학년도 수업 주수로 나누어 한 주당 필요한 향상 목표를 설정한다. 예를 들어, 학년 초 2학년 학생이 1분에 30단어를 읽는다고 하자. 2학년 말 목표 유창성 기준은 1분에 90단어다. 수업 주수는 32주다. 90에서 30을 빼면 해당 학년도에 달성해야 할 읽기 유창성 목표가 도출되고, 각 주당 목표를 계산하기 위해 이를 32로 나눈다(90-30=60, 60/32=1.875). 이는 아동이 읽기 유창성 측면에서 한 달에 7~8단어 정도 향상을 보여야 함을 의미한다.

교실 수업

교실 수업 활동에는 수업시간 할당, 학급 편성과 학생들의 배치, 학생들의 필요에 근거한 수업 다변화 등이 포함된다.

시간 할당

학교 이외에는 수업을 거의 제공하지 않는 사회 및 가정환경에서 자란 학생들을 가르치는 교사는 이들 학생들이 학년 말까지 해당 학년 수준에 이르는 데 필요한 모든 정보를 학교 수업시간에 학습하도록 충분한 수업을 제공할 책임의식을 가져야 한다. 많은 수의 읽기 부진 및 부진 위험 학생을 가르치는 교사들은 2학년과 3학년 기간 동안 최소한 매일 150분을 읽기와 언어 수업에 할당하되, 그 대부분의 시간을 중요한 읽기 기술을 직접 가르치는 데 할애할 것을 권장한다.

전략적 수준의 수행(해당 학년 수준 자료를 소화할 수는 있지만 기준 유창성 수준에는 약간 미치지 못하는 경우)을 보이는 학생들은 정규 읽기 프로그램 이외에 매일 추가 수업을 필요로 할 것이다. 이상적으로는 이 학생들에게 매일 30분 정도의 추가 수업을 실시하되, 이 수업에서는 어려움을 겪고 있는 발음 요소를 모두 복습시키고 이야기 읽기 유창성과 정확도를 향상시킨다. 일단 학생들이 기준 수준의 유창성을 보이면 추가 시간을 독해 활동에 투입할 수 있다.

해당 학년 수준보다 심각하게 낮은 수준의 읽기 수행을 보이는 학생들에게는 해당 학년도에 평균적인 연간 진전도보다 훨씬 높은 향상을 보이도록 수업시간을 충분히 할당해야 한다. 학년 초 읽기 수행 수준을 보이는 학생들에게는 아주 명시적이고 체계적인 읽기 프로그램으로 매일 두 번씩 최소한 30~45분 길이의 소집단 읽기 수업을 실시해야 한다. 그리고 이들의 언어 기술 수준이 낮다면 매일 30분 길이의 구두 언어 집단 수업이 추가로 필요하다. 어떤 경우에는 정규 수업 이외에 매일 방과 후 수업이 필요할 경우도 있다. 여름 방학 기간 중 수업 역시 제공할 수 있다.

이러한 시간 양만큼의 수업을 제공하기 위해서는 학교 차원의 계획이 수립되어, 모든 학생들의 학습 요구를 가장 효율적으로 충족시켜 줄 수 있는 구입 가능한 자료를 사용하도록 교장과 교사가 같이 노력해야 한다.

학급 편성과 학생들의 배치

학생들이 처음으로 읽기를 학습할 때는 수업을 소집단 형태로 제시할 것을 권장한다. 왜냐하면, 교사는 학생들의 반응을 듣고 개별적인 피드백을 제공해야 하기 때문이다. 학생들이 발음에 관해 더 알게 되고 점점 유창하고 정확하게 읽게 됨에 따라 읽기 수업 집단 내 학생 수를 증가시킨다.

읽기 수행 수준이 여전히 학년 초 수준에 머물고 있는 학생들은 4~10명 정도의 소집단으로 편성하여 수업을 해야 한다. 만약 이 학생들이 언어적 결함까지 갖고 있다면 집단 내 학생 수는 더욱 적어야 한다는 것에 주목하기 바란다.

2~3학년 학생 중 학년 수준 읽기 자료를 97%의 정확도와 1분에 50~

60단어 정도의 속도로 읽을 수 있는 학생들에게는 좀 더 큰 규모의 읽기 수업 집단에서 수업을 제공할 수 있다. 언어나 독해 측면에서 심각한 어려움을 갖고 있지 않은 학생들과 학년 수준의 읽기 자료를 정확하게 읽는 학생들의 경우에는 읽기 수업 집단 크기를 원래 학급 규모 정도로 한다. 언어와 독해 측면에서 심각한 문제를 갖고 있는 학생들의 경우에 수업 집단 크기는 10~15명 정도로 제한하여 교사가 구두 반응을 점검하고 더욱 즉각적인 피드백을 제공해 주어야 한다.

수업 효율성은 수업 집단 내 학생들이 모두 동일한 혹은 비슷한 수업 수준일 때 최고로 높아진다. 학생들의 학업 수준 이외에 다른 기준으로 학급을 편성한 학교의 교사들은 학급 내 학생들의 기술 차이가 매우 크다는 것을 발견하게 될 것이다. 그럴 경우, 우리는 150분 길이의 언어 능력 수업을 편성하여 학생들을 학년 내 그리고 학년 간에 섞어서 편성할 것을 권장한다. 상위 수행을 보이는 학생들을 가르치는 교사들의 학급 내 학생 수가 가장 많아야 하고, 하위 수준의 수행을 보이는 학생들을 가르치는 교사들의 학급 내 학생 수가 가장 적어야 할 것이다.

수업 집단 규모가 클수록 교사는 규모가 큰 학급 내에서 특정 읽기 기술에 어려움을 겪고 있는 학생들을 위해 추가로 소집단 수업을 매일 제공할 준비를 해야 한다.

프로그램 가르치기: 수업 다변화

핵심 프로그램들의 문제점

앞에서도 언급했듯이, 대부분의 핵심 읽기 프로그램들은 '너무 많은 것을 너무 적게'로 특징지을 수 있는 방식으로 설계되어 있다. 이러한 프로그램의 특징은 많은 학생들에게, 특히 현재 읽기 부진 및 부진 위험이 있는 학생들에게 문제가 된다. 왜냐하면, 이들은 숙달될 만큼 초기에 충분한 수업을 받지도 못하고 배운 것을 유지할 만큼 충분한 연습과 복습도 받지 못하기 때문이다. 두 번째 문제는 한 번에 너무 많은 것이 소개된다는 것이다. 너무 빨리 소개하면 교사와 학생들이 좌절하게 된다. 세 번째 문제는 특정 기술을 어떻게 명시적으로 가르칠 것인지에 관해 교사들에게 제공되는 지침이 부족하는 점이며, 네 번째 문제는 어떻게 수업을 상호작용적이게 할지에 관해 교사들에게 제공되는 지침이 충분하지 않다는 것이다.

학년 수준 혹은 그에 근접한 수행을 보이는 학생들을 위한 프로그램의 개선

교사들은 이 책에 제시된 절차들을 반영하여 자신들이 사용하고 있는 프로그램들을 향상시킬 수 있다. 필요한 수정의 정도는 (a) 그 프로그램에서 기술들이 얼마나 명시적이고 체계적으로 가르쳐지고 있는가, 그리고 (b) 가르치고 있는 특정 학생의 학습 요구가 무엇인가에 따라 달라질 것이다. 보다 수업을 잘 소화하는 학생들을 가르치는 교사는 특정 프로그램으로도 충분할 것이라는 것을 알게 되겠지만, 상대적으로 수업을 소화하는 데 어려움을 겪는 학생들을 가르치는 교사는 그 프로그램에 문제가 많다는 것을 발견하게 될 것이다. 교사들은 학생들이 어려움을 겪을 경우 프로그램을 수정할 준비를 해야 한다.

2학년과 3학년 읽기 자료를 향상시키는 데 있어서 주요 단계는 다음과 같다. (a) 매일 무엇을 가르칠 것인가 결정하기, (b) 더욱 명시적이고 분명하게 교사의 시범 보여 주기, (c) 학생들이 전략을 적용할 때 피드백과 함께 안내된 연습 제공하기, (d) 학생들이 숙달하고 정보를 유지할 수 있도록 별도의 연습을 제공하기.

다음 사항들은 읽기 수업의 요소별로 수업을 향상시킬 제안사항들을 나타낸 것이다.

발음 수업 다가올 수업 내용을 미리 검토하여 발음 요소들이 분명하게 해당 프로그램에서 가르쳐지고 있는지, 그리고 충분한 연습이 있는지를 확인한다. 발음 요소와 그 발음 요소를 단어 읽기에 적용하는 것을 가르치기 위해 10장에서 제시된 수업 형식을 사용한다.

부록 A는 다양한 발음 요소를 가르치기 위해 이용할 수 있는 단어 목록을 나타낸 것이다. 단어 목록 연습을 준비할 때 이전에 가르쳤던 비슷한 발음 요소를 포함한 단어들을 새로운 발음 요소를 포함하고 있는 단어 목록에 같이 포함시킴으로써 변별 연습을 충분히 준비한다. 학생들이 변별 단어 목록상의 단어들 중 새로운 발음 요소를 포함한 단어를 오류 없이 정확하게 읽을 때까지 새로운 발음 요소에 초점을 맞춘다.

불규칙 단어는 현실적인 속도로 소개해야 한다. 향후 제시될 이야기에 나오는 단어들은 불규칙 단어 목록 연습에서 제시해야 한다. 향후 읽게 될 이야기에 너무 많은 불규칙 단어가 들어 있으면 우선순위를 정해서 향후 읽기에서 더 많이 나오게 될 단어를 가르친다.

구두 문단 읽기와 유창성 수업 구두 이야기 읽기는 일일 수업에 매일 포함시켜야 한다. 13장에서 논했던 이야기 읽기 절차를 이야기 읽기 연습 수업에 사용할 수 있다. 학생들이 읽게 될 이야기에 학생들이 아직 배우지 않은 읽기 기술을 요하는 단어가 들어 있지 않는지 확인해야 한다.

읽기 유창성 수업 역시 학생들의 읽는 속도에 근거하여 필요한 양만큼 매일 제시해야 한다. 적절한 읽기 속도보다 낮은 수준으로 읽는 학생들은 별도의 읽기 유창성 연습을 해야 한다. 읽기 유창성 향상을 위한 수업 절차는 13장에 나와 있다. 2학년의 경우 학년 말에는 2학년 수준의 읽기 자료를 가지고 1분에 110단어 정도를 읽는 수준까지 향상을 보여야 한다. 3학년의 경우, 학년 말까지는 3학년 수준의 읽기 자료를 가지고 1분에 135단어 정도를 읽는 수준까지 향상을 보여야 한다. 이 속도는 DIBELS 목표보다 더 높다는 것에 주목하기 바란다. 독해에 더욱 집중할 수 있도록 이러한 높은 수준의 목표를 읽기 부진 위험 학생들에게 제시하는 것이 좋다.

어휘와 배경 지식 읽기 부진 및 부진 위험이 있는 학생들은 종종 독해 연습에 어려움을 겪는다. 왜냐하면, 읽기 프로그램들이 중요한 어휘나 배경 지식을 충분히 미리 가르치지 않고 학생들 또한 필요한 지식을 갖고 있지 않기 때문이다.

교사는 학생들에게 문단을 읽어 보라고 하기 적어도 며칠 전에 그 문단을 검토해야 한다. 학생들이 그 뜻을 모를 가능성이 크지만 그 단어의 의미를 아는 것이 텍스트를 이해하는 데 매우 중요한 단어를 기록해 둔다. 이 단어들을 프로그램에서 어휘 연습용으로 제시한 단어들과 비교한다. 만약 프로그램에 학생들이 모르는 중요한 단어에 대한 연습이 제시되어 있지 않으면 16장에 제시된 절차를 이용하여 어휘 가르치는 것을 보완한다. 중요한 배경 지식에 관해서도 동일한 절차를 사용하여 향후 독해 연습에서 학생들이 알아야 할 배경 지식을 찾아내고, 만약 프로그램서 그 지식을 가르치고 있지 않으면 이 지식을 가르칠 수업을 만들어 적용한다.

독 해 많은 2학년과 3학년에 해당하는 상업용 읽기 프로그램들은 학생들이 학습하여 오랫동안 사용할 수 있도록 독해 기술과 전략을 체계적으로 소개하거나 통합하지 않는다. 제안된 전략들을 검토하고 어떤 것이 학생들의 독해 기술 수준에 적절한지를 결정해야 한다. 만약 전략들(예컨대, 요약하기)이 명시적으로 가르쳐지고 있지 않으면, 이들 전략들을 가르치기 위해 19장을 참조한다.

2학년과 3학년 단계에서 교사는 학생들이 독해 기술을 적용하는지 여부를 확인하기 위해 이야기 읽기와 잘 맞추어진 지문 독해 연습을 하도록 요구해야 한다. 학생들이 학습한 것은 신속하게 교정해 주어야 하고, 지문 독해에 어려움을 겪는 학생들에게는 그들이 틀린 문항을 고치는 데 도움을 주기 위해 별도의 수업을 제공해 주어야 한다.

전략 기준에 해당하는 학생들

전략 기준에 해당하는 학생들은 구두 읽기 유창성 부분에서 해당 학년 기준 수준에 이르지는 못하지만 별도의 지원을 조금 받으면 현 학년의 읽기 교재를 소화할 만큼 충분하게 이전 학년에서 학습한 학생들을 말한다.

학년 초 첫 몇 주 동안 교사는 이들 학생들이 더 학습해야 하는 발음과 유창성 기술을 확실히 익히도록 이전 학년의 자료를 사용할 수 있다.

더 연습할 발음 기술을 결정하기 위해 우리는 학생들이 어떤 발음을 아는지 혹은 모르는지 교사가 알아낼 수 있도록 도움을 주기 위해 비형식적인 진단 평가를 준비해 왔다. '초등 발음 평가(Primary Phonics Assessment)'(부록 D)는 학생들이 어떤 발음을 아는지 모르는지를 알려 주는 예비 지표로 사용하도록 고안된 것이다. 그 어떤 검사도 결정적이지 않기 때문에 지표(indicator)란 용어를 사용한 것에 주목하기 바란다. 어떤 한 단어 내의 발음 요소를 정확하게 읽을 수 있다고 해서 그 학생이 다른 단어 내의 동일한 발음 요소도 반드시 읽을 수 있는 것은 아니다. 예를 들어, 어떤 학생이 hawk는 제대로 읽을지라도 claw 같은 다른 단어의 aw 소리는 읽지 못할 수 있다.

초등 발음 평가는 학생들이 목록 안의 단어를 읽는 개별적으로 실시되는 구두 검사다. 단어들은 우리가 권장한 발음 요소 소개 순서에 따라 제시하였다. 각 단어는 특정 발음 요소를 평가하도록 고안되었다. 검사 요소는 학급 기록지의 해당 단어 앞에 적혀 있다. 각 학생들이 수행한 것을 개별 기록 용지에 기록하고 학급 기록지에 학급 자료를 요약한다. 이 평가를 실시하는 지침과 기록 용지가 부록 D에 나와 있다.

굳히기 수업을 계획하는 데 학급 기록시의 사료를 사용할 수 있다. 한 명 이상의 학생들이 초등 발음 평가에서 오류를 범한 첫 번째 발음 혹은 구조 요소부터 수업을 시작한다. 하나의 요소를 가르치는 데 너무 많은 시간을 투입하기 전에 그 요소를 포함하고 있는 단어를 틀린 학생들을 다시 검사한다. 재검사는 학생이 그 요소를 모르는지 여부를 재확인하기 위함이다. 발음 요소를 따로 떼어 내어 적고 학생에게 "이 글자를 보통 어떻게 발음하나요?"라고 묻는다. 그런 다음, 그 요소를 포함하고 있는 단어를 두세 개 더 선정하여 학생으로 하여금 읽어 보도록 한다.

부록 A에는 다양한 발음 요소를 가르치는 데 사용할 수 있는 단어 목록이 포함되어 있다. 단어 목록 연습을 준비할 때 교사는 먼저 현재 가르치고 있는 발음 요소를 포함하고 있는 단어를 제시한다. 그런 다음, 현재 가르치고 있는 발음 요소와 학생들이 이전에 배웠던 것 중 이와 비슷한 요소를 포함한 단어가 섞인 변별 연습용 단어 목록을 제시한다. 이러한 기술을 가르치는 수업 형식이 10장에 제시되어 있다.

새로운 발음 요소에 며칠간 집중한다. 학생들이 이러한 새로운 발음이 포함된 단어를 며칠 동안 변별 연습용 단어 목록에서 읽을 수 있으면 표를 보고 학생들이 알지 못했던 그 다음 발음 요소를 찾아 이를 가르친다.

발음 기술을 가르치는 것 이외에, 교사는 또한 이전 학년 자료의 문단을 사용하여 읽기 유창성을 향상시켜야 할 것이다. 교사는 수업 전에 학생들이 95%의 정확도를 가지고 읽을 이야기를 찾아내야 한다.

이전 학년에 가르쳤던 발음 기술을 학생들이 확실히 알도록 가르치고 나면 학생들에게 현재 학년 수준의 자료를 가르칠 수 있다. 학생들이 별도로 도움을 필요로 하는 읽기 유창성과 발음 기술에 대해 추가로 매일 30분 길이의 소집단 수업을 제공해야 한다.

종종 상업용 보조 자료를 활용하는 것이 유용할 때도 있다. 발음 요소와 그 발음 요소를 단어 읽는 데 사용하는 것에만 초점을 맞춘 일부 상업용 프로그램들이 있다. 이러한 발음 프로그램들은 학생들 사이의 발음 관련 지식 정도가 매우 다양할 때 유용하다. 그 프로그램들 중 하나는 Anita Archer가 저술한 『읽기를 위한 발음(Phonics for Reading)』 프로그램이다. 읽기 유창성을 향상시키는 데 사용할 문단과 절차를 제공해 주는 자료에 관해서는 여러 가지 자료들이 있다. Read Naturally라 불리는 회사는 읽기 유창성을 가르치는 데 필요한 다양한 자료를 준비해 왔다(http://www.readnaturally.com).

각 주에 기술적인 지원을 제공하도록 연방정부의 읽기 우선 프로젝트 기금을 지원받은 몇 개의 대학 연구센터들이 상업용 프로그램들을 검토하고 발음과 읽기 유창성 측면에서 보조 자료로서의 수업설계와 잠재적인 효과성에 관해 보고서를 준비해 왔다. 이러한 프로그램들에 대한 보고서는 플로리다 읽기 연구센터(www.fcrr.org)와 오리건 대학교 웹사이트(http://oregonreadingfirst.uoregon.edu/SIreport.php)에 나와 있다.

학년 수준보다 심각하게 낮은 성취를 보이는 학생들

해당 학년 수준보다 심각하게 낮은 읽기 수행을 보이는 2학년과 3학년 학생들을 위한 읽기 프로그램은 이들 학생들이 해당 학년 동안 평균적인 연간 향상 정도보다 더 많은 향상을 거둘 만큼 효과적으로 설계해야 한다.

초기 읽기 단계의 수준을 보이는 학생들은 적어도 매일 30~45분 길이의 소집단 읽기 수업을 받아야 하며, 만약 이들이 언어적 요구를 갖고 있다면 추가로 30분 길이의 언어 수업을 매일 받아야 한다. 어떤 경우에는 정규 수업 이외에 매일 방과 후 수업이 필요하다. 종합적인 읽기 프로그램은 학년도가 시작되면 바로 시작되어야 한다.

해당 학년 수준보다 심각하게 낮은 수행을 보이는 학생들에게 사용될 수업 자료는 매우 체계적이고 명시적이어야 한다. 프로그램은 전체적으로 중요한 기술에 초점을 맞춤으로써 뒤처신 학생들의 수행을 가속화하도록 설계해야 한다. 불행하게도 심각하게 낮은 수행을 보이는 학생들을 대상으로 한 프로그램들은 대개 동일한 기술을 동시에 가르치는 데 사용되는 다른 자료와 잘 맞지 않으며, 결과적으로 가장 취약한 학생들이 가장 조화되지 않은 프로그램으로 수업을 받게 되는 결과를 초래한다. 이들 학생들에게는 다양한 자료를 선정하는 것보다는 모든 요소들을 서로 잘 맞추어 가르치는 중재 방법이나 주축 프로그램을 선정할 것을 권장한다. 불행하게도 읽기 부진 학생들에게 적절하다고 선전된 많은 프로그램들을 자세히 검토해 보면 수업 측면에서 적절하지 않다. 중재 프로그램에 관한 보고서들 역시 플로리다 읽기 연구센터와 오리건 대학교 웹사이트에 나와 있다.

우리가 검토한 중재 프로그램 중에서 Sigfried Engelmann이 개발한 직접교수법이 가장 효과적이었다. Englemann은 심각하게 뒤처진 2~3학년 학생들의 수행을 가속화시키는 데 사용할 수 있는 여러 개의 프로그램을 개발하였다. 첫 번째 프로그램은 『읽기 숙달 속성(*Reading Mastery Fast Cycle*)』 프로그램이다. 이 프로그램은 『읽기 숙달(*Reading Mastery*)』 프로그램의 두 단계를 단 1년 동안의 읽기 수업에서 모두 다룬 것이다. 『읽기 숙달』 프로그램은 식재 결손뿐만 아니라 심각한 언어적 결손이 있는 학생들에게 특히 효과가 있다. 『읽기 숙달 속성』은 전혀 읽지 못하는 학생을 1년 만에 2학년 중간 수준으로 끌어올리는 데 사용할 수 있다. Engelmann이 개발한 두 번째 종합적인 프로그램은 『지평선(*Horizons*) A/B』 프로그램이다. 이 프로그램은 2년 동안의 내용을 한 학년에 모두 다룬다. 『지평선 A』와 『지평선 B』는 각각 1년짜리 프로그램으로 매우 체계적이고 명시적이다. 첫 번째 단계에서 수정한 철자법을 사용하는 『읽기 숙달』과는 달리, 『지평선 A』와 『지평선 B』는 전통적인 철자법을 사용한다. 『지평선 A』와 『지평선 B』는 『읽기 숙달』보다 약간 상위 수준의 학생들을 대상으로 한 프로그램이다. 컴퓨터 프로그램인 Funnix는 『지평선 A』와 『지평선 B』의 수업을 제공하기 위해 개발되었다. Funnix는 매우 독특하다. 대개 하나 또는 둘의 읽기 요소만을 다룬 대부분의 컴퓨터 프로그램과는 달리, Funnix는 기본적으로 읽기 수업의 5가지 요소—음소 인식, 발음, 유창성, 어휘, 독해—를 모두 조화롭게 맞추어 가르치는 것을 포함하여 200개 이상의 종합적인 수업을 포함하고 있는 집중적인 읽기 프로그램이다. Funnix는 독립적인 프로그램으로 혹은 『지평선 A』와 『지평선 B』의 보조 프로그램으로 모두 사용 가능하다. Funnix에 대한 보다 자세한 정보는 www.funnix.com을 참조하기 바란다.

부록

부록 A　단어 목록

부록 B　구어 선별 검사와 기록 용지 조직하기

부록 C　초기 발음 평가

부록 D　초등 발음 평가

부록 A 단어 목록[1)]

- 연속음으로 시작하는 CVC 단어들
- 단절음으로 시작하는 CVC 단어들
- 자음 혼합이나 복자음으로 시작하는 CVCC 단어들
- 자음 혼합으로 시작하는 CCVC 단어들
- CCVCC, CCCVC, CCCVCC 단어들
- 장모음의 VCe 유형 단어들
- 글자 조합
- 접미사
- 접두사
- CVCe 파생 단어들
- 중간에 단일 자음 혹은 자음 혼합을 가진 2음절 단어

1) 부록 A에서 괄호는 변별 연습에서 사용할 수 있는 최소한으로 다른 단어를 나타낸다.

연속음으로 시작하는 CVC 단어들 (9장)

a	*i*	*o*	*u*	*e*
fad				fed
fan	fin		fun	
fat	fit			
lad	lid			led
lag		log		leg
lap	lip			
	lit	lot		let
mad	mid		mud	
		mom	mum	
man				men
map		mop		
mat	mit			met
		nod		Ned
Nat	nit	not	nut	net
nap	nip			
	rid	rod		red
rag	rig		rug	
ram	rim		rum	
ran		Ron	run	
rap	rip			
rat		rot	rut	
sad	Sid	sod		
Sam			sum	
	sin		sun	
sat	sit			set
sap	sip			

단절음으로 시작하는 CVC 단어들 (9장)

a	*i*	*o*	*u*	*e*
bag	big		bug	beg
bad	bid		bud	bed
bam			bum	
bat	bit		but	bet
cap		cop	cub	
cab			cup	
can		con		
cat			cut	
dad	did		dud	
Dan		Don		den
	dig	dog	dug	
	dip			
gas			Gus	
gag				
			gun	
had	hid			
ham	him		hum	
has	his			
hat	hit	hot	hut	
	hip	hop		
		hog	hug	
				hen
jab		job		
jam	Jim			jet
	jig	jog	jug	
	kin			Ken
	kid			
pan	pin			pen
pat	pit	pot		pet
	pig			peg
		pop	pup	pep

(계속)

단절음으로 시작하는 CVC 단어들 (9장)

a	*i*	*o*	*u*	*e*
tab			tub	
tag			tug	
tan	tin			ten
tap	tip	top		
	Tim	Tom		

자음 혼합이나 복자음으로 시작하는 CVCC 단어들 (9장)

a		*i*		*u*		*e*		*o*
act	(at)	fill		bump	(bum)	belt	(bell)	golf
and	(add)	film		bunt	(bun)	bend	(Ben)	honk
ant	(an)	fist	(fit)	bust	(but)	bent	(Ben)	lock
band	(bad)	hint	(hit)	dump		best	(Bess)	pomp
bank			ink		dust			pond
camp	(cap)	lick		gulp		dent	(den)	rock
can't	(can)	lift		gust	(gut)	end	(Ed)	romp
cast	(cat)	limp	(lip)	hunt	(hut)	felt	(fell)	sock
damp	(dam)	milk		hung	(hug)	held	(help)	soft
fact	(fat)	mint	(mit)	jump		left	(let)	
fast	(fat)	mist	(miss)	junk		kept		
gasp	(gas)	sick		luck		melt	(mell)	
hand	(had)	tilt	(till)	lump		mend	(men)	
lamp	(lap)	wind	(win)	must		neck		
land	(lad)			punk		nest	(net)	
last				runt	(run)	pest	(pet)	
mask				rust	(Russ)	self	(sell)	
mast	(mass)			suck		send		
pant	(pan)			sung		sent		
past	(pass)					test		

(계속)

자음 혼합이나 복자음으로 시작하는 CVCC 단어들 (9장)

a		*i*	*u*	*e*		*o*
raft	(rat)			tent	(ten)	
sack				weld	(well)	
sand	(sad)			went	(wet)	
sank						

자음 혼합으로 시작하는 CCVC 단어들 (9장)

bl—bled (ned), blot
br—brag (bag), brat (bat), bred (bed), brig (big), brim
cl—clad, clam, clan (can), clap, clip, clot, club (cub)
cr—crab (cab), cram, crib, crop (cop)
dr—drag, drip(dip), drop, drug (dug), drum
fl—flag, flap, flat (fat), fled (fed), flip, flop
fr—frog (fog), from
gl—glad, glum (gum)
gr—grab, gram, grim, grin, grip
pl—plan (pan), plop (pop), plot (pot), plug, plum, plus
pr—prop (pop)
sc—scan, scat (sat), scab
sk—skid, skim, skin, skip, skit
sl—slam (Sam), slap (sap), slat, sled, slim, slip (sip), slob (sob), slot, slug, slum (sum)
sm—smog, smug
sn—sang, snap (sap), snip, snub, snug
sp—span, spat (sat), sped, spin, spit (sit), spot, spun (sun)
st—stab, stem, step, stop, stun (sun)
sw—swam (Sam), swim
tr—trap (rtap), trim (Tim), trip (tip), trot (tot)
tw—twig, twin (tin)

CCVCC, CCCVC, CCCVCC 단어들 (9장)

bl—blast, blimp, blunt (bunt), blond, blend (bend), blink, bliss, black (back), block, bluff
br—bring, brunt, brand (band), brass (bass)

cl—clamp (camp), clasp, cling, clump, clung, clink, class, cliff

cr—cramp, crust, craft, crisp

dr—drink, drank, drift, draft, dress, drill

fl—fling, flung, flunk

fr—frost, frank, frick, frill (fill)

gl—gland, glint, glass (gas)

gr—gramp, grand, grump, grant, grasp, grunt, grass (gas), grill

pl—lant (pant), plump (pump), plank

pr—print, prank, press

sc—scalp

sk—skunk, skill

sl—slang, slant, slump, slept, sling

sm—smack (sack), smell (sell)

sn—snack (sack), sniff

sp—spend (send), spent (sent), spank (sank), spunk (sunk), spell (sell), spill

st—stand (sand), stamp, stump, sting (sing), stink (sink), stomp, still, stiff, stack (sack), stuck (suck)

sw—swift, swang (sand), swung (sung), swing (sing), swell (sell)

tr—tramp, truck, trust, trend, trick (tick)

tw—twang, twist

spl—split (spit), splint, splat

str—strip, strap, strung, strand, struck

scr—scrap, scram, script

장모음의 VCe 유형 단어들 (9장)

1. 단일 자음으로 시작하는 단어들(CVCe)

a		*i*		*o*		*u*		*e*	
vane	(van)	time	(Tim)	hope	(hop)	cute	(cut)	Pete	(pet)
fade	(fad)	like	(lick)	note	(not)	use	(us)	eve	
made	(mad)	site	(sit)	robe	(rob)	mule			
bake	(back)	Mike	(Mick)	home		cure			
cane	(can)	mile	(mill)	joke		pure	(purr)		
tape	(tap)	ripe	(rip)	hole		fume			
mate	(mat)	file	(fill)	nose		mute			
hate	(hat)	tile	(till)	rope					

(계속)

장모음의 VCe 유형 단어들 (9장)

1. 단일 자음으로 시작하는 단어들(CVCe)

a		*i*		*o*		*u*		*e*	
sake	(sack)	pile	(pill)	mope	(mop)				
Jane	(Jan)	ride	(rid)	pope	(pop)				
pane	(pan)	mite	(mit)	bone					
same	(Sam)	fine	(fin)	cone	(con)				
cape	(cap)	wine	(win)	dope					
wave		pike	(pick)	hose					
tame	(tam)	bite	(bit)	note					
take	(tack)	kite	(kit)	yoke					
save		dime	(dim)	poke					
make	(Mack)	hide	(hid)	pole					
gaze		pine	(pin)	rose					
		tide		rode	(rod)				
		side	(Sid)						
		hire							
		fire							
		wire							
		dine							
		dire							
		line							
		like							
		dive							
		five							
		lime							
		bike							
		nine							
		size							

2. 자음 혼합으로 시작하는 단어들(CCVCe)

a		*i*		*o*		*u*
skate		slide	(slid)	spoke		brute
state		snipe	(snip)	broke		
trade		gripe	(grip)	close		
stale	(stall)	prime	(prim)	drove		
scale		spine	(spin)	globe		
snake	(snack)	spite	(spit)	froze		
slave		bride		scope		
slate	(slat)	crime		smoke		
scare		pride		stone		
plate		prize		stove		
plane	(plan)	smile		slope	(slop)	
grape		stripe	(strip)			
grade						
frame						

3. VCe 음절을 가진 다음절 단어

a	*i*	*o*	*u*	*e*
careless	perspire	hopeless	excuese	complete
escape	dislike	explode	confuse	stampede
inhale	likely	backbone	reuse	
take-off	umpire	pinhole	costume	
handmade	entire			
grateful	lifetime			
pancake	ninety			
	timeless			

글자 조합 (10장)

ai aid, aim, bail, bait, claim, hail, hair, laid, maid, mail, main, pail, paid, pain, paint, plain, rain, tail, stair, trait, afraid, complain, remain, explain, tailor, daily, aliment, maintain, obtain, aimed, failing, mailing, painter, raining, aid (add), aim (am), bait (bat), fair (far), maid (mad)

al fall, call, tall, ball, small, wall, mall, salt, false, bald, waltz, also, always, almost, salty, all right, walnut, hallway, walrus, alter

ar arm, bark, barn, card, cart, farm, far, star, hard, harm, mark, park, part, art, car, dark, mars, smart, start, yard, starve, shark, artist, darling, barber, target, party, carpet, partner, harvest, barking, starring, parked, smarter, started, bark (back), hard (hand), art (at), car (care), star (stare), bar (bare)

au fault, vault, sauce, cause, taught, haunt, laundry, author, autumn, August, daughter, applaud, because, auto

aw bawl, brawn, claw, dawn, hawk, jaw, law, lawn, paw, pawn, raw, saw, straw, crawl, shawl, yawn, awful, drawing, lawful, sawmill, lawyer, seesaw, outlaw, strawberry, awkward, awning

ay day, gay, may, ray, say, clay, gray, play, pray, spray, tray, payment, today, played, saying, player, playing, prayed, praying, away, Sunday

ch chap, chat, chip, chop, cheek, chug, charm, chimp, chain, cheap, chest, chill, chair, champ, catch. match, patch, pitch, switch, ditch, much, march, starch, crunch, arch, pinch, teach, touch, rich, hunch, chip (ship), chop (shop), cahp (clap), ditch (dish), catch (cash), catcher, pitcher, pitching, chopped, teacher, touched, rancher, chuckle, chilly, marching

ea bead, bean, beast, dean, deal, fear, hear, heal, heat, Jean, lead, meal, least, mean, meat, neat, read, sea, seal, speak, steam, east, eat, freak, leave, please, sneak, wheat, treat, bean (Ben), beat (bet), beast (best), meat (met), speak (speck), reason, season, peanut, teacher, eastern, dealing, speaker, sneaker, treated, eating, leaving, hearing, healed, heated, steaming

ee bee, creep, see, deer, flee, free, green, keep, wheel, three, jeep, creek, fleet, bleed (bled), beet (bet), peep (pep), weed (wed), beetle, between, canteen, fifteen, sixteen, indeed, needle, freedom, coffee, bleeding, creeped, wheeled, peeping

ue cue, due, sue, rescue, argue, tissue, value, statue

ew new, few, flew, chew, slew, stew, drew, grew, curfew, nephew

ey hockey, money, donkey, turkey, whiskey, valley, alley, monkey, honey

igh fight, light, right, tight, might, high, sigh

ir bird, birth, dirt, first, shirt, sir, skirt, stir, third, whirl, bird (bid), first (fist), shirt (short), stir (star), dirty, birthday, stirring, whirled, thirsty, thirty

kn knock, know, knee, knife, knight, knit, knob, knot, known

oa boast, coat, cloak, float, road, roast, oak, soap, throat, toast, boat (boot), coal (cool), load (loud), oar (our), oatmeal, toaster, unload, approach, railroad, seacoast, soapy, charcoal, coaster

oi boil, join, noise, point, spoil, moist, oil, voice, coil (cool), foil (fool), coin (con), boiler, appoint, adjoin, disappoint, poison, avoid, joined, noisy, boiling

ol bold, bolt, cold, colt, roll, fold, gold, hold, hole, scold, sold, told, toll, volt, control, enroll, folder, golden, holder, holster, roller, swollen, unfold, roller, folding, holding

oo boot, cool, food, fool, hoop, mood, moon, moose, room, soon, tool, pool, stoop, smooth, tooth, too, spoon, shoot (shot), stoop (stop), soon (son), hoop (hop), cartoon, bedroom, noodle, poodle, shampoo, igloo, bamboo, fooling, moody, shooting, raccoon, teaspoon, harpoon

or born, lord, porch, torn, stork, shore, fort, sport, torch, storm, north, corn (con), for (far), pork (park), port (part), short (shot), normal, order, organ, ordeal, border, conform, escort, forty, hornet, perform, inform, popcorn, story, morning

ou cloud, clout, loud, pout, pouch, scout, blouse, count, ground, found, out, round, sound, about, aloud, amount, around, counter, thousand, trousers, outside, cloudy, counting, grounder, bout 9boot), mouse (moose), noun (noon), mouth (moth), our (or)

ow blow, crow, glow, grow, know, low, owe, row, slow, show, throw, shown, thrown, grown, elbow, fellow, below, follow, hollow, pillow, shadow, yellow, window

oy boy, toy, joy, Troy, annoy, employ, enjoy, cowboy, oyster, royal

ph phone, graph, photo, phrase, photograph, physics, typhoon, alphabet, elephant, dolphin, orphan, pamphlet, trophy, nephew, paragraph

sh shed, shin, shut, shun, dish, wish, rush, lash, flash, fresh, crash, brush, trash, shine, chime, shame, shape, share, ship (slip), shot (slot), shop (stop), shell (sell), shack (sack), cash (cast), fish (fist)

th that, them, this, with, tenth, eleventh, twelfth, thirteenth, fourteenth, fifteenth, sixteenth, seventeenth, eighteenth, then (ten), than (tan)

ur church, curb, cur, hurt, purr, spurt, surf, turn, burst, curse, curve, purse, nurse, purple, turkey, Thursday, disturb, further, return, turtle, injure, burn (born), fur (far), curl (Carl)

wh when, whip, which, what, white, while

wr wrap, wreck, wrench, wring, wrist, write, wrong, wrapper, wreckage, wrestle, wrinkle, writer, wrongful

접미사 (10장)

a panda, comma, Anna, soda, drama, china, zebra, mamma, papa
able likeable, teachable, touchable, expendable, drinkable, enable, unable, portable, reasonable, returnable
age luggage, package, village, image, voyage, storage, passage, hostage, cottage, manage, language, wreckage, usage
al sandal, formal, postal, local, vocal, final, journal, mental, total, legal, criminal
ance clearance, entrance, performance, distance, instance, annoyance
ed hugged, killed, missed, ripped, tipped, bumped, helped, jumped, picked, rocked, clapped, dripped, dropped, flipped, grabbed, grinned, gripped, pressed, smelled, spelled, tricked, flipped, dotted, patted, petted, dusted, handed, landed, tested, lasted, hunted, ended, blasted, planted, slanted, trusted, twisted
ence absence, sentence, audience, patience, silence, influence, evidence, confidence
er batter, bigger, butter, fatter, hotter, letter, madder, sadder, bumper, faster, helper, hunter, blacker, dresser, slipper, speller, sticker, swinger, swimmer
es glasses, misses, passes, messes, foxes, mixes, taxes, boxes, wishes, dishes, fishes, mashes
est biggest, fattest, hottest, maddest, saddest, dampest, fastest, blackest, flattest, stiffest
ful handful, careful, useful, helpful, cheerful, mouthful, watchful, faithful, fearful
ible horrible, sensible, possible, flexible, admissible, responsible permissible, convertible, terrible, invisible
ic traffic, picnic, arctic, antic, frantic, plastic, magic, tragic, comic, panic, basic, music, critic
ing batting, betting, cutting, digging, filling, getting, killing, letting, petting, bending, dusting, ending, helping, jumping, picking, testing, clapping, dripping, grabbing, grinning, planning, smelling, spending, swimming
ion fashion, champion, region, union, companion, opinion, religion, million, billion
ish snobbish, selfish, sluggish, publish, foolish, furnish, establish, accomplish, astonish, punish, finish, radish
ive active, captive, attentive, expensive, impressive, attractive, constructive, corrective, defective, destructive, positive
le battle, cattle, juggle, middle, paddle, riddle, saddle, wiggle, apple, bottle, giggle, little, puddle, handle, ankle, bundle, candle, jungle, uncle, grumble, twinkle, trample
ment agreement, argument, basement, attachment, development, employment, movement, payment, appointment, shipment
less endless, groundless, matchless, toothless, speechless, sleepless, helpless, careless,

restless, lifeless, nameless, useless

ness madness, badness, freshness, dullness, witness, dryness, likeness

tion action, mention, fraction, question, invention, inspection, section, suction, portion, construction, celebration, circulation, congratulation, combination, decoration, education, formation

ture feature, creature, fracture, lecture, picture, puncture, structure, culture, venture, capture, torture, mixture, adventure, furniture, nature, future

ward northward, inward, forward, backward, coward, skyward, onward, awkward

y funny, muddy, penny, bunny, happy, jelly, silly, rocky, jumpy, handy, lucky, rusty, sandy, windy, candy, empty, fifty, sixty, smelly, snappy, sticky, clumsy, drafty, grumpy, plenty, sloppy, twenty

접두사 (10장)

a about, alive, alarm, around, along, amount, among, apart asleep, atop

ab absent, absentee, absorb, absurd

ad address, adjust, admire, admit, adverb, advertise

ap appear, appeal, appendix, applaud, appoint, approach

at attack, attempt, attend, attic, attach

be because, become, before, begin, behave, behind, behold, belong, beneath, besides, between, beware

com combine, command, commit, compete, complain, complex, compute

con concrete, conduct, confess, confine, confirm, conflict, conform, confuse, connect, conserve, consist, control, consult, convict, contract

de decay, declare, decoy, defeat, define, defrost, delay, delight, demand, depart, depend, describe, design, desire, destruct, detail, devote

dis disappear, disappoint, discount, disconnect, discuss, dismiss, dismount, display, displease, disagree, disbelieve, discharge, dishonest, discolor, distance

ex explain, expect, expense, expert, explode, expand, expire, export, explosive, extoll, exclaim, excuse, exact, exam, except, exit, examine, example

for forbid, forever, forget, forgive, forward

fore forbid, forearm, forecast, forgive, forehead, forest, forget, forty, foremost, foreman, foreclosure, forefront

im imperfect, impact, impeach, impress

in inclose, income, index, infect, inflate, inform, inspect, intend

mis miscount, misdeal, misfit, misjudge, mislead, misplace, mistake, mistreat, misspell, misprint, mistrust, mismatch

non	nonsense, nonstop, nonprofit, nonconform, nonsupport
over	overall, overboard, overcast, overcome, overdue, overhead, overload, overlook, overrun, oversight, overtake, overtime, overturn, overstep, overshoes, overshadow
per	percent, perfect, perfume, perhaps, permanent, persist, person, perplex, perspire, perturb
post	postage, postcard, postman, postpone, postmark, postal
pre	predict, pretend, preheat, prepay, prepare, precook, preside, precede
pro	profile, protest, propose, produce, provoke
re	return, rebake, recall, recount, refill, reflex, reform, refresh, refuse, regain, regard, relay, release, remark, repair, repay, report, replay, reprint, respect, retreat reverse
sub	subdue, subject, submerge, submit, subnormal, subside, subsist, subtract, suburb, subway
super	superman, supervise, supertanker, supersonic, supermarket, supersede, supernatural
trans	transfer, transform, transit, translate, transmit, transparent, transplant, transport
un	unable, unarm, uncage, unchain, unclean, unhappy, uneven, unlock, unreal, untie, unfair, unseen, unsafe, unlucky, unsure
under	undercharge, underdog, undergo, underline, understand, underground, undertake, understood, underworld, underwear
up	uphill, upkeep, uplift, upright, upsidedown, uptown, upward, uphold, uopn, uproar, upstream

CVCe 파생 단어들 (10장)

(괄호 안의 모든 단어가 최소한으로 다른 것은 아님)

1. s로 끝나는 단어

a		*i*		*o*		*e-u*	
canes	(cans)	bites	(bits)	cones	(cons)	Petes	(pets)
cares	(cars)	files	(fills)	globes	(globs)	cubes	(cubs)
hates	(hats)	fines	(fins)	hopes	(hops)	uses	
mates	(mats)	miles	(mills)	mopes	(mops)		
planes	(plans)	shines	(shins)	robes	(robs)		
shakes	(shacks)	times					
stares	(stars)	wines	(wins)				

2. er로 끝나는 단어

a		*i*		*o*		*e-u*	
later	(latter)	filer	(filler)	closer	(hotter)	cuter	(cutter)
shaver	(slammer)	diner	(dinner)	smoker	(robber)	ruder	(rudder)
crater	(batter)	finer	(winner)	homer	(logger)	user	
braver	(hammer)	riper	(hitter)				
saver	(madder)	timer	(ripper)				
biter	(bigger)						

3. ed로 끝나는 단어

a		*i*		*o*		*e-u*
hated	(tapped)	filed	(filled)	hoped	(hopped)	used
named	(jammed)	smiled	(ripped)	closed	(robbed)	
waved	(fanned)	timed	(kidded)	smoked	(nodded)	
skated	(rammed)	piled	(fitted)	stoned	(rotted)	
blamed	(batted)	glided	(fibbed)	roped	(logged)	
faded	(matted)					

4. ing로 끝나는 단어

a		*i*		*o*		*e-u*
naming	(batting)	filing	(filling)	hoping	(hopping)	using
skating	(tapping)	riding	(hitting)	roping	(robbing)	
waving	(slamming)	timing	(ripping)	closing	(logging)	
hating	(napping)	piling	(kidding)	smoking	(stopping)	
shading	(snapping)	biting	(winning)	roving	(mopping)	

5. y로 끝나는 단어

a		*i*		*o*		*e-u*	
gravy	(Tammy)	spicy	(Timmy)	bony	(Tommy)	cuty	(nutty)
shady	(batty)	shiny		smoky	(Dotty)	tummy	
wavy	(fanny)	tiny		stony	(foggy)		
shaky	(Sammy)	wiry					

6. est로 끝나는 단어

a	*i*	*u*
bravest	ripest	cutest
latest	wisest	rudest
safest	widest	surest
tamest		

중간에 단일 자음 혹은 자음 혼합을 가진 2음절 단어 (10장)

a	*e*	*i*	*o*	*u*
paper	legal	Bible	frozen	music
satin	fever	visit	holy	bugle
travel	pedal	china	local	punish
cable	meter	prison	profit	human
label	clever	final	moment	super
planet	zebra	limit	copy	pupil
table	seven	finish	motor	humid
chapel	metal	minus	topic	study
rapid	defend	silent	robin	rumor
magic	second	tiger	poker	
crazy	seven	pilot	soda	
favor	devil	spinach	total	
vacant	petal	spider	solid	
taxi	evil	river	robot	
crater		tiny	modern	
panic			proper	
maple			pony	
			comic	
			motel	
			motor	
			promise	
			model	
			robin	
			total	

부록 B 구어 선별 검사와 기록 용지 조직하기

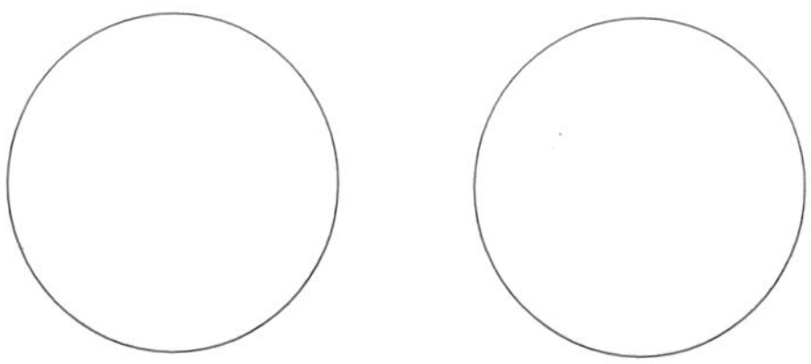

원 1: 노란색 원 2: 갈색

지시－원 1은 노란색으로 칠하고 원 2는 갈색으로 칠하시오.

1. (원 1을 가리키며) “이것은 무슨 색이죠?”
2. (원 2를 가리키며) “이것은 무슨 색이죠?”
3. “내가 문장을 읽어 보겠어요. 내가 읽은 그대로 말해 보세요. 잘 들으세요.” (잠시 멈춤) “큰 소년이 더러운 벤치에 앉아 있다.” (만약 학생이 제대로 말하지 못하면 한 번 다시 읽어 준다. 학생이 첫 번째나 두 번째 시도에서 정확하게 문장을 말하면 맞은 것으로 채점한다.)
4. “잘 들으세요.” (잠시 멈춤) “메리는 지난 밤 자기 동생을 돌보고 있었습니다. 말해 보세요.” (학생이 말하지 못하면 다시 한 번 읽어 준다. 학생이 첫 번째나 두 번째 시도에서 정확하게 문장을 말하면 맞은 것으로 채점한다.)

5. "문장 하나를 말한 다음 여러분에게 질문을 하겠어요. 잘 들으세요. 작은 고양이 한 마리가 어제 공원에서 잤습니다. 다시 잘 들으세요. 작은 고양이 한 마리가 어제 공원에서 잤습니다." "고양이가 어디에서 잤습니까?" (공원에서)
6. "고양이가 공원에서 언제 잤습니까?" (어제)
7. "쥐와 소는 어떻게 다릅니까?" (그럴듯한 답은 수용한다.)
8. "잘 들으세요. 월요일, 화요일, 수요일, 목요일, 금요일. 여러분이 말해 보세요." (학생이 정확하게 말하지 못하면 한 번 더 말해 준다. 학생이 첫 번째나 두 번재 시도에서 정확하게 문장을 말하면 맞은 것으로 채점한다.)
9. "여러분의 치아를 고치는 사람을 무엇이라 부릅니까?"
10. "연필은 보통 무엇으로 만드나요?"

구어 선별 검사의 기록지

학생 이름	1 노란색	2 갈색	3 따라 말한 문장 (1)	4 따라 말한 문장 (2)	5 장소	6 시간	7 차이점	8 요일	9 치과의사	10 나무

부록 C 초기 발음 평가

초기 발음 평가는 글자-소리 대응, 대문자, 규칙 단어 읽기 등의 숙달 정도 지표로 사용할 수 있는 짧은 선별검사다.

검사 대상	아직 글자-소리 대응을 배우고 있는 초기 읽기 단계의 학생들에게 실시
재료	• 학생용 검사지 • 학생 개인 기록지 • 학급 기록지
검사와 채점 절차	• 검사의 각 부분을 검사한다. 학생이 다섯 문항을 연속해서 틀리면 그 부분의 검사를 중단한다. 다음 부분을 진행한다. • 학급 전체의 검사 결과는 학급 기록 용지에 기록한다. **글자-소리 대응:** • 각 글자를 가리키고 "이 글자는 어떻게 소리나죠?"라고 묻는다. • 제대로 소리를 내면 +를 기록한다. • 5초 이내에 응답을 하지 못하면 답을 말해 주고 무반응의 NR을 기록한다. • 글자 이름을 말하면 NR이라 기록하고 그 글자 소리를 아는지 물어본다. 글자 소리를 말하면 LN 옆에 +를 기록한다. • 소리를 다른 것으로 내면 0을 기록하고 그 학생이 말한 소리를 기록한다. **대문자:** • 각 글자를 가리키고 "이 글자는 어떻게 소리나죠?"라고 묻는다. • 앞의 채점 절차를 따른다.

검사와 채점 절차	규칙 단어: • 각 단어를 가리키고 "이 단어를 읽어 보세요."라고 말한다. • 단어를 정확하게 읽으면 +를 기록한다. • 단어를 잘못 읽으면 학생이 읽은 대로 기록한다. • 단어 내 각 글자를 한 글자씩 소리 낸 다음, 그 단어를 읽으면 SO+라고 기록한다. • 5초 이내에 해당 단어를 읽지 못하면 그 단어를 읽어 주고 무반응이라는 NR을 기록한다.

학생용 검사지

소리

a	m	t	s	i
f	d	r	o	g
l	h	u	c	b
n	k	e	v	p
y	j	x	w	q
z				

학생용 검사지

대문자

D	A	R
N	G	B
E	M	H

규칙 단어

it	am	mad	cat
him	tag	must	hand
flag	drop	skin	stamp
strap	split	skunk	

학생 이름: ______________________ 날짜: ______________

검사자 이름: ______________________ 학년: ______________

초기 발음 평가
학생 개인용 기록지

소리(무슨 소리죠?)		
#	문항	반응
1	a	
2	m	
3	t	
4	s	
5	i	
6	f	
7	d	
8	r	
9	o	
10	g	
11	l	
12	h	
13	u	
14	c	
15	b	
16	n	
17	k	
18	e	
19	v	
20	p	
21	y	
22	j	
23	x	
24	w	
25	q	
26	z	

대문자(무슨 소리죠?)		
#	문항	반응
27	D	
28	A	
29	R	
30	N	
31	G	
32	B	
33	E	
34	M	
35	H	
규칙 단어(무슨 단어죠?)		
36	it	
37	am	
38	mad	
39	cat	
40	him	
41	tag	
42	must	
43	hand	
44	flag	
45	drop	
46	skin	
47	stamp	
48	strap	
49	split	
50	skunk	

초기 발음 평가
학급 기록지

소리		학생											
1	a												
2	m												
3	t												
4	s												
5	i												
6	f												
7	d												
8	r												
9	o												
10	g												
11	l												
12	h												
13	u												
14	c												
15	b												
16	n												
17	k												
18	e												
19	v												
20	p												
21	y												
22	j												
23	x												
24	w												
25	q												
26	z												

대문자		학생											
27	D												
28	A												
29	R												
30	N												
31	G												
32	B												
33	E												
34	M												
35	H												
단어													
36	it												
37	am												
38	mad												
39	cat												
40	him												
41	tag												
42	must												
43	hand												
44	flag												
45	drop												
46	skin												
47	stamp												
48	strap												
49	split												
50	skunk												

부록 D 초등 발음 평가

초등 발음 평가는 학생들이 어떤 발음과 구조적 요소를 아는지 혹은 모르는지를 대략 알려 주는 지표로 사용할 수 있는 선별 도구다. 발음과 구조 요소는 단어 맥락에서 평가되기 때문에 학생들이 어떤 단어는 보고 바로 인식할 수 있지만 동일한 요소를 포함하고 있는 다른 단어는 읽지 못할 수도 있음에 따라 검사 결과 해석에 주의를 해야 한다.

검사 대상	대부분의 글자-소리 대응을 알고 초등 1학년 중반부터 3학년까지의 수준으로 읽을 수 있는 학생들에게 실시
재료	• 학생용 검사지 • 학생 개인 기록지 • 학급 기록지
검사 절차	• 학생에게 읽어야 할 단어 기록지를 준다. • 첫 번째 문항부터 시작한다. 학생에게 페이지 내 단어들을 읽어 보라고 한다. • 학생의 반응을 학생 개인용 기록지(다음 섹션 참조)에 기록한다. • 연속해서 5문항을 답하지 못하면 검사를 중단한다. • 주목: 만약 첫 10개 단어 중 최소 5개를 읽지 못하면 초등 발음 평가 검사 실시를 중단한다. • 학급 전체 검사 결과는 학급 기록지에 요약한다.
채점 절차	• 단어를 제대로 읽으면 +를 기록한다. • 3초 이내에 단어를 읽지 못하면 무반응이라는 NR을 기록한다. (학생에게 답을 말해 줄 수 있다.) • 단어를 잘못 읽으면 학생이 읽은 것을 기록한다. • 검사하지 않은 문항을 빈칸으로 놔둔다.

학생 이름: ______________________ 날짜: __________

검사자 이름: ______________________ 학년: __________

초등 발음 평가
학생 개인용 기록지

#	문항	반응
1	th—bath	
2	er—hunter	
3	ing—testing	
4	sh—shop	
5a	ed—handed	
5b	ed—licked	
5c	ed—missed	
6	wh—when	
7	qu—quiz	
8	ol—fold	
9	y—sunny	
10	est—fastest	
11	oa—loan	
12	ar—cart	
13a	VCe—fine	
13b	VCe—hope	
13c	VCe—cane	
14	ea—neat	
15	oo—hope	
16	le—candle	
17	ee—meet	
18	ai—pain	
19	ch—lunch	
20	or—port	
21	ay—pray	
22	ou—proud	
23	ir—thirst	
24	ur—curb	
25a	VCe+taped	
25b	VCe+hoping	
25c	VCe+timer	
26	kn—knock	
27	oi—boil	
28	oy—enjoy	

#	문항	반응
29	ew—stew	
30	ph—graph	
31	wr—wrap	
32	au—haunt	
33	aw—hawk	
34	con—confuse	
35	ment—payment	
36	de—demand	
37	al—sandal	
38	ful—handful	
39	dis—distant	
40	able—enjoyable	
41	less—useless	
42	ness—darkness	
43	pro—protect	
44	tion—invention	
45	ist—artist	
46	ible—sensible	
47	age—package	
48	sion—mission	
49	ence—silence	
50	ish—selfish	
51	pre—predict	
52	ex—expand	
53	over—overtime	
54	ion—million	
55	com—compare	
56	ture—venture	
57	ive—detective	
58	ac—accuse	
59	ous—joyous	
60	ic—panic	
61	ward—forward	
62	ize—realize	

학생용 검사지

1~4	bath	hunter	testing	shop
5~6	handed	licked	missed	when
7~10	quiz	fold	sunny	fastest
11~13	loan	cart	fine	hope
13~16	cane	neat	hoop	candle
17~20	meet	pain	lunch	port
21~24	pray	proud	thirst	curb
25~26	taped	hoping	timer	knock
27~30	boil	enjoy	stew	graph
31~34	wrap	haunt	hawk	confuse
35~38	payment	demand	sandal	handful
39~42	distant	enjoyable	useless	darkness
43~46	protect	invention	artist	sensible
47~50	package	mission	silence	selfish
51~54	predict	expand	overtime	million
55~58	compare	venture	detective	accuse
59~62	joyous	panic	forward	realize

초등 발음 평가
학급 기록지

문항-소리		학생											
1	th—bath												
2	er—hunter												
3	ing—testing												
4	sh—shop												
5a	ed—handed												
5b	ed—licked												
5c	ed—missed												
6	wh—when												
7	qu—quiz												
8	ol—fold												
9	y—sunny												
10	est—fastest												
11	oa—loan												
12	ar—cart												
13a	VCe—fine												
13b	VCe—hope												
13c	VCe—cane												
14	ea—neat												
15	oo—hope												
16	le—candle												
17	ee—meet												
18	ai—pain												
19	ch—lunch												
20	or—port												
21	ay—pray												
22	ou—proud												
23	ir—thirst												
24	ur—curb												
25a	VCe+taped												
25b	VCe+hoping												
25c	VCe+timer												
26	kn—knock												
27	oi—boil												
28	oy—enjoy												

문항-소리		학생											
29	ew—stew												
30	ph—graph												
31	wr—wrap												
32	au—haunt												
33	aw—hawk												
34	con—confuse												
35	ment—payment												
36	de—demand												
37	al—sandal												
38	ful—handful												
39	dis—distant												
40	able—enjoyable												
41	less—useless												
42	ness—darkness												
43	pro—protect												
44	tion—invention												
45	ist—artist												
46	ible—sensible												
47	age—package												
48	sion—mission												
49	ence—silence												
50	ish—selfish												
51	pre—predict												
52	ex—expand												
53	over—overtime												
54	ion—million												
55	com—compare												
56	ture—venture												
57	ive—detective												
58	ac—accuse												
59	ous—joyous												
60	ic—panic												
61	ward—forward												
62	ize—realize												

참/고/문/헌

Adams, G. L., & Engelmann, S. (1996). *Research on direct instruction: 25 years beyond DISTAR*, Adams and Engelmann Educational Achievement Systems.

Archer, A., Flood, J., Lapp, D., & Lungren, L. (2002). Phonics for Reading. MA. Curriculum Associates, Inc.

Armbruster, B., Lehr, F., & Osborne J. (2001). *Put reading first. The research building blocks for teaching children to read.* Partnership for Reading. Washington D. C.

Beck, I. L., McKeown, M. G., & Kucan, L. (2002). *Bringing words to life: Robust vocabulary instruction.* New York: The Guilford Press.

Beck, I. L., McKeown, M. G., & Omanson, R. C. (1987). The effects and uses of diverse vocabulary instructional techniques. In M. G. McKeown & M. E. Curtis (Eds.), *The nature of vocabulary acquisition* (pp. 147-163). Hillsdale, NJ: Erlbaum.

Berkeley, M. (2002). The importance and difficulty of disciplined adherence to the educational reform model. *Journal of Education for*

Students Placed at Risk, 7(2), 221-239.

Bower, B. (1992). Reading the code, reading the whole: Researchers wrangle over the nature and teaching of reading. *Science News, 141*(9), 138-141.

Burmeister, L. E. (1968). Usefulness of phonic generalizations. *Reading Teacher, 21*, 349-356.

Carlson, C. D., & Francis, D. J. (2002). Increasing the reading achievement of at-risk children through direct instruction: Evaluation of the rodeo institute ofr teacher excellence. *Journal of Education for Students Placed at Risk, 7*(2), 141-166.

Dimino, J. (1988). *The effects of a story grammar comprehension strategy on low-performing students' ability to comprehend short stories.* Unpublished doctoral dissertation, University of Oregon.

Englemann, S., & Bruner, E. (1988). *Reading Mastery I.* Columbus, OH: Science Research Associates.

Englemann, S., & Davis, K. L. (2001). *Reasoning and writing—Level A: Direct instruction program.* Columbus, OH: Science Research Associates.

Englemann, S., & Osborn, J. (1999). *Language for learning.* Columbus OH: Science Research Associates.

Englemann, S., & Osborn, J. (2002). *Language for thinking.* Columbus OH: Science Research Associates.

Englemann, S., Engelmann, O., & Davis, K. L. (2001). *Funnix.* Eugene, OR: Royal Limited Partnership.

Englemann, S., Osborn, S., & Hanner, S. (2001). *Corrective reading program: Comprehension skills*. Columbus, OH: Science Research Associates.

Englemann, S., Haddox P., & Brumer, E. (1983). *Teach your child to read in 100 easy lessons*. New York: Simon and Schuster.

Graves, M. F. (1986). Vocabulary learning and instruction. *Review of Research in Education, 13*, 49-90.

Graves, M. F., Juel, C., & Graves, B. B. (1998). *Teaching reading in the 21st century*. Des Monies, IA: Allyn and Bacon.

Gurney, D. E. (1987, January-February). Teaching mildly handicapped high-school students to understand short stories using a story-grammar-comprehension strategy. *Dissertation Abstracts International, 47*(8), 3047A.

Hanna, G. S. (1976). Effects of total and partial feed-back in multiple-choice testing upon learning. *The Journal of Educational Research, 69*, 202-205.

Hart, B., & Risley, T. R. (1995). *Meaningful differences in the everyday experience of young American children*. Baltimore: Brookes Publishing Co.

Hasbrouck, J. E., & Tindal, G. (1992, Spring). Curriculum-based oral reading fluency norms for students in grades 205. *Teaching Exceptional Children, 24*(3), 41-44.

Irvin, J. L. (2001, May). *Strategies to improve reading in the content areas*. Presentation sponsored by Staff Development Resources, Portland, OR.

Jitendra, A., & Kameenui, E. J. (1994). A review of concept learning models: Implications for special education practitioners. *Intervention in School and Clinic, 30*(2), 91-98.

Jitendra, A., & Kame'enui, E. J. (1988). A design of instruction analysis of concept teaching in five basal language programs: Violations from the bottom up. *The Journal of Special Education, 22*, 199-219.

Kame'enui, E. J. (1996). Shakespeare and beginning reading: "The readiness is all." *Teaching Exceptional Children, 28*(2), 77-81.

Nagy, W. E., Herman, I. A., & Anderson, R. C. (1985). Learning words from context. *Reading Research Quarterly, 29*(2), 233-253.

National Institute of Child Health and Human Development. (2000). Report of the National Reading Panel. Teaching children to read: An evidence-based assessment of the scientific research literature on reading and its implications for reading instruction: Reports of the subgroups (NIH Publication No. 00-4754). Washington, DC: U. S. Government Printing Office.

RAND Reading Study Group. (2002). *Reading for understanding, Toward an R&D program in reading comprehension*. A report prepared for the Office of Education Research and Improvement (OERI).

Smith, R. W. L. (1966). *Dictionary of English word-roots*. Totowa, NJ: Littlefiled, Adams & Co.

Smith, S. B., Simmons, D. C., & Kame'enui, E. J. (1995). *Synthesis of research on phonological awareness: Principles and implications for reading acquisition* (Tech. Rep. No. 21). Eugene, OR: University.

Stahl, S. A., & Shiel, T. G. (1999). Teaching meaning vocabulary: Productive approaches for poor readers. *Read all about it! Readings to inform the profession*. Sacramento: California State Board of

Education, 291-321.

Torgesen, J. K. (2004). Lessons Learned from the Last 20 Years of Research on Interventions for Students Who Experience Difficulty Learning ot Read. In P. McCardle, & V. Chhabra, (Eds.), *The voice of evidence in reading research*. Baltimore: Brookes Publishing.

온/라/인/참/고/자/료

1. 특수교육 관련 Merrill Education 자료 웹사이트 알아보기

기술공학은 끊임없이 성장하고 우리 전공 분야를 변화시켜 새로운 내용과 자료에 대한 필요를 창출하고 있다. 이러한 새로운 요구에 부응하기 위해 Merrill Education은 학생, 교사, 교수들을 위해 특수교육 관련 Merrill Education 자료 웹사이트에 온라인 학습 환경을 구축하였다. 내용이 풍부한 이 웹사이트는 이 책의 내용과 관련하여 추가적인 자료를 제공해 주며, 교수 강의, 학급 교사 수업, 학생 수업 등에 도움이 될 자료를 제공해 줄 수 있을 것이다.

우리의 목표는 이 책에서 제공하고 있는 것을 더욱 강화하고 확장시키는 것이다. 이를 위해 사용자 중심으로 구축된 웹사이트 내용은 주제별로 조직되어 있고, 교사, 교수, 학생들에게 한군데에서 다양하고 유용한 정보를 제공해 준다. 이 웹사이트를 통해 우리는 Merrill Education이 제공해야 하는 최선의 것들—텍스트 자료, 비디오 자료, 관련 사이트 목록, 개별 학습용 모듈 그리고 일반 및 특수교육자들이 모두 흥미를 가질 주제들에 관한 다양한 정보—을 통합하여 같이 제시하고자 한다.

그 풍부한 내용, 적용 예, 자료들은 학습을 더욱 향상시킬 것이다. 특수교육 관련 Merrill Education 자료 웹사이트에는 다음과 같은 것들이 포함되어 있다.

대학 교수를 위한 자료

- 강의 계획서 관리자(Syllabus Manager)는 온라인 강의 계획서 작성과 관리 도구로서, 강의자로 하여금 쉽고도 단계적으로 강의계획서를 작성하고 수정하게 해 준다. 학생들은 강의자의 강의 계획서에 접속할 수 있으며, 강의 도중 인터넷이 연결된 모든 지역의 어느 컴퓨터에서도 접속이 가능하다. 이 강의 계획서에 접속하기 위해서 학생들은 해당 웹사이트 주소와 해당 강의 계획서에 할당되는 비밀번호가 필요하다. 날짜를 클릭하면 수업활동, 과제, 그 수업에 해당되는 참고문헌 등을 볼 수 있다.
- 강의 계획서 관리자와 앞에서 열거한 편리함 이외에, 교수들도 학생들과 마찬가지로 모든 좋은 자료를 볼 수 있다.

학생을 위한 자료

- 주제별 비디오 자료와 내용을 평가하고 중요한 이론과 실제의 연결을 도와주는 질문들
- 학생들이 답을 하여 평가 목적으로 제출할 수 있거나 학급 토론과 강의 자료로 사용될 수 있는 사고를 자극하는 중요한 분석 질문들
- 수업계획과 학급 관리를 포함한 학급 전략과 다양한 방법들과 관련된 여러 종류의 자료에의 접근
- 특수아동협회(CEC)와 프락시스(Praxis, 미국의 교사자격 시험의 일종-역자 주)의 표준, 개별화교육프로그램(IEPs), 포트폴리오, 전문성 개발 등을 포함한 특수교육 및 일반교육 관련 가장 최근의 주제들에 관한 정보
- 웹 사이트에서 언급한 각 주제에 대한 광범위한 웹 자료와 개관
- 학생들이 수업 토론 주제에 대해 반응할 수 있고, 질문과 반응을 올릴

수 있으며, 혹은 과제에 관해 질문을 할 수 있는 토론 주제가 제시된 게시판
- 특정 정보를 빨리 찾게 해 주는 검색 서비스

위의 자료와 기타 자료들을 활용하고 싶으면 특수교육 관련 Merrill Education 자료 웹사이트(http://www.prenhall.com/carnine)를 찾아보기 바란다.

2. 교육자 학습센터: 유용한 온라인 자료

Merrill Education 그리고 장학 및 교육과정 개발 연합회(Association for Supervision and Curriculum Development: ASCD)에서는 교육자들이 새로운 온라인 자료를 활용하도록 권장한다. 이 사이트는 ASCD와 Merrill 교육자 학습센터(Educator Learning Center)와 관련된 최고 수준의 연구와 검증된 전략들을 제공한다. 교육자들은 www.educatorlearningcenter.com에서 향후 연구에 유용한 것뿐만 아니라 학생들이 강의 주제와 현재의 주요 교육 주제들을 더 잘 이해하게 해 주는 자료들을 찾을 수 있을 것이다.

교육자 학습센터가 어떻게 여러분의 학생들이 좀 더 나은 교사가 될 수 있도록 도울 수 있는가?

Merrill 교육과 ASCD를 통합한 자료를 통해서 교수와 학생들은 이후 강의시간을 더 충실하게 준비하게끔 해 주는 풍부한 도구와 자료들을 찾을 수 있을 것이다.

연구

- ASCD 저널인 *Educational Leadership*에서 600개 이상의 논문들이 현장의 교사들이 매일 당면하는 문제들을 논한다.

- 연구 탐색(Research Navigator) 사이트에 직접 연결되어 있어 학생들이 세부적인 연구 과정 내용은 물론 주요 교육 저널에 접할 수 있다.
- Merrill Education 사이트 자료의 발췌본들을 통해서 학생들은 교육방법 관련 중요한 이슈, 다양한 인구집단, 평가, 학급 관리, 기술공학, 교실 수업의 세련화 등과 같은 중요한 주제에 관해 통찰을 얻기도 한다.

교실 수업

- 수백 개의 수업 계획서와 수업 전략들이 내용과 대상 학생들의 연령 범위에 따라 분류되어 있다.
- 사례 연구와 학급 비디오 장면들이 학생들의 반성적 사고를 위한 가상 현장 경험을 제공해 준다.
- 컴퓨터 시뮬레이션과 기타 전자 도구들이 학생들로 하여금 오늘날의 학급과 현재 기술공학 발달에 보조를 맞추도록 해 준다.

교육자 학습센터의 가치를 스스로 확인하기

교육자 학습센터의 4개월 이용료는 25달러이지만 Merrill 교육 출판물과 같이 구입할 경우에는 무료다. 여러분의 학생들이 이 웹사이트에 접속하도록 하기 위해서는 여러분이 서점에서 구입한 교재에 기재된 0-13-195845-3과 같은 ISBN 숫자를 사용해야 한다. 그럴 경우, 여러분의 학생들은 무료 ASCD 코드가 딸린 텍스트북 사본을 받게 될 것이다. 여러분과 여러분의 학생들에게 이 웹사이트가 얼마나 유용할지 확인하고 싶으면 www.educatorlearningcenter.com의 'Demo'를 클릭하기 바란다.

찾/아/보/기

인 명

내 용

저자 소개

Douglas W. Carnine
전 미국 오레곤 대학교 교수

Sara G. Tarver
미국 위스콘신 대학교 메디슨 캠퍼스 교수

Jerry Silbert
직접교수법 확산 및 적용 책임자

Kathleen Jungjohann
미국 오레곤 대학교 교수

Edward J. Kame'enui
미국 오레곤 대학교 교수

역자 소개

이대식(李大植)

서울대학교 사범대학 교육학과 졸업
서울대학교 사범대학 교육학과 교육방법 전공 석사
미국 오레곤 대학교 특수교육학 박사
현 경인교육대학교 교육학과 부교수(2000. 9~현재)

〈주요 저서 및 역서〉
학습장애아동의 이해와 교육(2판, 공저, 학지사, 2009)
통합교육의 이해와 실제(공저, 학지사, 2006)
모든 수준의 학생들을 위한 수업설계 및 교재 개발의 원리(공역, 시그마프레스, 2005)
정신지체(공역, 시그마프레스, 2002)

E-Mail: daesikl@ginue.ac.kr

영어 읽기 학습부진 직접교수법

Teaching Struggling and At-Risk Readers: A Direct Instruction Approach

2009년 7월 2일 1판 1쇄 인쇄
2009년 7월 16일 1판 1쇄 발행

지은이 • D. W. Carnine · J. Silbert · E. J. Kame'enui
S. G. Tarver · K. Jungjohann
옮긴이 • 이대식
펴낸이 • 김진환
펴낸곳 • (주) 학지사
121-837 서울시 마포구 서교동 352-29 마인드월드빌딩 5층
대표전화 • 02-330-5114 팩스 • 02-324-2345
홈페이지 • www.hakjisa.co.kr
등록 • 제313-2006-000265호

ISBN 978-89-6330-093-1 93370
가격 19,000원